Ausländische Jugendliche in der Berufsausbildung

Fast 320 000 Ausländer im Alter zwischen 15 und 20 Jahren lebten 1980 in der Bundesrepublik Deutschland.

1980 waren 36 500 ausländische Jugendliche in beruflicher Ausbildung. Gegenüber dem Vorjahr nahm diese Zahl zwar um 5800 oder 19 % zu; im Vergleich zu den Ausbildungsanteilen der deutschen Jugendlichen sind die der Ausländer jedoch immer noch zu gering. Knapp die Hälfte der männlichen Ausländer wurde im verarbeitenden Gewerbe ausgebildet. An zweiter Stelle rangiert eine Ausbildung im Baugewerbe.

Die Anzahl der ausländischen Schüler an beruflichen Schulen ist im Schuljahr 1980/81 um 26 400 auf 101 100 gestiegen. Mit 35,4 % ist dies die höchste Zuwachsquote innerhalb eines Jahres, die vor allem auf den starken Anstieg bei den Berufsschülern und den Teilnehmern am Berufsvorbereitungsjahr zurückzuführen ist. Allerdings besuchen lediglich 43 % der ausländischen Wohnbevölkerung in der Altersgruppe der 15- bis 18jährigen eine berufliche Schule. Geht man davon aus, daß nur ein relativ geringer Anteil dieser Altersgruppe eine weiterführende allgemeinbildende Schule besucht, dann wird deutlich, daß immer noch ca. 40 % der berufsschulpflichtigen Ausländer ihrer Schulpflicht nicht nachkommen.

Sehr viele der 15- bis unter 20jährigen ausländischen Jugendlichen, die in der Bundesrepublik Deutschland leben, reisten erst in einem Alter ein, in dem sie nicht mehr der allgemeinen Schulpflicht unterlagen. 55 000 Jugendliche dieser Altersgruppe hielten sich am 30. September 1980 weniger als ein Jahr in der Bundesrepublik Deutschland auf. Weitere 74 300 Jugendliche zogen in den letzten ein bis vier Jahren zu. Von der überwiegenden Mehrheit dieser „Späteinsteiger" (insgesamt ca. 130 000 Personen) kann angenommen werden, daß sie weder einen deutschen oder ihm entsprechenden Schulabschluß noch ausreichende Deutschkenntnisse für eine Berufsausbildung vorzuweisen haben.

15 000 Jugendliche wurden in Maßnahmen zur Berufsvorbereitung und sozialen Eingliederung junger Ausländer (MBSE) aufgenommen.

Die vielfach verbreitete Auffassung, daß ausländische Jugendliche in der Regel an einer Ausbildung wenig interessiert seien, wird durch Befragungsergebnisse des Bundesinstituts für Berufsbildung nicht bestätigt. Als größtes Hindernis bei der Ausbildung werden von den Jugendlichen die Sprachschwierigkeiten genannt, danach der fehlende Schulabschluß sowie ungenügende Informationen. Einhellig wird von den ausländischen Jugendlichen die Auffassung vertreten, daß Ausländer bei der Suche nach einem Ausbildungsplatz benachteiligt sind.

Vorbereitung des Berufsbildungsberichts

Wesentliche Beiträge zum Berufsbildungsbericht 1982 wurden vom Bundesinstitut für Berufsbildung geleistet. Das Institut für Arbeitsmarkt- und Berufsforschung der Bundesanstalt für Arbeit trug weitere Forschungsergebnisse bei.

2. Angebot von und Nachfrage nach Ausbildungsplätzen

Angebot und Nachfrage bei Ausbildungsplätzen sind Ergebnisse vieler einzelner Entscheidungen für die Ausbildung. In den Abgrenzungen des Berufsbildungsförderungsgesetzes umfaßt die Nachfrage die Anzahl der am 30. September bei der Arbeitsverwaltung gemeldeten, noch nicht in Ausbildungsplätze vermittelten Bewerber und die Anzahl der neu abgeschlossenen Ausbildungsverträge.

Das Angebot umfaßt nach dem Berufsbildungsförderungsgesetz die Zahl der am 30. September bei der Arbeitsverwaltung gemeldeten, unbesetzten Ausbildungsplätze und die Zahl der neu abgeschlossenen Ausbildungsverträge.

Diese Begriffsbestimmungen, die auch in den vorangehenden Berufsbildungsberichten verwendet wurden, orientieren sich am Maßstab der statistischen Nachprüfbarkeit. Es gibt Nachfrage und Angebote bei Ausbildungsplätzen, die in diesen Abgrenzungen nicht erfaßt werden. Es gibt auch einen Bedarf an Ausbildungsplätzen, der weder statistisch nachweisbar noch tatsächlich bereits vorhanden ist, sondern erst als Nachfrage geweckt werden muß: Ausbildungswille und Ausbildungsbereitschaft von Jugendlichen, die bisher noch nicht für eine Ausbildung gewonnen werden konnten, müssen bestärkt werden.

2.1 Ausbildungssituation 1981

Nachfrage

1981 betrug die Nachfrage nach Ausbildungsplätzen 627 492, das waren 6,0 % weniger als 1980 und rund 27 500 weniger als im Berufsbildungsbericht 1981 vorausgeschätzt. Die Vorausschätzung stützte sich auf eine Prognose der Schulabgängerzahlen und Annahmen über das Verhalten der Schulabgänger.

1981 verließen rund 797 000 Schulabgänger die Sekundarstufe I. Insgesamt betrug der Rückgang der Schulabgängerzahlen von 1980 auf 1981 nach den neuesten Angaben der Kultusministerien[1]), die von der Kultusministerkonferenz zusammengestellt wurden, 32 001 entsprechend 3,9 % (vgl. *Übersicht 1*).

Der Berufsbildungsbericht 1981 wies demgegenüber auf der Grundlage früherer Angaben der gleichen Stellen einen Rückgang um nur 16 400 aus. Da erfahrungsgemäß etwa 60 % der Schulabgänger aus der Sekundarstufe I unmittelbar in die Berufsausbildung im dualen System eintreten wollen, dürfte als Ergebnis der Korrektur der Schulabgänger-Schätzung von einer um etwa 9000 geringeren Nachfrage nach Ausbildungsplätzen für 1981 auszugehen sein, als im Berufsbildungsbericht 1981 angenommen worden war.

Weitere knapp 20 000 Jugendliche, entsprechend gut 2 % der Schulabgänger aus der Sekundarstufe I, haben sich 1981 im Hinblick auf ihren weiteren Bildungsweg offenbar anders entschieden, als zunächst aufgrund der vorliegenden Erfahrungen aus den vergangenen Jahren angenommen worden war.

---

[1]) Für Nordrhein-Westfalen Angaben des Landesamtes für Datenverarbeitung und Statistik.

Das Verhalten der Jugendlichen ist von vielfältigen Einflüssen abhängig. Von besonderem Gewicht sind dabei die Bildungsangebote, die regional unterschiedlich ausgeprägt sind.

So wurde in Nordrhein-Westfalen 1981 die Einführung des 10. Pflichtschuljahres abgeschlossen, die zu einer Verringerung der Ausbildungsplatznachfrage führte. 1982 wird dementsprechend die Ausbildungsplatznachfrage in Nordrhein-Westfalen stark anwachsen (vgl. Abschnitt 2.2).

Der Anteil der Absolventen mit Hauptschulabschluß an allen Schulabsolventen reicht von 22 % in Berlin bis zu 45 % in Bayern und Rheinland-Pfalz bei einem Durchschnittswert für das Bundesgebiet von 34 %. Die Vorbildung der Jugendlichen, die eine Berufsausbildung beginnen wollen, ist mithin in den Ländern recht unterschiedlich.

Das schulische Berufsgrundbildungsjahr wird in den Ländern in unterschiedlichem Umfange eingeführt. Ähnliches gilt für den — in den Ländern unterschiedlichen — Ausbaustand anderer beruflicher Vollzeitschulen. Allein in Niedersachsen hat die Anzahl der Schüler im schulischen Berufsgrundbildungsjahr im Schuljahr 1981/82 um etwa 7 000 zugenommen. Diese Jugendlichen streben ein Jahr später einen Ausbildungsvertrag an.

Unterschiedlich ist in den einzelnen Ländern auch der Besuch der allgemeinbildenden Schulen der Oberstufe.

Auf das Verhalten der Jugendlichen wirken auch Umfang und Vielfalt des Ausbildungsplatzangebotes ein. Das Ausbildungsplatzangebot in den Regionen ist auch abhängig von der jeweiligen Wirtschaftsstruktur nach Branchen, Betriebsgrößen und Wirtschaftszweigen. Oft sind Ausbildungsplatzangebote auch erst Ergebnis einer für die Betriebe erkennbaren, realen Nachfrage von Jugendlichen, die ihren Ausbildungswunsch anmelden.

Aus nahezu allen Ländern wird berichtet, daß die Anzahl der Schüler an beruflichen Vollzeitschulen im Schuljahr 1981/82 über Erwarten zugenommen habe. Statistiken über diese Entwicklung liegen erst etwa nach Ablauf eines Jahres vor. Erst dann kann genauer untersucht werden, ob dieser Zuwachs eher als Ergebnis einer Reaktion auf eine Knappheit an Ausbildungsplätzen zu erklären ist oder ob andere Gründe stärkeren Einfluß hatten.

Derzeit spricht alles dafür, daß nach wie vor der überwiegende Teil der Schüler an beruflichen Vollzeitschulen später einen Ausbildungsplatz im dualen System sucht.

Diese Einschätzung wird gestützt durch die Tatsache, daß auch 1981 die Anzahl der Ausbildungsverträge mit verkürzter Ausbildungsdauer weiter angestiegen ist (+ 3,7 %), sowie durch die Ergebnisse der Schülerbefragungen: Bereits in den vergangenen Jahren war der Anteil der Jugendlichen fortlaufend angewachsen, die nach dem Verlassen der allgemeinbildenden Schulen zunächst eine berufliche Vollzeitschule besuchten und erst dann eine Berufsausbildung begannen. Insgesamt führt diese Entwicklung dazu, daß ein Teil der Jugendlichen aus den geburtenstarken Jahrgängen erst mit Zeitverzug Ausbildungsplätze sucht.

Die Entwicklung der Studienneigung, wie sie sich in den Abiturientenbefragungen niederschlägt, die etwas stärker als erwartet wachsenden Studienanfängerzahlen sowie die Skepsis mancher Ausbildungsbetriebe gegenüber einer Ausbildung von Abiturienten, die später doch studieren, bieten derzeit keinen Anlaß, die ohnehin vorsichtige Einschätzung der Abiturientennachfrage nach Ausbildungsplätzen in den früheren Berufsbildungsberichten für 1982 zu korrigieren.

Angebot

Das Angebot an Ausbildungsplätzen betrug 642 700, das waren 7,5 % weniger als im Vorjahr. Mithin lag das Angebot an Ausbildungsplätzen um 15 208 oder 2,4 % (Vorjahr 27 250 entsprechend 4,1 %) über der Nachfrage (vgl. *Übersicht 2*). Der Rückgang des Angebotes war deutlich größer als der Rückgang der Nachfrage. In 6 der 11 Länder war die Nachfrage größer als das Angebot an Ausbildungsplätzen. Im Vorjahr war das nur in 3 der 11 Länder, nämlich in den Stadtstaaten, der Fall (vgl. hierzu Teil II., Kapitel 1). Hinzugekommen sind die Länder Schleswig-Holstein, Rheinland-Pfalz und Hessen.

Ausbildungsverträge

Insgesamt wurden 605 352 Ausbildungsverträge neu abgeschlossen, das waren 44 637 oder 6,9 % weniger als im Vorjahr (vgl. *Übersicht 2*). Die zuständigen Stellen haben diese Daten dankenswerterweise auch 1981 zur Verfügung gestellt, obwohl eine gesetzliche Verpflichtung dazu in diesem Jahr nicht bestand. Die Kontinuität der Berichterstattung über die Ausbildungsplatzsituation ist damit gewahrt.

Übersicht 2: Versorgung der Jugendlichen mit Ausbildungsplätzen 1976—1981 (jeweils zum 30. September)

Jahr	Neu-abgeschlossene Ausbildungs-verträge	Unbesetzte Ausbildungs-stellen	Unvermittelte Bewerber	Angebot an Ausbildungs-plätzen	Nachfrage nach Ausbildungs-plätzen	Angebots-überhang
	(1)	(2)	(3)	(4) = (1) + (2)	(5) = (1) + (3)	(6) = (2) + (3)
1976	499 000	18 100	27 700	517 100	526 700	— 9 600 = — 1,9 %
1977	558 000	25 500	27 000	583 500	585 000	— 1 500 = — 0,3 %
1978	599 400	22 300	26 400	621 600	625 800	— 4 100 = — 0,7 %
1979	640 256	36 940	20 155	677 287	660 452	+ 16 785 = + 2,5 %
1980	649 989[1])	44 616[2])	17 346[2])	694 605	667 355	+ 27 250 = + 4,1 %
1981	605 352	37 348	22 140	642 700	627 492	+ 15 208 = + 2,4 %

Vgl. Berufsbildungsbericht 1981, Übersicht 1, Seite 5.
[1]) Wegen Berichtigung der Meldung der Handwerkskammer Mannheim gegenüber Berufsbildungsbericht 1981 korrigierter Wert.
[2]) Endgültiges Ergebnis der Berufsberatungsstatistik der Bundesanstalt für Arbeit, gegenüber Berufsbildungsbericht 1981 korrigierter Wert.
Quelle: Erhebung zum 30. September, Bundesanstalt für Arbeit, eigene Berechnungen.

Der Rückgang der Anzahl der neu abgeschlossenen Ausbildungsverträge war größer als der Rückgang der Nachfrage. Auch der Vergleich der Rückgänge bei den Zahlen der Ausbildungsverträge (rund 45 000) und der Schulabgänger aus der Sekundarstufe I (rund 32 000) zeigt, daß für die Entwicklung der Ausbildungsplatzsituation im Jahre 1981 nicht durchweg Nachfragemangel ausschlaggebend war.

Besonders stark hat die Anzahl der neu abgeschlossenen Ausbildungsverträge im Einzelhandel (—14,5 %) und im Baubereich (—8,9 %) abgenommen. Auch im Handwerk waren erhebliche Rückgänge (Zentralheizungs- und Lüftungsbauer — 14,4 %; Gas- und Wasserinstallateur — 12,1 %; Kraftfahrzeugmechaniker — 10,7 %) zu verzeichnen.

Einem überdurchschnittlichen Rückgang der Anzahl der neu abgeschlossenen Ausbildungsverträge in den großen Ausbildungsbereichen Industrie und Handel sowie Handwerk stand ein unterdurchschnittlicher Rückgang im Bereich Landwirtschaft sowie ein Zuwachs beim öffentlichen Dienst sowie bei den Sonstigen gegenüber (vgl. *Übersicht 3*).

Berufsberatung

Bis zum 30. September 1981 waren bei den Arbeitsämtern insgesamt 498 738 Berufsausbildungsstellen gemeldet, das entspricht einer Abnahme um 0,6 % gegenüber dem Vorjahr. Die Anzahl der Bewerber um Berufsausbildungsstellen lag bei insgesamt 443 346 und war damit weiter rückläufig. Der Rückgang betrug 15 954 Bewerber entsprechend 3,5 %. Die Anzahl der bei den Arbeitsämtern gemeldeten Bewerber ging allerdings erheblich weniger zurück als die Nachfrage nach Ausbildungsplätzen in der gesetzlich festgelegten Abgrenzung. Zum Jahresende 1981 waren bei den Arbeitsämtern rund 17 % mehr Bewerber gemeldet als im Vorjahr.

Die Arbeitsämter werden von den Jugendlichen in unterschiedlichem Maße bei der Suche nach Ausbildungsplätzen eingeschaltet. Im Bundesdurchschnitt betrug die Einschaltquote bei der Nachfrage 71 %. Sie ist damit — entgegen dem Trend der vergangenen Jahre — angestiegen (1978: 74 %, 1979: 72 %, 1980: 68 %).

Übersicht 3: Neu abgeschlossene Ausbildungsverträge 1981 nach Ausbildungsbereichen (Veränderung zu 1980)

Ausbildungsbereich	Neu abgeschlossene Verträge	Veränderung zu 1980	
	Anzahl	Anzahl	in %
Industrie und Handel	286 006	− 25 972	− 8,3
Handwerk	220 137	− 19 035	− 8,0
Öffentlicher Dienst[1]	20 907	+ 499	+ 2,4
Landwirtschaft	20 271	− 493	− 2,4
Sonstige[2]	58 031	+ 364	+ 0,6
Alle Ausbildungsbereiche	**605 352**	**− 44 637**	**− 6,9**

Vgl. Berufsbildungsbericht 1981, Übersicht 2, Seite 5.

[1] Ohne diejenigen Auszubildenden des öffentlichen Dienstes, deren Ausbildungsverträge nach dem Berufsbildungsgesetz bei zuständigen Stellen außerhalb des öffentlichen Dienstes registriert werden.
[2] Freie Berufe, Hauswirtschaft und Seeschiffahrt.
Quelle: Erhebung zum 30. September

Übersicht 4: Ausbildungsplatzsituation 1981 (Nordrhein-Westfalen und übriges Bundesgebiet)

	1980	1981	Veränderung absolut	in %
Nordrhein-Westfalen				
Angebot	183 722	161 591	− 22 131	− 12,0
Nachfrage	181 475	159 335	− 22 140	− 12,2
Angebotsüberhang	+ 1,2 %	+ 1,4 %	—	—
Verträge	177 371	153 831	− 23 540	− 13,3
Bundesgebiet (einschl. Berlin-West) ohne Nordrhein-Westfalen				
Angebot	510 883	481 109	− 29 774	− 5,8
Nachfrage	485 860	468 157	− 17 703	− 3,6
Angebotsüberhang	+ 5,1 %	+ 2,8 %	—	—
Verträge	472 618	451 521	− 21 097	− 4,5

Auch die Betriebe meldeten nicht alle Ausbildungsplätze, die sie besetzen wollten, den Arbeitsämtern. Die Einschaltquote beim Angebot an Ausbildungsplätzen bei den Arbeitsämtern betrug 1981 rund 78 % gegenüber 72 % im Vorjahr. Die Einschaltquote der Arbeitsämter beim Angebot an Ausbildungsplätzen ist mithin auch 1981 wieder deutlich gewachsen.

37 348 Berufsausbildungsstellen, die den Arbeitsämtern gemeldet wurden, waren am 30. September 1981 noch unbesetzt. Zum gleichen Zeitpunkt waren als unversorgte Bewerber um Ausbildungsplätze bei den Arbeitsämtern noch 22 140 Jugendliche registriert. Rund 60 % der unversorgten Bewerber waren Mädchen. Nur 10 % der Jugendlichen haben keinen schulischen Abschluß. Die Anzahl der Jugendlichen, die für das laufende Ausbildungsjahr über die Arbeitsämter einen Ausbildungsplatz suchten, reduzierte sich bis zum 31. Dezember 1981 auf 15 945, das waren rund 4 106 mehr als im Vorjahr.

Regionale Besonderheiten

Die Ausbildungsplatzsituation 1981 ist keineswegs allein durch die Einführung des 10. Schuljahres in Nordrhein-Westfalen geprägt. Die Ausbildungsbilanz ist in allen Ländern außer Nordrhein-Westfalen ungünstiger geworden (vgl. *Übersicht 4*).

Der Rückgang der Anzahl der neuen Ausbildungsverträge im Handwerk war stärker durch die Entwicklung in Nordrhein-Westfalen mit — 18,9 % (gegenüber — 8,0 % im übrigen Bundesgebiet) geprägt als im Ausbildungsbereich Industrie und Handel. Der Rückgang in Nordrhein-Westfalen betrug hier — 13,3 % (im übrigen Bundesgebiet — 8,3 %).

2.2 Voraussichtliche Entwicklung 1982

1982 sind erhebliche Anstrengungen notwendig, damit eine hinreichende Zahl von Ausbildungsplätzen für die Jugendlichen bereitgestellt und der Fachkräfte-Nachwuchs gesichert wird. Die Anzahl der Schulabgänger aus der Sekundarstufe I wird deutlich größer sein als 1981 und nur um gut 1 % unter dem Wert des Jahres 1980 liegen (vgl. *Übersicht 1*). Die Ausbildungsplatznachfrage bleibt damit insgesamt auf hohem Niveau. Sie wird gegenüber 1981 steigen. Insbesondere in Nordrhein-Westfalen ist mit

einem Anwachsen der Schulabgängerzahlen aus dem Sekundarbereich I (um fast 16 %) zu rechnen. Auch in Bremen und Baden-Württemberg dürften die Schulabgängerzahlen aus dem Sekundarbereich I noch zunehmen. In den anderen Ländern ist mit geringfügigen Abnahmen zu rechnen (vgl. *Tabelle 1/3*). Auch in diesen Ländern bleibt allerdings die Nachfrage auf einer Höhe, die besondere Anstrengungen für ein ausreichendes Ausbildungsplatzangebot erforderlich macht. Die Nachfrage von Berufsgrundschülern oder Jugendlichen, die der Berufsausbildung im dualen System — aus welchen Gründen auch immer — eine schulische berufliche Bildung vorgeschaltet haben, ist außerdem zu berücksichtigen.

Die Gesamtzahl der Ausbildungsplatzsuchenden wird für das Jahr 1982 auf knapp 660 000 vorausgeschätzt. Das sind rund 31 000 Ausbildungsplatzsuchende entsprechend fast 5 % mehr als 1981. Diese für das Bundesgebiet insgesamt vorausgeschätzte durchschnittliche Zunahme der Ausbildungsplatznachfrage dürfte in den Ländern Rheinland-Pfalz und Saarland unterschritten, in Nordrhein-Westfalen deutlich überschritten werden. In den anderen Ländern dürfte sich die Nachfrage aus unterschiedlichen Gründen etwa entlang der Vorausschätzung des Durchschnitts — ggf. mit geringfügigen Abweichungen nach unten — entwickeln.

Die Vorausschätzung gründet sich auf folgende Annahmen einer vereinfachten Modellrechnung, die bereits in den früheren Berufsbildungsberichten verwendet wurde:

a) Die Zahl der Bewerber für Ausbildungsplätze im ersten Ausbildungsjahr wird mit 523 700 angenommen. Dies entspricht 64 % (Vorjahr 63 %, 1980 66 %) der erwarteten Zahl von 818 000 Schulabgängern der Mittelstufe (Sekundarbereich I) des Jahres 1982. Die im Vergleich zum Vorjahr erhöhte Übergangsquote ergibt sich insbesondere aus der Sonderentwicklung in Nordrhein-Westfalen. Die dort nunmehr abgeschlossene Einführung des 10. Pflichtschuljahres ergab für 1981 einen ungewöhnlich hohen Rückgang der Bewerberzahl für Ausbildungsplätze im ersten Ausbildungjahr. 1982 ist demgegenüber wieder mit einem wachsenden Anteil dieser Bewerber zu rechnen.

b) Immer mehr Jugendliche schließen nach dem Besuch beruflicher Vollzeitschulen einen Ausbildungsvertrag mit verkürzter Ausbildungszeit ab. 1982 dürfte mit einem weiteren Zuwachs dieser Nachfrage mit Zeitverzug zu rechnen sein. Bei einem Anteil von 13 % (Vorjahr: 12 %) der 797 000 Schulabgänger aus der Mittelstufe (Sekundarbereich I) des Jahres 1981 wird die Zahl dieser Jugendlichen mit rund 103 600 angenommen.

c) Der Anteil der Schüler mit Hochschulberechtigung, die eine Berufsausbildung im dualen System aufnehmen, dürfte etwa gleich bleiben. Er wird wie im Vorjahr mit 12 % angenommen. Bei insgesamt 256 000 Hochschulberechtigten ergibt sich daraus eine Nachfrage nach einer Berufsausbildung mit verkürzter Ausbildungszeit von rund 30 700.

Insgesamt ergibt sich damit für 1982 eine Nachfrage nach Ausbildungsplätzen von 658 000. Bei dieser Vorausschätzung wird davon ausgegangen, daß eine grundlegende Umorientierung der Ausbildungswünsche der Jugendlichen zu Lasten der Ausbildung im dualen System nicht zu erwarten ist. Eine Abschwächung des Ausbildungsplatzangebotes würde allerdings dazu führen, daß auch die Nachfrage nicht die vorausgeschätzte Höhe erreicht, da die Jugendlichen bei der Ausbildungsplatzsuche frühzeitig resignieren. Dies wäre jedoch ein falsches Verhalten.

Die Arbeitgeber sind aufgerufen, entsprechend dem Urteil des Bundesverfassungsgerichts vom 10. Dezember 1980 die „Aufgabe (der Berufsausbildung) nach Maßgabe ihrer objektiven Möglichkeiten und damit so" zu erfüllen, „daß grundsätzlich alle ausbildungswilligen Jugendlichen die Chance erhalten, einen Ausbildungsplatz zu bekommen".

Ein nachhaltig knappes Ausbildungsplatzangebot würde die Attraktivität der Berufsausbildung im dualen System auch langfristig schädigen. Der Ausbildungswille der Jugendlichen muß bestärkt werden. Bildungsangebote müssen verläßlich sein: Konjunkturabhängigkeit würde von den Jugendlichen — aus ihrer Sicht zu Recht — als „zufällig" empfunden.

Ergebnis der Beratung der Bundesregierung zum Berufsbildungsbericht 1982 in der Kabinettsitzung am 1. März 1982

Der Bundesminister für Bildung und Wissenschaft hat den Berufsbildungsbericht 1982 vorgelegt. Die Bundesregierung stellt fest:

1.

Die Ausbildungsplatzbilanz des Jahres 1981 hat sich gegenüber dem Vorjahr deutlich verschlechtert. 1981 wurden 627000 Ausbildungsplätze nachgefragt, 643000 wurden angeboten. Damit lag das Angebot global nur noch 2,4 % über der Nachfrage. 1980 gab es noch einen Überhang von 4,1 %. Vor allem im Ausbildungsbereich von Industrie und Handel wie auch im Handwerk ging die Zahl der neu abgeschlossenen Ausbildungsverträge zurück.

Dieser Trendeinbruch des Jahres 1981 darf nicht zum Trend des Jahres 1982 werden.

2.

Noch stärker, als dies in der Gesamtbilanz deutlich wird, haben sich die regionalen Ungleichgewichte im Jahre 1981 verschärft. Die Zahl der Länder, in denen das Angebot unter der Nachfrage lag, ist von 3 im Jahre 1980 auf 6 im Jahre 1981 angestiegen (Schleswig-Holstein, Hamburg, Bremen, Hessen, Rheinland-Pfalz und Berlin). Von den insgesamt 142 Arbeitsamtsbezirken ist 1981 in 109 das Verhältnis von Angebot zu Nachfrage schlechter ausgefallen als 1980.

Die Zahl der Arbeitsamtsbezirke, in denen das Angebot unter der Nachfrage lag, hat sich von 20 im Jahre 1980 auf 45 im Jahre 1981 mehr als verdoppelt.

In allen Regionen sind verstärkte Anstrengungen notwendig, damit eine ausreichende Zahl von Ausbildungsplätzen bereitgestellt wird. Die regionalen Ungleichheiten müssen abgebaut werden, um allen Jugendlichen vergleichbare Ausbildungschancen zu geben.

3.

Die Zahl der Jugendlichen, die betriebliche Ausbildungsplätze in Betrieben und Verwaltungen suchen, wird 1982 deutlich ansteigen.

Der Berufsbildungsbericht 1982 weist aus, daß voraussichtlich rund 660000 Jugendliche 1982 einen betrieblichen Ausbildungsplatz suchen werden. Das sind über 30000 Jugendliche mehr als im Vorjahr. Die Nachfrage wird damit etwa das hohe Niveau des Jahres 1980 erreichen.

Alle Betriebe in Wirtschaft und Verwaltung müssen deshalb ihr Ausbildungsplatzangebot erheblich aufstocken, um allen Jugendlichen qualifizierte Berufsausbildung zu ermöglichen.

4.

In Teilbereichen beruflicher Ausbildung haben sich die Ausbildungsmöglichkeiten junger Frauen geringfügig verbessert. Insgesamt aber hatten sie auch im Jahre 1981 immer noch schlechtere Chancen als die Jungen. Der Anteil junger Frauen unter den Bewerbern, die 1981 ohne Ausbildungsplatz blieben, ist überproportional hoch. Die Zahl betrieblicher Ausbildungsangebote in gewerblich-technischen oder in den qualifizierten kaufmännisch-verwaltenden Berufen ist für junge Frauen nach wie vor unzureichend.

In der Berufsausbildung im Handwerk und in der Landwirtschaft bleibt der Anteil junger Frauen gegenüber anderen Wirtschaftsbereichen zurück.

Eine Steigerung der Zahl betrieblicher Ausbildungsplätze in diesem Jahr ist auch deshalb notwendig, damit mehr Frauen in der Zukunft sichere und qualifiziertere Arbeit erhalten können.

5.

Nach wie vor befinden sich zu wenig ausländische Jugendliche in der Berufsausbildung, trotz einer Zunahme der Zahl der ausländischen Auszubildenden um rund 20 % gegenüber 1980.

Sprachschwierigkeiten, fehlende Schulabschlüsse, mangelnde Informationen und knapper gewordene betriebliche Ausbildungsplatzangebote sind vor allem die Ursachen für ihre schlechten Ausbildungschancen.

Die Bundesregierung wird deshalb ihre Maßnahmen und Programme zum Abbau der bei vielen ausländischen Jugendlichen liegenden Defizite fortsetzen. Sie erwartet von den Betrieben und Verwaltungen verstärkte Ausbildungsangebote für die ausländischen Jungen und Mädchen.

6.

Mit Inkrafttreten des Berufsbildungsförderungsgesetzes ist die gesetzliche Grundlage für eine Planung und Mitwirkung der an der beruflichen Bildung Beteiligten wieder hergestellt. Dadurch können die quantitative Entwicklung rechtzeitig erkannt und beeinflußt sowie die jeweils notwendigen Qualitätsverbesserungen in Betrieb und Schule angeregt werden.

7.

Die Ausbildungsprobleme in diesem Jahr sind nur dann zu lösen, wenn alle Betriebe und Verwaltungen sich ihrer Verantwortung bewußt sind und vermehrt Ausbildungsplätze anbieten.

Die Bundesregierung fordert deshalb alle an der beruflichen Bildung Beteiligten zu einer Ausbildungsinitiative auf.

Eine solide Ausbildung bedeutet für die Jugendlichen die Grundlage für Berufserfolg und ist damit zugleich wesentliche Basis ihrer Zukunftshoffnungen. Die Gesellschaft droht Schaden zu nehmen, wenn junge Menschen dadurch enttäuscht werden, daß sie keinen Ausbildungsplatz finden. Die Wirtschaft muß erkennen, daß Ausbildungsinvestitionen langfristig wirkende Ausgaben sind und deshalb nicht unmittelbar von der Konjunktur abhängig gemacht werden dürfen. Insbesondere zur Sicherung des benötigten Facharbeiternachwuchses sind zusätzliche Ausbildungsanstrengungen notwendig.

Die Bundesregierung erwartet, daß die Appelle der Spitzenorganisationen in ausbildungsplatzerweiternde Entscheidungen der Betriebe und Verwaltungen umgesetzt werden. Sie hält eine stärkere Ausbildungsbereitschaft für geboten; dort, wo sie noch nicht vorhanden ist, muß sie geweckt werden.

Die Arbeitsämter sind aufgefordert, durch weitere Ansprache der Betriebe zu einem größeren Ausbildungsangebot beizutragen.

Die Bundesregierung appelliert an die Jugendlichen und ihre Eltern, sich weiterhin um eine qualifizierte Ausbildung zu bemühen. Die Schulen sind aufgerufen, dazu beizutragen, die Ausbildungsfähigkeit und Ausbildungsmotivation der Jungen und Mädchen zu stärken.

Die Ausbildung von Jugendlichen, die in ihren Ausbildungschancen beeinträchtigt sind, bedarf verstärkter Aufmerksamkeit. Private und öffentliche Arbeitgeber müssen die Ausbildung dieser Jugendlichen als Aufgabe von hohem sozial- und arbeitsmarktpolitischen Gewicht begreifen.

8.

Die Bundesregierung geht davon aus, daß die vorhandenen und erkennbaren Ausbildungsprobleme durch verantwortungsbewußtes Handeln der Betriebe und Verwaltungen gemeistert werden können.

Die Bundesregierung leistet mit dem beschäftigungspolitischen Programm auch einen Beitrag zum Abbau der Jugendarbeitslosigkeit durch mehr und bessere Ausbildung. Für den vorgesehenen beschleunigten Ausbau überbetrieblicher Ausbildungsstätten, für die Ausbildung benachteiligter Jugendlicher sowie bildungs- und ausbildungsbegleitende Hilfen für arbeitslose Jugendliche werden insgesamt von 1982—1985 zusätzlich 400 Mio. DM bereitgestellt.

Die Bundesregierung wird die Entwicklung bei den Ausbildungsstellen weiterhin mit großer Aufmerksamkeit verfolgen und auf die Verantwortlichen einwirken. Wenn sich die Ausbildungschancen der Jugendlichen weiter verschlechtern und der Anspruch der Jugend auf qualifizierte Berufsausbildung nicht mehr gesichert sein sollte, wird sie gegebenenfalls über den jetzt gesteckten Rahmen hinaus situationsgerecht handeln.

Teil II: Informationen und Daten zur beruflichen Bildung

1. Quantitative Entwicklung der Berufsausbildung

1.1 Eckdaten zur Berufsausbildung

Anzahl der Auszubildenden nach Ausbildungsbereichen

Ende 1980 gab es 1,713 Millionen Auszubildende, von denen rund 787 000 (46 %) in Industrie und Handel, 702 000 (41 %) im Handwerk, 47 000 (2,7 %) in der Landwirtschaft, 54 000 (3,1 %) im öffentlichen Dienst[1]), 114 000 (6,7 %) in freien Berufen, 8 000 (0,4 %) in der Hauswirtschaft und 1 000 (0,1 %) Jugendliche in der Seeschiffahrt ausgebildet wurden. Gegenüber dem Vorjahr ist die Anzahl der Auszubildenden 1980 um rund 4 % angestiegen.

Fünf am stärksten besetzte Berufe

In der Bundesrepublik Deutschland gibt es derzeit 446 anerkannte Ausbildungsberufe. Die fünf Ausbildungsberufe mit den meisten Ausbildungsverhältnissen bei den Männern sind: Kraftfahrzeugmechaniker (8,8 % aller männlichen Auszubildenden), Elektroinstallateur (5,4 %), Maschinenschlosser (4,3 %), Tischler (4,0 %) und Maurer (3,7 %).

Bei den Frauen sind die fünf am stärksten besetzten Ausbildungsberufe: Verkäuferin (11,5 % aller weiblichen Auszubildenden), Friseurin (10,4 %), Verkäuferin im Nahrungsmittelhandwerk (6,7 %), Bürokauffrau (6,4 %) und Industriekauffrau (5,5 %).

Rund 26 % der männlichen Auszubildenden lernen die fünf von Männern am stärksten besetzten Berufe, dagegen lernen rund 41 % der weiblichen Auszubildenden die fünf von Frauen am stärksten besetzten Berufe. Die Konzentration der Ausbildung auf wenige Berufe ist also bei den Frauen noch höher als bei den Männern.

Anteil der weiblichen Auszubildenden

Der Anteil der weiblichen Auszubildenden im dualen System ist von 37,8 % im Jahre 1979 auf 38,1 % im Jahre 1980 angestiegen; gegenüber 1974 hat er sich um 3,0 % vergrößert. Besonders hoch ist der Anteil junger Frauen an den Auszubildenden mit rund 44 % in Industrie und Handel. Im öffentlichen Dienst hat sich ihr Anteil von 21 % im Jahr 1973 auf 42 % im Jahr 1980 verdoppelt. Nach wie vor unterdurchschnittlich ist der Frauenanteil mit nur 22 % im Handwerk.

Bestandene Abschlußprüfungen

1980 haben rund 622 000 Auszubildende Abschlußprüfungen abgelegt. Davon bestanden 91 % ihre Prüfung (1975 rund 86 %). Die Statistik erfaßt „Prüfungsfälle", d. h. auch Wiederholungsprüfungen. Insgesamt ist davon auszugehen, daß etwa 5 % der Auszubildenden — ggf. in mehreren Anläufen — den Abschluß nicht erreichen.

Berufliche Vollzeitschulen

In beruflichen Vollzeitschulen befanden sich 1980 rund:

— 352 000 Schüler in Berufsfachschulen[1])
— 97 000 Schüler in Schulen des Gesundheitswesens
— 79 000 Schüler in Fachoberschulen
— 54 000 Schüler in Fachgymnasien
— 22 000 Schüler in Berufsaufbauschulen.
— 95 000 Lernende in Fachschulen der beruflichen Fortbildung

Ausbildung im öffentlichen Dienst

Neben einer betrieblichen Ausbildung im dualen System oder einer Ausbildung in beruflichen Vollzeitschulen strebt ein Teil der Jugendlichen auch eine Laufbahnausbildung im öffentlichen Dienst (als Beamte im Vorbereitungsdienst) an[2]).

Im Jahr 1979 befanden sich im gesamten öffentlichen Dienst rund 235 000 Personen in Ausbildung[3]). Eine Aufgliederung dieser Daten nach einzelnen Berufsausbildungen erfolgte bisher nicht.

Insgesamt wurden 1980 im öffentlichen Dienst 54 000 Ausbildungsverhältnisse nach dem Berufsbildungsgesetz, darunter rund 21 000 neu abgeschlossene Ausbildungsverträge registriert — allerdings ohne diejenigen Auszubildenden, deren Ausbildungsverhältnisse nach dem Berufsbildungsgesetz bei anderen zuständigen Stellen registriert werden.

Im Bereich des Bundes haben 1980 rund 33 000 Jugendliche eine Ausbildung in Behörden, Betrieben und Einrichtungen begonnen[3]).

Hochschulen

1980 gab es rund 195 000 Studienanfänger, das waren 19,4 % des durchschnittlichen Altersjahrgangs der 19- bis unter 21jährigen.

---

[1]) Ohne diejenigen Auszubildenden des öffentlichen Dienstes, deren Ausbildungsverhältnisse bei zuständigen Stellen (Kammern) außerhalb des öffentlichen Dienstes registriert werden.

[1]) Berufsfachschulen umfassen Schüler mit unterschiedlicher Schulzeitdauer von 1 bis 4 Jahren. Berufsfachschulen vermitteln sowohl vollqualifizierende berufliche Schulabschlüsse (wie z. B. bei Erzieherinnen) als auch eine berufliche Grundbildung. Berufsfachschulzeiten werden in einem entsprechenden Berufsfeld, zu dem der Ausbildungsberuf gehört, als Ausbildungszeiten angerechnet. In vielen Berufsfachschulen kann zugleich auch der mittlere Bildungsabschluß erworben werden.

[2]) Im öffentlichen Dienst gibt es Berufsausbildungen
— in einer Laufbahnausbildung
— in Ausbildungsberufen nach § 83 des Berufsbildungsgesetzes
— in Berufen nach dem Berufsbildungsgesetz, deren Registrierung bei den Kammern liegt („Kammerberufe") und
— in Berufen nach dem Berufsbildungsgesetz, deren Registrierung bei den zuständigen Stellen des öffentlichen Dienstes liegt.

[3]) Die Gesamtzahl enthält nicht die Studierenden für die Laufbahn des gehobenen Dienstes. Diese Ausbildung ist seit 1979 als Fachhochschulausbildung gestaltet. Ein Vergleich mit Daten aus früheren Jahren ist deshalb nur bedingt möglich. Zahlen über die Ausbildungsleistungen des öffentlichen Dienstes, die auch die bei den Kammern der Wirtschaft registrierten Ausbildungsverhältnisse einschließen und nach Ausbildungsorten getrennt sind, liegen nur für den Bereich des Bundes vor, aus der Mehrzahl der Länder und Gemeinden dagegen nicht.

1.2 Betriebliche und schulische Berufsausbildung 1981

1.2.1 Ausbildungsbilanz 1981

1981 ist das Angebot um 51 905 Plätze (bzw. 7,5 %) auf 642 700 zurückgegangen. Im gleichen Zeitraum sank die Nachfrage nach betrieblichen Ausbildungsplätzen gegenüber dem Vorjahr um 39 863 Bewerber (bzw. 6,0 %) von 667 335 auf 627 492. Der Angebotsüberschuß, der im Vorjahr noch 4,1 % betragen hatte, ging 1981 auf 2,4 % zurück (vgl. *Übersicht 5*).

Die *Übersicht 5* spiegelt die durchschnittliche Versorgungslage im gesamten Bundesgebiet wider. Die regionalen Verhältnisse weichen vom Gesamtwert des Bundesgebietes teilweise erheblich ab (vgl. Kapitel 2 und *Tabellen 2/1 und 2/2*).

Neue Ausbildungsverträge am 30. September

Am 30. September 1981 waren im Bundesgebiet insgesamt 605 352 neue Ausbildungsverträge bei den zuständigen Stellen eingetragen[1]). Das waren 44 637[2]) oder 6,9 % weniger als im Vorjahr (vgl. *Übersicht 6* und *Schaubild 1*).

Die Anzahl der Ausbildungsverträge mit verkürzter Ausbildungsdauer, die dann abgeschlossen werden, wenn

---

[1]) Ohne Anschlußverträge für die zweite Stufe der Berufsausbildung bzw. das dritte Ausbildungsjahr in der Landwirtschaft; insgesamt 33 927, davon 29 127 im Ausbildungsbereich Industrie und Handel, 764 im Ausbildungsbereich Handwerk und 4 036 im Ausbildungsbereich Landwirtschaft

[2]) Die Zahl der neu abgeschlossenen Ausbildungsverträge für 1980 mußte aufgrund der nachträglichen Korrektur einer Kammer geändert werden; sie beträgt 649 989.

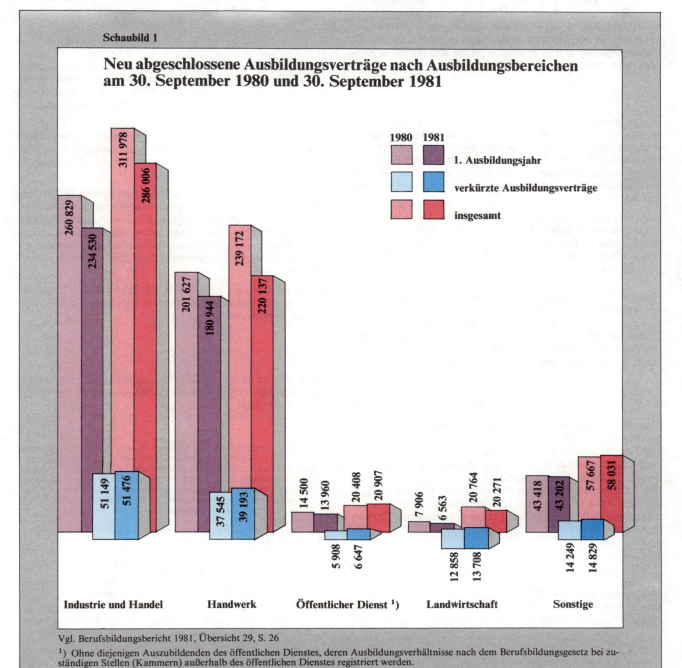

Schaubild 1

Neu abgeschlossene Ausbildungsverträge nach Ausbildungsbereichen am 30. September 1980 und 30. September 1981

Vgl. Berufsbildungsbericht 1981, Übersicht 29, S. 26

[1]) Ohne diejenigen Auszubildenden des öffentlichen Dienstes, deren Ausbildungsverhältnisse nach dem Berufsbildungsgesetz bei zuständigen Stellen (Kammern) außerhalb des öffentlichen Dienstes registriert werden.

Übersicht 5: Angebot von und Nachfrage nach betrieblichen Ausbildungsplätzen zum 30. September 1981[1]

Angebot			Nachfrage			Angebot je 100 Nachfrager	
Anzahl		Veränderung 1981 gegenüber 1980 in %	Anzahl		Veränderung 1981 gegenüber 1980 in %		
1980	1981		1980	1981		1980	1981
694 605	642 700	— 7,5	667 355	627 492	— 6,0	104,1	102,4

[1] Unterschiede gegenüber den Vorjahresangaben beruhen auf nachträglichen Korrekturmeldungen einiger zuständiger Stellen.

besondere schulische Vorbildung dies rechtfertigt, ist in allen Ausbildungsbereichen nochmals angestiegen. Der Ausbau der vollzeitschulischen beruflichen Ausbildungsgänge hat sich hier ausgewirkt, offensichtlich besonders stark bei der Ausbildung im öffentlichen Dienst. Die Anzahl der Neuabschlüsse für das erste Ausbildungsjahr ist in fast allen Bereichen gegenüber 1980 erheblich gesunken.

Im Gegensatz zum bundesweiten Trend der Abnahme der Anzahl der neu abgeschlossenen Verträge wurden in Berlin 1981 mehr Ausbildungsverträge abgeschlossen als 1980 (vgl. *Übersicht 7* und *Schaubild 2*). In fünf Bundesländern blieb der Rückgang unter 5 %. In vier Ländern lag der Rückgang zwischen 5 % und 10 %. In Nordrhein-Westfalen wurden fast 24 000 Ausbildungsverträge entsprechend 13,3 % weniger als im Vorjahr abgeschlossen. Auch in Nordrhein-Westfalen war jedoch der Rückgang der Zahl der abgeschlossenen Verträge deutlich größer als der Rückgang der Nachfrage durch die Einführung des 10. Pflichtschuljahres.

Der Rückgang der Anzahl neu abgeschlossener Ausbildungsverträge war besonders bei den Berufen Verkäufer/Verkäuferin und Einzelhandelskaufmann/Einzelhandelskauffrau (zusammen — 14,5 %) sowie im Baubereich (— 8,9 %) erheblich. Für die Ausbildung zum Kfz-Mechaniker/zur Kfz-Mechanikerin wurden 10,7 % weniger Verträge abgeschlossen. Die Anzahl der neu abgeschlossenen Verträge ist allein in den genannten Berufen um 14 170 zurückgegangen (vgl. *Tabelle 1/1*). Zuwächse waren unter anderem bei den Berufen im Hotel- und Gaststättengewerbe (insgesamt 12,6 %), bei Arzthelfern/Arzthelferinnen (+ 4,5 %) und Apothekenhelfern/Apothekenhelferinnen (+ 6,3 %) zu verzeichnen. Dem Gesamtzuwachs im öffentlichen Dienst (+ 2,4 %) stand eine Abnahme bei den Verwaltungs- und Büroberufen des öffentlichen Dienstes (— 1,1 %) gegenüber (vgl. hierzu auch *Tabelle 1/2*).

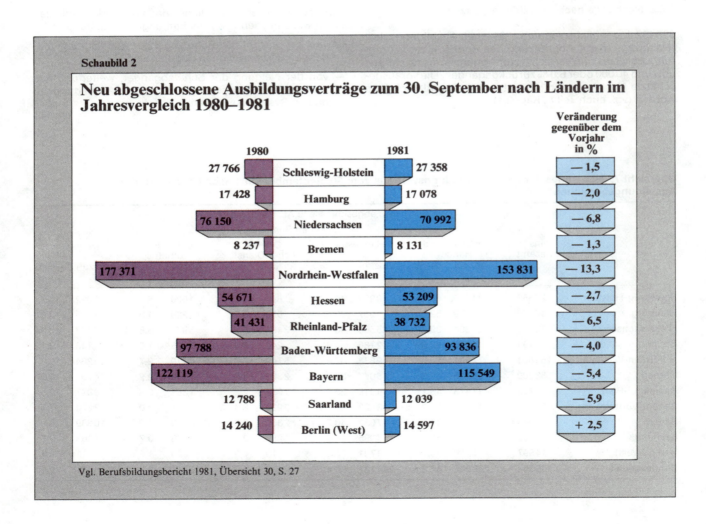

Schaubild 2

Neu abgeschlossene Ausbildungsverträge zum 30. September nach Ländern im Jahresvergleich 1980–1981

Land	1980	1981	Veränderung gegenüber dem Vorjahr in %
Schleswig-Holstein	27 766	27 358	— 1,5
Hamburg	17 428	17 078	— 2,0
Niedersachsen	76 150	70 992	— 6,8
Bremen	8 237	8 131	— 1,3
Nordrhein-Westfalen	177 371	153 831	— 13,3
Hessen	54 671	53 209	— 2,7
Rheinland-Pfalz	41 431	38 732	— 6,5
Baden-Württemberg	97 788	93 836	— 4,0
Bayern	122 119	115 549	— 5,4
Saarland	12 788	12 039	— 5,9
Berlin (West)	14 240	14 597	+ 2,5

Vgl. Berufsbildungsbericht 1981, Übersicht 30, S. 27

Übersicht 6: Neu abgeschlossene Ausbildungsverträge nach Ausbildungsbereichen zum 30. September 1980 und 30. September 1981

Ausbildungsbereich		1980 Anzahl	1981	Veränderung zum Vorjahr Anzahl	in %
Industrie und Handel	1. Ausbildungsjahr	260 829	234 530	− 26 299	− 10,1
	verkürzte Ausbildungsverträge	51 149	51 476	+ 327	+ 0,6
	insgesamt	311 978	286 006	− 25 972	− 8,3
Handwerk	1. Ausbildungsjahr	201 627	180 944	− 20 683	− 10,3
	verkürzte Ausbildungsverträge	37 545	39 193	+ 1 648	+ 4,4
	insgesamt	239 172	220 137	− 19 035	− 8,0
Öffentlicher Dienst[1]	1. Ausbildungsjahr	14 500	13 960	− 540	− 3,7
	verkürzte Ausbildungsverträge	5 908	6 947	+ 1 039	+ 17,6
	insgesamt	20 408	20 907	+ 499	+ 2,4
Landwirtschaft	1. Ausbildungsjahr	7 906	6 557	− 1 349	− 17,1
	verkürzte Ausbildungsverträge	12 858	13 708	+ 850	+ 6,6
	insgesamt	20 764	20 265	− 499	− 2,4
Sonstige	1. Ausbildungsjahr	43 418	43 178	− 240	− 0,6
	verkürzte Ausbildungsverträge	14 249	14 544	+ 295	+ 2,1
	insgesamt	57 667	57 722	+ 55	+ 0,1
Alle Ausbildungsbereiche	1. Ausbildungsjahr	528 280	479 169	− 49 111	− 9,3
	verkürzte Ausbildungsverträge	121 709	126 868	+ 4 159	+ 3,4
	insgesamt	649 989	605 037	− 44 952	− 6,9

Vgl. Berufsbildungsbericht 1981, Übersicht 29, Seite 26.

[1] Ohne diejenigen Auszubildenden des öffentlichen Dienstes, deren Ausbildungsverhältnisse nach dem Berufsbildungsgesetz bei zuständigen Stellen (Kammern) außerhalb des öffentlichen Dienstes registriert werden.

1.2.2 Nachfrage nach Ausbildungsplätzen

627 492 Jugendliche suchten 1981 einen Ausbildungsplatz (Nachfrage in der Abgrenzung des Berufsbildungsförderungsgesetzes). Im Vergleich zum Vorjahr ist die Nachfrage um rund 40 000 oder 6,0 % zurückgegangen. Die vorausgeschätzte Nachfrage für 1981 ist um 28 000 unterschritten worden (vgl. auch Teil I., Kap. 2.1).

Die Nachfrage der Jugendlichen nach Ausbildungsplätzen ist im wesentlichen von zwei Einflußgrößen abhängig:

— von der Anzahl der Schulabgänger aus allgemeinbildenden und beruflichen Schulen und

— von der Neigung der Schulabgänger, weiterführende schulische Bildungsgänge oder eine Ausbildung im dualen System zu wählen.

Übersicht 7: Neu abgeschlossene Ausbildungsverträge zum 30. September 1981 nach Ländern und Ausbildungsbereichen

Land	Neu abgeschlossene Ausbildungsverträge										
	Ins- gesamt	Industrie und Handel		Handwerk		Öffent- licher Dienst		Landwirt- schaft		Sonstige	
		Anzahl	in %	Anzahl	in %	Anzahl	in %	Anzahl	in %	Anzahl	in %
Schleswig-Holstein	27 358	11 002	40,2	10 933	40,0	881	3,2	1 620	5,9	2 922	10,7
Hamburg	17 078	8 879	52,0	5 567	32,6	550	3,2	229	1,3	1 853	10,9
Niedersachsen	70 992	27 894	39,3	28 566	40,2	3 465	4,9	3 974	5,6	7 093	10,0
Bremen	8 131	4 276	52,6	2 786	34,3	241	3,0	85	1,0	743	9,1
Nordrhein-Westfalen	153 831	77 861	50,6	49 838	32,4	5 749	3,7	4 119	2,7	16 264	10,6
Hessen	53 209	26 785	50,3	18 077	34,0	2 382	4,5	1 169	2,2	4 796	9,0
Rheinland-Pfalz	38 732	17 473	45,1	14 919	38,5	1 082	2,8	1 381	3,6	3 877	10,0
Baden-Württemberg	93 836	46 942	50,0	33 623	35,8	3 230	3,4	2 771	3,0	7 270	7,7
Bayern	115 549	51 199	44,3	47 032	40,7	2 360	2,0	4 619	4,0	10 339	8,9
Saarland	12 039	6 445	53,5	4 095	34,0	257	2,1	79	0,7	1 163	9,7
Berlin (West)	14 597	7 250	49,7	4 701	32,2	710	4,9	225	1,5	1 711	11,7
Bundesgebiet	**605 352**	**286 006**	**47,2**	**220 137**	**36,4**	**20 907**	**3,5**	**20 271**	**3,3**	**58 031**	**9,6**

Vgl. Berufsbildungsbericht 1981, Übersicht 30, Seite 26.

Die Ausbildungsentscheidungen der Schulabgänger werden auch vom Angebot an schulischen oder betrieblichen Ausbildungsplätzen beeinflußt: je schwieriger sich die Suche nach einem bestimmten Ausbildungsplatz gestaltet, um so eher wählen die Schulabgänger alternative Ausbildungsmöglichkeiten. Hinzu kommt bei Knappheit von Ausbildungsplätzen noch ein weiterer Aspekt: die Ansprüche der Betriebe an die schulische Vorbildung steigen. Je höher diese Ansprüche werden, um so mehr Jugendliche versuchen, diese Ansprüche durch Besuch weiterführender Schulen zu erfüllen. Diese Jugendlichen suchen dann später einen Ausbildungsplatz — Nachfrage mit Zeitverzug.

Schulabgänger aus allgemeinen und beruflichen Schulen

Die Anzahl der Schulabgänger aus dem Sekundarbereich I lag 1981 bei 796 771 (vgl. *Tabelle 1/3*). Sie ist um 32 001 gegenüber dem Vorjahr zurückgegangen.

Während die Anzahl der Schulabgänger mit Hauptschulabschluß um 37 480, entsprechend 9,4 %, und die Anzahl der Schulabgänger ohne Hauptschulabschluß um 11 270, entsprechend 10,3 %, abnahmen, gab es 16 749, entsprechend 5,2 %, mehr Realschulabsolventen. Diese Veränderung in der Zusammensetzung der Schulabgänger nach Abschlüssen war 1981 untypisch, weil von der Einführung des 10. Pflichtschuljahres in Nordrhein-Westfalen vorrangig Hauptschüler, kaum aber Realschüler und Gymnasiasten betroffen waren.

Die Anzahl der Schulabgänger mit Fachhochschul- und Hochschulreife stieg 1981 insgesamt um 27 590 oder 14 %.

Über die Anzahl der Schulabgänger aus beruflichen Vollzeitschulen (Berufsgrundbildungsjahr, Berufsvorbereitungsjahr, Berufsfachschule) liegen für 1981 keine Angaben vor. Ihre Zahl dürfte im Vergleich zum Vorjahr um etwa 4 %[1]) auf über 270 000 gestiegen sein.

Ergebnisse der Schülerbefragung

Auch 1981 wurde eine von der Ständigen Konferenz der Kultusminister der Länder koordinierte Befragung der Entlaßschüler durchgeführt. Berlin (West) und Schleswig-Holstein nahmen an der diesjährigen Befragung nicht teil.

Gefragt wurde zum Ende des Schuljahres nach den weiteren schulischen und beruflichen Plänen der Schulabgänger. Die Ergebnisse sind in *Tabelle 1/4* zusammengestellt.

In allen Ländern, in denen die Befragung durchgeführt wurde, ist auch 1981 der Anteil der Schulabgänger weiter zurückgegangen, die unmittelbar nach der allgemeinbildenden Schule eine Ausbildung im dualen System anstrebten. Von den Schulabgängern aus beruflichen Schulen wollte ein deutlich größerer Teil eine Ausbildung im dualen System aufnehmen, als dies bei den Schulabgängern aus allgemeinbildenden Schulen der Fall war.

Allerdings sind die Befragungsergebnisse vorsichtig zu bewerten und bedürfen sorgfältiger Interpretation. So sind z. B. „Schulabgänger" in Nordrhein-Westfalen auch Schüler, die im 10. Pflichtschuljahr berufliche statt allgemeine Schulen besuchen. Bei ihnen wäre ein Ausbildungsplatzwunsch nach den gesetzlichen Vorschriften in aller Regel unrealistisch und wird daher auch kaum geäußert.

[1]) Schätzwert auf der Grundlage der Schülerbefragung der Länder

In Niedersachsen ist der Anteil der Schulabgänger aus der Hauptschule, die eine Ausbildung im dualen System anstrebten, von 47,7 % im Vorjahr auf 38,7 % gefallen. Hier hat sich die weitere Einführung des schulischen Berufsgrundbildungsjahres und des Berufsvorbereitungsjahres ausgewirkt. Ein Rückgang des Interesses der Jugendlichen an einer Berufsausbildung im dualen System läßt sich auch aus den niedersächsischen Daten nicht ableiten.

Die Schülerbefragungen sind dennoch ein wichtiges Instrument zur Beobachtung der Entwicklung der Ausbildungswünsche der Jugendlichen. Sie ergeben meist aktuellere Daten als die amtliche Statistik. Dies ist für alle an der beruflichen Bildung Beteiligten von erheblicher Bedeutung.

Bewerber um Ausbildungsplätze in der Berufsberatungsstatistik

Die Anzahl der Bewerber um Ausbildungsplätze, die sich bei den Arbeitsämtern gemeldet haben, ist gegenüber dem Vorjahreszeitraum um 15 954 bzw. 3,5 % von 459 300 auf 443 346 gesunken (vgl. hierzu *Übersicht 8*). Der prozentuale Rückgang der Bewerberzahlen war deutlich niedriger als der Rückgang der Nachfrage nach Ausbildungsplätzen in der gesetzlichen Abgrenzung.

Die Berufsberatungsstatistik gibt nur einen Ausschnitt aus der Ausbildungsplatzsituation wieder, weil weder die Nachfrage noch das Angebot vollständig erfaßt werden (vgl. Teil I, Abschnitt 2.1).

„Angebot" und „Nachfrage" in der Berufsberatungsstatistik können daher eher als Indikatoren im Zeitvergleich, weniger in der unmittelbaren Gegenüberstellung der Angebots- und Nachfrage-Daten zur Beschreibung der Ausbildungsplatzsituation herangezogen werden.

Durchschnittlich entfielen 1981 auf 100 gemeldete Bewerber 112 beim Arbeitsamt registrierte Angebote.

Von 1 000 Einmündungen in Berufsausbildungsstellen entsprachen 313 im Jahr 1981 dem vorrangigen Vermittlungswunsch (1980 : 307, 1979 : 284). Dies ist eine leichte Verbesserung gegenüber dem Vorjahr. Dennoch hat nicht einmal jeder dritte Bewerber seinen vorrangigen Berufswunsch verwirklicht.

Die Anzahl der gemeldeten Bewerber, die bis Ende September keinen betrieblichen Ausbildungsplatz gefunden haben, stieg von 17 346 im Vorjahr auf 22 140 im Jahre 1981 an. In Baden-Württemberg hat sich die Zahl der unvermittelten Bewerber gegenüber dem Vorjahr nur geringfügig verändert. In allen anderen Ländern jedoch ist die Anzahl der (bis September) nicht untergebrachten Bewerber beträchtlich angestiegen. Diese Entwicklung spiegelt sich auch im Anteil der unvermittelten an allen Bewerbern wider, der in allen Bundesländern gewachsen ist. Im Durchschnitt konnten 5,0 % der Bewerber (im Vorjahr 3,8 %) bis zum Stichtag 30. September nicht vermittelt werden (vgl. *Übersicht 9*).

Übersicht 10 zeigt, daß es keinen eindeutigen Zusammenhang zwischen Ausbildungsplatzchance und Schulabschluß gibt. Ausländer haben — soweit sie sich beim Arbeitsamt melden — geringere Chancen als Deutsche. Allerdings haben 1981 rund 30 % mehr Ausländer über die Arbeitsämter einen Ausbildungsplatz bekommen als im Vorjahr. Für die deutschen Jugendlichen gilt: Höherer Schulabschluß und zugleich festgefügter Berufswunsch bedeutet geringere Vermittlungschance als niedriger Schulabschluß mit mehr Anpassungsbereitschaft bei der Berufswahl.

Übersicht 8: Gemeldete Berufsausbildungsstellen und gemeldete Bewerber 1978—1981

	1978	1979	1980	1981
Gemeldete Stellen	382 616	444 753	501 970	498 738
Veränderung gegenüber Vorjahr in %	+ 10,8	+ 16,2	+ 12,9	- 0,6
Gemeldete Bewerber	445 632	447 466	459 300	443 346
Veränderung gegenüber Vorjahr in %	+ 2,0	+ 7,1	- 3,8	- 3,5
Gemeldete Stellen je 100 Bewerber	86	93	109	112

Quelle: Bundesanstalt für Arbeit; Ergebnisse der Berufsberatungsstatistik, 1978—1981 endgültige Ergebnisse.

Übersicht 9: Unvermittelte Bewerber um Ausbildungsplätze bei der Bundesanstalt für Arbeit am 30. September nach Ländern 1979—1981

Land	Unvermittelte Bewerber			in % von allen Bewerbern	
	1979	1980	1981	1980	1981
Schleswig-Holstein	729	605	1 145	3,6	6,3
Hamburg	673	646	876	5,7	7,9
Niedersachsen	2 696	2 254	2 671	4,6	5,6
Bremen	252	259	338	3,4	4,4
Nordrhein-Westfalen	4 716	4 104	5 504	3,2	4,8
Hessen	1 396	1 449	1 937	3,6	4,9
Rheinland-Pfalz	1 909	1 731	2 087	5,2	6,6
Baden-Württemberg	2 626	2 423	2 176	3,3	3,7
Bayern	3 425	2 777	3 392	3,5	4,3
Saarland	694	455	490	4,6	5,5
Berlin (West)	611	643	984	5,7	8,2
Bundesgebiet	**19 727**	**17 346**	**22 140**	**3,8**	**5,0**

Quelle: Bundesanstalt für Arbeit; Ergebnisse der Berufsberatungsstatistik.

Übersicht 10: Bewerber und unvermittelte Bewerber um Ausbildungsplätze bei der Bundesanstalt für Arbeit am 30. September nach Schulbildung 1980—1981

	1980	1981	Unvermittelte Bewerber in % der Bewerber mit entsprechendem Schulabschluß 1980	1981
ohne Hauptschulabschluß	28 152	27 239	5,3	6,9
mit Hauptschulabschluß	204 550	183 767	3,9	5,2
mit mittlerem Abschluß	198 254	201 884	3,0	4,2
mit Fachhochschulreife	7 849	8 189	8,1	10,1
mit Hochschulreife	16 617	18 437	6,4	7,8
Fachhoch-/Hochschulabbrecher und Fachhoch-/Hochschulabsolventen	3 878	3 830	8,8	12,4
nachrichtlich:				
Deutsche	444 467	423 881	3,7	4,9
Ausländer	14 833	19 465	5,8	6,8
Insgesamt	**459 300**	**443 346**	**3,8**	**5,0**

Quelle: Bundesanstalt für Arbeit; Ergebnisse der Berufsberatungsstatistik.

Nach einer Untersuchung des Instituts für Arbeitsmarkt- und Berufsforschung der Bundesanstalt für Arbeit[1]) verhielten sich 38 % der Hauptschulabsolventen und 63 % der Realschulabsolventen recht anpassungsbereit bei der Berufswahl, während die anderen hartnäckiger an ihrem Berufswunsch festhielten. Die Anpassungsbereitschaft bei der Berufswahl wird von der Ausbildungsplatzsituation und von ihrer — subjektiven — Einschätzung durch die Betroffenen beeinflußt. Die Anpassungsbereitschaft bei der Berufswahl steigt, wenn

— die Bewerber Absagen erhalten (nämlich von 18 auf 64 %),

— besonders viele Bewerbungen nötig sind, um eine Zusage zu bekommen,

— die Suchenden besonders lange auf eine Zusage warten müssen,

— die Jugendlichen ihren Ausbildungsplatz nicht durch Vermittlung von Eltern, Verwandten oder Bekannten finden,

— die Suche nach einem Ausbildungsplatz subjektiv als schwierig eingeschätzt wird

— die Bewerber Absagen damit erklären, daß es zu viele Mitbewerber gegeben habe, daß ihnen die notwendigen Beziehungen gefehlt oder daß die anderen Bewerber einen höheren Schulabschluß oder bessere Noten gehabt hätten.

Ein Vergleich der Erfolgsquoten von Anpassungsbereiten und Hartnäckigen liefert allerdings keinen Hinweis darauf, daß Anpassungsbereitschaft der Jugendlichen allein sich in Form größerer Erfolgschancen bei den Bewerbungen gelohnt hätte. Hartnäckigkeit verbunden mit einer größeren Anzahl von Bewerbungen kann vielfach durchaus gleiche Erfolgschancen wie frühzeitige Anpassung eröffnen.

Jugendliche, die ohne volle berufliche Qualifizierung bleiben

Im Berufsbildungsbericht 1981[2]) wurde versucht, die Gruppe der Jugendlichen zahlenmäßig zu bestimmen, die bisher nicht oder aber nur unzureichend ausgebildet wurde. Mit Hilfe einer Modellrechnung wurde dargestellt, daß jährlich rund 115 000 Jugendliche oder 11 % eines Jahrgangs nur unzureichend ausgebildet werden. Ferner wurde darauf verwiesen, daß in der Altersgruppe zwischen 15 und 18 Jahren mit einer Gesamtzahl von mehr als 200 000 unzureichend qualifizierten Jugendlichen zu rechnen sei.

Bei einer näheren Betrachtung der Teilgruppen der noch unversorgten Jugendlichen ergeben sich folgende Hinweise, wobei auf Forschungsergebnisse des Bundesinstituts für Berufsbildung und des Instituts für Arbeitsmarkt- und Berufsforschung der Bundesanstalt für Arbeit zurückgegriffen wird.

Gruppe der traditionellen Jungarbeiter

Hierbei handelt es sich zum einen um diejenigen Jugendlichen, die von vornherein nach Abschluß der allgemeinbildenden Schule in Arbeit wollen; zum anderen um diejenigen Jugendlichen, die ihren Ausbildungswunsch wegen fehlender Angebote aufgeben mußten oder die wegen unzulänglicher schulischer Vorbildung oder anderer Schwierigkeiten die Suche nach einem Ausbildungsplatz aufgegeben haben.

Nur relativ wenige Jungarbeiter verzichten von vornherein auf eine Ausbildung: 4 % aller Absolventen von Jungarbeiterklassen geben bei der Befragung an, daß sie von vornherein keine weiteren Ausbildungsabsichten hatten. Man kann also von einer Bereitschaft bei fast allen Jugendlichen ausgehen, eine Ausbildung aufzunehmen oder weiter eine Schule zu besuchen.

Jugendliche, die nach einem einjährigen Bildungsgang keine Berufsausbildung beginnen oder eine Berufsausbildung nicht fortsetzen

a) Teilnehmer an Förderlehrgängen der Bundesanstalt für Arbeit

Untersuchungen[1]) zeigen, daß nach Abschluß der Förderlehrgänge 70 % der Jugendlichen in eine Berufsausbildung wollen; 6 % wollen eine weiterführende Schule besuchen, 24 % suchen einen Arbeitsplatz. Es gelang jedoch nur 54 % der Jugendlichen, eine betriebliche oder schulische Berufsausbildung zu beginnen, während 39 % eine Arbeit aufnahmen oder arbeitslos waren. Wenn unmittelbar nach Abschluß des Förderlehrganges keine Berufsausbildung aufgenommen wird, besteht nach den bisherigen Erfahrungen hierfür später nur noch eine geringe Wahrscheinlichkeit.

b) Jugendliche aus dem schulischen Berufsvorbereitungsjahr

Aus dem schulischen Berufsvorbereitungsjahr gehen 50 % der Absolventen in eine Berufsausbildung oder eine weiterführende Schule. Das Interesse an einer beruflichen Ausbildung ist jedoch höher: 64 % der Jugendlichen in schulischen Berufsvorbereitungsmaßnahmen erklärten bei einer Erhebung[2]), daß sie statt dessen eine Berufsausbildung aufnehmen oder eine weiterführende Schule besuchen wollten.

c) Jugendliche aus dem schulischen Berufsgrundbildungsjahr

Aus dem schulischen Berufsgrundbildungsjahr nehmen rund 61 % eine Berufsausbildung auf. Weitere 27 % besuchen eine weiterführende Schule. 12 % der Absolventen eines Berufsgrundschuljahres waren nach den Befragungsergebnissen[3]) in Arbeit oder berufslos.

Weder unter bildungs- und gesellschaftspolitischen noch unter wirtschafts- und arbeitsmarktpolitischen Aspekten kann ein Anteil von insgesamt 11 % Unterqualifizierten an einem Jahrgang als unveränderbar hingenommen werden. Vordringlich sind deshalb Maßnahmen zur Förderung und Motivation, zur Ausweitung voll qualifizierender

---

[1]) Vgl. Roppelt, G.: Mobilitätsbereitschaft bei der Bewerbung um betriebliche Ausbildungsplätze, in: Mitteilungen aus der Arbeitsmarkt- und Berufsforschung 14. Jg. (1981) Heft 2, S. 139 — 146.

[2]) Vgl. Berufsbildungsbericht 1981, S. 19 f.

[1]) Vgl. Berufsbildungsbericht 1981, S. 67 ff.

[2]) Vgl. dazu: Kohlheyer, G.; Westhoff, G.: Berufsvorbereitung — was kommt danach?; in: Bundesinstitut für Berufsbildung (Hrsg.): Berichte zur beruflichen Bildung (in Vorbereitung)

[3]) Vgl. dazu: Westhoff, G.: Ausbildungs- und Berufswege von Absolventen beruflicher Vollzeitschulen, in: Bundesinstitut für Berufsbildung (Hrsg.): Materialien und statistische Analysen zur beruflichen Bildung, Heft 20, Berlin 1980. Mollwo, I.: Der Übergang der Absolventen eines Berufsgrundbildungsjahres in eine weitere Berufsausbildung bzw. Erwerbstätigkeit, in: Mitteilungen aus der Arbeitsmarkt- und Berufsforschung 13. Jg. (1980) Heft 2, S. 242 — 254.

Übersicht 11: Übergang von Schulabgängern in die berufliche Ausbildung 1980 und 1981 (Modellrechnung)

	Gesamt-nachfrage	Auszubildende im 1. Ausbildungsjahr und unversorgte Ausbildungsplatzsuchende	Auszubildende mit verkürzten Ausbildungsverträgen		Schulabgänger aus dem Sekundarbereich I		Auszubildende bzw. Ausbildungsplatzsuchende in % der Schulabgänger aus dem Sekundarbereich I	
			Studienberechtigte	aus beruflichen Vollzeitschulen	im Vorjahr	im gleichen Jahr	vom gleichen Jahr	vom Vorjahr
	1	2	3	4	5	6	7 = 2:6	8 = 4:5
1980[1])	667 335	545 626	23 907	97 802	834 085	828 772	65,8	11,7
1981	627 492	501 339	27 218	98 650	828 772	796 771	62,9	11,9

[1]) Gegenüber Berufsbildungsbericht 1981 korrigierte Werte

Übersicht 12: Unbesetzte Ausbildungsplätze bei den Arbeitsämtern (zum 30. September)

	1979	1980	1981	Unbesetzte Stellen in % von allen gemeldeten Berufsausbildungsstellen	
				1980	1981
Schleswig-Holstein	1 334	1 425	860	7,2	4,4
Hamburg	453	471	325	3,1	2,1
Niedersachsen	5 138	4 414	3 229	7,8	5,9
Bremen	115	164	86	2,5	1,3
Nordrhein-Westfalen	4 497	6 351	7 760	4,9	5,9
Hesssen	2 391	2 777	1 701	7,1	4,5
Rheinland-Pfalz	1 697	2 327	1 434	7,9	4,9
Baden-Württemberg	7 807	9 863	8 831	12,1	10,8
Bayern	12 458	15 334	12 169	12,1	12,2
Saarland	473	935	651	9,0	6,6
Berlin (West)	577	555	302	4,4	2,5
Bundesgebiet	**36 940**	**44 616**	**37 348**	**8,9**	**7,5**

Quelle: Bundesanstalt für Arbeit; Ergebnisse der Berufsberatungsstatistik

Übersicht 13: Unbesetzte Ausbildungsplätze und unvermittelte Bewerber nach Berufsbereichen 1980 und 1981 (am 30. September)

	Unbesetzte Plätze		Unvermittelte Bewerber	
	1980	1981	1980	1981
Metallberufe	5 051	4 055	1 890	2 625
Elektriker	860	538	783	1 095
Textil-, Bekleidungs- und Lederberufe	1 498	1 110	405	521
Ernährungsberufe	6 337	6 083	559	743
Bau- und Baunebenberufe, Tischler	12 520	9 797	1 380	1 945
Übrige Fertigungsberufe	1 788	1 402	341	382
Technische Berufe	264	151	618	783
Waren- und Dienstleistungskaufleute	8 018	6 561	4 153	4 832
Verkehrsberufe	208	194	90	88
Organisations-, Verwaltungs- und Büroberufe	1 493	940	3 451	4 319
Körperpflege-, Gästebetreuer-, Hauswirtschafts-, Reinigungsberufe	4 645	4 799	1 180	1 441
Übrige Dienstleistungsberufe	985	784	1 807	2 430
Sonstige Berufe	949	934	689	936
Insgesamt	**44 616**	**37 348**	**17 346**	**22 140**

Quelle: Bundesanstalt für Arbeit; Ergebnisse der Berufsberatungsstatistik.

Bildungsangebote für Jugendliche und diejenigen, die als ungelernte Erwachsene bereits im Arbeitsleben stehen.

d) Absolventen von Berufsfachschulen

Die Bereitschaft, nach einer einjährigen Berufsfachschule seine Berufsausbildung im dualen System fortzusetzen, ist mit 62 % vorzufinden. Realisieren können dies jedoch nur rund 58 % der ausbildungsbereiten Jugendlichen.

Bei Absolventen zweijähriger Berufsfachschulen zeigt sich eine ähnliche Verteilung: 70 % von ihnen wollen in eine Berufsausbildung, 67 % hingegen gelingt es, einen Vertrag abzuschließen.

Nachfragemodell

Aufgrund der Zahlen der neu abgeschlossenen Ausbildungsverträge und der unversorgten Bewerber zum 30. September (Nachfrage nach Ausbildungsplätzen) sowie der Zahlen der Schulabgänger können Übergangsquoten berechnet werden[1]. Für die Ermittlung der Übergangsquoten sind wie in den Vorjahren folgende Annahmen getroffen worden:

a) Auszubildende mit neu abgeschlossenen Ausbildungsverträgen für das 1. Ausbildungsjahr und unversorgte Ausbildungsplatzsuchende sind Schulabgänger des gleichen Jahres aus dem Sekundarbereich I.

b) Auszubildende mit neu abgeschlossenen Ausbildungsverträgen mit verkürzter Ausbildungsdauer sind Abgänger aus beruflichen Vollzeitschulen und Hochschulberechtigte. Es wird unterstellt, daß der Besuch von beruflichen Vollzeitschulen ein Jahr dauert; bei dieser vereinfachten Annahme sind Absolventen dieser Schulen, die eine betriebliche Ausbildung mit verkürzter Ausbildungsdauer beginnen, Schulabgänger des Sekundarbereichs I des Vorjahres.

c) 12 % der Schulabgänger mit Hochschulberechtigung schließen im Jahr des Schulabgangs einen Ausbildungsvertrag ab.

Wie bereits in den vergangenen Berufsbildungsberichten dargestellt, gibt die Modellrechnung die Wirklichkeit nur unvollkommen wieder. Sie kann nach den vorliegenden Erfahrungen dennoch als Grundlage einer Vorausschätzung der Nachfrage verwendet werden. Die Berechnungsergebnisse für 1980 und 1981 sind in *Übersicht 11* dargestellt.

1.2.3 Angebot an Ausbildungsplätzen

Gemeldete Ausbildungsplätze in der Berufsberatungsstatistik

1981 wurden knapp 499 000 Ausbildungsplätze den Arbeitsämtern zur Vermittlung angeboten, das waren rund 3 300 weniger als im Vorjahr (vgl. *Übersicht 8*). Stärker rückläufig war der Teil der gemeldeten Stellen, der bis zum 30. September nicht besetzt werden konnte (vgl. *Übersicht 12*).

Durchschnittlich entfielen 113 gemeldete Ausbildungsstellen auf je 100 gemeldete Bewerber. Wie im Vorjahr wurden für Elektro-, technische sowie Organisations-, Verwaltungs- und Büroberufe weniger Angebote als Bewerber registriert.

Die Zahlen der unbesetzt gebliebenen Ausbildungsstellen gingen in nahezu allen Berufsbereichen zurück. Insgesamt betrug der Anteil der gemeldeten, aber unbesetzt gebliebenen Stellen 7,5 % (Vorjahr 8,9 %).

In *Übersicht 13* ist die Verteilung der unbesetzt gebliebenen Ausbildungsplätze auf Berufsbereiche dargestellt. Ein Vergleich mit den Zahlen der unvermittelten Bewerber zeigt, daß schon rein rechnerisch in vielen Berufsbereichen eine Vermittlung aller noch nicht untergebrachten Bewerber auf noch unbesetzte Ausbildungsplätze nicht möglich wäre.

In Nordrhein-Westfalen, das wegen der Auswirkungen der Einführung des 10. Pflichtschuljahres eine Sonderentwicklung zu verzeichnen hatte, ist zwar die Anzahl der unbesetzten Ausbildungsplätze, zugleich allerdings auch die Anzahl der unvermittelten Ausbildungsplatzbewerber gestiegen. Insgesamt hat in diesem Land die Einführung des 10. Pflichtschuljahres 1981 zweifellos zu einer Entspannung der Ausbildungsplatzsituation geführt.

Gesamtangebot

Das Angebot an Ausbildungsplätzen in der gesetzlichen Abgrenzung ist mit —7,5 % deutlich stärker zurückgegangen als die Anzahl der den Arbeitsämtern gemeldeten Berufsausbildungsstellen (—0,6 %) (vgl. *Übersicht 14*). Dies ist darauf zurückzuführen, daß ein größerer Teil der angebotenen Ausbildungsplätze dem Arbeitsamt gemeldet wurde (vgl. Teil I, Abschnitt 2.1).

1.3 Betriebliche und schulische Berufsausbildung bis 1980

1.3.1 Schulische Vorbildung der Auszubildenden

Zufriedenstellende Qualifikation der Schulabgänger

In den vergangenen Jahren ist immer wieder behauptet worden, daß Schüler am Ende ihrer Schulzeit nicht ausreichend rechnen, lesen und schreiben könnten. In Zeiten starker Geburtenjahrgänge und wachsender Nachfrage nach Ausbildungsplätzen wurde dies auch als Argument dafür genutzt, daß nicht jeder Jugendliche einen Ausbildungsplatz erhalten konnte.

Übersicht 14: Gesamtangebot an Ausbildungsplätzen zum 30. September im Jahresvergleich nach Ländern (1980—1981)

Land	1980	1981	Veränderung in % zum Vorjahr	zu 1976
Schleswig-Holstein	29 191	28 218	− 3,3	+ 31,7
Hamburg	17 899	17 403	− 2,8	+ 12,5
Niedersachsen	80 564	74 221	− 7,9	+ 12,2
Bremen	8 401	8 217	− 2,2	+ 16,5
Nordrhein-Westfalen	183 722	161 591	−12,0	+ 21,8
Hessen	57 448	54 910	− 4,4	+ 34,0
Rheinland-Pfalz	43 758	40 166	− 8,2	+ 33,8
Baden-Württemberg	107 651	102 667	− 4,6	+ 39,0
Bayern	137 453	127 718	− 7,1	+ 22,1
Saarland	13 723	12 690	− 7,5	+ 28,8
Berlin (West)	14 795	14 899	+ 0,7	+ 23,2
Bundesgebiet	**694 605**	**642 700**	**− 7,5**	**+ 25,0**

[1] Vgl. Berufsbildungsbericht 1978, S. 69; 1979 S. 21; 1980 S. 26, 1981 S. 22 f.

Vgl. Berufsbildungsbericht 1981. Übersicht 32. Seite 27.

Zur Versachlichung dieser Auseinandersetzung hat der Bundesminister für Bildung und Wissenschaft eine empirische Studie in Auftrag gegeben [1]).

Ergebnisse im Rechentest

Über das Ganze gesehen zeigten die Lösungshäufigkeiten bei den 34 Rechenaufgaben eine positive Tendenz. Im Durchschnitt wurden 71,2 % der Aufgaben richtig gelöst.

Bei den vier Grundrechenarten betrug die Lösungshäufigkeit über 90 %. Schwächen zeigten sich insbesondere beim Bruchrechnen und Prozentrechnen mit unter 70 %. Die am stärksten wirksame Einflußgröße auf die Leistungsunterschiede ist der Schulabschluß. Es existiert ein deutliches Gefälle zwischen Absolventen aus Sonderschule, Hauptschule mit 9. Klasse, Hauptschule mit 10. Klasse, Realschule, Gymnasium (10. Klasse).

Den Ausbildern reichten diese Leistungen im großen und ganzen nicht aus — wobei sicherlich im Hinblick auf eine abschließende Bewertung auch die Maßstäbe der Ausbilder zu hinterfragen wären. Hauptschüler kamen im Urteil der Ausbilder deutlich schlechter weg als Realschüler beim Bruchrechnen, Prozentrechnen und Dezimalrechnen. Hauptschüler aus dem 10. Schuljahr hatten einen geringeren Rückstand in der Beurteilung ihrer Rechenleistungen durch die Ausbilder. Beim Potenzieren und in der Algebra konnten Realschüler und Gymnasiasten im Urteil der Ausbilder mehr als für die Ausbildung notwendig sei.

Ergebnisse in der Rechtschreibung

Der Anteil der richtig gelösten Aufgaben war relativ niedrig bei der „Groß- und Kleinschreibung", nämlich 45 %, höher bei den „Grundkenntnissen", nämlich 68 %, und bei „Fremdwörtern", nämlich 70 %. Die Unterschiede zwischen Anforderungen und Leistungen schwanken in den einzelnen Wirtschaftszweigen. Bei den Rechtschreibkenntnissen waren die Unterschiede zwischen den Abschlußarten besonders signifikant: Je „höher" der Abschluß — wobei 9. und 10. Hauptschuljahr gesondert erfaßt wurden -, umso besser die Leistung.

Ergebnisse im Wortschatztest

Mit der Anwendung der Wortschatztests sollte der Tatsache Rechnung getragen werden, daß Deutschkenntnisse sich nicht in Kenntnissen der Rechtschreibung erschöpfen. Überprüft wurde die Fähigkeit, ein Wort im Satz durch ein Synonym zu ersetzen. Es wurden drei Wörter zur Wahl angeboten, von denen eines „am besten" paßt.

Der Wortschatztest erbrachte für alle Befragten 94 % richtige Lösungen. Hier waren die Leistungsunterschiede nach Schulabschlüssen — ab 9. Klasse Hauptschule — am geringsten.

Einstellungen und Verhaltensweisen

Die aus der Sicht der Betriebe für Ausbildungs- und Berufserfolg wichtigen Verhaltensweisen wie „Leistungsbereitschaft" oder „Zielstrebigkeit" werden auch von den Auszubildenden für wichtig angesehen. In diesem Bereich zeigt sich ein hohes Maß an Übereinstimmung der Einschätzungen von Auszubildenden und Ausbildern.

Aus diesen Ergebnissen kann allerdings nicht geschlossen werden, daß die Auszubildenden z. B. tatsächlich zielstrebig oder leistungsbereit etc. sind; es wurde lediglich gemessen, welche Bedeutung sie den Verhaltensweisen für die Ausbildung beimessen.

Auch im Bereich der „Einstellungen" besteht eine weitgehende Übereinstimmung zwischen den Einschätzungen der Auszubildenden und denen der Ausbilder. Die Auszubildenden unterstützen Aussagen, die von der Lerngruppe gegenseitige Hilfe und Unterstützung erwarten und zugleich Teamgeist in der Gruppe als förderlich ansehen. Sie unterstützen Positionen wie „ohne Kontakte zu anderen kann ich nicht richtig arbeiten". Sie votieren überwiegend auch für Aussagen, die auf Durchsetzungsvermögen schließen lassen.

Folgerungen aus der Studie

Die Schulabgänger sind besser als ihr Ruf. Sie können mehr als vielfach behauptet wird. Sie können dennoch weniger, als von vielen Ausbildern verlangt wird, wobei zu fragen ist, inwieweit Anforderungen überhöht und schon deshalb fragwürdig sind, weil sie von den meisten im Beruf bewährten Erwachsenen auch nicht erfüllt werden könnten.

Die Ausbildungsbetriebe können nach dem Ergebnis der Untersuchung, das durch andere Untersuchungen gestützt wird, davon ausgehen, daß der Abschluß eines Ausbildungsvertrages grundsätzlich kein Risiko darstellt. Die Ausbildung kann auf der schulischen Vorbildung aufbauen, Defizite können ausgeglichen werden.

Die Vermittlung von Verhaltensweisen und Einstellungen gehört nicht zum Lehrplan der Schule, wird aber dennoch dem Bildungsauftrag der Schule zugerechnet, obwohl nicht nur die Schule, sondern auch Eltern und Umwelt prägenden Einfluß auf die jungen Menschen ausüben. Die Jugendlichen, die eine Ausbildung beginnen, haben in der weit überwiegenden Mehrheit, wo auch immer, „gelernt", welche Verhaltensweisen und Einstellungen für Ausbildungs- und Berufserfolg bedeutsam sind. Ob sie sich diesem Lernergebnis auf Dauer anpassen, bleibt eine offene Frage.

Die in einem Sonderteil der Untersuchung gewonnenen Erkenntnisse der Hinführung zur Arbeits- und Wirtschaftswelt haben den hohen Stellenwert des Faches Arbeitslehre für die späteren Auszubildenden nachgewiesen. Die Länder sollten sich verstärkt darum bemühen, sich über Ziele, Aufgaben und Methoden der Arbeitslehre zu verständigen und jenen Forderungen gerecht zu werden, die von der Bundesvereinigung der Deutschen Arbeitgeberverbände und — jeweils gesondert — vom Deutschen Gewerkschaftsbund auf Anregung des Bundesministers für Bildung und Wissenschaft 1980 formuliert worden sind. Dabei kommt der Lehrerbildung und Lehrerfortbildung besondere Bedeutung zu. Wirksame Arbeitslehre erfordert auch eine bessere Ausstattung der Schulen.

Als besonders effizient wurden übereinstimmend von allen Auszubildenden die Betriebspraktika für die Berufsorientierung eingeschätzt. Ihre Ausbreitung und Ausgestaltung verdient besondere Aufmerksamkeit.

---

[1]) Vgl. Institut der Deutschen Wirtschaft (Hrsg.): Überprüfung von Qualifikationsprofilen des Sekundarbereichs I in bezug auf die Qualifikationsanforderungen der Ausbildungsbetriebe für berufliche Bildungsgänge, Köln 1981

Schulische Vorbildung nach Ausbildungsbereichen

Für das Jahr 1980 wurden vom Bundesinstitut für Berufsbildung Sonderauswertungen bei 11 Industrie- und Handelskammern und 6 Handwerkskammern durchgeführt, die Aufschlüsse über die schulische Vorbildung der Auszubildenden in den zwei größten Ausbildungsbereichen geben.

In Industrie und Handel kommen weniger als die Hälfte, nämlich rund 47 % der Auszubildenden von der Hauptschule; im öffentlichen Dienst[1] rund 32 %; im Handwerk macht diese Gruppe 68 % aus (vgl. *Schaubild 3*).

32 % der Auszubildenden im Bereich Industrie und Handel haben die Realschule besucht (Handwerk 11 %), 6 % sind Abgänger aus Gymnasien / Fachoberschulen (Handwerk 4 %). Im öffentlichen Dienst[1] haben rund 54 % den mittleren Bildungsabschluß und rund 5 % sind Jugendliche mit Hochschul- oder Fachhochschulreife. Die relativ hohen Werte für „höhere" Schulabschlüsse der Auszubildenden im Bereich Industrie und Handel sind vor allem auf die kaufmännischen Ausbildungsberufe zurückzuführen, die häufig von Absolventen der Realschule und des Gymnasiums gewählt werden. Die Anteile der Berufsfachschüler sind mit rund 10 % in beiden Ausbildungsbereichen etwa gleich.

---
[1] Ohne diejenigen Auszubildenden des öffentlichen Dienstes, deren Ausbildungsverhältnisse bei zuständigen Stellen (Kammern) außerhalb des öffentlichen Dienstes registriert werden.

Im Handwerk gibt es relativ wenige Berufe, in denen weit überwiegend Auszubildende mit schulischen Abschlüssen über dem Hauptschulabschluß ausgebildet werden (vgl. *Schaubild 4*). Während in Industrie und Handel stark besetzte Berufe wie z. B. Industriekaufmann/Industriekauffrau über 90 % Absolventen dieser Schulen aufweisen, erreicht im Handwerk nur der Ausbildungsberuf Augenoptiker/Augenoptikerin einen solchen Wert. In den dann folgenden Handwerksberufen wie Zahntechniker/Zahntechnikerin, Fotograf/Fotografin, Radio- und Fernsehtechniker / Radio- und Fernsehtechnikerin und Bürokaufmann/Bürokauffrau haben zwischen 58 und 75 % der Auszubildenden einen Schulabschluß über dem der Hauptschule.

Insgesamt umfassen die Berufe, bei denen zwei Drittel und mehr Auszubildende schulische Abschlüsse über dem Hauptschulabschluß haben, nur 4 % aller Auszubildenden im Handwerk. In Industrie und Handel umfaßt diese Gruppe jedoch nahezu 20 %.

Die geringsten Anteile an Auszubildenden mit schulischen Abschlüssen über dem Hauptschulabschluß haben die Berufe des Bau- und Ausbaugewerbes (Maurer, Maler und Lackierer/Malerin und Lackiererin) und des Nahrungsmittelhandwerks (Fleischer/Fleischerin, Bäcker/Bäckerin).

Die Berufe, bei denen jeweils 85 % oder mehr der Auszubildenden aus der Hauptschule kommen, machen 42 % des Gesamtbestandes der Auszubildenden im Handwerk aus. In Industrie und Handel hingegen findet sich diese starke Repräsentanz von Hauptschülern nur in wenigen

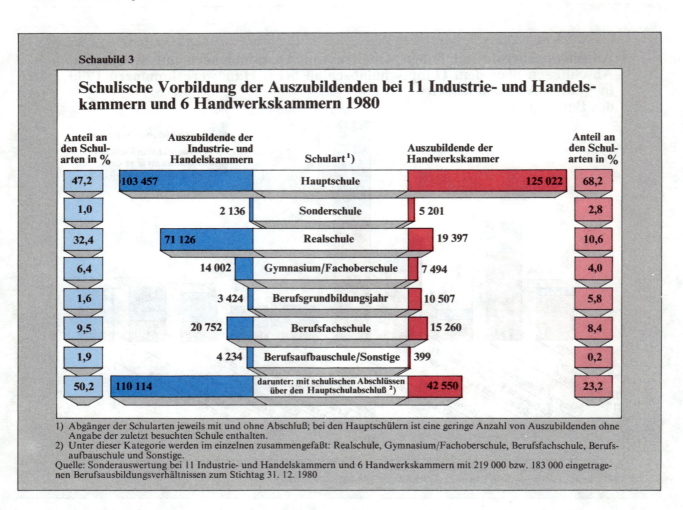

Schaubild 3

Schulische Vorbildung der Auszubildenden bei 11 Industrie- und Handelskammern und 6 Handwerkskammern 1980

Anteil an den Schularten in %	Auszubildende der Industrie- und Handelskammern	Schulart[1]	Auszubildende der Handwerkskammer	Anteil an den Schularten in %
47,2	103 457	Hauptschule	125 022	68,2
1,0	2 136	Sonderschule	5 201	2,8
32,4	71 126	Realschule	19 397	10,6
6,4	14 002	Gymnasium/Fachoberschule	7 494	4,0
1,6	3 424	Berufsgrundbildungsjahr	10 507	5,8
9,5	20 752	Berufsfachschule	15 260	8,4
1,9	4 234	Berufsaufbauschule/Sonstige	399	0,2
50,2	110 114	darunter: mit schulischen Abschlüssen über den Hauptschulabschluß[2]	42 550	23,2

1) Abgänger der Schularten jeweils mit und ohne Abschluß; bei den Hauptschülern ist eine geringe Anzahl von Auszubildenden ohne Angabe der zuletzt besuchten Schule enthalten.
2) Unter dieser Kategorie werden im einzelnen zusammengefaßt: Realschule, Gymnasium/Fachoberschule, Berufsfachschule, Berufsaufbauschule und Sonstige.
Quelle: Sonderauswertung bei 11 Industrie- und Handelskammern und 6 Handwerkskammern mit 219 000 bzw. 183 000 eingetragenen Berufsausbildungsverhältnissen zum Stichtag 31. 12. 1980

Berufen wie Dreher/Dreherin, Bekleidungsfertiger/Bekleidungsfertigerin und Tankwart/Tankwartin. Sie umfassen nur rund 1 % aller in diesem Bereich bestehenden Ausbildungsverhältnisse (vgl. Übersicht 15).

Insgesamt hatten bei den 6 Handwerkskammern 5 201 Sonderschüler Ausbildungsverträge, das sind 2,8 % aller Auszubildenden. Höhere Anteile wurden in Bau- und Ausbauberufen wie z.B. Dachdecker (11,2 %), Maler und Lackierer/Malerin und Lackiererin (10,4 %) und Maurer (5,2 %) festgestellt. Quantitativ fallen die Sonderschüler auch bei den Berufen Bäcker/Bäckerin und Fleischer/Fleischerin mit je 7,3 % ins Gewicht. Im Beruf Schlosser/Schlosserin kamen 5,0 % der Auszubildenden von der Sonderschule.

In „großen" Berufen des Handwerks wie z.B. Tischler/Tischlerin, Gas-und Wasserinstallateur/Gas- und Wasserinstallateurin, Zimmerer/Zimmerin und Verkäufer/Verkäuferin sind rund 3 % der Auszubildenden Sonderschüler. Dieser Anteil entspricht dem Durchschnittswert im Handwerk. Eine Ausnahme bilden die Berufe Kraftfahrzeugmechaniker/Kraftfahrzeugmechanikerin und Elektroinstallateur/Elektroinstallateurin, bei denen von 26 390 Auszubildenden nur 278 (1,1 %) bzw. von 13 486 nur 60 (0,4 %) von der Sonderschule kommen.

Die Daten der Sonderuntersuchung bei den Handwerkskammern geben auch Aufschluß über die recht große Anzahl von Hauptschülern ohne Abschluß (6 % der Auszubildenden). Die meisten haben Verträge in den Bau- und Ausbauberufen und im Nahrungsmittelhandwerk erhalten. Auch im Schuhmacher- und im Buchbinderhandwerk werden relativ viele Hauptschüler ohne Abschluß, nämlich 15 %, ausgebildet (vgl. Übersicht 16). Darüber hinaus gibt es einige gering besetzte Berufe wie Bürsten- und Pinselmacher/Bürsten- und Pinselmacherin und Wäscheschneider/Wäscheschneiderin, bei denen mehr als die Hälfte der Auszubildenden keinen Hauptschulabschluß hat. Wenige Hauptschüler ohne Abschluß sind in den Elektroberufen und in einigen Metallberufen (Werkzeugmacher/Werkzeugmacherin, Feinmechaniker/Feinmechanikerin) zu finden.

Zusammenfassend läßt sich sagen, daß das Handwerk offensichtlich im Hinblick auf die schulische Vorbildung der Auszubildenden offener ist als Industrie und Handel.

Abiturienten in der Berufsausbildung

In Industrie und Handel ist die Anzahl der Abiturienten von 26 000 im Jahre 1976 auf rund 50 000 im Jahre 1979 gestiegen. Von 1979 auf 1980 ist nach den Daten der ausgewählten Kammern die absolute Zahl der Abiturienten nahezu gleich geblieben, so daß ihr Anteil an der Gesamtzahl der Auszubildenden etwas zurückgegangen ist, nämlich von 6,8 % (1979) auf 6,4 % (1980).

Auch im Handwerk ist die Anzahl der Abiturienten in Ausbildung in den letzten Jahren erheblich gestiegen. Für 1977 werden 20 000 Abiturienten im Handwerk geschätzt, für das Jahr 1980 etwa 29 000. Die hohen Anteile von Abgängern aus Gymnasien bei den handwerklichen Berufen Augenoptiker/Augenoptikerin und Zahntechniker/

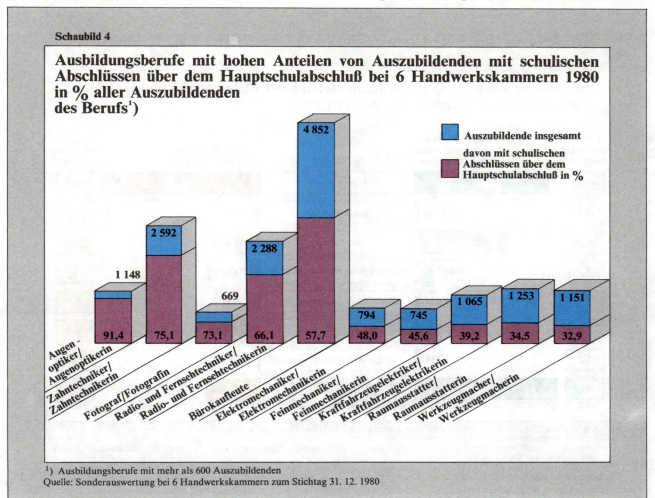

Schaubild 4

Ausbildungsberufe mit hohen Anteilen von Auszubildenden mit schulischen Abschlüssen über dem Hauptschulabschluß bei 6 Handwerkskammern 1980 in % aller Auszubildenden des Berufs¹)

¹) Ausbildungsberufe mit mehr als 600 Auszubildenden
Quelle: Sonderauswertung bei 6 Handwerkskammern zum Stichtag 31. 12. 1980

Übersicht 15: Ausbildungsberufe mit niedrigen Anteilen von Auszubildenden mit schulischen Abschlüssen über dem Hauptschulabschluß bei 6 Handwerkskammern 1980 in % aller Auszubildenden des Berufs.

Ausbildungsberuf	Auszubildende insgesamt absolut	davon mit schulischen Abschlüssen über dem Hauptschulabschluß in %
10 Berufe mit den niedrigsten Anteilen[1]		
Zimmerer	3745	15,8
Karosseriebauer/Karosseriebauerin	1925	15,7
Friseur/Friseurin	18559	15,2
Maurer	8406	13,1
Maler und Lackierer/Maler und Lackiererin	9976	12,3
Verkäufer/Verkäuferin im Fleischerhandwerk	7467	9,5
Fleischer/Fleischerin	7037	9,4
Landmaschinenmechaniker/Landmaschinenmechanikerin	3807	8,8
Bäcker/Bäckerin	6785	8,5
Verkäufer/Verkäuferin im Bäckerhandwerk	3865	8,4
Alle Ausbildungsberufe	**183280**	**23,2**

[1] Ausbildungsberufe mit mehr als 1500 Auszubildenden

Quelle: Sonderauswertung bei 6 Handwerkskammern zum Stichtag 31. Dezember 1980.

Zahntechnikerin von 35 % bzw. 37 % (vgl. *Übersicht 17*) dürften auch durch spätere Studieninteressen der betreffenden Jugendlichen zu erklären sein. Hohe Anteile erreichen auch die kunstgewerblich orientierten Handwerksberufe Keramiker/Keramikerin, Goldschmied/Goldschmiedin, Fotograf/Fotografin, Steinmetz und Stein-

Übersicht 16: Ausbildungsberufe im Handwerk mit den höchsten Anteilen von Hauptschülern ohne Abschluß in % aller Auszubildenden des Berufs

Ausbildungsberuf[1]	Auszubildende insgesamt absolut	davon ohne Hauptschulabschluß in %
Straßenbauer	259	17,8
Gebäudereiniger/Gebäudereinigerin	181	17,7
Dachdecker	1040	16,4
Buchbinder/Buchbinderin	252	15,5
Schuhmacher/Schuhmacherin	144	14,6
Fleischer/Fleischerin	7037	13,6
Maler und Lackierer/Malerin und Lackiererin	9976	13,3
Klempner/Klempnerin	721	11,4
Bäcker/Bäckerin	6785	10,3
Stukkateur	652	9,7
Alle Ausbildungsberufe	**183280**	**6,1**

[1] Ausbildungsberufe mit mehr als 140 Auszubildenden

Quelle: Sonderauswertung bei 6 Handwerkskammern zum Stichtag 31. Dezember 1980.

Übersicht 17: Ausbildungsberufe im Handwerk mit den höchsten Anteilen von Abgängern aus Gymnasien/Fachoberschulen in % aller Auszubildenden des Berufs

Ausbildungsberuf[1]	Auszubildende insgesamt absolut	davon Abgänger aus Gymnasien/Fachoberschulen[2] in %
Keramiker/Keramikerin	209	41,6
Augenoptiker/Augenoptikerin	1148	37,2
Zahntechniker/Zahntechnikerin	2592	34,8
Goldschmied/Goldschmiedin	332	27,7
Fotograf/Fotografin	669	24,7
Steinmetz und Steinbildhauer/Steinmetzin und Steinbildhauerin	636	12,9
Radio- und Fernsehtechniker/Radio- und Fernsehtechnikerin	2288	11,8
Damenschneider/Damenschneiderin	2180	8,9
Tischler/Tischlerin	12242	7,2
Raumausstatter/Raumausstatterin	1253	6,8
Alle Ausbildungsberufe	**183280**	**4,0**

[1] Ausbildungsberufe mit mindestens 50 Abgängern aus Gymnasien/Fachoberschulen.
[2] Abgänger ohne und mit Abschluß.

Quelle: Sonderauswertung bei 6 Handwerkskammern zum Stichtag 31. Dezember 1980.

bildhauer/Steinmetzin und Steinbildhauerin. Unter den 10 Handwerksberufen mit den höchsten Abiturientenanteilen sind drei quantitativ bedeutsame Berufe, nämlich Radio- und Fernsehtechniker/Radio- und Fernsehtechnikerin (11,8 %), Damenschneider/Damenschneiderin (8,9 %) und Tischler/Tischlerin (7,2 %). Allein im Ausbildungsberuf Tischler/Tischlerin wurden bei den 6 Handwerkskammern rund 900 Abiturienten ausgebildet; hochgerechnet ergibt dies rund 3500 Studienberechtigte in diesem Handwerksberuf im Handwerk. Dies zeigt, daß durchaus auch traditionelle Handwerksberufe für Abgänger aus Gymnasien attraktiv sind.

1.3.2 Betriebliche Berufsausbildung bis 1980

1980 wurde mit über 1,7 Millionen Jugendlichen in betrieblicher Ausbildung der höchste Stand der Auszubildenden-Zahl seit Bestehen der Bundesrepublik Deutschland erreicht. Das bedeutete gegenüber 1979 einen Anstieg von rund 68 000 Ausbildungsverhältnissen (+ 4,1 %) (vgl. *Tabelle 1/5*).

Im Ausbildungsbereich Industrie und Handel war 1980 der höchste Zuwachs im Vergleich zum Vorjahr (+ 5,1 %) zu verzeichnen. Dieser Ausbildungsbereich hat damit seinen Anteil an allen Auszubildenden auf 45,9 % gesteigert. Auch im Handwerk ist die Anzahl der Auszubildenden wiederum gestiegen (+ 3,9 %), wenn auch geringer als in den Vorjahren. Erstmals wies das Handwerk mehr als 700 000 besetzte Ausbildungsplätze auf.

Steigende Tendenz zeigte auch der Bereich „Sonstige" (+ 2,7 %), während die Landwirtschaft stagnierte (+ 0,5 %); allerdings ist hierbei die zunehmende Einführung des schulischen Berufsgrundbildungsjahres zu berücksichtigen (vgl. *Schaubilder 5 und 6*).

Anzahl der Ausbildungsstätten

Die Stagnation der Anzahl der Ausbildungsstätten (vgl. *Schaubild 7*) im quantitativ wichtigsten Bereich Industrie und Handel deutet darauf hin, daß der Ausbildungszuwachs in 1980 vor allem von den bereits ausbildenden Betrieben erbracht wurde. Dies zeigt auch der Anstieg der Anzahl der Auszubildenden pro Ausbildungsstätte. Die in den letzten Jahren kontinuierlich wachsende Beteiligung von Betrieben an der Ausbildung ist 1980 in Industrie und Handel zum Stoppen gekommen. Im Handwerk hingegen wird nach wie vor ein nennenswerter Teil der Ausbildungsleistung von neu hinzukommenden Ausbildungsbetrieben erbracht.

Weibliche Auszubildende

Die Anzahl der weiblichen Auszubildenden stieg von 1979 auf 1980 (+ 4,9 %) wiederum stärker als die der männlichen Auszubildenden (+ 3,7 %). Allerdings war die Zunahme der Anzahl der weiblichen Auszubildenden nicht mehr so

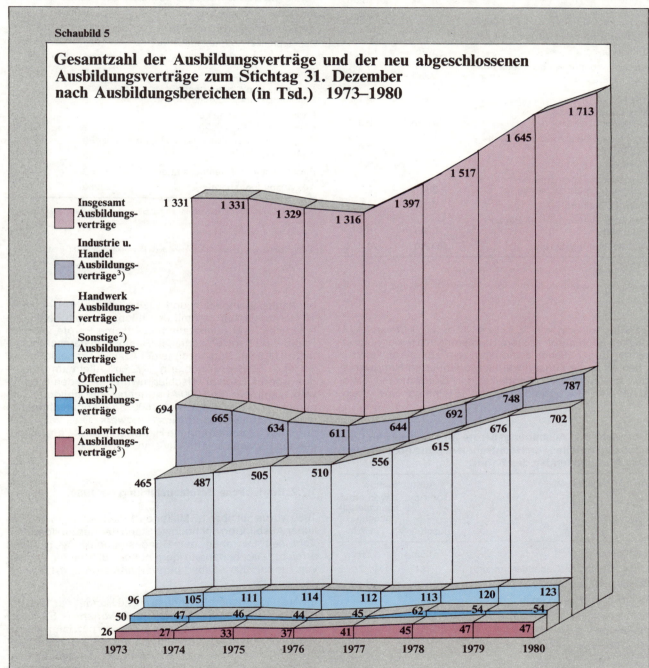

Schaubild 5

Gesamtzahl der Ausbildungsverträge und der neu abgeschlossenen Ausbildungsverträge zum Stichtag 31. Dezember nach Ausbildungsbereichen (in Tsd.) 1973–1980

Vgl.: Berufsbildungsbericht 1980, Übersicht 4, S. 10

[1]) Ohne diejenigen Auszubildenden des Öffentlichen Dienstes, deren Ausbildungsverträge nach dem Berufsbildungsgesetz bei zuständigen Stellen („Kammern") außerhalb des Öffentlichen Dienstes registriert und miterfaßt werden.
[2]) Freie Berufe, Hauswirtschaft und Seeschiffahrt
[3]) Ohne Anschlußverträge

Quelle: Bundesministerium für Bildung und Wissenschaft (Hrsg.), Berufliche Aus- und Fortbildung 1973 – 1976, Statistisches Bundesamt (Hrsg.), Fachserie 11, Bildung und Kultur, Reihe 3, Berufliche Bildung 1977 – 1980, Statistisches Bundesamt, eigene Berechnungen.

stark wie in den Vorjahren. Das lag im wesentlichen an der geringen Steigerungsrate der Mädchenausbildung im Handwerk (vgl. Schaubild 8).

Veränderung in den Berufsbereichen

Die Berufsbereiche haben sehr unterschiedlich zum Wachstum der Anzahl der Auszubildenden von 1979 zu 1980 beigetragen. Besonders die schwächer besetzten Berufsbereiche wichen deutlich vom durchschnittlichen Trend ab. Den größten Zuwachs hatte der Bereich „Bergleute, Mineralgewinner" zu verzeichnen; im Vergleich zu 1976 betrug der Anstieg 277 %. Hier schlägt sich die Einführung des Berufs Berg- und Maschinenmann nieder, der viele Jungbergleute in eine Ausbildung brachte und Ausbildung im Bergbau attraktiver machte.

In den großen Berufsbereichen lag die Zuwachsrate gegenüber 1976 bei den Fertigungsberufen mit + 33,3 % über dem Gesamtdurchschnitt (+ 30,1 %), bei den Dienstleistungsberufen blieb sie mit + 26,7 % deutlich dahinter zurück (vgl. hierzu auch *Tabelle 1/6* und *Übersicht 18*).

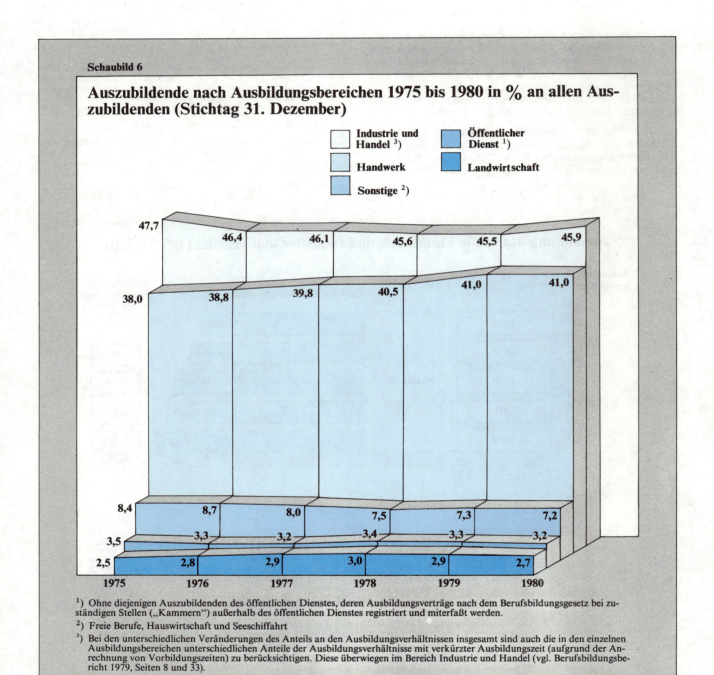

Schaubild 6

Auszubildende nach Ausbildungsbereichen 1975 bis 1980 in % an allen Auszubildenden (Stichtag 31. Dezember)

1) Ohne diejenigen Auszubildenden des öffentlichen Dienstes, deren Ausbildungsverträge nach dem Berufsbildungsgesetz bei zuständigen Stellen („Kammern") außerhalb des öffentlichen Dienstes registriert und miterfaßt werden.
2) Freie Berufe, Hauswirtschaft und Seeschiffahrt
3) Bei den unterschiedlichen Veränderungen des Anteils an den Ausbildungsverhältnissen insgesamt sind auch die in den einzelnen Ausbildungsbereichen unterschiedlichen Anteile der Ausbildungsverhältnisse mit verkürzter Ausbildungszeit (aufgrund der Anrechnung von Vorbildungszeiten) zu berücksichtigen. Diese überwiegen im Bereich Industrie und Handel (vgl. Berufsbildungsbericht 1979, Seiten 8 und 33).
Quelle: Bundesministerium für Bildung und Wissenschaft und Statistisches Bundesamt (Hrsg.), Berufliche Aus- und Fortbildung 1975, 1976, Statistisches Bundesamt: (Hrsg.), Fachserie 11, Bildung und Kultur, Reihe 3, Berufliche Bildung 1977, 1978, 1979, 1980.

Berufsgrundbildungsjahr

77 000 Jugendliche absolvierten 1980 ein Berufsgrundbildungsjahr, das waren rund 10 000 mehr als im Vorjahr. Jeder fünfte Jugendliche im Berufsbildungsjahr besucht die kooperative Form (vgl. *Schaubild 9* und *Tabelle 1/7*). Darüber hinaus werden zahlreiche Jugendliche in verschiedenen Berufen mit einer berufsfeldbreiten Grundbildung im 1. Ausbildungsjahr — entsprechend den Ausbildungsordnungen — ausgebildet (z. B. Berufe im Bauwesen, Gastgewerbe und Bekleidungshandwerk, Schauwerbegestalter /Schauwerbegestalterin sowie Meß- und Regelmechaniker /Meß- und Regelmechanikerin).

Übergang von Bildung in Beschäftigung

Die Ergebnisse einer Längsschnittuntersuchung des Instituts für Arbeitsmarkt- und Berufsforschung weisen aus, daß 86 % der Schulabgänger des Sekundarbereichs I aus dem Entlaßjahrgang 1977 eine berufliche Ausbildung begonnen haben[1], davon gut 80 % eine betriebliche Ausbildung. Dieses Übergangsverhalten entspricht etwa der Einschätzung in den Berufsbildungsberichten[2].

Gut die Hälfte (54 %) derer, die eine Ausbildung im dualen System aufgenommen hatten, haben diese Ausbildung zum Befragungszeitpunkt Ende 1980 bereits mit Erfolg beendet (Jungen: 48 %; Mädchen: 62 %). Der höhere Anteil weiblicher Jugendlicher mit abgeschlossener betrieblicher Berufsausbildung ist auf die kürzere Dauer (zwei Jahre) der von jungen Frauen am häufigsten eingeschlagenen Ausbildungsberufe zurückzuführen. 4 % der Jugendlichen haben die begonnene betriebliche Berufsausbildung abgebrochen. Bei diesen Abbrechern sind ehemalige Sonderschüler und Hauptschüler ohne Abschluß überproportional vertreten. Obwohl sich noch ein großer Teil der Jugendlichen in der betrieblichen Berufsausbildung befindet, dürfte sich — nach bisherigen Erkenntnissen — die Abbrecherquote gegenüber früheren Jahren nur geringfügig verändert haben.

Von den Schulabgängern 1977, die eine betriebliche Berufsausbildung abgeschlossen haben, waren Ende 1980 82 % erwerbstätig (Jungen: 75 %; Mädchen: 88 %)[3]. Dieser Unterschied nach dem Merkmal „Geschlecht" ist nahezu ausschließlich darauf zurückzuführen, daß 13 % der männlichen Jugendlichen den Wehr-/Zivildienst

[1] Eine ausführliche Darstellung von Ziel und Methode dieser Untersuchung findet sich bei Saterdag, H., Stegmann, H.: Jugendliche beim Übergang vom Bildungs- in das Beschäftigungssystem. Ergebnisse der Basiserhebungen einer Längsschnitt-Untersuchung. In: Beiträge zur Arbeitsmarkt- und Berufsforschung, Band 41, Nürnberg 1980

[2] Vgl. beispielsweise Berufsbildungsbericht 1979, S. 21

[3] Vgl. Stegmann, H., Kraft, H.: Jugendliche an der Schwelle von der Berufsausbildung in die Erwerbstätigkeit: Methode und erste Ergebnisse der Wiederholungserhebung Ende 1980. In: Mitteilungen aus der Arbeitsmarkt- und Berufsforschung Heft 1/1982

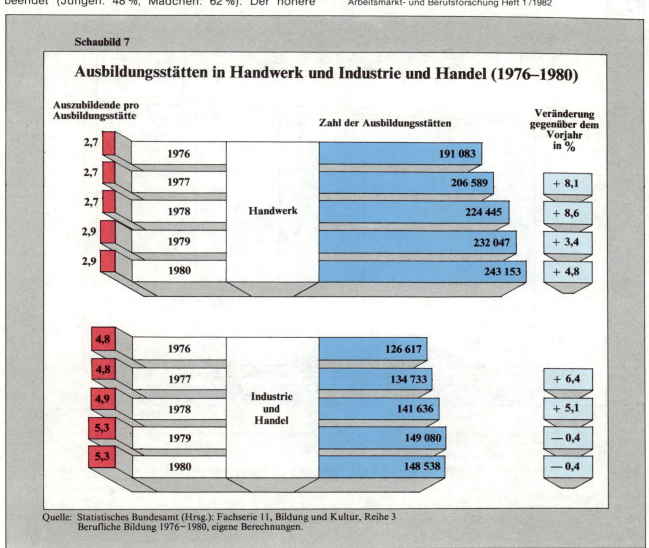

Schaubild 7

Ausbildungsstätten in Handwerk und Industrie und Handel (1976–1980)

Auszubildende pro Ausbildungsstätte	Jahr	Bereich	Zahl der Ausbildungsstätten	Veränderung gegenüber dem Vorjahr in %
2,7	1976	Handwerk	191 083	
2,7	1977		206 589	+ 8,1
2,7	1978		224 445	+ 8,6
2,9	1979		232 047	+ 3,4
2,9	1980		243 153	+ 4,8
4,8	1976	Industrie und Handel	126 617	
4,8	1977		134 733	+ 6,4
4,9	1978		141 636	+ 5,1
5,3	1979		149 080	− 0,4
5,3	1980		148 538	− 0,4

Quelle: Statistisches Bundesamt (Hrsg.): Fachserie 11, Bildung und Kultur, Reihe 3 Berufliche Bildung 1976–1980, eigene Berechnungen.

ableisten. 4 % der Jugendlichen mit abgeschlossener betrieblicher Berufsausbildung aus dem Schulentlaßjahr 1977 waren nach ihren Angaben Ende 1980 arbeitslos oder im Haushalt der Eltern beschäftigt (Jungen: 3 %; Mädchen: 5 %).

Von den Schulabgängern des Jahres 1977 aus dem Sekundarbereich I, die bis Ende 1980 eine betriebliche Berufsausbildung abgeschlossen hatten, gaben weit mehr als drei Viertel (81 %) an, daß der Ausbildungsbetrieb die Übernahme in ein Beschäftigungsverhältnis angeboten habe. Ein Teil dieser Jugendlichen wollte allerdings lieber in einen anderen Betrieb überwechseln bzw. eine weitere Ausbildung anschließen. Tatsächlich waren Ende 1980 noch 58 % der Jugendlichen mit abgeschlossener betrieblicher Berufsausbildung aus dem Schulentlaßjahrgang 1977 im Ausbildungsbetrieb beschäftigt.

5 % der Jugendlichen mit abgeschlossener betrieblicher Ausbildung wären gerne im Ausbildungsbetrieb geblieben, der Betrieb wollte sie aber nicht übernehmen. Drei Viertel (76 %) dieser Jugendlichen haben in einem anderen Betrieb eine Beschäftigung gefunden.

Knapp ein Viertel (23 %) der befragten erwerbstätigen Jugendlichen mit abgeschlossener betrieblicher Berufsausbildung plant den Besuch weiterführender beruflicher Aus- und Fortbildung. Für ein weiteres gutes Drittel kommt eine Teilnahme vielleicht in Frage. Lediglich 11 % der erwerbstätigen Fachkräfte beurteilen die zukünftigen Beschäftigungsaussichten in dem Berufsbereich, für den sie ausgebildet wurden, als „nicht so gut", für die Hälfte (49 %) stellen sich die Beschäftigungsaussichten als „gut", für weitere 40 % als „durchschnittlich" dar. Weibliche Jugendliche schätzen die Chancen für eine dauerhafte und zufriedenstellende Beschäftigung in ihrem Berufsbereich weniger günstig ein als männliche Jugendliche (Anteil „gut": Jungen 57 %; Mädchen 43 %).

Positive Gesamtbilanz

Der größte Teil der Fachkräfte mit abgeschlossener betrieblicher Berufsausbildung wurde demnach in das Beschäftigungssystem integriert. Diese positive Bilanz darf nicht darüber hinwegtäuschen, daß einzelne Gruppen (Sonderschüler, Hauptschüler ohne Abschluß, teilweise auch Mädchen), die bereits an der „ersten Schwelle" von der allgemeinbildenden Schule in die Berufsausbildung mit erheblichen Schwierigkeiten konfrontiert wurden, auch beim Übergang von der betrieblichen Ausbildung in die Beschäftigung („zweite Schwelle") als „Problemgruppen" identifiziert wurden.

1.3.3 Entwicklung der 1980 am stärksten besetzten Ausbildungsberufe seit 1960

Die gewerblich-technischen Berufe haben auf lange Sicht ein — seit 1974 noch leicht zunehmendes — Übergewicht in der Berufsausbildung. 1980 lag ihr Anteil an der Ausbildung im dualen System bei 57 %. Im Zeitraum von 1960 bis 1980, der hier betrachtet wird, nahm der Anteil der Erwerbstätigen in diesem Sektor jedoch relativ stark ab: Von 55 % im Jahre 1961 auf 45 % im Jahre 1980.

Ausbildung und Beschäftigung haben sich somit nicht in gleicher Richtung entwickelt. Viele Facharbeiter, die in Fertigungsberufen ausgebildet worden sind, wechseln später in Dienstleistungsberufe[1]. Im folgenden werden eng zusammengehörende Berufe (z. B. Maurer und Hochbaufacharbeiter; Tischler/Tischlerin und Holzmechaniker/Holzmechanikerin etc.) sowie die entsprechenden Stufen der Stufenausbildungsberufe zusammen betrachtet (vgl. *Tabelle 1/8*).

---
[1] Vgl. Berufsbildungsbericht 1981, S. 11 f. sowie Kapitel 3

Übersicht 18: Auszubildende nach Berufsbereichen bzw. -abschnitten von 1974 bis 1980 (Stichtag 31. Dezember)

Berufsbereiche bzw. ausgewählte Berufsabschnitte	1974	1975	1976	Veränderung 1976 zu 1974 in %	1977	1978	1979	1980	Veränderung 1980 zu 1976 in %
Pflanzenbauer, Tierzüchter, Fischereiberufe	26 600	31 707	35 889	34,9	39 881	44 982	47 224	48 681	35,6
Bergleute, Mineralgewinner	929	1 660	2 489	167,9	4 048	5 128	6 987	9 392	277,3
Fertigungsberufe	660 868	663 717	655 919	- 0,7	699 977	761 701	833 611	874 456	33,3
darunter:									
Schlosser, Mechaniker und zugeordnete Berufe	313 991	316 155	297 278	- 5,3	316 875	337 655	364 605	378 513	27,3
Elektriker	154 371	138 772	124 909	- 19,1	118 947	125 138	133 076	139 918	12,0
Ernährungsberufe	44 801	53 919	60 695	- 35,5	68 430	75 669	82 656	85 255	40,5
Technische Berufe	54 908	48 757	42 407	- 22,8	40 602	42 151	44 516	46 917	10,6
Handels- und Dienstleistungsberufe	585 743	581 836	578 632	- 1,2	611 586	662 499	712 281	733 270	26,7
darunter:									
Warenkaufleute	192 447	191 162	193 397	0,5	207 780	228 759	247 239	254 118	31,4
Dienstleistungskaufleute und zugehörige Berufe	68 180	60 337	55 935	- 18,0	57 700	60 794	66 859	72 444	29,5
Verkehrsberufe	12 359	10 680	8 211	- 33,6	9 743	11 326	12 062	11 919	45,2
Organisations-, Verwaltungs-, Büroberufe	183 486	180 371	172 912	- 5,8	181 196	195 320	209 762	218 302	26,3
Gesundheitsdienstberufe	49 924	54 431	58 014	16,2	55 564	55 873	57 924	59 140	1,9
Insgesamt	**1 330 768**	**1 328 906**	**1 316 562**	**- 1,1**	**1 397 429**	**1 517 373**	**1 644 619**	**1 712 716**	**30,1**

Quelle: Statistisches Bundesamt (Hrsg.): Fachserie 11, Bildung und Kultur, Reihe 3, Berufliche Bildung 1980; eigene Berechnungen.

Ausbildungsberufe im Dienstleistungssektor

Stärker als der Anteil der Auszubildenden in den Dienstleistungsberufen an der Gesamtzahl der Auszubildenden ist der Anteil in den Berufen Verkäufer/Verkäuferin und Einzelhandelskaufmann/Einzelhandelskauffrau gefallen. Diese Berufe weisen zwar im gesamten Zeitraum unter allen Berufen mit Abstand die meisten Auszubildenden auf, ihr Anteil an allen Auszubildenden hat sich jedoch von 16 % (1960) um die Hälfte auf 8 % (1980) verringert.

Unter den großen kaufmännischen Ausbildungsberufen sind auch die Berufe Industriekaufmann/Industriekauffrau und Kaufmann/Kauffrau im Groß- und Außenhandel von einem relativen Rückgang betroffen. Diese Berufe hatten 1960 noch einen über 6 % liegenden Anteil an allen Auszubildenden, 1980 aber nur noch 3 %. Zwei andere kaufmännische Ausbildungsberufe haben einen beträchtlichen Aufschwung erfahren: Verkäufer/Verkäuferin im Nahrungsmittelhandwerk und Bürokaufmann/Bürokauffrau. Der erst 1962 anerkannte Beruf Bürokaufmann/Bürokauffrau hat sich inzwischen an den fünften Platz der am stärksten besetzten Ausbildungsberufe geschoben und ist nach Verkäufer/Verkäuferin und Einzelhandelskaufmann/Einzelhandelskauffrau der größte kaufmännische Ausbildungsberuf.

In dieser Entwicklung könnte eine Folge der starken Zunahme der Erwerbstätigen in den Planungs- und Verwaltungsberufen gesehen werden, die ihren Anteil an den Erwerbstätigen von 1961 bis 1980 insgesamt von 16 % um mehr als die Hälfte auf 25 % erhöhten. Der Rückgang der Ausbildung bei den Industriekaufleuten steht dazu allerdings im Widerspruch.

Der Anteil der Berufe Arzthelfer/Arzthelferin und Zahnarzthelfer/Zahnarzthelferin erreichte 1976 mit rund 60 000 Auszubildenden seinen Höchststand und nahm seither leicht ab. Allerdings wurden 1981 in diesem Bereich wieder mehr Ausbildungsverträge als im Vorjahr abgeschlossen (+ 1,3 %).

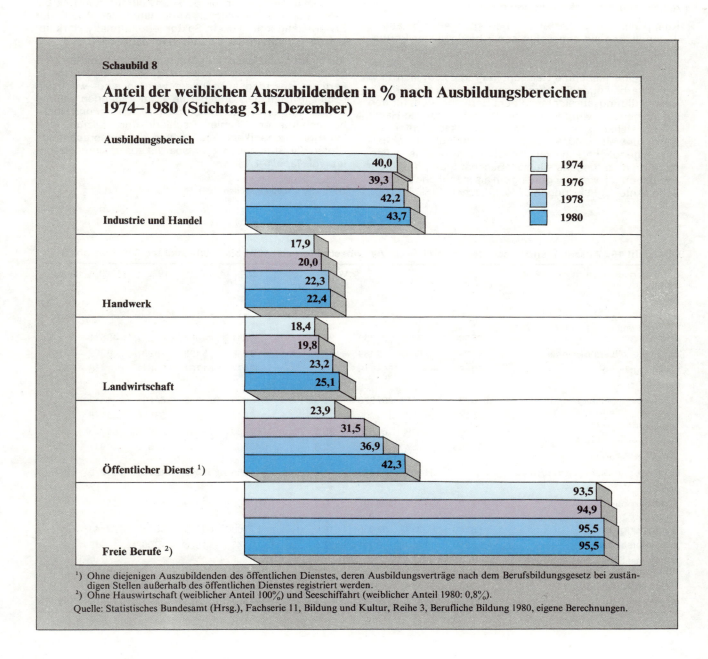

Schaubild 9

Anzahl der Jugendlichen im Berufsgrundbildungsjahr nach Ländern 1979 und 1980

Land	Jugendliche im schulischen Berufsgrundbildungsjahr		kooperativen Berufsgrundbildungsjahr		Berufsgrundbildungsjahr insgesamt	
	1979	1980	1979	1980	1979	1980
Schleswig-Holstein	1 754	1 953	624	1 068	2 378	3 021
Hamburg	1 313	1 379	481	797	1 794	2 176
Niedersachsen	17 746	21 071	—	—	17 746	21 071
Bremen	545	493	115	203	660	696
Nordrhein-Westfalen	9 873	10 239	—	—	9 873	10 239
Hessen	4 919	5 523	2 226	3 870	7 145	9 393
Rheinland-Pfalz	4 876	5 099	2 353	3 994	7 229	9 093
Baden-Württemberg	1 618	1 815	3 752	4 088	5 370	5 903
Bayern	11 223	11 187	417	1 054	11 640	12 241
Saarland	1 919	2 071	34	117	1 953	2 188
Berlin (West)	1 578	1 939	—	—	1 578	1 939

Vgl. Berufsbildungsbericht 1981, Übersicht 15, S. 18

Quelle: Umfrage des Sekretariats der Kultusministerkonferenz der Länder über vollzeitschulische Ausbildungsgänge vom Oktober 1981.

Gewerblich-technische Ausbildungsberufe

Die Anteile der gewerblichen Ausbildungsberufe Elektroinstallateur / Elektroinstallateurin, Elektroanlageninstallateur /Elektroanlageninstallateurin und Energieanlagenelektroniker /Energieanlagenelektronikerin, Werkzeugmacher /Werkzeugmacherin, Maschinenschlosser / Maschinenschlosserin an der Gesamtzahl der Auszubildenden sinken im Langfristvergleich. Die relative Abnahme geht allerdings mit einer absoluten Zunahme einher, d. h. in diesen Ausbildungsberufen wurden zwar mehr, aber nicht so viel mehr Jugendliche ausgebildet wie in anderen Berufen.

Zu den gewerblichen Berufen, deren Anteil zunahm, gehören vor allem Tischler /Tischlerin und Holzmechaniker /Holzmechanikerin, die ihren Anteil an den Auszubildenden seit 1960 mehr als verdoppelten.

Die relative Zunahme im Langfristvergleich bei den handwerklichen Berufen Gas- und Wasserinstallateur /Gas- und Wasserinstallateurin, Klempner /Klempnerin sowie Schlosser /Schlosserin und Bauschlosser / Bauschlosserin könnte mit der relativen Abnahme bei Kraftfahrzeugmechanikern /Kraftfahrzeugmechanikerinnen, den Maschinenschlossern / Maschinenschlosserinnen und Werkzeugmachern /Werkzeugmacherinnen zusammenhängen: Ein genereller Trend zum spezialisierten Beruf — vom Ausbildungsplatz-Angebot der Betriebe stark beeinflußt — könnte hier eine wesentliche Rolle spielen. Allerdings sind die Abweichungen der Ausbildungsinhalte z. B. zwischen einer Ausbildung in den Berufen Maschinenschlosser /Maschinenschlosserin oder Schlosser /Schlosserin nicht so gravierend, wie dies oft von den Jugendlichen angenommen wird.

Gesamteinschätzung

Insgesamt ist nicht zu verkennen, daß die Entwicklung der Berufsausbildung in den verschiedenen Ausbildungsberufen nicht immer in offensichtlichem Zusammenhang mit der Entwicklung der Beschäftigungszahlen steht. Das gilt sowohl innerhalb der großen volkswirtschaftlichen Sektoren sowie im Hinblick auf die Veränderungen zwischen ihnen: im gewerblich-technischen Bereich wird relativ mehr ausgebildet als beschäftigt, im Dienstleistungsbereich ist es umgekehrt.

Übersicht 19: Schüler in Berufsfachschulen[1]) von 1978 bis 1980 nach Ländern und Anteil der Mädchen

Land		Schüler insgesamt			Anteil Mädchen in %		
		1978	1979	1980	1978	1979	1980
Schleswig-Holstein	insgesamt	8 125	9 283	10 550	64,3	65,5	66,6
	1. Schuljahr	4 989	5 365	5 818	65,6	67,2	66,9
Hamburg	insgesamt	8 789	9 010	8 835	75,2	75,3	74,3
	1. Schuljahr	4 973	5 030	4 854	77,6	76,9	74,5
Niedersachsen[2])	insgesamt	38 320	38 730	38 008	73,1	74,5	79,5
	1. Schuljahr	27 724	28 002	26 689	72,8	74,5	81,8
Bremen	insgesamt	3 369	3 652	3 956	73,0	72,9	70,6
	1. Schuljahr	2 438	2 508	2 593	73,6	73,2	72,6
Nordrhein-Westfalen	insgesamt	109 215[3])	122 585[4])	130 863[5])	68,4	65,5	63,4
	1. Schuljahr	65 675	76 798	85 083	67,0	63,2	58.2
Hessen	insgesamt	22 679	22 685	22 279	62,7	63,0	62,9
	1. Schuljahr	13 423	13 524	13 282	62,5	63,3	63,3
Rheinland-Pfalz	insgesamt	18 474	19 065	19 335	66,5	67,2	67,0
	1. Schuljahr	9 980	10 332	10 674	66,0	67,4	67,1
Baden-Württemberg	insgesamt	79 633[6])	81 079	85 235[7])	61,6	60,5	58,7
	1. Schuljahr	58 496[6])	59 795	62 584	58,5	56,9	54,8
Bayern[8])	insgesamt	21 364	21 424	21 347	86,1	86,6	86,7
	1. Schuljahr	12 348	—	11 721	87,6	87,6	87,0
Saarland	insgesamt	8 027	8 214	8 035	69,9	70,8	71,4
	1. Schuljahr	5 379	5 498	5 350	74,5	74,9	75,6
Berlin (West)	insgesamt	3 427	3 469	3 586[9])	73,1	72,0	71,9
	1. Schuljahr	1 847	1 740	1 845	74,8	76,6	77,0
Bundesgebiet	**insgesamt**	321 422	339 196	352 029	68,2	67,2	66,3
	1. Schuljahr	207 272	220 772	230 493	66,8	65,4	64,1

Vgl. Berufsbildungsbericht 1981. Übersicht 16. Seite 18.

[1]) Ohne „Berufsfachschulen des Gesundheitswesens".

) Einschließlich Schüler in Förder- und Eingliederungslehrgängen.

) Einschließlich 5 147 Schüler an Kollegschulen und 141 Schüler an Sonderschulen im Bereich der Berufsfachschulen.

) Einschließlich 53 Schüler an einer Rudolf-Steiner-Schule, 174 Schüler an Berufsfachschulen für Behinderte und 15 222 Schüler an Kollegschulen.

) Darunter 178 (männlich 99, weiblich 79) Schüler an Berufsfachschulen für Behinderte und 26 428 (männlich 16 636, weiblich 9792) Schüler der Kollegschulen. Die Kollegschüler sind wegen fehlender Aufteilung dem 1. Schuljahrgang zugeordnet worden, ebenso 60 (männlich 9, weiblich 51) Schüler einer Rudolf-Steiner-Schule.

*) Nach Umfrage der Kultusministerkonferenz einschließlich 25 383 Schüler in einjährigen Berufsfachschulen; einschließlich Berufsvorbereitungsjahr.

) Darunter 724 (männlich 542, weiblich 182) Kollegschüler zur Erlangung der Fachoberschulreife.

) Ohne die Schüler der drei- und vierstufigen Wirtschaftsschulen, die bei den Realschulen nachgewiesen werden.

) Ohne Schüler des Berufsgrundbildungsjahres.

Quelle: Statistisches Bundesamt (Hrsg.) Fachserie 11. Bildung und Kultur, Reihe 2. „Berufliches Schulwesen 1978, 1979, 1980".

1.3.4 Schulische Berufsausbildung bis 1980

Eine Umfrage der Kultusministerkonferenz (KMK) bei den Ländern im Oktober 1981 erstreckte sich auf die vollzeitschulischen Angebote im Berufsgrundbildungsjahr, im Berufsvorbereitungsjahr und in den Berufsfachschulen im Schuljahr 1980/81. Die Schulen des Gesundheitswesens waren nicht einbezogen. Die Umfrageergebnisse liegen für die Länder und Arbeitsamtsbezirke vor (vgl. *Tabelle 2/3*).

Schulisches Berufsgrundbildungsjahr

Schaubild 9 zeigt die Entwicklung der Schülerzahlen im schulischen Berufsgrundbildungsjahr. Rund 60 % des Zuwachses der Schülerzahlen im Berufsgrundschuljahr wurden (wie bereits im Vorjahr) in Niedersachsen erreicht. In diesem Bundesland besuchten 1980 rund 20 % der Absolventen der Sekundarstufe I ein schulisches Berufsgrundbildungsjahr.

Berufsvorbereitungsjahr

Die Anzahl der Schüler im Berufsvorbereitungsjahr war 1980 erstmalig rückläufig (−5,6 %). Diese Entwicklung ist auf zwei Länder zurückzuführen: Auf Berlin (−16,1 %) und vor allem auf Nordrhein-Westfalen, das 1980 rund 8 400 Schüler (−30 %) weniger zählte als noch ein Jahr zuvor. In Nordrhein-Westfalen dürfte diese Abnahme auf die Einführung des 10. Pflichtschuljahres zurückzuführen sein. In allen anderen Ländern ist die Anzahl der Schüler im Berufsvorbereitungsjahr leicht angestiegen (vgl. *Tabelle 1/7*).

Berufsfachschulen

Die Anzahl der Berufsfachschüler hat 1980 weniger zugenommen als im Vorjahr. Sie stieg um rund 13 000 entsprechend 3,8 %. Die Steigerung des Vorjahres lag noch bei 5,5 %.

Der Anteil der Mädchen an den Berufsfachschülern ist weiter leicht gesunken, von 67,2 % im Jahr 1979 auf 66,3 % im Jahr 1980 (vgl. *Übersicht 19*).

Verbleib von Absolventen beruflicher Vollzeitschulen

1979 wurde vom Bundesinstitut für Berufsbildung eine erste Befragung bei Schulabgängern beruflicher Vollzeitschulen durchgeführt. Ziel dieser Befragung war es, Daten über das Bildungsverhalten der Schulabgänger unmittelbar nach Abgang aus beruflichen Vollzeitschulen zu erhalten[1]. Bei den Schulabgängern des Jahres 1979 aus Berufsfachschulen wurde die Befragung im Herbst 1981 wiederholt. Damit ist es nunmehr möglich, über Bildungsverlauf und Eintritt in die Erwerbstätigkeit von Berufsfachschulabsolventen Informationen vorzulegen (vgl. *Übersicht 20*).

Von den befragten Schulabgängern aus Berufsfachschulen 1979 strebten im Herbst 1979 unmittelbar 65 % eine duale Ausbildung an, jedoch konnten damals nur 57 % diesen Wunsch auch realisieren. Rund 28 % gingen in eine weitere schulische Ausbildung; davon wiederum 85 % entsprechend ihrem ursprünglichen Wunsch und 15 % als Ausweg für nicht realisierte Alternativen (insbesondere duale Ausbildung).

---
[1] Vgl. Berufsbildungsbericht 1980, S. 24 f.

Übersicht 20: Verbleib der Berufsfachschüler des Jahres 1979 im Herbst 1981 (in %)

Schulabgänger 1979	Schüler aus einjährigen Berufsfachschulen	Schüler aus zweijährigen Berufsfachschulen
strebten eine duale Ausbildung 1979 an	62,1	69,7
konnten bis Oktober 1979 realisieren	54,3	61,0
haben bis Oktober 1981 eine Berufsausbildung abgeschlossen oder befinden sich in der Berufsausbildung	58,7	66,9

Von den im Herbst 1981[1] erneut befragten Berufsfachschulabsolventen des Jahres 1979 haben inzwischen 30 % eine Berufsausbildung abgeschlossen und weitere 32 % befanden sich noch in einer Berufsausbildung. Insgesamt haben damit 62 % der Berufsfachschulabsolventen eine betriebliche Ausbildung beginnen bzw. abschließen können. Nach diesen Ergebnissen konnte die überwiegende Mehrheit der Jugendlichen, die ursprünglich den Wunsch hatten, eine duale Ausbildung zu beginnen, diesen auch realisieren. Dies gilt gleichermaßen für Schulabgänger aus einjährigen wie aus mehrjährigen Berufsfachschulen.

Von den insgesamt 22 Millionen deutschen Erwerbstätigen im Jahr 1979 haben 2,4 Millionen oder 11 % eine Ausbildung in Berufsfachschulen absolviert. Von den erwerbstätigen Berufsfachschulabsolventen haben 60 % zusätzlich einen Lehrabschluß und weitere 20 % einen weiterführenden Ausbildungsabschluß erworben. Nur jeder fünfte erwerbstätige Berufsfachschulabsolvent hat keinen weiteren Ausbildungsgang abgeschlossen[2].

Differenzierung nach Fachrichtungen

Beträchtliche Unterschiede im Bildungsverhalten bestehen zwischen Schulabgängern aus den verschiedenen Fachrichtungen der Berufsfachschulen. Während Schulabgänger aus Wirtschafts- und Handelsschulen in der überwiegenden Mehrheit ihre Ausbildung im dualen System fortsetzen, geht eine große Gruppe der (überwiegend weiblichen) Berufsfachschulabgänger aus hauswirtschaftlichen und sozialpflegerischen Fachrichtungen auf eine weiterführende Berufsfachschule oder Fachschule.

Von den Berufsfachschulabgängern 1979 haben 1981 eine Berufsausbildung abgeschlossen bzw. befinden sich noch in einer Lehre

78,3 % der Schulabgänger aus Wirtschafts-, Verwaltungs- und Handelsschulen,

70,8 % der Schulabgänger aus gewerblich-technischen Fachrichtungen,

37,6 % der Schulabgänger aus hauswirtschaftlichen, sozial-pflegerischen und -pädagogischen Fachrichtungen,

55,2 % der Schulabgänger aus sonstigen Fachrichtungen (z. B. Landwirtschaft und Gartenbau, Sprachen).

---
[1] Die folgenden Angaben sind vorläufige Ergebnisse; eine ausführliche Darstellung der Ergebnisse aus der Erhebung wird im ersten Halbjahr 1982 als Veröffentlichung des Bundesinstituts für Berufsbildung erscheinen.

[2] Vgl. Alex, L.: Ausbildung und Beschäftigung von Berufsfachschulabsolventen, in: Materialien und statistische Analysen zur beruflichen Bildung, Bundesinstitut für Berufsbildung (Hrsg.), Berlin 1982.

Große Bedeutung für die hohen Übergangsquoten von Berufsfachschülern in das duale System haben also Wirtschafts- und Handelsschulen. 1979 befanden sich 40 % aller Berufsfachschüler in solchen Schulen, weitere 20 % in gewerblich-technischen Fachrichtungen, 30 % in hauswirtschaftlichen und sozialpflegerischen Fachrichtungen.

7 % der Berufsfachschulabgänger des Jahres 1979 haben bis Herbst 1981 keine weiterführende Ausbildung begonnen, hiervon wiederum waren 90,2 % berufstätig bzw. im Wehr- oder Zivildienst und 9,8 % ohne Beschäftigung.

Von den Berufsfachschulabgängern des Jahres 1979, die zum Befragungszeitpunkt bereits eine Berufsausbildung abgeschlossen hatten, waren 79,9 % berufstätig bzw. im Wehr- oder Zivildienst, 12,6 % setzten ihre Ausbildung (überwiegend in schulischer Form in Gymnasium, Fachschule, Hochschule) fort und 7,5 % waren ohne Beschäftigung.

Positive Gesamtbilanz

Die Mehrzahl der Berufsfachschulabgänger ist mit ihrem bisherigen Bildungsverlauf zufrieden. Rund 80 % der Berufsfachschulabgänger gaben an, daß das, was sie seit 1979 tun, im großen und ganzen ihren Wünschen entspricht. Der Anteil der „Unzufriedenen" unter den Berufsfachschulabgängern, die an den Schulbesuch eine weitere Berufsausbildung angeschlossen haben, weicht nur geringfügig vom Durchschnittswert aller unzufriedenen Berufsfachschulabgänger von 20 % ab. Begründet wird die Unzufriedenheit von Berufsfachschülern in bzw. mit Berufsausbildung, vor allem mit der Wahl des Ausbildungsberufes: 11 % der männlichen und knapp 17 % der weiblichen Berufsfachschulabgänger mit einer Berufsausbildung hätten lieber einen anderen Ausbildungsberuf erlernt. Weitere 7 % der männlichen bzw. 6 % der weiblichen hätten, anstatt eine Berufsausbildung zu absolvieren, lieber eine Schule besucht.

2. Regionale Entwicklung der Berufsausbildung

2.1 Versorgungslage in den Arbeitsamtsbezirken

Die Berufsausbildungssituation in den einzelnen Regionen wird durch vielfältige Einflüsse — wie z. B. aus der Wirtschaftsstruktur, aus dem Ausbaustand der schulischen Angebote, dem Altersaufbau der Bevölkerung, den Verkehrsverbindungen, den unterschiedlichen Anteilen sozialer Gruppen an der Bevölkerung und vielen anderen — geprägt. Die Vielfalt dieser Einflußfaktoren läßt sich statistisch kaum zusammenfassen. Es gibt weder einen repräsentativen Einzelindikator, der für die Gesamtsituation hinreichend aussagekräftig wäre, noch lassen sich einzelne Kennziffern durch statistische Gewichtung zu einem Gesamtindikator verknüpfen, der die Berufsbildungssituation in einer Region eindeutig und abschließend beschreibt.

In Fortführung der bereits in den Vorjahren entwickelten Analysemethode wird in folgendem ein mehrstufiges Verfahren angewendet. Die erste Stufe ist eine Auswertung der Angebots-Nachfrage-Relation (Anzahl der angebotenen betrieblichen Ausbildungsplätze je 100 Nachfrager). Die Aussagen dieser Grundkennzahl werden in einer zweiten Stufe durch mehrere ergänzende Indikatoren vervollständigt, zugleich aber auch relativiert.

Ein Teil der Schulabgänger aus den allgemeinbildenden Schulen besucht im Anschluß berufliche Vollzeitschulen. Viele dieser Jugendlichen suchen später Ausbildungsplätze. Für die Einschätzung der Entwicklung der Ausbildungsplatznachfrage ist daher auch die Anzahl der Schüler im Berufsgrundbildungsjahr und im ersten Schuljahr der Berufsfachschulen, bezogen auf die Gesamtzahl der Schulabgänger aus der Sekundarstufe I, von Bedeutung.

Berufsschüler ohne Ausbildungsvertrag sollten zur Ausbildung hingeführt werden. Viele ausländische Jugendliche haben erhebliche Schwierigkeiten, eine Ausbildung zu erreichen. Der Anteil dieser Gruppen an den Jugendlichen kann daher zur Kennzeichnung besonderer Probleme der regionalen Ausbildungssituation herangezogen werden. Untersucht werden:

— das Verhältnis der Anzahl der Berufsschüler ohne Ausbildungsvertrag zuzüglich der Absolventen des Berufsvorbereitungsjahres zu der Anzahl der Schulabgänger aus allgemeinbildenden Schulen,

— das Verhältnis der Anzahl der jugendlichen Ausländer von 16 bis unter 21 Jahren zur Anzahl der jugendlichen Bevölkerung im entsprechenden Alter.

Die Abgänger aus dem Berufsvorbereitungsjahr werden den Berufsschülern ohne Ausbildungsvertrag hinzugerechnet, weil in den meisten Bundesländern die Berufsschulpflicht derzeit mit dem Besuch des Berufsvorbereitungsjahres erfüllt ist. Die jugendlichen Ausländer kommen nur zu einem geringen Teil der Berufsschulpflicht nach; sie werden aus diesem Grunde gesondert berücksichtigt (Im einzelnen vgl. Kap. 6).

Um Vergleiche zwischen den Regionen zu erleichtern, werden die für die Region ermittelten Daten (mit Ausnahme der Angebots-Nachfrage-Relation) jeweils auf den Bundesdurchschnitt bezogen. Eine Kennzahl („Indikator") von 100 bedeutet dann, daß die Region im untersuchten Bereich (z. B. beim Anteil der jugendlichen Ausländer an der Wohnbevölkerung im gleichen Alter) exakt den Bundesdurchschnitt erreicht.

Den Abschluß der regionalen Berichterstattung bildet eine Standortanalyse der überbetrieblichen Ausbildungsplätze und ihres Beitrages zur Verbesserung regionaler Ausbildungsplatzversorgung.

Übersicht 21: Verteilung der Angebots-Nachfrage-Relation nach Ausbildungsplätzen in den Arbeitsamtsbezirken 1979 — 1981

Angebots-Nachfrage-Relation[1]) im Bereich von ... bis ...	Zahl der Arbeitsamtsbezirke		
	1979	1980[2])	1981
94,9 und weniger	1	0	3
95,0 bis 97,4	2	1	9
97,5 bis 99,9	40	19	33
100,0 bis 102,4	30	37	41
102,5 bis 104,9	29	39	21
105,0 bis 107,4	17	13	10
107,5 und mehr	23	33	25
Insgesamt	**142**	**142**	**142**

[1]) Anzahl der angebotenen betrieblichen Ausbildungsplätze je 100 Nachfrager.

[2]) Gegenüber dem Berufsbildungsbericht 1981 haben sich Veränderungen durch die Korrektur der Berufsberatungsstatistik ergeben.

2.1.1 Angebots-Nachfrage-Relation

Während im Vorjahr nur 20 Arbeitsamtsbezirke ein Angebotsdefizit hatten (1979: 43 Bezirke), waren es 1981 45 Arbeitsamtsbezirke (vgl. *Übersicht 21* und *Tabellen 2/1* und *2/2*).

In 109 Arbeitsamtsbezirken war 1981 die Ausbildungsplatzbilanz ungünstiger als im Vorjahr (1980 waren es nur 35). Von den 33 Regionen mit positiver Entwicklung entfielen allein 15 auf Nordrhein-Westfalen, das waren fast die Hälfte der Arbeitsamtsbezirke in diesem Land. Die übrigen Arbeitsamtsbezirke mit positiver Entwicklung lagen in Niedersachsen (7), Baden-Württemberg (6) und Bayern (5) (vgl. *Übersicht 22* sowie *Abbildung 1*).

2.1.2 Berufsausbildung außerhalb der Wohnregion

Jugendliche suchen ihren Ausbildungsplatz nicht immer in ihren für Verwaltungszwecke abgegrenzten Regionen (z. B. Arbeitsamtsbezirke). Diese „Mobilität" über Verwaltungsgrenzen hinweg ist tatsächlich meist nur übliches Verhalten im Rahmen gewachsener Beziehungen in einer Region, die von Verwaltungsgrenzen aus der Sicht der Bürger nicht immer einsichtig durchschnitten wird. Dies ist häufig bei Großstädten und ihrem Umland der Fall. Aber auch sonst können Verwaltungsgrenzen, die verwaltungsintern begründet sind, nicht immer alle tatsächlichen Verflechtungen innerhalb einer Region berücksichtigen. Die Berücksichtigung der „Pendler" zwischen Verwaltungsgrenzen ist der Versuch, die regionale Ausbildungsplatzsituation realitätsnäher darzustellen, als dies sonst möglich wäre.

Nach Angaben der Bundesanstalt für Arbeit wurden von den 280 400 Bewerbern, die nach einer Berufsberatung im Zeitraum 1979 — 1980 einen Ausbildungsplatz gefunden haben, 19 300 Jugendliche außerhalb des eigenen Arbeitsamtsbezirkes in ein Ausbildungsverhältnis vermittelt, das entspricht bundesweit etwa 7 %.

„Einpendlerregionen" sind 50 der insgesamt 142 Arbeitsamtsbezirke: Sie nehmen mehr Ausbildungsplatz-Bewerber auf, als sie an andere Arbeitsamtsbezirke abgeben. Hierzu gehören insbesondere Ballungsräume und Großstädte, aber auch Bezirke mit größeren Zentren innerhalb eines ländlichen Umfeldes. Etwa in der Hälfte der 50 Einpendlerregionen liegt die Anzahl der Vermittlungen in Ausbildungsplätze um mehr als 5 % über der Anzahl der aus dem Arbeitsamtsbezirk selbst stammenden Bewerber. In vier Regionen überschreitet der Einpendlersaldo sogar 25 % der Nachfrage aus dem Arbeitsamtsbezirk selbst (Hannover + 27,8 %; Frankfurt + 30,7 %, Münster + 37,0 %; Stuttgart + 40,7 %).

„Auspendlerregionen" sind 92 Arbeitsamtsbezirke: Sie geben Ausbildungsplatz-Bewerber in Nachbarbezirke ab, sie „exportieren" Ausbildungsplatznachfrage, die in den aufnehmenden „Einpendlerregionen" in die Ausbildungsplatzbilanz eingeht. In 19 dieser Regionen finden mehr als 10 % der Bewerber, in 3 Regionen sogar mehr als 20 % der Bewerber (Freising — 27,8 %; Waiblingen — 22,2 %; Bad Oldesloe — 21,4 %) außerhalb ihres Wohn-Arbeitsamtsbezirks einen Ausbildungsplatz.

In den Großstadtregionen erhöht sich die Ausbildungsplatznachfrage durch Einpendler um durchschnittlich 10 %, in den Stadtregionen mit ländlichem Umland um rund 3,3 %. Dagegen geben die Regionen mit kleinstädtischer Prägung 5,7 % und der ländliche Raum etwa 6,8 % ihrer Jugendlichen an die Einpendlerregionen ab.

Die Wanderungsbewegungen sind bei den Erwerbstätigen und den Auszubildenden meist ähnlich. In 26 Arbeitsamtsbezirken stimmen jedoch die Pendlerbewegungen der Jugendlichen und Erwerbstätigen nicht überein, in 15 Regionen sind die Unterschiede erheblich. Als Beispiel dafür kann der Arbeitsamtsbezirk Heidelberg angeführt werden, der im Ausbildungsbereich einen Einpendler- (+ 8,5 %) und im Beschäftigungsbereich einen Auspendlersaldo (— 4,5 %) aufweist. Hier wirkt sich einerseits die Nähe und wirtschaftliche Stärke des Mannheim-Ludwigshafener Raumes aus, andererseits die hohe Ausstattung Heidelbergs mit schulischen Ausbildungseinrichtungen (vgl. *Abbildung 2*).

2.1.3 Ausbildungsplatzangebote in beruflichen Vollzeitschulen

Der Besuch beruflicher Vollzeitschulen ist für die Jugendlichen vielfach eine Alternative zu einer Ausbildung im dualen System — teilweise eine Alternative auf Zeit, an die sich eine duale Berufsausbildung anschließt, teilweise

Übersicht 22: Zahl der Arbeitsamtsbezirke nach Angebots-Nachfrage-Relation[1]) und Ländern (1981)

Zahl der Arbeitsamtsbezirke	97,4 und weniger	97,5 bis 99,9	100,0 bis 102,4	102,5 bis 104,9	105,0 bis 107,4	107,5 und mehr	Mittelwerte der Angebots-Nachfrage-Relation 1981	1980
Schleswig-Holstein	2	1	3	1	—	—	99,0	102,9
Hamburg	1	—	—	—	—	—	96,9	99,0
Niedersachsen	1	1	—	—	—	—	97,4	99,0
Bremen	3	4	9	1	1	2	100,8	102,8
Nordrhein-Westfalen	—	10	14	8	1	1	101,2	101,4
Hessen	2	8	3	—	—	—	99,6	102,4
Rheinland-Pfalz	2	5	3	—	—	—	98,4	101,4
Baden-Württemberg	—	1	1	1	—	—	101,3	103,6
Bayern	—	1	5	4	4	10	106,3	107,4
Saarland	—	2	3	6	4	12	107,4	110,1
Berlin (West)	1	—	—	—	—	—	95,6	99,4
Bundesgebiet	**12**	**33**	**41**	**21**	**10**	**25**	**102,4**	**104,1**

[1]) Anzahl der angebotenen betrieblichen Ausbildungsplätze je 100 Nachfrager.

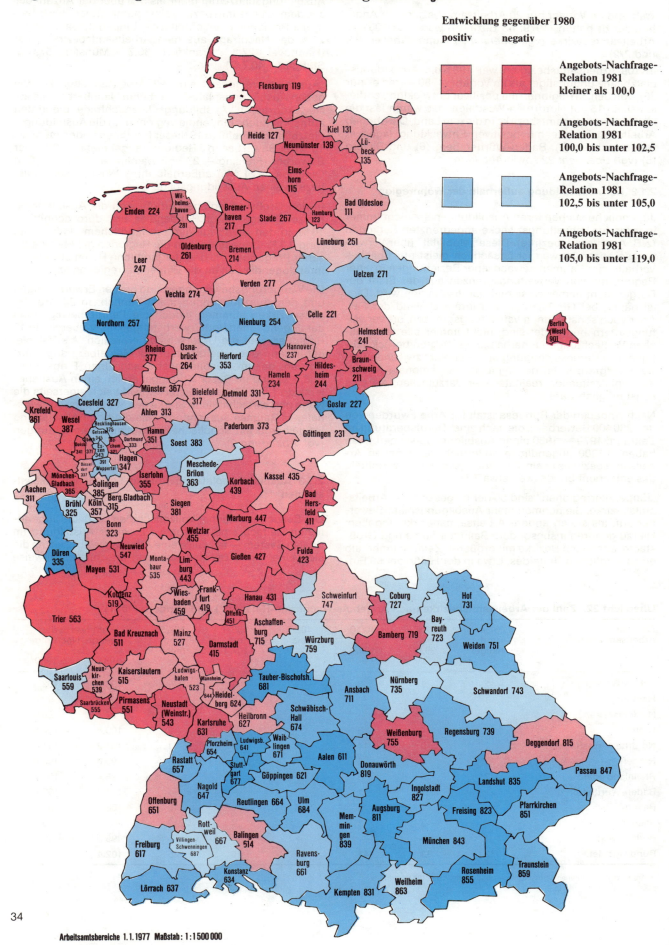

Abbildung 1

Angebots-Nachfrage-Relation 1981 und Entwicklung zum Vorjahr

Abbildung 2

Pendlerbewegungen der Ausbildungsplatzbewerber in den Arbeitsamtsbezirken 1979/1980 (%-Anteil) der regionalen Ein- und Auspendlerüberschüsse

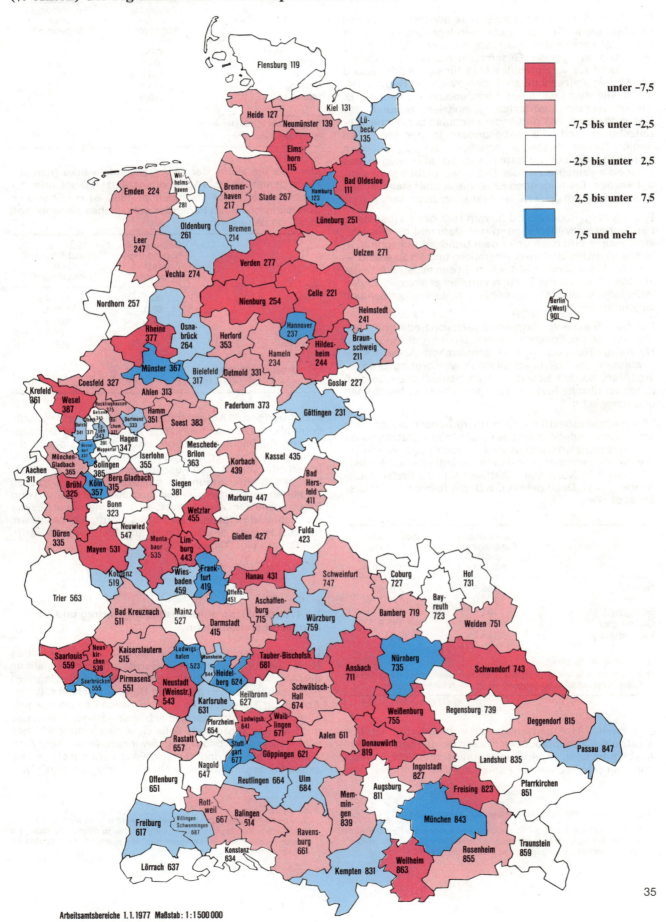

aber auch eine endgültige Alternative. Der Besuch beruflicher Vollzeitschulen erhöht nach Auffassung vieler Jugendlicher auch die Erfolgsaussichten für den Abschluß eines Ausbildungsvertrages.

Der Anteil der Schulabgänger aus allgemeinbildenden Schulen, die in das schulische Berufsgrundbildungsjahr oder in den ersten Schuljahrgang von Berufsfachschulen überwechseln, an der Gesamtzahl dieser Schulabgänger[1] kann als vereinfachtes Maß für den Ausbaustand beruflicher Vollzeitschulen in der jeweiligen Region gelten[2]. Allerdings ist darauf hinzuweisen, daß auch z.B. Fachoberschulen, Wirtschaftsgymnasien, Schulen des Gesundheitswesens und andere Schulen berufliche Vollzeitschulen sind, die insbesondere in der jeweiligen Region für die Ausbildungschancen der Jugendlichen erhebliche Bedeutung haben können, aber wegen des Mangels an entsprechenden Daten hier nicht berücksichtigt werden. Die folgenden Ergebnisse einer statistischen Analyse sind mit dieser Einschränkung zu bewerten.

In Schleswig-Holstein und Bayern liegt der Ausbaustand beruflicher Vollzeitschulen in der Mehrzahl der Arbeitsamtsbezirke erheblich unter dem Bundesdurchschnitt, in Niedersachsen, Baden-Württemberg und im Saarland — z.T. um 50 % und mehr — darüber. In den meisten Arbeitsamtsbezirken hat der Besuch beruflicher Vollzeitschulen im Schuljahr 1980/81 gegenüber dem Vorjahr beträchtlich zugenommen.

Für die regionale Versorgungslage ist von Bedeutung, wie sich die betrieblichen — gemessen an der Angebots-Nachfrage-Relation — und schulischen Angebote — gemessen am vollzeitschulischen Versorgungsgrad — ergänzen, so daß Schwächen im betrieblichen Bereich durch schulische Angebote ausgeglichen werden können und umgekehrt.

56 Arbeitsamtsbezirke haben überdurchschnittlich viele schulische Angebote und ein Ausbildungsplatzangebot, das im regionalen Durchschnitt die Nachfrage übersteigt. Die meisten von ihnen (nämlich 44) entfallen auf Niedersachsen (13), Nordrhein-Westfalen (8) und Baden-Württemberg (23). Dazu gehören z.B. die folgenden Arbeitsamtsbezirke

	Betriebliche Ausbildungs-platz-Angebote[1]	Schulische Ausbildungs-platz-Angebote[2]
Nienburg	105,5	210,4
Nordhorn	109,0	187,7
Solingen	101,6	122,3
Göppingen	111,6	143,8
Ludwigsburg	118,2	142,3

[1] Angebote je 100 Bewerber
[2] Schüler im 1.Schuljahrgang Berufsgrundbildungsjahr und an Berufsfachschulen an Schulabgängern, Bundesdurchschnitt = 100

Eine zweite, 41 Arbeitsamtsbezirke umfassende Gruppe weist neben Angebotsüberschüssen bei den betrieblichen Ausbildungsplätzen eine unterdurchschnittliche Versorgung mit schulischen Angeboten auf. Dazu gehören viele Bezirke von Nordrhein-Westfalen und die meisten bayerischen Arbeitsamtsbezirke, wie z.B.:

	Betriebliche Ausbildungs-platz-Angebote[1]	Schulische Ausbildungs-platz-Angebote[2]
Schweinfurt	100,3	77,2
Dortmund	101,0	68,9
Essen	103,0	65,0
Coburg	104,8	20,9
München	110,9	44,7

[1] Angebote je 100 Bewerber
[2] Bundesdurchschnitt = 100

Mehr als die Hälfte der 45 Arbeitsamtsbezirke (nämlich 25), in denen 1981 das Ausbildungsplatzangebot unter der Nachfrage lag, wies im Schuljahr 1980/81 ein über dem Bundesdurchschnitt liegendes schulisches Angebot auf. Beispiele dafür sind:

	Betriebliche Ausbildungs-platz-Angebote[1]	Schulische Ausbildungs-platz-Angebote[2]
Hameln	96,5	163,4
Iserlohn	98,1	126,1
Limburg	97,9	156,5
Karlsruhe	97,5	175,3
Koblenz	97,4	109,1

[1] Angebote je 100 Bewerber
[2] Bundesdurchschnitt = 100

In den übrigen 20 Arbeitsamtsbezirken dagegen liegen die betrieblichen Angebote unter der Nachfrage und die schulischen Ausbildungsangebote unter dem Bundesdurchschnitt. Die Chancen der Jugendlichen auf einen betrieblichen oder schulischen Ausbildungsplatz sind hier offenbar besonders ungünstig einzuschätzen. Zu diesen Regionen gehören neben den Stadtstaaten Hamburg und Berlin sowie dem Arbeitsamtsbezirk Bremen zwei Bezirke aus Schleswig-Holstein, sechs aus Nordrhein-Westfalen, fünf aus Hessen, drei aus Rheinland-Pfalz und ein Bezirk aus Bayern (vgl. *Tabelle 2/3*).

2.1.4 Jugendliche ohne Ausbildungsvertrag und im Berufsvorbereitungsjahr

Der Anteil der Jugendlichen ohne Ausbildungsvertrag einschließlich der Schüler im Berufsvorbereitungsjahr an den Abgängern aus allgemeinbildenden Schulen lag in 61 Arbeitsamtsbezirken über dem Bundesdurchschnitt (vgl. *Abbildung 3* und *Übersicht 23*). In diesen Regionen wurde mithin das Nachfragepotential bisher weniger genutzt als im Bundesdurchschnitt. Sehr viele dieser Jugendlichen wären für die Ausbildung zu gewinnen, wenn mehr Ausbildungsplätze — und in vielen Fällen auch mehr ergänzende Förderungsmöglichkeiten — verfügbar wären[1].

---

[1] Unter Berücksichtigung der Pendler (vgl. Abschnitt 2.1.2)

[2] Im Interesse der besseren Vergleichbarkeit werden die Regionalwerte auf den Bundesdurchschnitt bezogen. Diese Kennzahl wird als „vollzeitschulischer Versorgungsgrad" der Region bezeichnet.

[1] Teilweise — insbesondere in Hessen — werden z.B. auch Schüler im schulischen Berufsgrundbildungsjahr in der Berufsschulstatistik als „Jugendliche ohne Ausbildungsvertrag" ausgewiesen. Insoweit sind die Angaben überhöht.

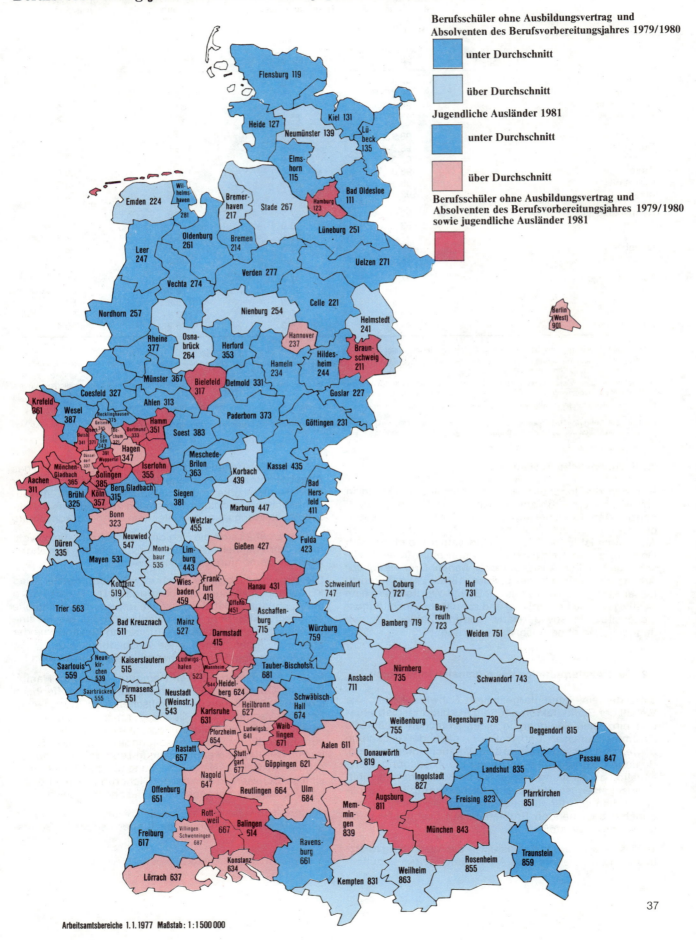

Abbildung 3
Regionale Verteilung der Berufsschüler ohne Ausbildungsvertrag und Absolventen des Berufsvorbereitungsjahres 1979/1980 sowie jugendliche Ausländer 1981

Übersicht 23: Arbeitsamtsbezirke mit einer ungünstigen schulischen und betrieblichen Versorgung 1980/81

	Betriebliche Ausbildungsplatzangebote gemessen an der Angebots-Nachfrage-Relation 1981[1]	Schulische Bildungsangebote 1980/81[2]	Jugendliche ohne Ausbildungsvertrag 1980[3]	Jugendliche Ausländer 1981[4]
Elmshorn	98,5	58,6	95,9	64,3
Hamburg	96,9	74,9	115,4	141,4
Neumünster	94,4	44,0	68,8	43,5
Bremen	98,1	85,7	99,2	92,3
Bochum	98,9	63,6	85,9	114,3
Duisburg	98,7	58,8	175,5	224,5
Hamm	99,8	72,8	115,9	105,7
Krefeld	98,6	92,6	105,3	129,5
Oberhausen	98,3	84,4	102,8	115,3
Siegen	98,8	56,7	98,6	75,4
Darmstadt	98,0	62,3	102,8	127,9
Gießen	99,5	95,9	88,5	101,6
Hanau	97,8	96,5	125,8	133,3
Offenbach	98,8	93,0	102,7	208,4
Wetzlar	98,5	96,9	185,2	63,9
Bad Kreuznach	97,5	97,8	150,1	45,6
Mayen	97,8	65,4	74,9	48,1
Neuwied	97,8	81,8	112,8	55,1
Bamberg	98,2	60,1	133,8	35,7
Berlin (West)	95,6	54,9	86,2	250,4

[1]) Gesamtangebot an betrieblichen Ausbildungsplätzen je 100 Nachfrager (vgl. 2.1.1).

[2]) Anzahl der Schüler im Berufsgrundbildungsjahr und im ersten Schuljahrgang an Berufsfachschulen zur Anzahl der pendlerkorrigierten Abgänger aus allgemeinbildenden Schulen — Bundesgebiet gleich 100 — vgl. 2.1.3.

[3]) Jugendliche ohne Ausbildungsvertrag in Teilzeitberufsschulen (1979/80) zuzüglich Absolventen des Berufsvorbereitungsjahres 1980/81 zur Anzahl der pendlerkorrigierten Abgänger aus allgemeinbildenden Schulen — Bundesgebiet gleich 100 — vgl. 2.1.4.

[4]) Jugendliche Ausländer im Alter von 16 bis unter 21 Jahren 1981 zur jugendlichen Bevölkerung im Alter von 15 bis unter 20 Jahren — Bundesgebiet gleich 100 — vgl. 2.1.5.

Quellen: Erhebung zum 30. September; Berufsberatungsstatistik der Bundesanstalt für Arbeit. Umfrage der Kultusministerkonferenz über berufliche Vollzeitschulen; Statistisches Bundesamt und Bundesverwaltungsamt — Ausländerzentralbehörde.

2.1.5 Jugendliche Ausländer

Während die Jugendlichen ohne Ausbildungsvertrag in erster Linie ein Problem der ländlichen Regionen sind, konzentrieren sich die jugendlichen Ausländer insbesondere auf die großstädtischen Gebiete (vgl. *Abbildung 3*). Ausnahme ist jedoch Baden-Württemberg, da hier auch klein- und mittelstädtische Regionen einen überdurchschnittlich hohen Ausländeranteil haben. Drei Viertel der Arbeitsamtsbezirke dieses Landes (18 von 24) gehören zu dieser Kategorie. Allerdings hat Baden-Württemberg eine relativ günstige betriebliche und schulische Ausbildungsstellensituation sowie relativ niedrige Zahlen bei den Jugendlichen ohne Ausbildungsvertrag.

2.2 Gesamtinterpretation der regionalen Indikatoren

Trotz der einleitend dargestellten Schwierigkeiten, die Vielfalt der Einflußfaktoren für die Ausbildungsplatzsituation einzelner Regionen in einer einfachen Meßgröße zusammenzufassen und trotz der nach der Datenlage begrenzten Aussagekraft wird der Versuch unternommen, Regionen zu benennen, in denen die Ausbildungsplatzsituation deutlich ungünstiger als im Bundesdurchschnitt einzuschätzen ist und wo eine Verbesserung der Ausbildungschancen der Jugendlichen im Vergleich zu den ohnehin bestehenden Problemen auf besonders große Schwierigkeiten stößt.

1981 ist — wie bereits dargestellt — die Ausbildungsplatzbilanz in drei Vierteln aller Arbeitsamtsbezirke ungünstiger geworden. In jedem dritten Arbeitsamtsbezirk lag das Angebot unter der Nachfrage. In mehr als der Hälfte dieser Arbeitsamtsbezirke mit Angebotsdefiziten bei Ausbildungsplätzen im dualen System lag zugleich das schulische Ausbildungsangebot unter dem Bundesdurchschnitt.

In *Übersicht 23* sind die Regionen aufgeführt, die sowohl in der betrieblichen als auch in der schulischen Angebotssituation Versorgungsdefizite aufweisen.

Die Arbeitsamtsbezirke Bochum, Gießen, Wetzlar, Bad Kreuznach, Neuwied, Bamberg und Berlin (West) haben ein Ausbildungsplatzdefizit sowie unterdurchschnittliche schulische Angebote, wobei erschwerend entweder eine überdurchschnittlich große Gruppe von Ausländern oder aber von Jugendlichen ohne Ausbildungsvertrag bzw. Schüler aus dem Berufsvorbereitungsjahr hinzukommt.

In den Arbeitsamtsbezirken Hamburg, Duisburg, Hamm, Krefeld, Oberhausen, Darmstadt, Hanau und Offenbach sind die betrieblichen und schulischen Ausbildungsangebote im Vergleich zum Bundesdurchschnitt zu gering. Außerdem gibt es in diesen Regionen eine große Gruppe von Jugendlichen ohne Ausbildungsvertrag bzw. Schülern im Berufsvorbereitungsjahr und ebenfalls überdurchschnittlich viele ausländische Jugendliche. Hier häufen sich die Schwierigkeiten bei der Sicherung ausreichender beruflicher Bildungsangebote in besonderer Weise.

Weitere Hinweise zur regionalen Ausbildungssituation geben Veröffentlichungen des Bundesinstituts für Berufsbildung[1]).

[1]) So z. B. die Länderberichte des Bundesinstituts für Berufsbildung

Abbildung 4
Regionale Versorgung mit überbetrieblichen Werkstattplätzen 1979 (Bundesgebiet = 100)

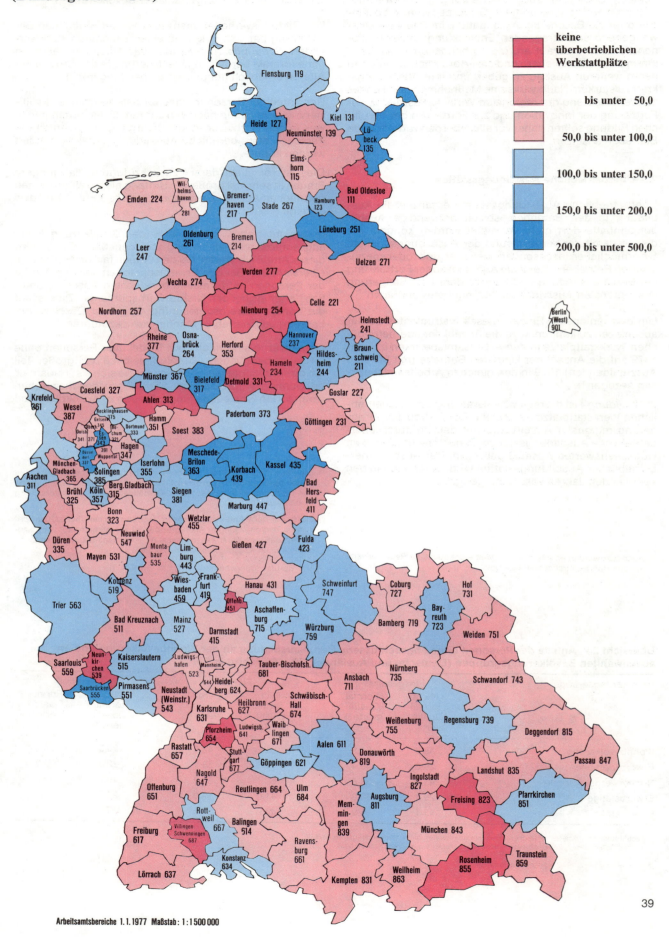

Die berufliche Bildung hat für die Entwicklungschancen insbesondere strukturschwacher, früher agrarisch ausgerichteter, Gebiete erhebliche Bedeutung. In diesen Regionen sind kleine und mittlere Gewerbebetriebe bestimmend für die Beschäftigungssituation. Im Interesse einer weitgehend selbsttragenden Entwicklung dieser Regionen kommt es darauf an, die vorhandenen Betriebe in ihrem Bestand zu sichern und die erforderlichen Hilfen zu deren weiteren Ausbau zu geben und ihre Ausbildungskraft zu stärken. Raumwirksame Maßnahmen des Bundes zur Verbesserung der regionalen Wirtschaftsstruktur, zur Förderung der Innovation und zur Förderung der beruflichen Bildung sollten daher vor allem bei den vorhandenen Betrieben ansetzen.

2.3 Überbetriebliche Ausbildungsstätten

Überbetriebliche Ausbildungsstätten ergänzen die Ausbildung in den Betrieben, soweit notwendige Ausbildungsinhalte dort nicht vermittelt werden können. Sie dienen damit der Verbesserung der Ausbildungsqualität. Sie ermöglichen insbesondere kleineren und / oder spezialisierten Betrieben oft erst die Aufnahme oder Fortführung der Berufsausbildung und können damit zur Steigerung des regionalen Ausbildungsplatzangebotes beitragen.

Um den regionalen Einsatz dieses Instrumentes besser abschätzen zu können, wird die Anzahl der überbetrieblichen Werkstattplätze in den Arbeitsamtsbezirken im Jahr 1979 auf die Anzahl der kleineren Betriebe (mit bis zu 6 Auszubildenden) 1979 in den gleichen Arbeitsamtsbezirken bezogen [1]).

In Abbildung 4 ist die regionale Verteilung der überbetrieblichen Werkstattplätze dargestellt. Der Beitrag zur Verringerung regionaler Ausbildungsplatzdefizite durch überbetriebliche Ausbildungsstätten ist noch nicht überall im wünschenswerten Ausmaß gelungen. Der Ausbau überbetrieblicher Ausbildungsstätten wird daher auch in den kommenden Jahren vom Bund gefördert.

---

[1]) Auch hier werden im Interesse der Vergleichbarkeit die Regionalwerte auf den Bundesdurchschnitt bezogen.

3. Berufsausbildung und Erwerbstätigkeit

3.1 Beruflicher Bildungsstand der Bevölkerung [1])

Das Bildungsverhalten insbesondere der weiblichen Bevölkerung hat sich innerhalb einer Generation stark verändert. *Schaubild 10* zeigt, daß der Anteil der Personen ohne formale berufliche Qualifizierung in der Gruppe der Älteren erheblich höher liegt als bei Jüngeren [2]).

Der Anteil der Personen ohne formale berufliche Qualifizierung wird in den nächsten Jahren weiter abnehmen [3]), weil in den nachwachsenden Jahrgängen der Anteil der Personen ohne berufliche Ausbildung weiter vermindert werden konnte.

Dies ist vor allem darauf zurückzuführen, daß jüngere Frauen in sehr viel größerem Umfang als die älteren einen beruflichen Abschluß erwerben. In *Schaubild 11* wird dies gezeigt.

Insgesamt haben knapp 40 % der Bevölkerung keine abgeschlossene Ausbildung; bei den Männern beträgt dieser Anteil ein Viertel, bei den Frauen fast die Hälfte (vgl. *Übersicht 24*). Bei den Erwerbspersonen sind die Anteile der Personen mit formalem beruflichem Abschluß deutlich höher als bei den Nichterwerbspersonen. Dies ist auf die höhere Erwerbsbeteiligung der — im Durchschnitt besser qualifizierten — Männer zurückzuführen.

Gegenwärtig sind noch zwei Drittel aller Personen ohne formalen beruflichen Abschluß weiblich; ein großer Teil davon sind Nichterwerbspersonen, die sich als „Hausfrau" bezeichnen (vgl. *Übersicht 25*). Wegen der inzwischen veränderten Einstellung junger Frauen zu Ausbildung und

---

[1]) Die Abschnitte 3.1 und 3.2 beruhen auf Arbeiten zum Thema „Personen ohne abgeschlossene Berufsausbildung", die von: Gottsleben, V. und von Henniges, H. vom Institut für Arbeitsmarkt- und Berufsforschung erstellt wurden.

[2]) Der relativ hohe Anteil der Personen ohne formale berufliche Qualifizierung in den ganz jungen Altersgruppen ist vor allem darauf zurückzuführen, daß viele Personen in diesem Alter noch in Ausbildung sind und daher keinen Abschluß vorweisen können.

[3]) Vgl. Berufsbildungsbericht 1981, Kap. 1.2.4

Übersicht 24: Anteile der Personen ohne abgeschlossene Berufsausbildung an der Wohnbevölkerung und an ausgewählten Bevölkerungsgruppen (Deutsche und Ausländer, 20—69 Jahre) in %

Bevölkerungsgruppe	Insgesamt		Frauen		Männer	
	Nicht formal Qualifizierte [1])	Formal Qualifizierte [1])	Nicht formal Qualifizierte [1])	Formal Qualifizierte [1])	Nicht formal Qualifizierte [1])	Formal Qualifizierte [1])
Wohnbevölkerung	38,7	61,3	51,2	48,8	25,5	74,5
Erwerbspersonen	29,6	70,4	41,3	58,7	22,8	77,2
Nichterwerbspersonen	63,2	36,8	60,1	39,9	40,7	59,3
Erwerbstätige	29,1	70,9	41,0	59,0	22,3	77,7
Erwerbslose	43,1	56,9	46,9	53,1	39,6	60,4

[1]) Nicht formal Qualifizierte = Personen ohne anerkannten beruflichen Ausbildungsabschluß.
   Formal Qualifizierte = Personen mit anerkanntem beruflichem Ausbildungsabschluß.

Quelle: Mikrozensus 1978, eigene Berechnungen.

Übersicht 25: Verteilung der Personen ohne formalen beruflichen Ausbildungsabschluß nach der Beteiligung am Erwerbsleben und nach dem Geschlecht (Deutsche und Ausländer; 20—69 Jahre)

	Insgesamt	männlich	weiblich
Wohnbevölkerung	100,0	32,1	67,9
Erwerbspersonen	50,1	24,3	25,8
Nichterwerbspersonen	49,9	7,8	42,1
Erwerbstätige	47,8	23,2	24,6
Erwerbslose	2,3	1,1	1,2

Quelle: Mikrozensus 1978, eigene Berechnungen.

Beruf wird dieses Ungleichgewicht in Zukunft vermutlich abgebaut werden.

Die Gesamtzahl der Erwerbspersonen ohne formalen beruflichen Abschluß verteilt sich etwa gleich auf Männer und Frauen. Es verfügen jedoch nur knapp 60 % aller weiblichen Erwerbspersonen über eine formale berufliche Qualifikation gegenüber fast 80 % bei den Männern (vgl. *Übersichten 26* und *27*).

Für die Bedeutung eines Ausbildungsabschlusses bei der Arbeitsplatzsuche kann der Vergleich zwischen dem

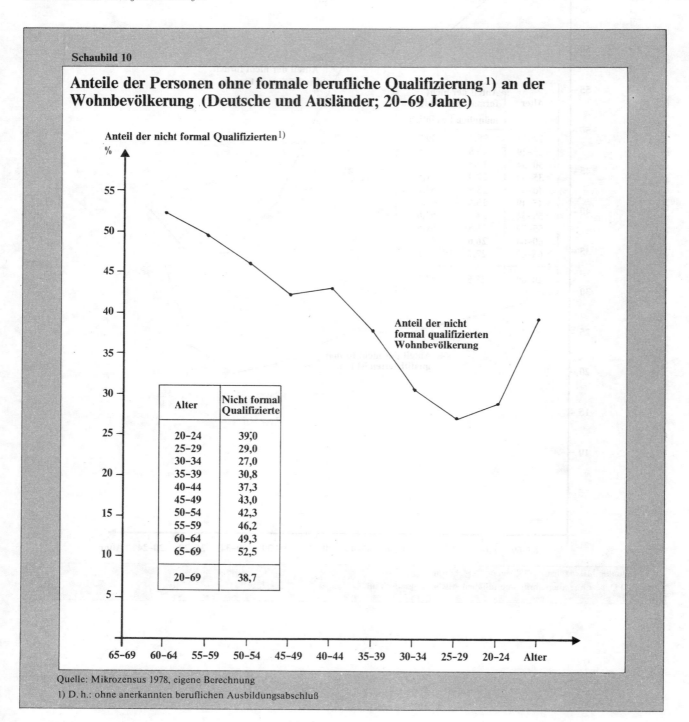

Schaubild 10

Anteile der Personen ohne formale berufliche Qualifizierung[1]) an der Wohnbevölkerung (Deutsche und Ausländer; 20-69 Jahre)

Alter	Nicht formal Qualifizierte
20–24	39,0
25–29	29,0
30–34	27,0
35–39	30,8
40–44	37,3
45–49	43,0
50–54	42,3
55–59	46,2
60–64	49,3
65–69	52,5
20–69	38,7

Quelle: Mikrozensus 1978, eigene Berechnung
1) D. h.: ohne anerkannten beruflichen Ausbildungsabschluß

Schaubild 11

Anteile der Personen ohne formale berufliche Qualifizierung[1]) an der Wohnbevölkerung; Männer und Frauen nach Altersgruppen (Deutsche und Ausländer; 20–69 Jahre)

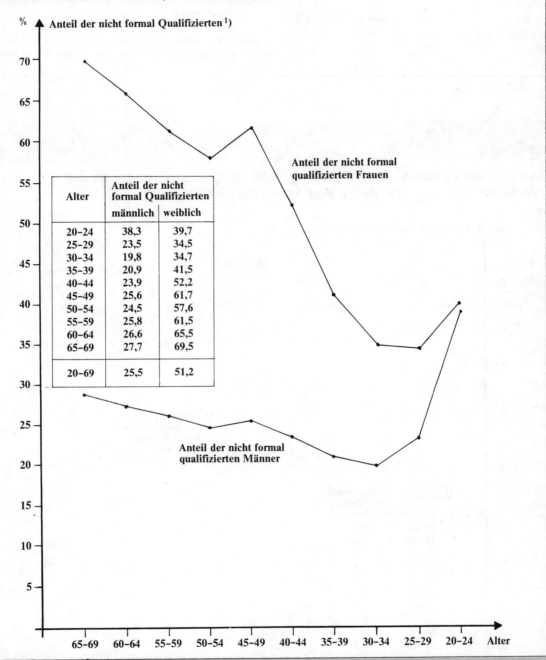

Quelle: Mikrozensus 1978, eigene Berechnung
1) D. h.: ohne anerkannten beruflichen Ausbildungsabschluß

Übersicht 26: Männliche Wohnbevölkerung nach Beteiligung am Erwerbsleben und nach dem Vorhandensein eines Ausbildungsabschlusses in %

Alters-gruppe	Erwerbspersonen			Nichterwerbspersonen			Wohnbevölkerung insgesamt
	Nicht formal Qualifizierte[1]	Formal Qualifizierte[1]	Nicht formal und formal Qualifizierte[1]	Nicht formal Qualifizierte[1]	Formal Qualifizierte	Nicht formal und formal Qualifizierte[1]	
20—24	22,8	58,5	81,3	15,5	3,2	18,7	100,0
25—29	17,2	73,7	90,9	6,3	2,8	9,1	100,0
30—34	18,3	79,2	97,5	1,5	1,0	2,5	100,0
35—39	20,2	78,3	98,5	0,7	0,8	1,5	100,0
40—44	22,9	75,2	98,1	0,9	0,9	1,9	100,0
45—49	24,2	72,7	96,9	1,4	1,7	3,1	100,0
50—54	22,2	71,4	93,6	2,4	4,0	6,4	100,0
55—59	20,7	64,0	84,7	5,1	10,2	15,3	100,0
60—64	11,1	33,5	44,6	15,5	39,9	55,4	100,0
65—69	3,7	9,5	13,2	24,0	62,8	86,8	100,0
20—69	19,3	65,5	84,8	6,2	9,0	15,2	100,0

[1]) Nicht formal Qualifizierte = Personen ohne erkannten beruflichen Ausbildungsabschluß;
Formal Qualifizierte = Personen mit anerkanntem beruflichem Ausbildungsabschluß.

Quelle: Mikrozensus 1978, eigene Berechnungen.

Ungelernten-Anteil bei den Erwerbstätigen und dem bei den Erwerbslosen[1] wichtige Indizien bieten.

Der Anteil der Personen ohne abgeschlossene Ausbildung ist bei den Erwerbslosen erheblich höher als bei den Erwerbstätigen. Die Altersgruppenanalyse zeigt, daß dies auch für jede einzelne Altersgruppe gilt, wenn auch mit unterschiedlicher Intensität (Übersicht 12).

Mit anderen Worten: Frauen sind häufiger erwerbslos; zwar mindert der erworbene Ausbildungsabschluß das Risiko, jedoch nicht in gleichem Maße wie bei den männlichen Facharbeitern. Unter den Männern sind besonders diejenigen häufig erwerbslos, die keine Berufsausbildung haben; der erworbene Ausbildungsabschluß verhindert das Eintreten der Erwerbslosigkeit vergleichsweise wirksam.

Dennoch zeigt sich in dieser Analyse, daß der Anteil der beruflich Qualifizierten zugenommen hat, und zwar insbesondere bei den Frauen. Darüber hinaus ist eine Berufsausbildung bei der Arbeitsplatzsuche von zentraler Bedeutung.

[1]) Der hier verwendete Begriff des „Erwerbslosen" des Statistischen Bundesamtes unterscheidet sich in mehrfacher Hinsicht vom Begriff des „Arbeitslosen", wie ihn die Bundesanstalt für Arbeit gebraucht. Ein wichtiger Unterschied besteht z. B. darin, daß als erwerbslos auch Personen gelten, die ausschließlich eine Lehrstelle suchen, während diese nicht als Arbeitslose gelten. In den Geschäftsstatistiken der Bundesanstalt für Arbeit steht die Frage nach den Anspruchberechtigten im Mittelpunkt, während der Mikrozensus eher am allgemeinen Verhältnis von Angebot und Nachfrage auf dem Arbeitsmarkt orientiert ist.

Übersicht 27: Weibliche Wohnbevölkerung nach Beteiligung am Erwerbsleben und nach dem Vorhandensein eines Ausbildungsabschlusses in %

Alters-gruppe	Erwerbspersonen			Nichterwerbspersonen			Wohnbevölkerung insgesamt
	Nicht formal Qualifizierte[1]	Formal Qualifizierte[1]	Nicht formal und formal Qualifizierte[1]	Nicht formal Qualifizierte[1]	Formal Qualifizierte[1]	Nicht formal und formal Qualifizierte[1]	
20—24	19,7	51,1	70,8	20,0	9,2	29,2	100,0
25—29	17,8	44,1	61,9	16,7	21,4	38,1	100,0
30—34	17,1	38,1	55,2	17,7	27,2	44,8	100,0
35—39	20,9	33,8	54,6	20,7	24,7	45,4	100,0
40—44	26,4	28,4	54,8	25,8	19,4	45,2	100,0
45—49	29,6	22,5	52,1	32,1	15,8	47,9	100,0
50—54	24,7	23,5	48,2	32,8	19,0	51,8	100,0
55—59	22,4	18,5	40,9	39,1	20,0	59,1	100,0
60—64	7,5	5,6	13,1	57,9	29,0	86,9	100,0
65—69	3,7	2,1	5,8	65,8	28,4	94,2	100,0
20—69	19,4	27,6	47,1	31,8	21,1	52,9	100,0

[1]) Nicht formal Qualifizierte : Personen ohne erkannten beruflichen Ausbildungsabschluß;
Formal Qualifizierte : Personen mit anerkanntem beruflichen Ausbildungsabschluß.

Quelle: Mikrozensus 1978, eigene Berechnungen.

Schaubild 12

Anteile der nicht formal qualifizierten[1]) Erwerbstätigen im Vergleich zu nicht formal qualifizierten[1]) Erwerbslosen nach Altersgruppen (Deutsche und Ausländer; 20–69 Jahre)

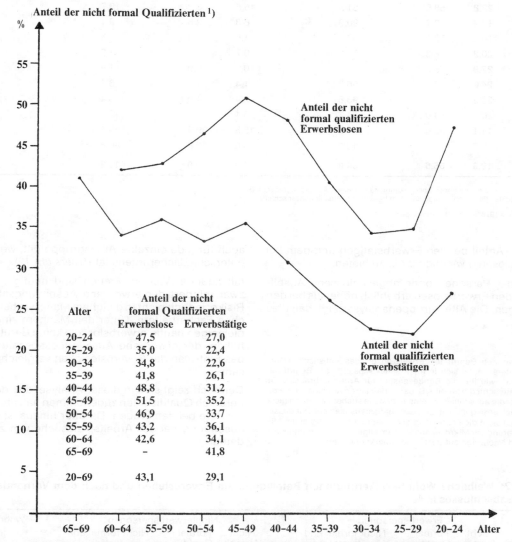

Alter	Anteil der nicht formal Qualifizierten	
	Erwerbslose	Erwerbstätige
20–24	47,5	27,0
25–29	35,0	22,4
30–34	34,8	22,6
35–39	41,8	26,1
40–44	48,8	31,2
45–49	51,5	35,2
50–54	46,9	33,7
55–59	43,2	36,1
60–64	42,6	34,1
65–69	–	41,8
20–69	43,1	29,1

Quelle: Mikrozensus 1978, eigene Berechnung
1) D. h. ohne anerkannten beruflichen Ausbildungsabschluß

3.2 Soziale Herkunft und gegenwärtige Berufstätigkeit von deutschen Erwerbstätigen ohne abgeschlossene Berufsausbildung

3.2.1 Soziale Herkunft und erste Erwerbstätigkeit[1]

Ungelernte kommen hauptsächlich aus Familien, deren Väter als Hilfsarbeiter oder angelernter Arbeiter tätig waren (24 % aller Ungelernten), als Facharbeiter bzw. Vorarbeiter arbeiteten (24 %) oder selbständige Landwirte waren (21 % aller Ungelernten). Nur sehr selten stammen sie — im Unterschied zu Erwerbstätigen mit einer abgeschlossenen Berufsausbildung — aus gehobenen sozialen Schichten (vgl. *Tabelle 3/1*).

Die Mehrzahl (61 %) der heute beschäftigten Deutschen ohne abgeschlossene Berufsausbildung begann ihre erste Berufstätigkeit in einfachsten Formen der Beschäftigung auf einer Ebene also, auf der Personen mit einer Ausbildung nur in Ausnahmefällen beginnen (6 % der Erwerbstätigen mit abgeschlossener Lehre, 3 % der Erwerbstätigen mit Fachhoch- oder Hochschulabschluß). Andere Einstiege sind für Ungelernte relativ selten. Eine Minderzahl begann mit Arbeiten als „einfacher Angestellter" (12 % der Ungelernten) oder als Mithelfende im Familienbetrieb (12 %) (vgl. *Tabelle 3/2*).

Besonders stark auf Hilfsarbeiter- oder Angelerntenstellen als Einstiegsorte sind offenbar die Ungelernten verwiesen, die aus Arbeiterfamilien — insbesondere aus Hilfsarbeiterfamilien — stammen: 87 % der aus Hilfsarbeiterfamilien kommenden Ungelernten und 70 % der aus Facharbeiterfamilien stammenden begannen ihre Erwerbstätigkeit als Hilfsarbeiter oder angelernter Arbeiter. Ungelernte aus Angestellten-, Beamten- und Selbständigenfamilien steigen demgegenüber wesentlich häufiger als einfache Angestellte in das Beschäftigungssystem ein.

3.2.2 Statusmobilität[2]

Keine andere Qualifikationsgruppe bleibt im Verlauf ihres Berufslebens so häufig an die Statuspositionen gebunden, mit der sie ihre Berufstätigkeit begonnen hat, wie Ungelernte. Von allen (deutschen) Ungelernten, die schon eine längere Berufstätigkeit hinter sich haben (Eintritt in das Erwerbsleben im Jahre 1970 oder davor) arbeiteten 1979 immerhin 64 % noch in den gleichen Statuspositionen wie damals. Zum Vergleich: Erwerbstätige mit abgeschlossener Lehre und /oder Fachschule arbeiten heute noch in 46 % aller Fälle in den Anfangspositionen, Erwerbstätige mit Fachhoch- oder Hochschulabschluß nur noch zu 44 %.

Einstieg als Hilfsarbeiter oder angelernte Arbeiter

Am geringsten ist die Möglichkeit zum Aufstieg offenbar für die Ungelernten, die als Hilfsarbeiter oder Angelernte begannen, d.h. also für die Mehrheit der Ungelernten: 68 % von ihnen arbeiten nach einer mindestens 10jährigen Erwerbstätigkeit (Beginn der Erwerbstätigkeit 1970 oder früher) auch heute noch (1979) als Hilfsarbeiter oder angelernte Arbeiter. Die wenigen, die heute in anderen Positionen arbeiten (32 %), sind mehrheitlich als einfache Angestellte tätig (9 %) oder als Facharbeiter (4 %), als mithelfende Familienangehörige (4 %) oder als Selbständige (4 %).

Einstieg als einfache(r) Angestellte(r)

Von den (vergleichsweise) wenigen Ungelernten, die ihre Berufstätigkeit 1970 oder davor als einfache Angestellte begannen, arbeitet heute etwa die Hälfte in anderen Statuspositionen: 11 % sind als Hilfsarbeiter oder angelernte Arbeiter tätig; 15 % stiegen auf zu qualifizierten Angestellten; 7 % arbeiten sogar als gehobene oder leitende Angestellte; und weitere 7 % machten sich selbständig.

Einstieg als mithelfende(r) Familienangehörige(r)

Dieser Einstieg eröffnet offenbar in etwa gleichem Maße Aufstiegschancen wie Abstiegsrisiken: rund die Hälfte der 1970 oder davor als mithelfende Familienangehörige in das Erwerbsleben eingetretenen Ungelernten ist heute in anderen Positionen tätig, und zwar entweder als Selbständiger (24 %) oder aber als Hilfsarbeiter, Angelernter oder einfacher Arbeiter (20 %).

Einstieg als Facharbeiter oder als Selbständiger

Für Ungelernte sind berufliche Einstiege als Facharbeiter oder als Selbständige äußerst selten (6 % bzw. 3 % aller Ungelernten). Auch wenn ein Einstieg als Facharbeiter gelingt, so bleibt der weitere Werdegang unsicher: 19 % der Ungelernten, die 1970 oder davor als Facharbeiter begannen, sind heute als Hilfsarbeiter bzw. Angelernter tätig; weitere 10 % arbeiten heute als einfache Angestellte.

Übersicht 28: Deutsche Erwerbstätige ohne abgeschlossene Berufsausbildung, die im Jahre 1970 oder davor ihre Erwerbstätigkeit als Hilfsarbeiter /angelernte Arbeiter oder als einfache Angestellte begannen, untergliedert nach der derzeitigen Stellung im Beruf und zukünftige Aufstiegschancen

Beginn der Erwerbstätigkeit 1970 (oder davor) als…	Gegenwärtige Erwerbstätigkeit (1979) als…	Aufstieg in Zukunft?[1] nein (in %)
Hilfsarbeiter, angelernte Arbeiter	Hilfsarbeiter, angelernte Arbeiter	91
	Einfache Angestellte	83
	Mithelfende Familienangehörige	83
	Fachkraft und höher	79
Einfache Angestellte	Einfache Angestellte	84
	Hilfsarbeiter, angelernte Arbeiter	89
	Fachkraft und höher	75

[1] Frage: Wird es bei Ihnen beruflich noch aufwärts gehen oder wird sich da nicht mehr viel ändern?

Quelle: Bundesinstitut für Berufsbildung und Institut für Arbeitsmarkt- und Berufsforschung: Befragung 1979.

---

[1] Vgl. Berufsbildungsbericht 1981, S. 42. In die Untersuchung wurden 30000 deutsche Erwerbspersonen (ohne Auszubildende und Soldaten) einbezogen. Eine Darstellung der Methode sowie erster Ergebnisse dieser Untersuchung ist veröffentlicht in: Bundesinstitut für Berufsbildung und Institut für Arbeitsmarkt- und Berufsforschung der Bundesanstalt für Arbeit (Hrsg.): Qualifikation und Berufsverlauf; Erste Ergebnisse einer repräsentativen Erhebung bei Erwerbspersonen in der Bundesrepublik Deutschland; Berlin und Nürnberg 1981.

[2] Vgl. Berufsbildungsbericht 1981, Kap. 3.3

Erheblich stabiler scheint hingegen der ebenfalls sehr seltene Einstieg als Selbständiger: 73 % der Ungelernten, die vor 1970 als solche ihre Erwerbstätigkeit begannen, arbeiten auch heute noch als Selbständige.

Nur einer Minderheit von (deutschen) Ungelernten gelang es also, im Verlaufe ihrer bisherigen Berufstätigkeit in höhere Positionen aufzusteigen. Besonders selten ist dies bei denjenigen, die ihre Berufstätigkeit als Hilfs- oder angelernte Arbeiter begannen — also für das Gros der Ungelernten. Die Mehrzahl von ihnen bleibt als Hilfsarbeiter oder angelernte Arbeiter tätig. Auch für die vor ihnen liegende Berufszeit sieht diese Gruppe am seltensten Aufstiegsmöglichkeiten für sich: 91 % von ihnen sind der Meinung, daß es bei ihnen beruflich nicht weiter aufwärts gehen wird (vgl. *Übersicht 28*).

3.2.3 Gegenwärtige Berufstätigkeit

Ungelernte werden schwerpunktmäßig für andere berufliche Aufgabenfelder eingesetzt als Personen mit einer Berufsausbildung. Hauptsächliche Einsatzbereiche für Ungelernte sind gegenwärtig (vgl. *Tabelle 3/3*):

— produkt- und branchenübergreifende Berufsaufgaben (23 %): vor allem als Warenprüfer und Versandfertigmacher sowie als Lagerverwalter und Lager- oder Transportarbeiter;

— sachbezogene Dienstleistungen (19 %): vor allem Reinigungsberufe, Verkehrsberufe und gästebetreuerische Tätigkeiten;

— Gewinnung von Naturprodukten (12 %): vor allem als Landwirte, Tierzüchter, Fischereiberufe und als landwirtschaftliche Arbeitskräfte;

— Planungs- und Verwaltungsberufe (16 %): vor allem als Bürohilfskräfte, als Bürofachkräfte und Techniker.

Anspruchsvollere und komplexere Aufgaben fallen für Ungelernte nur selten an. Sofern dies der Fall ist, nur in ganz bestimmten beruflichen Aufgabenfeldern, und zwar: in landwirtschaftlichen Berufen (62 % der hier arbeitenden Ungelernten sind als Selbständige tätig), in gästebetreuenden Berufen (33 % Selbständige), im Arbeitsfeld der Warenkaufleute (19 % Selbständige), in technischen Berufen (42 % der Ungelernten arbeiten hier als Fachkräfte) und — mit Einschränkungen — im Bereich der Bürofachberufe (23 % mittlere und gehobene Angestellte).

Nur in diesen wenigen Arbeitsbereichen sind für (deutsche) Ungelernte offenbar anspruchsvollere Tätigkeiten zugänglich. In den meisten Bereichen bleiben solche Tätigkeiten Erwerbstätigen mit einer abgeschlossenen Berufsausbildung vorbehalten.

Ungelernte werden nicht nur in anderen Berufen und in wesentlich niedrigeren Statuspositionen als Erwerbstätige mit abgeschlossener Ausbildung beschäftigt, die von ihnen auszuübende Arbeit ist ferner auch mit z.T. höheren Arbeitsbelastungen verbunden. Ungelernte müssen vergleichsweise häufiger körperlich schwer oder unter ungünstigen Bedingungen arbeiten. Sie arbeiten zudem öfter unter belastenden Umgebungseinflüssen (Lärm, Rauch, Staub, Gasen, Dämpfen, Nässe, Kälte, Hitze, Zugluft), sie sind häufiger einengenden Arbeitsreglements ausgesetzt, und sie haben nicht zuletzt häufiger Nacht- und Schichtarbeit zu leisten.

3.3 Qualifikation und Beschäftigung in den Metallberufen

In einer gemeinsam vom Institut für Arbeitsmarkt- und Berufsforschung der Bundesanstalt für Arbeit und vom Bundesinstitut für Berufsbildung durchgeführten Befragung wurden umfangreiche Daten über den Qualifikationserwerb, den Berufsverlauf und die derzeitige Erwerbstätigkeit im Metallbereich erhoben [1].

In den 50er und auch 60er Jahren hat die Bedeutung der Metallberufe deutlich zugenommen. Nach 1970 ging ihr Anteil an den Erwerbstätigen insgesamt jedoch stark zurück. 1979 wurden 2,85 Millionen Erwerbstätige in Metallberufen ermittelt, rund eine halbe Million weniger als bei der Volkszählung 1970.

3.3.1 Strukturmerkmale der Erwerbstätigen

Besonders starke Rückgänge sind bei den metallerzeugenden Berufen (Former, Gießer) festzustellen, die auf ein Drittel, verglichen mit 1961, zurückgegangen sind. Ähnlich groß ist die Abnahme bei den Schmieden. Dagegen hat sich die Beschäftigtenzahl bei den Schlossern, Mechanikern und ähnlichen Berufen, also bei den Metallverarbeitern, kaum verändert. Diese Entwicklungszahlen spiegeln den strukturellen Wandel der Wirtschaft der Bundesrepublik Deutschland wider.

Eine Aufschlüsselung der in den Metallberufen Erwerbstätigen nach Geschlecht zeigt, daß Frauen überwiegend in un- oder angelernten Tätigkeiten beschäftigt sind. Unter denen, die eine abgeschlossene Berufsausbildung in einem Metallberuf haben, machen Frauen nur 1 % aus. Hier zeigt sich erneut die Notwendigkeit einer stärkeren Qualifikationspolitik im Rahmen einer Erstausbildung für alle jungen Frauen. Bei Metallarbeitern ohne abgeschlossene Berufsausbildung liegt der Frauenanteil hingegen bei 28 %.

Von den erwerbstätigen Frauen in Metallberufen haben lediglich 13 % eine einschlägige Berufsausbildung abgeschlossen; dabei handelt es sich ganz überwiegend um Berufe aus dem Bereich der Feinmechanik, Zahntechnik, Augenoptik oder auch um Edelmetallschmiede.

60 % der Auszubildenden im Metallbereich werden heute im Handwerk ausgebildet; 40 % durchlaufen ihre Ausbildung in der Industrie. Hauptsächlich in der Industrie ausgebildet wird in den metallerzeugenden und -bearbeitenden Berufen sowie in den Berufsgruppen Schlosser/Schlosserin und Werkzeugmacher/Werkzeugmacherin. Hauptsächlich im Handwerk ausgebildet werden hingegen die Berufsgruppen Schmied/Schmiedin, Feinblechner/Feinblechnerin und Installateur/Installateurin, Mechaniker/Mechanikerin sowie Metallfeinbauer. Durch die Entwicklung seit 1974 verlagerte sich der Gesamtausbildungsumfang geringfügig weiter zum Handwerk (vgl. *Übersicht 29*).

---

[1] Vgl. dazu: Clauß, T. u. a.: Qualifikation — Beschäftigung in den Metallberufen, in: Berichte zur beruflichen Bildung, Heft 39, Berlin 1981

Übersicht 29: Stark besetzte Metallausbildungsberufe und ihr Anteil an allen Metallausbildungsberufen

Metallausbildungsberufe	Anzahl der Auszubildenden 1979 absolut	in %
Gas- und Wasserinstallateur/ Gas- und Wasserinstallateurin (Hw)	32074	8
Zentralheizungs- und Lüftungsbauer/ Zentralheizungs- und Lüftungsbauerin (Hw)	17504	5
Schlosser/Schlosserin (Hw)	21019	6
Maschinenschlosser/ Maschinenschlosserin (I)	43885	11
Betriebsschlosser/Betriebsschlosserin (I)	20486	5
Kraftfahrzeugmechaniker/ Kraftfahrzeugmechanikerin (Hw)	94313	25
Mechaniker/Mechanikerin (I)	12630	3
Werkzeugmacher/Werkzeugmacherin (I)	22245	6
Insgesamt 114 Metallausbildungsberufe	**384876**	**100**
Anteil der genannten Berufe an 114 Metallausbildungsberufen	264 156	69

Quelle: Statistisches Bundesamt (Hrsg.), Fachserie 11, Reihe 3: Berufliche Bildung 1979, Wiesbaden 1980.

3.3.2 Beziehungen zwischen Ausbildung und Beschäftigung

Von den deutschen Erwerbstätigen in Metallberufen haben insgesamt 81 % eine betriebliche Berufsausbildung abgeschlossen, darunter 70 % in einem Metallberuf, 19 % sind ohne abgeschlossene Lehre.

Hinsichtlich der Beziehungen zwischen Beschäftigung und Ausbildung in den Metallberufen insgesamt legen die Ergebnisse den Schluß nahe, daß es global gesehen nicht an ausgebildeten Fachkräften fehlen dürfte.

a) 2,15 Millionen Erwerbstätigen in Metallberufen stehen 2,85 Millionen ausgebildete Metallfachkräfte gegenüber. Die Anzahl der in den Metallberufen insgesamt ausgebildeten und noch erwerbstätigen Personen überschreitet die Anzahl der in den Metallberufen insgesamt Beschäftigten demnach um rund 33 %.

b) Bei Kraftfahrzeugmechanikern/Kraftfahrzeugmechanikerinnen, Maschinenschlossern/Maschinenschlosserinnen und Werkzeugmachern/Werkzeugmacherinnen entfallen auf einen Erwerbstätigen sogar zwei im entsprechenden Beruf Ausgebildete.

In den letzten Jahren hat sich die Zahl der Auszubildenden in den Metallberufen noch beträchtlich erhöht. Besonders in den Berufen (Feinblechner/Feinblechnerin und Installateur/Installateurin), in denen die Beschäftigtenzahlen zurückgegangen sind, stieg die Zahl der Auszubildenden überproportional an (vgl. *Tabelle 3/4*).

Wenn beklagt wird, daß Fachkräfte in den Metallberufen fehlen, dann liegt die Ursache des Mangels eher daran, daß die ausgebildeten Fachkräfte nicht in hinreichender Zahl in den Metallberufen gehalten werden können:

a) Insgesamt haben nach eigenen Angaben rund 40 % der in einem Metallberuf Ausgebildeten einen Berufswechsel vollzogen.

b) Der Berufswechsel erfolgte nach durchschnittlich 6 Jahren der Erwerbstätigkeit im erlernten Beruf.

c) Für Berufswechsler besteht die Chance, in gehobene bzw. qualifizierte Angestelltenpositionen aufzusteigen, zugleich aber auch das Risiko, unterhalb der Facharbeiterebene beschäftigt zu werden.

d) Überdurchschnittlich oft wechselten Bauschlosser/ Bauschlosserinnen, Schlosser/Schlosserinnen, Maschinenschlosser/Maschinenschlosserinnen und Mechaniker/Mechanikerinnen.

Die bislang oft vertretene Auffassung, daß für die im Handwerk ausgebildeten Facharbeiter eine deutlich höhere Wahrscheinlichkeit eines Berufswechsels besteht, wird nicht bestätigt.

Der Anteil der Berufswechsler unter den in der Industrie Ausgebildeten ist vielmehr in etwa genauso hoch wie unter den im Handwerk Ausgebildeten. Von denen, die in der Industrie ausgebildet wurden, wechselten insgesamt 39 % den Beruf, von den im Handwerk ausgebildeten Metallfachkräften 41 %. Die Tatsache, daß die Anzahl der Berufswechsler, die ihre Metallausbildung im Handwerk durchliefen, absolut gesehen hoch ist, ist wohl nicht der handwerklichen Ausbildung zuzuschreiben, sondern eher darauf zurückzuführen, daß über den Eigenbedarf hinaus ausgebildet wird.

Insgesamt verließen 72 % der im Handwerk Ausgebildeten den ehemaligen Ausbildungsbetrieb, 34 % von diesen sind heute in der Industrie und 36 % in anderen Wirtschaftsbereichen tätig. Von den in der Industrie Ausgebildeten verließen 66 % den ehemaligen Lehrbetrieb; 60 % von ihnen sind heute in anderen Industriebetrieben tätig und weitere 30 % im Dienstleistungssektor.

Ausschlaggebend für die beruflichen Abwanderungen scheinen vor allem die Arbeitsbedingungen in den Metallberufen zu sein. Die meisten Metallfachkräfte wechselten nach eigenen Angaben deshalb den Beruf, weil ihnen ihr alter Arbeitsplatz nicht genug Sicherheit vor Beschäftigungsrisiken bot oder weil sie woanders eine bessere Arbeit finden konnten:

— Die Möglichkeit, eine bessere Arbeit zu bekommen, war für 39 % der Grund für den Berufswechsel.

— 18 % konnten einen sichereren Arbeitsplatz finden.

— Für 8 % waren gesundheitliche Gründe für den Berufswechsel ausschlaggebend.

Außerdem kommt den Arbeitsbedingungen eine wichtige Bedeutung für den Wechsel des Berufes zu. In der öffentlichen Diskussion werden die Arbeitsbedingungen selten als eine entscheidende Ursache für das Abwandern der Fachkräfte aus dem erlernten Beruf angesehen. Die körperlichen Belastungen im Metallbereich sind erheblich höher als bei den übrigen Erwerbstätigen.

— 36 % der Beschäftigten in den Metallberufen arbeiten praktisch immer oder häufig in gebückter Körperhaltung (Durchschnitt bei allen Erwerbstätigen 19 %);

— 33 % tragen oder heben häufig Lasten von mehr als 20 kg (Durchschnitt alle Erwerbstätige: 17 %);

— 67 % arbeiten praktisch immer oder häufig unter Lärm (Durchschnitt alle Erwerbstätige: 29 %);

— 33 % arbeiten praktisch immer oder häufig in Nässe, Hitze oder Kälte (Durchschnitt alle Erwerbstätige: 18 %);

— 41 % arbeiten praktisch immer oder häufig in Staub, Rauch oder Gasen, Metallerzeuger und -bearbeiter sogar in 53 % aller Fälle (Durchschnitt alle Erwerbstätige: 18 %);

— 19 % arbeiten praktisch immer oder häufig in Schicht oder in der Nacht, Metallerzeuger und -bearbeiter sogar in 35 % aller Fälle (Durchschnitt alle Erwerbstätige: 14 %).

60 % aller in einem Metallberuf Ausgebildeten sind nach eigenen Angaben noch im erlernten Beruf beschäftigt. Sie üben Tätigkeiten aus, die nach eigenem Dafürhalten dem jeweiligen Ausbildungsberuf entsprechen oder mit ihm funktional eng verwandt sind.

Die meisten dieser Personen bekleiden mindestens Facharbeiterpositionen: 70 % sind als Facharbeiter, Geselle oder Vorarbeiter beschäftigt, 9 % als Meister und weitere 5 % sind als Selbständige tätig. Unterhalb des Facharbeiterniveaus sind nur wenige beschäftigt. Nur 3 % der gelernten und in einem Metallberuf verbliebenen Metallfachkräfte arbeiten als Hilfs- oder angelernte Arbeiter, weitere 2 % sind als einfache Angestellte tätig.

Unterschiede machen sich weniger daran fest, in welchem Wirtschaftsbereich die Ausbildung erfolgte, sondern eher daran, ob es sich um metallerzeugende und -bearbeitende Ausbildungsberufe handelt. Im Durchschnitt scheint die Ausbildung in den metallerzeugenden und -bearbeiten den Berufen weniger günstige berufliche Perspektiven zu eröffnen als die Schlosser- und Mechanikerausbildung. Indiz hierfür ist, daß die im Beruf verbliebenen gelernten Metallerzeuger und -bearbeiter häufiger als Hilfsarbeiter oder als angelernte Arbeiter beschäftigt sind und seltener Aufstiegspositionen, z. B. als Meister oder als Selbständiger, einnehmen als gelernte Schlosser oder Mechaniker.

Trotz all dieser Unterschiede im Detail gilt jedoch: Gelernte Metallfachkräfte, die im erlernten Beruf beschäftigt sind, bekleiden in den meisten Fällen Facharbeiterpositionen oder, sofern dies nicht der Fall ist, eher Aufstiegs- als Abstiegspositionen, gleichgültig in welchen Berufsgruppen und Wirtschaftsbereichen sie ausgebildet wurden.

3.3.3 Verwertbarkeit der in der Berufsausbildung erworbenen Qualifikationen beim Berufswechsel

Qualifizierungsprobleme in dem Sinne, daß die in der Metallausbildung vermittelten Kenntnisse und Fertigkeiten in der beruflichen Praxis nicht oder nur in geringem Umfang verwertbar wären, ließen sich nicht feststellen. Im Gegenteil: Fast alle der in den Metallberufen Ausgebildeten können — sofern sie im erlernten oder einem verwandten Beruf tätig sind — viel von den erlernten Fachinhalten bei ihrer beruflichen Tätigkeit verwenden, gleichgültig ob die Ausbildung im Handwerk oder in der Industrie erfolgte (über 90 %).

Aber auch bei Erwerbstätigen mit Berufswechsel geben ca. 60 % zu, daß sie viel von den in der Ausbildung erworbenen Kenntnissen verwerten können.

Zwar werden die in der beruflichen Tätigkeit in einem Metallberuf benötigten Kenntnisse und Fertigkeiten überwiegend in der Berufsausbildung erworben, doch dies ist lediglich die Basis. Berufliche Qualifikationen werden in der Regel in einem aus mehreren Phasen bestehenden Prozeß erworben. Berufserfahrung und innerbetriebliche Weiterbildung sind von großer Bedeutung für die Kenntnisse und Fertigkeiten, die zur Bewältigung der Arbeitsaufgaben benötigt werden:

a) Betriebliche Berufsausbildung und Berufsschule sind für über 50 % der Erwerbstätigen der wichtigste Lernort.

b) 45 % erwarben nach eigenen Angaben die für ihre Tätigkeit erforderliche Fachkompetenz überwiegend außerhalb bzw. nach der Berufsausbildung (durch Einarbeitung oder Weiterbildung).

Trotz der im allgemeinen hohen Verwertbarkeit der Metallausbildung für die in den Metallberufen anfallenden Tätigkeiten reichen die dort erworbenen Kenntnisse und Fertigkeiten in der beruflichen Erstausbildung bei knapp der Hälfte der Fachkräfte offenbar nicht aus, um die in den Berufen gestellten Qualifikationsanforderungen während des gesamten Berufslebens voll zu erfüllen.

Auf relativ enge Beziehungen zwischen den Metallberufen deutet die Tatsache hin, daß der Übergang von einem erlernten Metallberuf in einen anderen Metallberuf sehr oft nicht als ein Berufswechsel empfunden wird:

— Ein Berufswechsel innerhalb des Metallbereiches wird von zwei Dritteln der Befragten nicht als ein Berufswechsel im eigentlichen Sinne empfunden.

— Nur die Hälfte der als Ingenieure, Techniker oder in sonstigen Aufstiegspositionen Tätigen empfanden dies als Berufswechsel gegenüber dem Ausbildungsberuf.

Die Aufgaben und Tätigkeiten einzelner Metallberufe weisen starke Überschneidungen auf. Zumindest in der Grundstruktur der Kenntnisse und Fertigkeiten bestehen bei den einzelnen untersuchten Metallberufen (Dreher/Dreherin, Schlosser/Schlosserin, Installateur/Installateurin, Kraftfahrzeugmechaniker/Kraftfahrzeugmechanikerin, Maschinenschlosser/Maschinenschlosserin, Mechaniker/Mechanikerin, Betriebsschlosser/Betriebsschlosrin, Werkzeugmacher/Werkzeugmacherin) große Übereinstimmungen. Die Ausbildung in einem solchen Beruf bereitet nicht nur auf diesen speziellen Beruf vor, man hat vielmehr die Möglichkeit, auch in andere Metallberufe zu wechseln und trotzdem das in der Ausbildung Gelernte einsetzen zu können.

4. Inhaltliche Gestaltung und Strukturfragen der Berufsausbildung

4.1 Neue Ausbildungsordnungen

4.1.1 Ausbildungsordnungen für 146 Berufe

Im Jahre 1981 wurden folgende 15 Ausbildungsordnungen erlassen [1]):

Verlagskaufmann/Verlagskauffrau	12. Januar 1981
Fotograf/Fotografin	16. Januar 1981
Fotolaborant/Fotolaborantin	16. Januar 1981
Destillateur/Destillateurin	22. Januar 1981
Kunststoff- und Schwergewebekonfektionär/ Kunststoff- und Schwergewebekonfektionärin	22. Januar 1981
Brenner/Brennerin	30. Januar 1981
Kaufmann in der Grundstücks- und Wohnungs-wirtschaft/Kauffrau in der Grundstücks- und Wohnungswirtschaft	13. Februar 1981
Vulkaniseur/Vulkaniseurin	18. Februar 1981
Meß- und Regelmechaniker/ Meß- und Regelmechanikerin	18. Februar 1981
Dachdecker	13. März 1981
Reprograf/Reprografin	5. Mai 1981
Pelzveredler/Pelzveredlerin	29. Juli 1981
Textilreiniger/Textilreinigerin	29. Juli 1981
Gerber/Gerberin	13. August 1981
Brauer und Mälzer/ Brauerin und Mälzerin	17. September 1981

Seit Inkrafttreten des Berufsbildungsgesetzes vom 14. August 1969 sind auf der Grundlage dieses Gesetzes bzw. der Handwerksordnung bis zum 31. Dezember 1981 insgesamt 112 Ausbildungsordnungen für 146 Ausbildungsberufe mit über 800000 Auszubildenden (Stand: 1979) erlassen worden. Diese 146 neuen bzw. neu geregelten Ausbildungsberufe treten an die Stelle von 200 alten Ausbildungsberufen.

Derzeit gibt es in der Bundesrepublik Deutschland 446 anerkannte Ausbildungsberufe.

Von den 112 erlassenen Ausbildungsordnungen sind auf der Grundlage des zwischen Bund und Ländern vereinbarten Abstimmungsverfahrens 52 mit den entsprechenden Rahmenlehrplänen der Länder für die Berufsschulen abgestimmt. Zu insgesamt 25 der ohne diese Abstimmung erlassenen Ausbildungsordnungen haben die Kultusminister und -senatoren der Länder seit 1976 nachträglich einheitliche Rahmenlehrpläne für den Berufsschulunterricht beschlossen. Im Abstimmungsverfahren befanden sich 1981 insgesamt 17 Ausbildungsordnungsentwürfe.

4.1.2 Schwerpunkte der Erarbeitung von Ausbildungsordnungen

1981 wurde im Bundesinstitut für Berufsbildung an der Entwicklung von 91 Ausbildungsordnungen für rund 150 Ausbildungsberufe gearbeitet. Die Neuordnung der industriellen Elektroberufe wurde von den Tarifparteien vorbereitet. Schwerpunkte bilden dabei die Neuordnung der Berufsausbildung im Metallbereich, im naturwissenschaftlich-technischen Bereich und im Einzelhandel.

[1]) Stand: September 1981

Metallindustrielle Ausbildungsberufe

Tiefgreifende Veränderungen der technischen und wirtschaftlichen Bedingungen machen die Neuordnung der Berufsausbildung in den Berufen der Metallindustrie notwendig. Bei der Neuordnung werden neue Wege beschritten. So wird der Versuch unternommen, die berufliche Erstausbildung für einen großen Berufsbereich in seiner Gesamtheit veränderten Qualifikations- und Anforderungsstrukturen anzugleichen. In die Neuordnung sollen insgesamt 42 der industriellen Metallberufe mit ca. 140 000 Auszubildenden einbezogen werden. Darunter befinden sich sehr stark besetzte Berufe wie der Beruf „Maschinenschlosser/Maschinenschlosserin" mit 43 885 Auszubildenden und so gering besetzte Berufe wie der Beruf „Schalenschmied/Schalenschmiedin" mit nur 4 Auszubildenden. Auch in bezug auf den Spezialisierungsgrad gibt es große Unterschiede zwischen den einzelnen Berufen. So reicht das Spektrum der Ausbildungsberufe vom breit qualifizierten Beruf „Betriebsschlosser/Betriebsschlosserin" bis zum hochspezialisierten Beruf „Chirurgiemechaniker/Chirurgiemechanikerin".

Neu ist, daß auch im Vorfeld der Ordnungsarbeiten „Eckdaten zur Neuordnung der industriellen Metallberufe" vom 5. September 1978 vorgelegt wurden.

Die Neugestaltung der industriellen Metallberufe und deren Struktur wird vor allem von zwei Grundsätzen geprägt. Zum einen sollen die Ausbildungsinhalte an die durch die wirtschaftliche Entwicklung veränderte berufliche und qualifikatorische Struktur angeglichen werden. Der Ausgebildete soll befähigt werden, in unterschiedlichen Betrieben und Branchen den erlernten Beruf auszuüben. Zum anderen soll die berufliche Flexibilität der Metallfacharbeiter erhöht werden, d. h. auf der Grundlage ihrer Ausbildung sollen sie in der Lage sein, sich auf neue Arbeitsstrukturen, Produktionsmethoden und Technologien flexibel einzustellen und an Maßnahmen der Weiterbildung, Fortbildung und Umschulung teilzunehmen.

Nach der Vorlage der „Eckdaten" durch die Sozialparteien wurden im Bundesinstitut für Berufsbildung 1979 drei Arbeitskreise zur Neuordnung der industriellen Metallberufe (jeweils ein Arbeitskreis für die feinschlosserischen, grobschlosserischen und werkzeugmaschinentechnischen Ausbildungsberufe) eingesetzt. Anschließend wurde mit einer umfassenden Analyse des gegenwärtigen Ausbildungsstandes in den 42 Berufen begonnen, deren Auswertung 1982 abgeschlossen werden soll. Auf der Basis der Analyse sollen z. B. die Struktur der einzelnen Ausbildungsberufe, die Berufsbezeichnungen und die jeweilige Ausbildungsdauer im Rahmen der Neuordnung festgelegt werden.

Naturwissenschaftlich-technische Ausbildungsberufe

Eine Neuordnung der Ausbildung in den naturwissenschaftlich-technischen Berufen wird vorbereitet. In die Neuordnung sollen im wesentlichen die folgenden Ausbildungsberufe einbezogen werden:

— Biologielaborant/Biologielaborantin

— Chemiefacharbeiter/Chemiefacharbeiterin

— Chemielaborant/Chemielaborantin

— Lacklaborant/Lacklaborantin

— Pharmakant/Pharmakantin

— Physiklaborant/Physiklaborantin

— Stoffprüfer Chemie/Stoffprüferin Chemie
— Textillaborant (chemisch-technisch)/Textillaborantin (chemisch-technisch).

Schwerpunktmäßig handelt es sich also um die sogenannten „Chemieberufe".

Es ist vorgesehen, daß das Berufsgrundbildungsjahr im Berufsfeld VII — Chemie, Physik, Biologie — das gemeinsame erste Jahr der Ausbildung sein soll. Die Ziele und Inhalte der naturwissenschaftlichen Grundbildung sollen allerdings noch überarbeitet und im Hinblick auf die gegenwärtige Berufspraxis sowie den erkennbaren technologischen und arbeitsorganisatorischen Wandel überprüft werden. Bei der Erarbeitung eines Ausbildungsrahmenplanes für das Berufsgrundbildungsjahr wird geprüft werden, ob ein einheitlicher Plan ohne Schwerpunkte zu realisieren ist. Die Ausbildungsinhalte sollen sowohl für das schulische als auch für das kooperative Berufsgrundbildungsjahr gelten.

Zur Gestaltung der Fachbildung und über die Struktur der zu ordnenden Berufe laufen zur Zeit verschiedene Untersuchungen.

Neben der Vorbereitung der Neuordnung der Chemieberufe werden auch Überlegungen für eine Neuordnung verwandter Berufe, wie z. B. der übrigen Laboranten- und Stoffprüferberufe, angestellt.

Einzelhandel

Die Neuordnung der Berufsausbildung im Einzelhandel hat allein auf Grund der Zahl der betroffenen Ausbildungsverhältnisse eine ganz besondere Bedeutung. In den gegenwärtig neu zu ordnenden Berufen Verkäufer/Verkäuferin und Einzelhandelskaufmann/Einzelhandelskauffrau der gestuften Ausbildung waren 1980 136 492 Ausbildungsverhältnisse registriert.

Der im „Arbeitskreis Einzelhandel" des Bundesinstituts für Berufsbildung unter Beteiligung von Sachverständigen der Arbeitgeber und Arbeitnehmer erarbeitete Entwurf eines Strukturkonzepts für diese Berufe sieht eine einheitliche dreijährige Ausbildung in allen Funktionsbereichen eines Einzelhandelsbetriebes vor. Schwerpunkt der Ausbildung soll der Bereich Verkauf sein. Die warenbezogenen Besonderheiten der einzelnen Warenbereiche des Einzelhandels sollen durch fachliche Ausbildungspläne verbindlich und detailliert geregelt werden.

Im Antragsgespräch beim Bundesminister für Wirtschaft Anfang 1981 — das Gespräch steht am Beginn jeder Ordnungsmaßnahme und dient dazu, die Struktur eines neuen Berufes festzulegen — konnten sich die Sozialpartner nicht auf dieses Modell einer dreijährigen einheitlichen Ausbildung im Einzelhandel einigen. Unter anderem wurde die Notwendigkeit eines zweiten dispositiv orientierten dreijährigen Berufs im Einzelhandel angesprochen.

Es wurde vereinbart, in einem Arbeitskreis des Bundesinstituts für Berufsbildung die Inhalte einer Ausbildung im Einzelhandel zu erarbeiten und auf dieser Grundlage die erforderlichen Strukturvorschläge zu entwickeln. Das Bundesinstitut für Berufsbildung hat diesen Arbeitskreis mit Sachverständigen der Arbeitgeber und Arbeitnehmer einberufen und im Juni einen Katalog der Ausbildungsinhalte für die Neuordnung vorgelegt. Dieser Vorschlag wurde unter Beteiligung der Arbeitgeberverbände, der Gewerkschaften, der Länder, des Bundes und der Lehrerverbände eingehend diskutiert. Alle Beteiligten hielten eine dreijährige Ausbildung im Beruf „Kaufmann/Kauffrau im Einzelhandel" für erforderlich. Das Konzept der warenbezogenen Ausbildung durch verbindliche und detaillierte fachliche Ausbildungspläne wurde ebenfalls unterstützt. Über die Notwendigkeit einer zweijährigen Ausbildung und eines dispositiv orientierten Berufes im Einzelhandel konnte noch keine abschließende Entscheidung getroffen werden.

4.2 Betriebliche Eingangsprüfungen bei Auszubildenden

Um eine Auswahl unter den Bewerbern um die angebotenen Ausbildungsplätze durchführen zu können, wenden die Betriebe vielfältige Verfahren an. Die Vielfalt reicht von Einstellungsgesprächen über Probearbeiten, Prüfung von Schulkenntnissen, Auswertung von Schulzeugnissen, auf Erkenntnisse der Psychologie gestützte Tests bis zur Kombination dieser Verfahren.

Die „Eingangsprüfung" der Betriebe beruht nicht, wie andere berufliche Prüfungen, auf gesetzlichen Regelungen, sondern wird im Ermessen der Betriebe festgelegt. Zwar ist der Eintritt in die Berufsausbildung gesetzlich nicht an Zugangsvoraussetzungen gebunden, andererseits ist es rechtlich weder dem Betrieb noch dem Jugendlichen verwehrt, den Abschluß eines Ausbildungsvertrages von bestimmten Voraussetzungen abhängig zu machen. Auswahl unter den Angeboten und unter den Bewerbern ist notwendiger Bestandteil des Berufsbildungssystems. Wahlmöglichkeiten müssen deshalb erweitert werden. Zugleich geht es darum, Voraussetzungen zu schaffen, damit Auswahlentscheidungen möglichst gut begründet getroffen werden. Dazu ist vor allem mehr Information sowohl für die Jugendlichen wie für die Betriebe notwendig. Außerdem ist darauf hinzuweisen, daß allgemein Knappheit Auswahlmöglichkeiten beschränkt. Bei Ausbildungsplätzen gilt dies sowohl im Hinblick auf das Angebot — knappes Angebot beschränkt die Wahlmöglichkeiten der Jugendlichen — wie auf die Nachfrage — Bewerbermangel beschränkt die Wahlmöglichkeiten der Betriebe.

4.2.1 Eingangsprüfungen als Problemfeld

Eingangsprüfungen sind vor allem in den letzten Jahren in der breiten Öffentlichkeit in ungleich größerem Umfang diskutiert worden als alle anderen Formen der beruflichen Prüfungen. Kritische Meinungsäußerungen und kontroverse Auffassungen bezogen sich insbesondere auf folgende Ansatzpunkte:

— Den Nutzen einzelner Verfahren, z.B. von Tests oder testähnlichen Instrumenten, deren Aufgaben inhaltlich wenig Bezüge zu den in Frage stehenden Ausbildungsberufen aufweisen;

— die Prognostizierbarkeit von Ausbildungserfolg;

— Chancengleichheit bei den Ausleseprüfungen auch für Bewerber aus „Problemgruppen". Ein Beispiel: Wegen der immer noch geschlechtsspezifischen Ausprägung auch der schulischen Bildung sind junge Frauen bei technisch-naturwissenschaftlich orientierten „Eingangsprüfungen" oft benachteiligt, die Vorkenntnisse, aber nicht Lernmöglichkeiten ermitteln;

— Aufwand und Nutzen des gesamten Systems der einzelbetrieblichen Einstellungsprüfungen und Ausleseprozeduren: Die Bewerber müssen sich häufig einer Vielzahl von Prüfungen unterwerfen, ehe ein Ausbil-

dungsvertrag abgeschlossen wird. Auf der anderen Seite fühlen sich Betriebe genötigt, mit großem Aufwand umfangreiche Prüfungen durchzuführen, um die Eignung der Bewerber festzustellen. Allerdings wäre ein Ersatz der einzelbetrieblichen Prüfungen durch eine zentrale Eignungsfeststellung äußerst fragwürdig, weil individuelle Entscheidungen zumindest erschwert würden;

— die Flexibilität der dualen Ausbildung ist so groß, daß die Festlegung starrer Richtwerte für Eingangsvoraussetzungen nicht sachgerecht wäre.

Einstellungsprüfungen werden — beabsichtigt oder unbeabsichtigt — mit mehreren Aufgaben belastet, die schwer miteinander vereinbar sind. Neben der Entscheidungshilfe für die Einstellung von Auszubildenden werden ihre Ergebnisse auch verwendet, um Informationen über Leistungsmängel oder Leistungsstärken der Ausbildungsanfänger zu erhalten: Auf dieser Grundlage werden dann für die Auszubildenden spezielle Förderungsmaßnahmen geplant oder auch generelle Aussagen über das Leistungsniveau von Ausbildungsanfängern abgeleitet.

Auch „Probearbeit" kann keine sinnvolle Form der Einstellungsprüfungen sein.

4.2.2 Stellenwert der Eingangsprüfungen

Die Probleme im Zusammenhang mit der Auszubildenden-Auslese wären wohl weniger schwerwiegend, wenn bei der Anwendung von Testverfahren berücksichtigt würde, daß nach den bisherigen Erkenntnissen der psychologischen Diagnostik z. B.

— die Möglichkeiten einer zutreffenden Vorhersage und damit fehlerfreien Auswahl von Auszubildenden häufig geringer sind als angenommen wird,

— auch bereits vorliegende Informationen wie Zeugnisnoten mitunter bereits eine Erfolgsprognose (mit den ohnehin notwendigen Einschränkungen) ermöglichen können,

— eine qualifizierte Prognose und Auslese ohne die Mitarbeit von besonders ausgebildeten Fachleuten kaum noch möglich ist.

Eine wirklich verläßliche Prognose für den Ausbildungserfolg ist mit noch so ausgeklügelten Prüfungsverfahren nicht zu erreichen. Aussagen über den wahrscheinlichen Ausbildungserfolg vernachlässigen die Tatsache, daß Ausbildung ein individueller Prozeß ist. Zu berücksichtigen ist auch, daß „Eingangsprüfungen" zur Berufsausbildung an Jugendlichen durchgeführt werden, die sich in einer Phase intensiver Entwicklungen befinden, so daß Momentaufnahmen kein sicheres Bild der Entwicklungsperspektiven ermöglichen.

Die Anwendung immer weiter verfeinerter Verfahren bei „Eingangsprüfungen" birgt zudem die Gefahr in sich, daß alle Beteiligten — einschließlich der betroffenen Jugendlichen — den unzutreffenden Eindruck gewinnen, es werde etwas „objektiv", mit abschließender wissenschaftlicher Genauigkeit festgestellt, das sich so gar nicht feststellen läßt.

Daher erscheint es notwendig, die Problematik derartiger Eingangsprüfungen insbesondere den Betrieben stärker bewußt zu machen und darauf hinzuweisen, daß auf diesem Felde volle Objektivität prinzipiell unmöglich ist. Ein gewisses Maß an Spielraum ist bei Ausbildungsentscheidungen unerläßlich. Es sollte dafür genutzt werden, daß mehr Jugendliche eine Ausbildungschance erhalten.

4.3 Organisationsformen betrieblichen Lernens und ihr Einfluß auf Ausbildungsergebnisse

Die Ergebnisse zu den Formen beruflichen Lernens gehen aus einer Untersuchung über „Organisationsformen betrieblichen Lernens und ihr Einfluß auf Ausbildungsergebnisse" hervor, die vom Bundesminister für Bildung und Wissenschaft gefördert und von Professor Münch durchgeführt wurde[1]).

Die betriebliche Ausbildung kann auch wachsende Qualitätsanforderungen erfüllen. Lernen am Arbeitsplatz ist in der Berufsausbildung unverzichtbar, muß allerdings zunehmend durch Lehrgangsphasen in Ausbildungswerkstätten und durch betrieblichen Unterricht ergänzt werden: Da die Produktionsprozesse immer schwieriger und zugleich spezieller werden, wird einerseits das Lernen am Arbeitsplatz erschwert und andererseits die Produktion durch erhöhte Lernanforderungen behindert. In wachsendem Maße werden von den Fachkräften Fähigkeiten verlangt, die über den einzelnen Betrieb und den erlernten Beruf hinausgreifen; die sich daraus ergebenden Ausbildungsziele werden leichter auf der Grundlage einer besseren schulischen Vorbildung der Jugendlichen erreicht.

Die als wichtig erkannten Lernorte (Arbeitsplatz, Lehrwerkstatt, innerbetrieblicher Unterricht) werden in den untersuchten Berufen mit zum Teil deutlich unterschiedlichen zeitlichen Anteilen eingesetzt. Wenn es auch, insbesondere bei den Berufen Augenoptiker/Augenoptikerin, Buchhändler/Buchhändlerin, Drucker/Druckerin und Industriekaufmann/Industriekauffrau, nicht wenige Betriebe gibt, die ausschließlich am Lernort „Arbeitsplatz" ausbilden, so herrscht doch in der betrieblichen Berufsausbildung insgesamt die Pluralität der Lernorte vor. Zu berücksichtigen ist dabei, daß die Ausprägungen der „Lernorte" unterschiedlich sind: Am „Arbeitsplatz" des Augenoptikers wird oftmals „innerbetrieblicher Unterricht" erteilt, der beim Drucker besonders eingerichtet werden muß. In allen Berufen finden sich Betriebe, die nicht nur den Arbeitsplatz, sondern auch die Lehrwerkstatt und den innerbetrieblichen Unterricht als Lernort einsetzen. Der zeitliche Anteil des Lernortes „Lehrwerkstatt" an der Gesamtausbildung ist in den Betrieben mit technisch-industriellen Ausbildungsberufen vielfach recht hoch, in wenigen Fällen wird dabei auf den Lernort „Arbeitsplatz" vollkommen verzichtet. Die Anzahl der den innerbetrieblichen Unterricht nutzenden Betriebe schwankt von Beruf zu Beruf, und zwar zwischen gut einem Drittel beim Beruf Drucker/Druckerin und gut zwei Drittel beim Beruf Maschinenschlosser/Maschinenschlosserin.

Bei aller Vielfalt der in der betrieblichen Berufsausbildung anzutreffenden Lernort-Kombinationen lassen sich für jeden der untersuchten Berufe typische Lernort-Kombinationen nach Art und zeitlichen Anteilen der Lernorte feststellen.

4.3.1 Typische Lernort-Kombinationen

Die anzutreffenden Lernort-Kombinationen weisen eine relativ hohe Stabilität auf: Nicht wenige Betriebe, von Beruf zu Beruf unterschiedlich, bilden länger als zehn

---

[1]) Vgl. Prof. Dr. Münch (Hrsg.): Ausbildung und Fortbildung: Organisationsformen betrieblichen Lernens und ihr Einfluß auf Ausbildungsergebnisse, Berlin 1981. Untersucht wurden die Berufe: Maschinenschlosser / Maschinenschlosserin; Elektroanlageninstallateur /Elektroanlageninstallateurin; Energieanlagenelektroniker /Energieanlagenelektronikerin; Drucker /Druckerin; Augenoptiker /Augenoptikerin; Buchhändler /Buchhändlerin; Industriekaufmann /Industriekauffrau.

Jahre nach einer bestimmten Lernort-Kombination aus. Technische Innovationen und neue Ausbildungsordnungen veranlassen zum Teil jedoch auch Betriebe, ihre Ausbildung insgesamt und damit zum Teil auch die Lernort-Kombinationen zu ändern.

Die Lernort-Strukturen unterscheiden sich von Beruf zu Beruf, und zwar zum Teil recht deutlich. Dennoch lassen die in den untersuchten Berufen erzielten Ausbildungsergebnisse im großen und ganzen keine ins Gewicht fallenden Abweichungen zwischen den Berufen erkennen. Dies bedeutet aber auch, daß eine bestimmte Lernort-Struktur nicht für die Ausbildung in jedem Beruf von Vorteil oder Nachteil sein muß.

Dagegen gilt berufsintern: Unterschiedliche Lernort-Struktur-Typen bewirken unterschiedliche Ausbildungsergebnisse. Es gibt also, gemessen an den Ausbildungsergebnissen, berufsintern mehr oder weniger optimale Lernort-Struktur-Typen.

Es werden folgende „Eignungen" untersucht:

a) Die „betriebsbezogene Eignung", d.h. die Leistungsfähigkeit im eigenen Betrieb;

b) die „berufsbezogene Eignung", d.h. die Leistungsfähigkeit in anderen Betrieben unterschiedlicher Größen und Branchen;

c) die „prüfungsbezogene Eignung", d.h. die erzielten Ergebnisse bei der Abschlußprüfung;

d) die „demokratiebezogene Eignung", d.h. die Fähigkeit und Bereitschaft, demokratische Prinzipien und Verhaltensweisen in der Berufs-und Arbeitswelt zur Geltung zu bringen;

e) die „weiterbildungsbezogene Eignung", d.h. die Fähigkeit und Bereitschaft, sich weiterzubilden.

Nicht jeder der gefundenen und untersuchten Lernort-Struktur-Typen bewirkt jedoch bei den gemessenen Eignungen nur bessere oder nur schlechtere Ergebnisse.

Sowohl berufsspezifisch als auch berufsübergreifend ist der Zusammenhang zwischen den Lernort-Struktur-Typen einerseits und Ausbildungsergebnissen andererseits bei den verschiedenen Eignungen unterschiedlich eng. Er ist bei der prüfungsbezogenen Eignung, der betriebsbezogenen und berufsbezogenen Eignung stärker ausgeprägt als bei der demokratiebezogenen und der weiterbildungsbezogenen Eignung. Eine Verbesserung der Ausbildungsqualität durch Veränderungen der Lernort-Kombinationen läßt sich insbesondere für die prüfungsbezogene Eignung, die betriebsbezogene und berufsbezogene Eignung erzielen. Bei den anderen Eignungen ist nicht ausgeschlossen, daß Erziehung in Familie und Schule, aber auch die soziale Betriebsatmosphäre, eine nicht geringe Rolle spielen.

4.3.2 Auswirkungen schulischer und beruflicher Vorbildung

Die Schulbildung (Hauptschulabschluß, Mittlerer Bildungsabschluß usw.) der Auszubildenden spielt eine wesentliche, aber nicht durchweg ausschlaggebende Rolle für die Ausbildungsergebnisse. Ungeachtet der Tatsache, daß die Art der Lernort-Kombinationen einen maßgeblichen Einfluß auf die Ausbildungsergebnisse ausübt, erzielen Auszubildende mit einer höheren Schulbildung im Durchschnitt bessere Ergebnisse als Hauptschüler. Die Schulbildung beeinflußt allerdings die Ausbildungsergebnisse nicht über alle Eignungen in gleichem Maße. So ist — mit kleineren Abweichungen von Beruf zu Beruf — der Einfluß der Schulbildung auf die betriebsbezogene Eignung insgesamt geringer als auf alle anderen Eignungen, nämlich die prüfungsbezogene, die berufsbezogene, die demokratiebezogene und weiterbildungsbezogene Eignung.

4.3.3 Einflüsse des Lernorts „Arbeitsplatz"

Die durch Technisierung und Rationalisierung bestimmte Arbeits- und Lernumgebung der Industrie hat bei den technisch-industriellen Berufen den zeitlichen Anteil des Lernortes „Arbeitsplatz" im Vergleich zu den anderen untersuchten Berufen wie Buchhändler/Buchhändlerin, Industriekaufmann/Industriekauffrau und Augenoptiker/Augenoptikerin relativ stark zurückgedrängt. Gleichwohl muß auch für die industrielle Berufsausbildung, und zwar vor allem im Hinblick auf die betriebsbezogene Eignung, der Lernort „Arbeitsplatz" als wichtig angesehen werden. Nur ausnahmsweise scheint es nach den Untersuchungsergebnissen von Vorteil zu sein, Auszubildende ausschließlich in der Lehrwerkstatt (mit innerbetrieblichem Unterricht) auszubilden.

Entgegen manchen Annahmen ist der Arbeitsplatz kein Lernort, der ausschließlich oder überwiegend dem produktiven Einsatz von Auszubildenden dient und an dem didaktische Erwägungen keinen Platz haben. Das Lehrgespräch des Ausbilders und unproduktive Arbeiten (zu Übungszwecken) des Auszubildenden spielen am Lernort „Arbeitsplatz" eine nicht unerhebliche Rolle. Mit einer Ausnahme (Maschinenschlosser/Maschinenschlosserin) weist bei allen untersuchten Berufen der zeitliche Anteil des Lehrgesprächs am Arbeitsplatz über alle Halbjahre der Ausbildungszeit eine relative Konstanz auf, wobei bei Maschinenschlossern/Maschinenschlosserinnen das Lehrgespräch am Arbeitsplatz insgesamt einen größeren Anteil einnimmt. Bei den technisch-industriellen Berufen (Maschinenschlosser/Maschinenschlosserin, Energieanlagenelektroniker/Energieanlagenelektronikerin, Elektroanlageninstallateur/Elektroanlageninstallateurin) nimmt der Anteil produktiver Arbeiten im Laufe der Ausbildung kontinuierlich zu, der Anteil unproduktiver Arbeiten (zu Übungszwecken) kontinuierlich ab. Dies gilt auch für den Beruf Augenoptiker/Augenoptikerin, bei dem der Lernort „Lehrwerkstatt" eine wesentlich geringere Rolle spielt. Dies ist auch ein Hinweis dafür, daß zumindest im Rahmen einer überschaubaren und nicht durch Zeitdruck bestimmten Arbeits- und Lernumgebung, die sich zum Beispiel in der Regel bei der Augenoptikerin/Augenoptikerin findet (aber nicht bei allen Berufen), eine lernorientierte Ausgestaltung des Arbeitsplatzes möglich ist. Es fällt allerdings auch auf, daß bei den Berufen Industriekaufmann/Industriekauffrau und Buchhändler/Buchhändlerin der Anteil von produktiven Tätigkeiten am Arbeitsplatz bereits von Beginn der Ausbildung an recht hoch ist und recht gute Ausbildungsergebnisse erzielt werden. Daraus kann geschlossen werden, daß es in diesen Berufen einen relativ hohen Anteil leicht und schnell erlernbarer Routinearbeiten gibt und die Art der beruflichen Ernstsituation weithin ein „Lernen durch (angeleitetes) Tun" erlaubt.

4.3.4 Lernen in der Lehrwerkstatt und innerbetrieblicher Unterricht

Die Lehrwerkstatt erweist sich nach den gewonnenen Untersuchungsergebnissen als ein Lernort, dessen Einsatz vor allem die prüfungsbezogene Eignung, die demokratiebezogene und die weiterbildungsbezogene Eig-

nung, bei einigen Berufen auch die berufsbezogene Eignung, fördert. Es muß jedoch gesehen werden, daß die Einrichtung von Lehrwerkstätten nicht nur von Erwägungen zur Verbesserung der Ausbildung geleitet wird und werden kann. Unter bestimmten Arbeitsbedingungen in Produktion und Dienstleistung hat sich eine ausschließliche Ausbildung am Lernort „Arbeitsplatz" nicht erst in neuerer Zeit als unmöglich erwiesen.

Für alle untersuchten Berufe gilt, daß der innerbetriebliche Unterricht (nicht zu verwechseln mit dem Lehrgespräch am Arbeitsplatz) einen wesentlichen Beitrag zur prüfungsbezogenen Eignung leistet. Dies trifft auch für die betriebsbezogene Eignung und die weiterbildungsbezogene Eignung zu.

Aufgrund der Erhebungen läßt sich feststellen, daß die ausbildenden Betriebe den verschiedenen eingesetzten Lernorten jeweils nicht nur eine didaktische Funktion zuweisen. So geschieht z. B. die Vermittlung der Grundausbildung sowohl am Lernort „Lehrwerkstatt" als auch am Lernort „Arbeitsplatz"; auch die Fachausbildung wird nicht ausschließlich an einem Lernort vermittelt. Allerdings überwiegt im Durchschnitt am Lernort „Lehrwerkstatt" die Grundbildung, am Lernort „Arbeitsplatz" die Fachbildung. Am Lernort „innerbetrieblicher Unterricht" überwiegen die Ergänzung und Vertiefung des Berufsschullehrstoffes sowie die Vorbereitung auf die Prüfung.

4.3.5 Zeitliche Anteile der Lernorte

Es zeigen sich — nach zeitlichem Anteil der Lernorte — im Hinblick auf die anzustrebenden Ausbildungsergebnisse, und zwar von Beruf zu Beruf unterschiedlich, zum Teil Unterinvestitionen und zum Teil Überinvestitionen in die Berufsausbildung. Es gibt also — im Sinne der wünschenswerten Optimierung von Ausbildungsergebnissen — sowohl ein „Zu wenig" als auch ein „Zu viel":

a) Der nur sehr geringen Beteiligung eines Lernortes (z. B. 14 Tage Lehrwerkstatt insgesamt) entsprechen schlechtere Ausbildungsergebnisse als bei dem gänzlichen Verzicht auf diesen Lernort (Unterinvestition!); erst ab einem bestimmten Mindestanteil des Lernortes an der Gesamtausbildungszeit zeigen sich bessere Ausbildungsergebnisse.

b) Über einen bestimmten zeitlichen Umfang hinaus findet eine weitere Steigerung des Anteils dieser Lernorte keine Entsprechung mehr in einem zusätzlichen Anwachsen der Ausbildungsergebnisse, sondern es werden sogar schlechtere Ergebnisse als bei einem zeitlich geringeren Anteil der Lernorte erzielt (Überinvestition!).

Jede der für die Messung der Ausbildungsergebnisse konstruierten und erhobenen fünf Eignungen, nämlich die prüfungsbezogene Eignung, die betriebsbezogene Eignung, die berufsbezogene Eignung, die demokratiebezogene Eignung und die weiterbildungsbezogene Eignung, wird von der Projektgruppe als unverzichtbar für eine zeitgemäße berufliche Gesamtqualifikation gehalten.

Ob der einen oder der anderen Eignung mehr oder weniger Gewicht beizumessen sei, ist letztlich eine normative Entscheidung, die je nach gesellschaftspolitischem, bildungspolitischem und wirtschaftspolitischem Standort anders ausfallen kann. Damit könnten auch unterschiedliche Schlüsse hinsichtlich der zu setzenden Prioritäten für den Einsatz von Lernorten und Lernort-Kombinationen als Mittel der Qualitätsverbesserung beruflicher Bildung gezogen werden.

Allerdings wird man mit guten Gründen kaum bestreiten können, daß berufliche Qualifizierung in der modernen Arbeitswelt und in einem demokratischen Gemeinwesen weder die demokratiebezogene Eignung noch die weiterbildungsbezogene Eignung vernachlässigen darf, daß aber auch dem künftigen Arbeitnehmer mit einer unzureichenden betriebsbezogenen und berufsbezogenen Eignung kaum gedient ist, wenn er nicht Gefahr laufen will, als Berufsanfänger und Fachmann zu versagen. Schließlich kann auch eine geringe prüfungsbezogene Eignung den Start ins Berufsleben erschweren.

Die vorgelegten Untersuchungsergebnisse bestätigen weder diejenigen, die einer „Verschulung" der Berufsbildung das Wort reden, noch diejenigen, die der Meinung sind, mit dem Lernort „Arbeitsplatz" lösen sich alle Probleme der Berufsausbildung von selbst. Die vorgefundene große Variationsbreite der eingesetzten Lernort-Kombinationen, und zwar jeweils auch innerhalb eines Berufes, spiegelt einen sehr unterschiedlichen Mitteleinsatz wider. Im Interesse der Chancengleichheit für die Auszubildenden, aber auch im Interesse der Wirtschaft, die auf ein hohes Qualifikationsniveau angewiesen ist, ist es erforderlich und erscheint es möglich, unter Berücksichtigung jeweiliger berufsspezifischer Bedingungen über Veränderungen und/oder Angleichungen von Lernort-Kombinationen eine weitere Verbesserung der Berufsbildung zu erreichen.

Maßnahmen anderer Art, wie Ausbilderqualifizierung, Verbesserung der Kooperation zwischen Betrieb und Berufsschule, Einsatz von selbständigkeitsfördernden Unterweisungsmethoden, sozialpädagogische Betreuung (z. B. von Jugendlichen mit Lern- und Verhaltensdefiziten) usw. bleiben davon unberührt.

4.4 Modelle zur Verbesserung der Lernmethoden

Seit 1978 betreut das Bundesinstitut für Berufsbildung in sechs Großbetrieben Modellvorhaben zur Verbesserung der Lernmotivation bei Auszubildenden in Metallberufen durch Einsatz unterschiedlicher Ausbildungsmethoden, wodurch insbesondere die berufliche Grundbildung verbessert werden soll.

Erste Ergebnisse zeigen, daß bei den Betrieben gute Zwischen- und Abschlußprüfungsergebnisse erzielt werden konnten. So wurden Verbesserungen in der Aufgabenstellung, bei der Vermittlung und in der Auswertung des Gelernten erreicht. Auszubildende, die eine Lernaufgabe nicht nur als Pflichtübung hinnehmen, sondern die vom Sinn einer Aufgabenstellung überzeugt werden können, die dann im Lernprozeß weder über- noch unterfordert werden, sondern durch individuelle Betreuung optimal gefördert werden können, die einen Lernprozeß mit offensichtlich verwendbaren fachlichen und lernmethodischen Erkenntnissen und Erfahrungen abschließen, lernen mit mehr Eigeninteresse. Sie sind motiviert. Ein solches Lernen soll durch diese Modelle gefördert werden.

4.4.1 Motivationsimpulse aus neuer Aufgabenstellung

Die Aufgabenstellung wird zunächst durch sorgfältige Auswahl aktueller Ausbildungsinhalte verbessert. In einem Modellbetrieb wurde ermittelt, welche Inhalte im kooperativen Berufsgrundbildungsjahr angeboten und wie intensiv diese vermittelt werden sollten.

Vorrangig geht es darum, die Aufgabenstellung durch unterschiedliche projektorientierte Ausbildung zu verbessern. Das Lernen von Kenntnissen und Fertigkeiten an Projekten motiviert Auszubildende besonders, wenn diese gefertigten Gegenstände einen Langzeitausbildungswert und zudem einen erkennbaren Nutzen ausweisen.

Seit mehr als 10 Jahren hat sich bei einer Autofirma für die Grundausbildung eine Dampfmaschine bewährt. Sie dient als Ausbildungsobjekt, an dem alle wesentlichen Kenntnisse und Fertigkeiten des ersten Ausbildungsjahres gelernt werden können. Die einwandfrei hergestellte und mit Preßluft geprüfte Dampfmaschine darf der Auszubildende mit nach Hause nehmen. Mit Fertigstellung dieses Projektes hat der Auszubildende gleichzeitig sein erstes Ausbildungsjahr erfolgreich abgeschlossen und beginnt mit einem Projekt für das zweite Ausbildungsjahr. Wer seine Ausbildungsprojekte — zusammen mit seinen zwei bis fünf Team-Kollegen — schneller herstellt als andere, der kann dazu beitragen, seine Ausbildungszeit zu verkürzen. Auch hieraus erwächst ein deutlicher Motivationsimpuls für den einzelnen.

Die selbständige Arbeitsvorbereitung und Auswertung, einschließlich der Kontrolle und Bewertung und selbständigen Informationsbeschaffung im Rahmen einer vielfältigen Auftragserfüllung, wird ebenfalls erlernt. Wer als Auszubildender systematisch lernt, wie man seine Arbeiten umsichtiger planen, ausführen und auswerten kann, der lernt zugleich voraus-denkendes, mit-denkendes und nach-denkendes Arbeiten.

Im letzten Ausbildungsabschnitt durchläuft der Auszubildende mehrere Betriebsabteilungen und muß dabei — ähnlich wie bei einer Einzelprojekterstellung — selbständig notwendige Arbeitsanleitungen durcharbeiten und seinen Einsatz nachträglich unter technischen, lernmethodischen und sozial-integrativen Gesichtspunkten auswerten. Hierdurch soll die berufliche Mobilitätsbereitschaft erhöht werden.

Mit der Übertragung der projektorientierten Ausbildungskonzeption von der Grundbildung auf die allgemeine und spezielle Fachbildung kann jetzt von einer erfolgreich abgeschlossenen Erprobung einer neuen Lehr- und Lernmethode gesprochen werden. Nunmehr gilt es, die Übertragbarkeit auf andere Betriebe und Ausbilder zu erreichen, die nicht an der Entwicklung beteiligt waren.

Da sich die Kenntnis- und Fertigkeitsvermittlung an diesem Großprojekt kompliziert gestaltet, sind in anderen Modellbetrieben kleinere Vorhaben entwickelt worden. Sie werden zum Teil in Verbindung mit vertiefenden Übungslehrgängen erprobt. Im Gegensatz zur bisherigen Lehrgangskonzeption werden diese Übungslehrgänge nicht einheitlich von allen Auszubildenden gefordert, sondern die Auszubildenden müssen in eigener Verantwortung entscheiden, bei welchen Fertigkeiten sie einen zusätzlichen Übungslehrgang für erforderlich halten. Ein Bewertungsnachteil entsteht dem Lernenden aus der Durchführung einer vertiefenden Übung nicht. Der einzelne verfügt auf diese Weise über mehr Freiheit, den für ihn besten Weg zur Erreichung der vorgeschriebenen Ausbildungsziele selbst mitzubestimmen. Damit kann ein möglicher Nachteil ausschließlich projektorientierter Aufgabenstellungen, nämlich der Mangel an festigenden Übungen, abgebaut werden, ohne daß die eigentlichen Motivationsimpulse der Projektkonzeption wieder verloren gehen. Im zweiten Ausbildungsjahr wird die Projektkonzeption fortgesetzt. Es werden Geräte hergestellt, die in der Produktion des Betriebes Verwendung finden.

4.4.2 Motivationsimpulse aus neuer Lernprozeßgestaltung

Die Verbesserung von Methoden bezog sich bisher auf eine immer bessere didaktische Aufbereitung fachlicher Inhalte. In den jetzt geförderten Modellen werden pädagogische Verbesserungen zur Berücksichtigung individueller Lernvoraussetzungen beim Auszubildenden erprobt. Ein Teil der Auszubildenden lernt nach wie vor am besten vom Ausbilder bzw. von einem Lehrer in dem gewohnten Klassenrahmen. Ein anderer Teil lernt besser mit Mitauszubildenden in der Kleingruppe. Eine dritte Gruppe erarbeitet sich neue Lernstoffe am erfolgreichsten ungestört von anderen. Durch ein breiteres Methodenangebot steigt die Wahrscheinlichkeit, daß jeder Auszubildende die für ihn optimale Lernmethode praktisch benutzen lernt.

Konkurrierendes Lernen in der herkömmlichen Großgruppenarbeit motiviert in erster Linie Auszubildende, die schon in ihrer Schulzeit durch Lernprozesse im Klassenverband überwiegend positive Lernergebnisse sammeln konnten. Jugendliche, die Schwierigkeiten hatten, die Hauptschule erfolgreich abzuschließen und die anschließend eine Facharbeiterausbildung antreten wollten, sind in der Regel mit negativen Lernerlebnissen aus der Arbeit in größeren Gruppen belastet. Diese Auszubildenden werden durch Lernprozesse in kleinen Gruppen von 3 bis 6 Jugendlichen besser gefördert.

Selbstsuchendes Lernen in Einzelarbeit scheint dagegen für solche Jugendlichen effektiv zu sein, die frühzeitig an selbständiges Lernen herangeführt worden und aus ihren Erfolgserlebnissen heraus selbstsicher geworden sind. Das Ziel der methodischen Verbesserungen in diesen Modellen ist darauf gerichtet, möglichst viele Auszubildende möglichst bald an selbständiges Erarbeiten neuer Kenntnisse und Fertigkeiten heranzuführen.

Die systematische Förderung von „Lernen im Team" konnte auch auf andere Betriebe übertragen werden. Immer wieder wird betont, daß ein Gruppenwechsel Mobilität fördert und sie dadurch zugleich gefördert wird.

4.4.3 Motivationsimpulse aus neuen Ansätzen in der Lernerfolgsauswertung

Schon seit längerem wird auf die Vorzüge einer Selbstkontrolle durch Lernende hingewiesen. In einem Modell versucht man, für Auszubildende einen sinnvollen Dreiklang aus Selbstkontrolle, Selbstdiagnose und Selbsthilfe herbeizuführen. Lernschwächere können dadurch besonders motiviert werden. Zunächst werden sie befähigt, eigene Arbeiten selbst zu beurteilen, um dann die erkannten Mängel auf ihre mutmaßliche Ursache zurückzuführen. Der eigentliche Motivationsimpuls tritt ein, wenn man ihnen anschließend genügend Lernzeit und Hilfsmittel anbieten kann, damit sie die erkannten Lerndefizite ohne die üblichen Bewertungsnachteile für sich aufarbeiten können.

Mit solchen lernmethodischen Hilfestellungen wird das Verantwortungsbewußtsein der Auszubildenden gestärkt, weil sich der Lernprozeß auf wirkliche Lernerfolge und weniger auf das Erreichen guter Noten konzentriert. Wo vorab eine sorgfältige Kontrolle durch den Ausbilder eingeführt wurde, da haben später auch die Jugendlichen gezeigt, daß sie bereit und in der Lage sind, ihre Arbeiten kritisch und relativ gerecht zu bewerten. Übereinstimmend wurde besonders dann eine höhere Lernmotivation festgestellt, wenn man den Auszubildenden einen ständig

steigenden Anteil an Selbstverantwortung und Selbststeuerung zugebilligt hatte. Allerdings stellt sich die Frage nach dem Ausbildungsrisiko, das der verantwortliche Betrieb, der einzelne Ausbilder und der betroffene Auszubildende auf sich zu nehmen bereit sind. Selbststeuerung setzt Vertrauen in die entwickelte Ausbildungskonzeption und in die beteiligten Personen von beiden Seiten voraus und muß sorgfältig vorbereitet werden.

4.5 Mikroprozessor-Technologie in der Berufsausbildung

Es ist heute unbestritten, daß die Einführung der Mikroelektronik und damit der Mikroprozessor-Technologie in Form neuer Produkte und Verfahren tiefgreifende Veränderungen der Arbeitsabläufe sowie der Arbeitsinhalte von Arbeitsplätzen nach sich ziehen wird, soweit dies nicht bereits geschehen ist. Ebenso besteht Übereinstimmung, daß eine breite Anwendung der Mikroelektronik nur möglich ist, wenn hierfür genügend ausgebildete Fachkräfte — und zwar auf allen Qualifizierungsebenen — zur Verfügung stehen.

Die Entwicklung der Mikroprozessor-Technologie wird also auch im dualen System der Berufsausbildung berücksichtigt werden müssen.

Fragt man allerdings konkret, welche Arbeitsplätze bzw. welche Berufe von der Mikroprozessor-Technologie künftig betroffen sein werden, so stellt man fest, daß diese Frage wegen der Offenheit der Entwicklung auf diesem Sektor derzeit nicht eindeutig beantwortet werden kann. Als gesichert kann gelten, daß sich die Mikroprozessoren-Technologie insbesondere auf Elektro- und Metallberufe sowie auf kaufmännische Berufe auswirken wird.

Noch schwieriger als die Frage nach den betroffenen Berufen ist jedoch die Frage zu beantworten, welche mikroelektronik-spezifischen Inhalte in den einzelnen Berufen im Rahmen der Ausbildung vermittelt werden sollen. Dabei ist zu berücksichtigen, daß nur solche Lerninhalte Eingang in die berufliche Erstausbildung finden können, die langfristig verwertbar sind. Eine kurzfristige Anpassung an die neueren technologischen Entwicklungen muß dagegen der Weiterbildung vorbehalten bleiben.

Das Bundesinstitut für Berufsbildung untersucht im Rahmen eines Forschungsprojekts die Auswirkungen der Mikroprozessor-Technologie auf den Qualifikationsprozeß in den Berufsfeldern Metall- und Elektrotechnik. Die Untersuchungsergebnisse werden für die laufenden Arbeiten an Ausbildungsordnungen (z. B. für die Neuordnung der Metallberufe und die Überarbeitung der Stufenausbildung Elektrotechnik) genutzt. Darüber hinaus werden bei der Neuordnung einzelner Ausbildungsberufe gezielte Untersuchungen durchgeführt, damit entsprechend konkrete Lernziele in die Ausbildungsordnungen aufgenommen werden können. Im übrigen haben die Bundesminister für Wirtschaft und für Bildung und Wissenschaft das Bundesinstitut für Berufsbildung Anfang 1980 besonders aufgefordert, die Entwicklung der Mikroprozessor-Technologie bei den Arbeiten zur Neuordnung von Ausbildungsberufen zu berücksichtigen.

Im Berufsförderungszentrum Essen wird ein Modell „Einsatz der Mikrocomputertechnik in der Facharbeiterausbildung" durchgeführt. Im Rahmen dieses Modellprogramms sollen die Anforderungen ermittelt werden, die künftig an Facharbeiter in der Elektrotechnik auf Grund des Einsatzes der Mikrocomputer-Technik gestellt werden. Außerdem sollen Methodik und Didaktik einschließlich der erforderlichen Medien entwickelt werden. Weiterhin ist beabsichtigt, den Ausbildern Weiterbildungs-Möglichkeiten anzubieten, die sie in die Lage versetzen sollen, die komplexen Zusammenhänge dieser Technik in die Berufsausbildung einfließen zu lassen. Für den Bereich des Berufsschulunterrichtes läuft ein Modell „Mikroprozessoren in der Berufsausbildung" an den berufsbildenden Schulen II in Braunschweig. Weitere Modellvorhaben sind in Vorbereitung.

4.6 Bedarf an Energieberatung und der beruflichen Qualifikation

Von den wirtschaftlich realistischen Energieeinsparmöglichkeiten können, so das Ergebnis einer Studie des Bundesministers für Bildung und Wissenschaft[1]), durch Fachberatung angeregte Einspareffekte mit 5 % veranschlagt werden. Das wäre auf heutiger Preisbasis eine Einsparung von rund 600 Mio. DM. Im Verhältnis zu den technischen und wirtschaftlichen Energieeinsparmöglichkeiten ist die durch Beratung angeregte Energieeinsparung zwar begrenzt, sie bleibt gleichwohl wichtig und nimmt an Bedeutung jedem Preisanstieg entsprechend zu. Voraussetzung für diese Einsparung ist im übrigen, daß die allgemeine Information über Energieeinsparung sowohl an allgemeinbildenden und beruflichen Schulen als auch durch entsprechende Kurse für Erwachsene verbessert wird. Darüber hinaus sind wesentliche Verbesserungen in der Fachberatung notwendig.

Energieberatung weist gegenwärtig Angebotslücken auf

— räumlich in ländlichen Gebieten,

— sachlich bei neuen Technologien hinsichtlich geeigneter Maßnahmenkombinationen,

— inhaltlich bezüglich bauphysikalischer und wirtschaftlicher Fragen,

— rechtlich-institutionell hinsichtlich der Mietersituation in Mehrfamilienhäusern.

Die derzeit in der Energieberatung Tätigen verfügen meist nur über isoliertes Wissen. Es befähigt sie in der Regel nur zu begrenzter Energieberatung. Ihnen fehlt der Systemüberblick über die Gesamtheit der möglichen Energieeinsparmaßnahmen — etwa beim Neubau oder der Modernisierung von Wohnbauten. Umfassende Wirtschaftlichkeitsrechnungen für entsprechende Maßnahmen bei unterschiedlicher Energiepreisentwicklung werden ebenfalls noch nicht in ausreichendem Maße durchgeführt.

4.6.1 Bildungspolitische Konsequenzen in der Erstausbildung

Im Hinblick auf die einzelnen Ausbildungsebenen (berufliche Schulen, Hochschulen) werden nach dem Ergebnis der Studie unterschiedliche Schwerpunkte bezüglich der Grund- und Zusatzausbildung sowie der Weiterbildung gesetzt.

Der generelle Schwerpunkt der Ausbildung für eine effizientere Energieberatung sollte im Fachhochschulbereich liegen. Der Grundausbildung der Fachhochschulingenieure der Fachrichtung Heizung, Lüftung und Versor-

---
[1]) Vgl. Sättler, M., Bodenstedt, W., von Rothkirch, Ch., Wendt, V.: Energieberatung, Bestimmung des Bedarfs an Energieberatung und der beruflichen Qualifikation von Energieberatern, Bundesminister für Bildung und Wissenschaft (Hrsg.), Schriftenreihe Bildungsplanung 35, Bonn 1981

gung, der Bautechnik und in begrenztem Maße der Architektur kommt für die Energieberatung von Haushalten, Kleinverbrauchern und der Industrie zentrale Bedeutung zu.

Ein eigener Studiengang „Energieingenieur" sollte geschaffen werden, in dem nach einem allgemeinen technischen Grundstudium (bis zum Vorexamen) energierelevante Fächer der Versorgungs-, Heizungs- und Bautechnik sowie betriebswirtschaftliche Elemente integriert angeboten werden.

Für Absolventen, die die Absicht haben, Energieberatung als Selbständige zu betreiben, sollte eine Zusatzausbildung in Form eines Aufbausemesters angeboten werden, in dem volks- und energiewirtschaftliche Kenntnisse, Kommunikation und Fragen der Kundenakquisition vermittelt werden.

4.6.2 Vorschläge für den Bereich der Weiterbildung

Die Weiterbildung sollte in erster Linie in Form eines Erfahrungsaustauschs erfolgen, der durch die Fachverbände des Vereins Deutscher Ingenieure organisiert werden sollte.

a) Für eine qualifizierte Energieberatung durch Facharbeiter und Meister im handwerklichen Bereich des Isolier- und Heizungsgewerbes sollte der Schwerpunkt auf Weiterbildung durch Tageskurse liegen, die von den entsprechenden Fachverbänden auszurichten sind. Inhaltlich sollten vor allem Kenntnisse in bautechnischen Fragen verstärkt vermittelt werden. Die Entwicklung nicht-firmengebundenen Schulungsmaterials für Weiterbildung, auch zum Selbststudium, wird für erforderlich gehalten.

b) Auf Technikerebene sollten bei Heizungs- und Bautechnikern Wirtschaftlichkeitsfragen energiesparender Maßnahmen in die Grundausbildung aufgenommen werden.

In der Weiterbildung sollte den Technikern in stärkerem Maße Markt- und Produktübersicht, insbesondere im Hinblick auf neue Technologien, durch firmenunabhängige Fachleute vermittelt werden. Die Entwicklung eines Handbuchs für Energieeinsparung im Hausbereich wird für erforderlich gehalten.

c) Auf der wissenschaftlichen Ebene sollte bei den Diplomingenieuren der Schwerpunkt auf der Weiterbildung durch gegenseitigen Erfahrungsaustausch und Symposien mit Herstellerfirmen liegen. Ein spezieller Studiengang für Energieingenieure auf Hochschulebene wird weder als Grund- noch als Zusatzstudium für notwendig erachtet.

d) Die Schaffung eines eigenen Berufsbildes bzw. Ausbildungs-/Studiengangs „Energieberater" wird nicht für erforderlich gehalten. Die Vielfalt der Beratungssituationen und die damit verbundenen unterschiedlichen Beratungsleistungen lassen es nicht sinnvoll erscheinen, diese Anforderungen in einen einzigen Ausbildungs- oder Studiengang aufzunehmen.

e) Für eine Verbesserung der allgemeinen Beratungstätigkeit in Energiefragen wird der weitere Ausbau der interessenunabhängigen Verbraucherberatungsstellen empfohlen.

4.7 Junge Frauen in der Ausbildung für gewerblich-technische Berufe

Als einen Beitrag zur Erweiterung der Ausbildungs- und Berufsmöglichkeiten von Frauen hat der Bundesminister für Bildung und Wissenschaft im Frühjahr 1978 ein Modellprogramm vorgelegt[1]. Inzwischen gibt es bundesweit 21 Modellvorhaben (Wirtschaftsmodelle).

Insgesamt wurden bzw. werden im Rahmen dieses Programms 1100 junge Frauen in über 50 gewerblich-technischen Ausbildungsberufen in etwa 200 Klein-, Mittel- und Großbetrieben der Industrie, des Handwerks und des öffentlichen Dienstes ausgebildet (vgl. *Schaubilder 13* und *14*).

4.7.1 Signal- und Demonstrationsfunktion

Die Ziele des Modellprogramms liegen auf zwei Ebenen: Einerseits geht es darum, im Rahmen des Programms Erkenntnisse zu gewinnen über die Motivierung von Schulabgängern bzw. Gewinnung von Ausbildungsbetrieben. Ferner über die methodisch-didaktisch wünschenswerte Gestaltung der Ausbildung sowie die Möglichkeiten des ausbildungsentsprechenden Übergangs von der Ausbildung in die Beschäftigung.

Andererseits geht es bereits während der Laufzeit des Modellprogramms darum, Ausbildungsbetriebe anzuregen und zu ermutigen, auch außerhalb des Programms Frauen in bisher von Männern dominierten Berufen auszubilden, bzw. junge Frauen für gewerblich-technische Ausbildungsberufe zu interessieren.

So hat nicht zuletzt das große Echo, das das Modellprogramm in der Öffentlichkeit gefunden hat, dazu beigetragen, zahlreiche Ausbildungsplätze jungen Frauen zugänglich zu machen, die bisher ausschließlich Männern angeboten wurden.

In den Ausbildungsberufen des Modellprogramms hat sich der Anteil der jungen Frauen an der Gesamtzahl der Auszubildenden von 1977 (Beginn der Programmdiskussion) bis 1980 etwa vervierfacht (vgl. *Schaubild 15*).

Darüber hinaus haben die öffentliche Diskussion der Modellprogrammziele sowie die Förderungsprogramme einzelner Bundesländer generell eine stärkere Öffnung von bisher überwiegend von Männern besetzten Berufen bewirkt. So stieg die Zahl der weiblichen Auszubildenden in den traditionellen „Männerberufen" von 11 500 im Jahre 1977 auf über 35 000 im Jahre 1980 und hat sich damit mehr als verdreifacht. Während 1977 nur 2 % aller weiblichen Auszubildenden in „Männerberufen" ausgebildet wurden, waren es 1980 mehr als 5 %.

Als traditionelle „Männerberufe" werden dabei solche Ausbildungsberufe bezeichnet, in denen 1977 weniger als ein Fünftel der Auszubildenden junge Frauen waren. Nach dieser Definition sind inzwischen 27 Berufe aus den „Männerberufen" herausgewachsen, darunter z. B. die Berufe Gärtner/Gärtnerin, Konditor/Konditorin, Tierwirt/Tierwirtin, Baustoffprüfer/Baustoffprüferin oder Kaufmann/Kauffrau im Eisenbahn- und Straßenverkehr (vgl. *Übersicht 30*).

---

[1] Der Bundesminister für Bildung und Wissenschaft: Modellversuchsprogramm zur Erschließung gewerblich-technischer Ausbildungsberufe für junge Frauen, Bonn, 9. März 1978 und 25. April 1980.
Vgl. Berufsbildungsbericht 1980, Seite 57, 1981, Seiten 61—63.

Übersicht 30: Weibliche Auszubildende in ausgewählten typischen „Männerberufen"

Ausbildungsberuf	Anteil an der Gesamtzahl der Auszubildenen in diesem Beruf 1977	in %	1978	1979	1980	in %
Kraftfahrzeugmechanikerin	144	0,1	208	366	529	0,6
Feinmechanikerin	66	1,1	102	202	325	4,9
Mechanikerin	11	0,1	102	245	425	3,1
Werkzeugmacherin	31	0,1	125	216	352	1,3
Elektroinstallateurin	63	0,1	105	169	260	0,5
Nachrichtengerätemechanikerin	83	2,0	135	295	365	7,0
Maschinenschlosserin	21	0,5	85	186	303	0,7
Tischlerin	382	1,3	627	1 032	1 608	3,7
Fernmeldehandwerkerin	187	1,8	259	280	388	3,4
Gärtnerin	2 453	19,8	3 779	4 198	5 112	30,6

Die erreichten Verbesserungen des Zugangs von Frauen zu Berufen, die von Männern besonders stark in Anspruch genommen werden, kann als Erfolg bewertet werden. So erfreulich diese Entwicklung auch ist, so sehr zeigen die immer noch zu geringen Ausgangszahlen aber auch, daß die bildungspolitischen Bemühungen zur Öffnung gewerblich-technischer Berufe für Frauen fortgesetzt werden müssen. Noch immer ist die Konzentration junger Frauen auf relativ wenige frauentypische Ausbildungsberufe nicht durchbrochen.

4.7.2 Auswahl der Ausbildungsberufe

Die Auswahl der Ausbildungsberufe in dem Modellvorhaben erfolgte unter quantitativen (Frauenanteil 1973 unter 5 %) wie unter qualitativen Gesichtspunkten. Es wurden gewerblich-technische Ausbildungsberufe mit relativ großem „Substitutionspotential" gewählt, d. h. solche Ausbildungsberufe, die vielseitig verwendbare Qualifikationen vermitteln. Nach Abschluß der Ausbildung bestehen darum mehr Möglichkeiten der Berufseinmündung, Beschäftigung und Tätigkeit auf dem Facharbeiterniveau.

Die ausgewählten Ausbildungsberufe stammen überwiegend aus den Berufsfeldern Metall- und Elektrotechnik (vgl. *Schaubild 16*). Diese Ausbildungsberufe wurden nach weitgehend übereinstimmender Auffassung von Ausbildern, Meistern, Personalchefs, Berufsberatern, Berufspädagogen und Berufsbildungsforschern als für Frauen geeignet beurteilt.

4.7.3 Bilanz der bisherigen Ergebnisse

Die ersten 5 Modellvorhaben sind 1978 angelaufen. 15 weitere Vorhaben konnten 1979 bzw. 1980 und 1 Vorhaben 1981 beginnen. Endgültige Aussagen können zwar noch nicht gemacht werden. Dennoch zeichnet sich schon jetzt eine Reihe von Ergebnissen ab[1]).

Motivations- und Bewerbungsphase

Die Konzentration der Schulabgängerinnen auf relativ wenige traditionell von Frauen besetzte Ausbildungsberufe ist nicht Ausdruck einer Fixierung junger Frauen auf bestimmte „Traumberufe". Eher ist dies Ausdruck eines geteilten Ausbildungsstellenmarktes, der aufgrund traditioneller Berufszuweisungen den Teilmarkt für gewerblich-technische Ausbildungsberufe nicht in das Blickfeld von Schulabgängerinnen und deren Eltern rückt.

Die bisherigen Motivierungsbemühungen im Vorfeld der Modellvorhaben haben ergeben, daß das Potential von jungen Frauen, die Interesse an einer Ausbildung in gewerblich-technischen Berufen haben, wesentlich größer ist, als es die bisherigen Zahlen der weiblichen Auszubildenden nahelegen.

Es ist notwendig, dieses latente Interesse bei den Schulabgängerinnen zu verstärken und die gewerblich-technischen Berufsmöglichkeiten in ihr Blickfeld zu rücken. Dies muß sowohl durch Bemühungen der allgemeinbildenden Schulen und der Berufsberatung wie durch aktive Werbemaßnahmen, insbesondere der Ausbildungsbetriebe, geschehen. Die bisherigen Modelle zeigen, daß überall da, wo Ausbildungsbetriebe für gewerblich-technische Berufe aktive Ausbildungsbereitschaft für junge Frauen zeigten und reale Beschäftigungsperspektiven für sie erkennen ließen, sich junge Frauen in größerer Anzahl um einen gewerblich-technischen Ausbildungsberuf beworben haben. Dabei wurde ebenfalls deutlich, daß junge Frauen in ihrer Berufswahl durchaus flexibel sind. Ein großer Teil der Teilnehmerinnen war z. B. bereit, anstelle einer nicht realisierbaren kaufmännischen Ausbildung eine gewerblich-technische Ausbildung zu beginnen. Insgesamt ist kein Modellvorhaben an mangelndem Interesse oder fehlender Bereitschaft von jungen Frauen gescheitert.

Die Möglichkeit, latentes Interesse für gewerblich-technische Ausbildungsberufe von jungen Frauen zu wecken, sowie die Abhängigkeit der Bewerbungen von Frauen von der aktiv bekundeten Ausbildungsbereitschaft gewerblich-technischer Ausbildungsbetriebe wird durch eine Umfrage bestätigt. Die Abweichungen des Interesses von jungen Frauen, einen gewerblich-technischen Beruf zu erlernen, reichen von Zunahmen von 50 % bis zu Rückgängen von 50 %. Sie sind eindeutig von der Tatsache bestimmt, ob die potentiellen Ausbildungsbetriebe ein aktives Ausbildungsinteresse bekundeten oder ob lediglich eine passive Ausbildungsbereitschaft bestand.

Die positiven Erfahrungen der an dem Modellprogramm beteiligten Ausbildungsbetriebe mit der Ausbildung junger Frauen lassen sich daran ablesen, daß diese Betriebe auch nach Auslaufen der Modellförderung weiter bereit sind, junge Frauen auszubilden. Die Einstellungszahlen 1981/82 schwanken von Betrieb zu Betrieb, liegen aber insgesamt sogar noch leicht über denen des Vorjahres.

---
[1]) Vgl. Berufsbildungsbericht 1980, S. 57; 1981, S. 62 f.

Schaubild 13

Anteil der Teilnehmerinnen in der Ausbildung für gewerblich-technische Berufe im Modellprogramm nach Betriebsgrößen

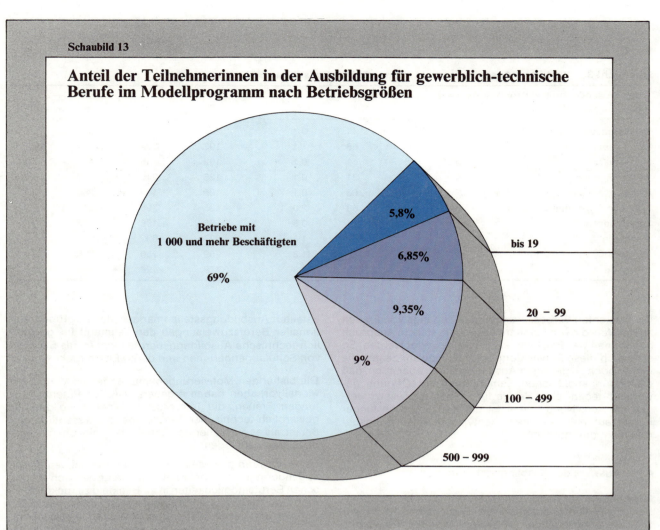

Schaubild 14

Anteil der Teilnehmerinnen in der Ausbildung für gewerblich-technische Berufe im Modellprogramm nach Wirtschaftsbereichen

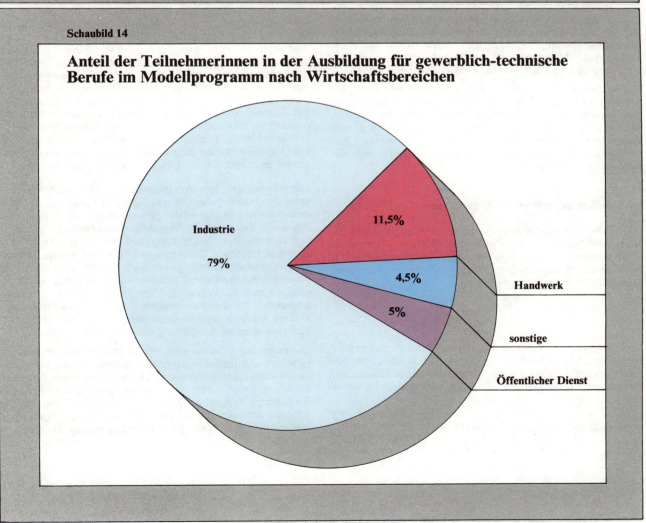

Schaubild 15

Entwicklung des Anteils der weiblichen Auszubildenden in den Ausbildungsberufen des Modellprogramms für gewerblich-technische Berufe

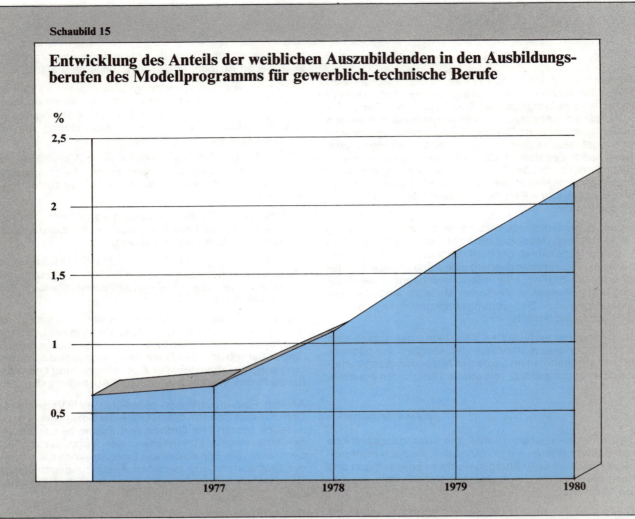

Schaubild 16

Verteilung der Teilnehmerinnen in der Ausbildung für gewerblich-technische Berufe im Modellprogramm auf Berufsfelder

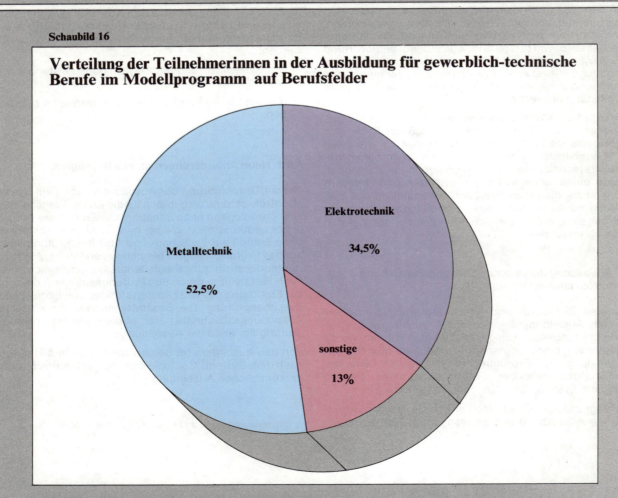

Ausbildungsphase

Die Ausbildung der jungen Frauen in den ausgewählten gewerblich-technischen Ausbildungsberufen verläuft weitgehend reibungslos. Die Schulnoten, die Zwischenprüfungs- und Abschlußprüfungsergebnisse der jungen Frauen sind bisher im Durchschnitt geringfügig schlechter ausgefallen als die der männlichen Kontrollgruppen. Dabei handelt es sich allerdings nur um Notenbruchteile. Dies ist angesichts der Tatsache, daß sich rund 95 % der Modellteilnehmerinnen während ihrer Schulzeit an anderen als technischen Berufen orientiert haben, ein ermutigendes Ergebnis.

Frauen beginnen die gewerblich-technische Ausbildung mit geringeren technischen Vorerfahrungen. Wie das Ausbildungspersonal generell feststellt, brauchen und erwarten junge Frauen deshalb eine stärkere Veranschaulichung des Stoffes, eine intensivere begriffliche Erklärung und verlangen in stärkerem Maße als junge Männer Erklärungen über Begründungszusammenhänge einzelner Ausbildungsinhalte.

Die geringeren technischen Vorerfahrungen lassen sich mit Hilfe gezielter methodisch-didaktischer und pädagogischer Maßnahmen im Laufe der Ausbildungszeit aufheben bzw. durch andere, vertrautere Fähigkeiten ersetzen.

Berufseinmündungsphase

Die am Modellprogramm beteiligten Ausbildungsbetriebe bilden junge Frauen mit dem Ziel aus, sie nach erfolgreichem Abschluß ausbildungsgerecht zu beschäftigen und ihnen die gleichen Berufschancen einzuräumen wie jungen Männern.

Knapp 200 der etwa 1 100 Teilnehmerinnen haben bis Sommer 1981 ihre gewerblich-technische Berufsausbildung beendet. Von ihnen haben alle, die dies wünschten, einen ausbildungsgerechten Arbeitsplatz als Facharbeiterin erhalten, davon fast 80 % im Ausbildungsbetrieb. Rund 20 % der jungen Frauen haben im Anschluß an die erste Ausbildung entweder eine Weiterbildung oder eine zweite Ausbildung aufgenommen. Einige wenige sind noch nicht erwerbstätig geworden.

Es ist allen am Modellprogramm beteiligten Ausbildungsbetrieben und Institutionen bewußt, daß der Erfolg des Programms maßgeblich daran zu messen ist, inwieweit die ausgebildeten jungen Frauen ihre erworbenen gewerblich-technischen Qualifikationen im ausbildenden oder in einem anderen Betrieb einsetzen und erweitern können bzw. die Möglichkeit zur Weiterbildung und zum Aufstieg haben. Inwieweit diese ersten Ergebnisse generalisierbar sind, müssen Anschlußuntersuchungen in den Folgejahren zeigen.

4.8 Ausbildungsbegleitende Leistungsfeststellung („Contrôle continu")

Inwieweit Zwischen- und Abschlußprüfungen in anerkannten Ausbildungsberufen durch ausbildungsbegleitende Leistungsnachweise ersetzt werden können, wurde im Rahmen eines deutsch-französischen Modells zur Entwicklung und Erprobung eines Systems laufender ausbildungsbegleitender Leistungsnachweise (Modell nach dem System „Contrôle continu") untersucht.

Rechtsgrundlage für das Modell war die auf der Grundlage von § 28 Abs. 3 des Berufsbildungsgesetzes erlassene „Verordnung über die Entwicklung und Erprobung einer neuen Ausbildungsform"[1]). Sie legte u. a. fest:

— Den besonderen Ausbildungsrahmenplan für jeden der zu beteiligenden Ausbildungsberufe mit einer Anleitung zur sachlichen und zeitlichen Gliederung in Ausbildungsabschnitte sowie der Beschreibung von Abschnittszielen;

— Vorschriften für fortlaufende Leistungsfeststellung und Bewertung ausbildungsbegleitender Leistungsnachweise durch die Prüfungsausschüsse der zuständigen Stellen;

— Vorschriften für die Ausstellung von Abschnittszeugnissen und Einbeziehung der in der Berufsschule erbrachten Leistungsnachweise;

— Vorschriften über die Erteilung des Abschlußzeugnisses durch Anerkennung der in den Abschnittszeugnissen nachgewiesenen Ausbildungsleistungen als Prüfungsleistungen.

Das in der Praxis zu erprobende System „Contrôle continu" — mit der Einteilung der Ausbildung in Ausbildungsabschnitte und mit einer fortlaufenden Leistungsfeststellung in Betrieb und Berufsschule — erforderte die Erarbeitung sorgsam abgestimmter Ausbildungs- und Lehrpläne für die in das Modell einbezogenen Ausbildungsberufe.

An den Planungsarbeiten beteiligten sich Vertreter der Betriebe und Berufsschulen sowie der Sozialparteien. Die Aufgabe bestand im Ordnen und Zusammenstellen von berufsrelevanten Lerninhalten, der Formulierung von Lernzielen, der Schaffung von Leistungskontrollen sowie der Stoffabstimmung zwischen Ausbildungsbetrieb und Berufsschule auf der Grundlage der staatlichen Vorschriften.

Das Ausbildungssystem „Contrôle continu" erforderte in besonderem Maße regelmäßige Kontakte zwischen Ausbildern und Lehrern, denn die Ausbildungsbetriebe und Berufsschulen mußten gemeinsam dem Auftrag gerecht werden,

— ein System ausbildungsbegleitender Leistungsnachweise zu entwickeln und

— das System im Rahmen des Modellversuchs zu erproben.

4.8.1 Neue Anforderungen an alle Beteiligten

Bei der Durchführung der Ausbildung nach dem System „Contrôle continu" ergab sich für die Ausbildungsbetriebe eine grundlegend neue Situation: Die Ergebnisse betrieblicher Lernkontrollen, die bei herkömmlicher Ausbildung ohne Einfluß auf Zwischen- und Abschlußprüfung sowie auf das Prüfungszeugnis bleiben, ersetzten im Modell als „laufende ausbildungsbegleitende Leistungsnachweise" nach Feststellung durch den Prüfungsausschuß die sonst zur Ermittlung des Ausbildungsstandes durchzuführende Zwischenprüfung. Die Gesamtergebnisse der einzelnen Ausbildungsabschnitte treten an die Stelle der Abschlußprüfung am Ende der Ausbildungszeit.

Von den Ausbildern im Betrieb verlangte die Ausbildung nach dem System „Contrôle continu" im Unterschied zur herkömmlichen Ausbildung

---
[1]) Bundesgesetzblatt I vom 24. Juli 1975, S. 1985 — 2039

- eine detailliertere Erfassung, Beschreibung und Bewertung der auf die jeweiligen Ausbildungsabschnitte entfallenden Ausbildungsleistungen der beteiligten Auszubildenden sowie

- die Aufbereitung der „Leistungsdaten" für das abschnittsweise Feststellverfahren durch die Prüfungsausschüsse.

Ebenso wie in den Betrieben schuf das Modell für die beteiligten Berufsschulen eine gegenüber der herkömmlichen dualen Ausbildung veränderte Situation: Die Ergebnisse der in der Berufsschule während der gesamten Schulzeit durchgeführten Lernkontrollen gingen als Leistungsnachweise in das Zeugnis der zuständigen Stelle ein, während das im herkömmlichen Ausbildungssystem nicht der Fall ist.

Auch die Schule mußte im Rahmen ihrer Schulgesetze besondere Ordnungen für die Berufsschule entwickeln.

Die Gliederung der Ausbildung sah für die in den Versuch einbezogenen Ausbildungsberufe Betriebsschlosser und Maschinenschlosser fünf Ausbildungsabschnitte, für den Elektroanlageninstallateur vier Ausbildungsabschnitte vor. Besondere Probleme ergaben sich bei der Ausbilder-Schulung sowie bei einer Ausbildung außerhalb der Lehrwerkstatt. Dies gilt vor allem für die Ausbildung im Inspektions-, Wartungs- und Reparaturbereich sowie bei Einsätzen auf Baustellen. Die Bauberufe sind aus diesem Grunde — trotz eines erheblichen Anteils überbetrieblicher Ausbildung — aus dem Modellprogramm ausgeschieden.

Die Struktur des Systems „Contrôle continu" ist in der nachfolgenden *Übersicht 31* dargestellt.

In den Ausbildungsbetrieben wurden die Leistungen lernzielbezogen erfaßt, in Beurteilungsbogen dokumentiert und am Ende jedes Ausbildungsabschnittes dem Prüfungsausschuß vorgelegt. In der Berufsschule wurden die Schulnoten in den Unterrichtsfächern abschnittsweise in Notenlisten zusammengestellt. Diese Notenlisten dienten als Grundlage für eine Zeugniserteilung durch die Schule.

Ein Gesamtverzeichnis der in Punkte umgerechneten schulischen Leistungsdaten wurde danach zusammen mit der Beurteilung der Arbeitsweise dem Prüfungsausschuß zur Verfügung gestellt.

4.8.2 Bewertung von ausbildungsbegleitenden Leistungsnachweisen durch die Prüfungsausschüsse

Die im Rahmen ausbildungsbegleitender Leistungsfeststellung in Betrieb und Berufsschule gesammelten Leistungsnachweise wurden von den bei den zuständigen Stellen errichteten Prüfungsausschüssen zumeist am Ende eines jeden Ausbildungsabschnitts überprüft. Die Prüfungsausschüsse gingen wie folgt vor:

- Information der Prüfungsausschußmitglieder über Ablauf und Inhalt des zurückliegenden Ausbildungsabschnitts durch Ausbilder und Lehrer;

- Begutachtung der vorgelegten Übungsstücke und Arbeitsproben, stichprobenartige Auswertung einzelner Arbeitsproben durch den Prüfungsausschuß zur Kontrolle der betrieblichen Bewertungen;

- Sichtung der Diagnosebogen, Leistungsübersichten und Notenlisten, Festlegung der Ergebnisse in den einzelnen Bewertungsbereichen auf der Grundlage der bewerteten Leistungsnachweise aus Betrieb und Berufsschule;

- Gewichtung der Ergebnisse in den einzelnen Bewertungsbereichen unter Anwendung der für das Modell geltenden Gewichtungsfaktoren, Festlegung der Abschnittsergebnisse für die Bereiche Fertigkeiten und Kenntnisse, Entscheiden über Erreichen/Nichterreichen des Ausbildungsabschnittszieles.

- Jeweils am Ende des letzten Ausbildungsabschnitts erfolgte zunächst die Festlegung des Abschnittsergebnisses für den letzten Ausbildungsabschnitt. Unmittelbar anschließend ermittelte der Prüfungsausschuß auf der Grundlage der Einzelergebnisse sämtlicher Ausbildungsabschnitte unter Anwendung des für das Modell geltenden Berechnungsschemas das Gesamtergebnis.

Die Auszubildenden, die ihre Ausbildung nach dem System „Contrôle continu" erfolgreich beendet hatten, erhielten ein übliches Zeugnis der zuständigen Stelle (Kammer) über den Abschluß der Berufsbildung gemäß § 34 des Berufsbildungsgesetzes.

4.8.3 Aussagefähigkeit des Systems

Formal besteht keinerlei Unterschied zwischen dem herkömmlichen und dem im Modellvorhaben „Contrôle continu" erteilten Abschlußzeugnis nach § 34 des Berufsbildungsgesetzes. Das Abschlußzeugnis nach dem System „Contrôle continu" stellt jedoch im Unterschied zum Zeugnis aus der herkömmlichen Abschlußprüfung eine Zusammenfassung der Ergebnisse aller — vom Prüfungsausschuß bewerteten — Lernkontrollen in Betrieb und Berufsschule aus der gesamten Ausbildungszeit dar. Bei Befragungen der am Modell beteiligten Personengruppen über die Beurteilung im System „Contrôle continu" ergab sich:

- Die Beurteilung berücksichtigt weit mehr als in einer punktuellen Prüfung üblich und möglich ist. Laut

Übersicht 31: Struktur des Systems ausbildungsbegleitender Leistungsnachweise

	Lernort Betrieb	Lernort Schule
Bewertungs-bereiche	Fachliches Können Fachliches Wissen Arbeitsweise[1]	Fachliches Wissen Außerfachliches Wissen Arbeitsweise[2]
Lern-kontrollen	Übungsstücke Arbeitsproben Kenntnistests Beobachtung bei der Arbeit[3]	Übungsarbeiten Klassenarbeiten mündliches Abhören Beobachtung bei der Arbeit
Bewertungs-maßstab	100-Punkte-System	6-stufiges Notensystem

[1] Die Beurteilung der Arbeitsweise der Auszubildenden im Betrieb bezog sich auf die Beurteilungsmerkmale „Verstehen", „Konzentrationsvermögen" und „Geschicklichkeit".

[2] Die Beurteilung der Arbeitsweise der Auszubildenden/Schüler in der Berufsschule bezog sich auf die Beurteilungsmerkmale „Verstehen", „Konzentrationsvermögen" und „Ausdrucksvermögen".

[3] Ausbilder bzw. Ausbildungsbeauftragte in Betriebsabteilungen außerhalb der Lehrwerkstatt beurteilten in Abstimmung mit der Ausbildungsleitung die Leistungen der Auszubildenden bei der Durchführung von komplexen berufstypischen Arbeitsaufgaben.

Befragung der Ausbilder und Lehrer sind bei „Contrôle continu" grundsätzlich alle Lernziele der Ausbildungs- und Lehrpläne Bestandteil der Lernkontrollen und damit Elemente der Bewertung, während im Unterschied dazu in der herkömmlichen Abschlußprüfung nur Stichproben aufgrund der in der Ausbildungsordnung geregelten Prüfungsanforderungen gemacht werden.

— Die Beurteilung vergleichsweise komplex, weil die Bewertung von Fertigkeiten und Kenntnissen Beurteilungen der Arbeitsweise enthalten wie Verstehen, Konzentration, Geschicklichkeit und Ausdruck.

— Ferner ist die Beurteilung vergleichsweise stark am tatsächlichen Ausbildungsablauf orientiert. Während sich eine punktuelle Abschlußprüfung auf die in der Prüfungssituation erfaßbaren Fertigkeiten und Kenntnisse beschränken muß, gehen im System „Contrôle continu" die berufstypischen, anwendungsbezogenen Ausbildungsaufgaben der letzten Ausbildungsabschnitte mit den größten Gewichtungsfaktoren in die Endbewertung ein.

Die Frage, ob die nach dem System „Contrôle continu" erteilten Abschlußzeugnisse das Können und die berufliche Handlungsfähigkeit genauer bzw. zuverlässiger wiedergeben als die im herkömmlichen Ausbildungsgang erworbenen Abschlußzeugnisse, wurde von mehr als 80 % aller beteiligten Auszubildenden, Ausbildern und Lehrern bejaht. Dem stehen allerdings Beurteilungen durch die Arbeitgeber gegenüber, die darauf abheben, daß es durchaus sinnvoll sei, in einer punktuellen Abschlußprüfung festzustellen, daß am Ende der Ausbildung alle notwendigen Ausbildungsziele im Zusammenhang erreicht sind[1]).

4.8.4 Weiteres Verfahren

Das System „Contrôle continu" ist von 1975 bis 1980 in 12 Ausbildungsbetrieben sowie den zugehörenden Berufsschulen erprobt worden. Einbezogen in die fünfjährige praktische Erprobung waren die Berufe Elektroanlageninstallateur/Elektronanlageninstallateurin, Betriebsschlosser/Betriebsschlosserin und Maschinenschlosser/Maschinenschlosserin. Über das System laufender ausbildungsbegleitender Leistungsnachweise haben insgesamt 723 Auszubildende von den insgesamt 784 Jugendlichen, die an dem Modell teilnahmen, ohne punktuelle Abschlußprüfung ein Abschlußzeugnis in einem anerkannten Ausbildungsberuf erworben.

Die Anwendung des Modells „Contrôle continu" hat nach übereinstimmendem Urteil der beteiligten Ausbilder und Lehrer zur Verbesserung der Ausbildungsqualität beigetragen. Allerdings sind auch Schwierigkeiten und Probleme deutlich geworden. Der Hauptausschuß des Bundesinstituts für Berufsbildung sollte baldmöglichst über die vorliegenden Ergebnisse und ihre Nutzung beraten.

---

[1]) Deutscher Industrie- und Handelstag (Hrsg.), Berufs- und Weiterbildung 1980/81. Die Berufs- und Weiterbildungsarbeit der Industrie- und Handelskammern DIHT 191, 1981, S. 37 ff.

Deutscher Handwerkskammertag (Hrsg.): Löst Contrôle continu unsere Prüfungen ab?, in: Beruf und Bildung Nr. 5/81, S. 8 f.; Nr. 6/81, S. 12 f.

4.9 Deutsch-französische Zusammenarbeit in der beruflichen Bildung

Mit dem deutsch-französischen Vertrag vom 22. Januar 1963 wurden auch im Bereich der beruflichen Bildung gute Voraussetzungen für eine erweiterte europäische Zusammenarbeit geschaffen.

Die im Jahre 1971 aus Vertretern der Regierungen und der Sozialparteien beider Länder gebildete deutsch-französische Expertenkommission für berufliche Bildung kam zu dem Ergebnis, daß trotz der vorwiegend aus geschichtlichen Gründen unterschiedlichen Bildungs- und Berufsbildungssysteme viele vergleichbare Probleme bestehen. Das war der Ausgangspunkt für eine immer enger werdende Zusammenarbeit in der beruflichen Bildung. Sie führte vor allem zu

— abgestimmten Modellversuchen mit ausbildungsbegleitenden Leistungsnachweisen anstelle einer einmaligen Abschlußprüfung („Contrôle continu"),

— einem Abkommen über die gegenseitige Anerkennung der Abschlußzeugnisse in der Berufsausbildung vom 29. Juli 1977,

— gemeinsamen Vorhaben im Bereich beruflicher Weiterbildung und

— zu dem Abkommen über die Durchführung eines Austausches von Jugendlichen und Erwachsenen in beruflicher Erstausbildung oder Fortbildung vom 5. Februar 1980.

Zielsetzung des Austauschprogramms

Das deutsch-französische Austauschprogramm in der beruflichen Bildung macht den zu erlernenden Beruf oder die angestrebte berufliche Position zum Interessenschwerpunkt gegenseitigen Kennenlernens und auch dauernder persönlicher Bindungen. Das Abkommen vom 5. Februar 1980 formuliert das Ziel „die Begegnung von Jugendlichen und Erwachsenen auf der Grundlage gemeinsamer Interessenschwerpunkte zu fördern, um die deutsch-französische Freundschaft mit Blick auf Europa zu stärken und zu erweitern".

Die bisherigen Erfahrungen mit dem Austauschprogramm zeigen, daß dieser Ansatzpunkt erfolgreich ist. Eine gegenseitige Verständigung auf der Grundlage vergleichbarer Technologien, Zeichnungen, Maschinen, Geräte, Werkzeuge und Arbeitsmaterialien ist auch ohne vertiefte Kenntnisse der Nachbarsprache möglich; die gemeinsame Ausbildung oder Fortbildung anhand praktischer Arbeitsaufgaben aus dem Beruf bietet günstige Anknüpfungspunkte auch für persönliche Bindungen und Verbindungen.

Erweiterung der Austauschmaßnahmen auf alle Formen der beruflichen Bildung

Im Jahre 1981 konnten etwa 200 Teilnehmer aus beiden Ländern aus dem deutsch-französischen Austauschprogramm persönlichen, bildungsmäßigen und beruflichen Gewinn ziehen. Für 1982 ist eine Verdoppelung und in den Folgejahren eine weitere Erhöhung dieser Zahlen vorgesehen. 1981 waren die Teilnehmer noch fast ausschließlich Jugendliche aus deutschen Ausbildungsbetrieben und französischen Berufsfachschulen.

Ab 1982 sollen verstärkt auch andere Formen der beruflichen Bildung einbezogen werden.

4.10 Doppeltqualifizierende Bildungsgänge

Im Bildungsgesamtplan von 1973 war als eines der Ziele für den Sekundarbereich II die „curriculare Abstimmung und Verzahnung von Bildungsgängen im derzeitigen allgemeinen und beruflichen Bildungswesen" vorgesehen. Die „Erprobung der Zusammenfassung der verschiedenen Bildungsgänge und Ausbildungsformen des Sekundarbereichs II (sollte) im Modellversuch" erfolgen.

Dementsprechend haben Bund und alle Länder Modelle durchgeführt, für die der Bund im vergangenen Jahrzehnt insgesamt ca. 75 Mio. DM aufgewandt hat. In den Jahren 1975 bis 1981 wurden von Bundesseite 90 % der innovativen Mehrkosten dieser Modelle getragen.

Im Entwurf zur Fortschreibung des Bildungsgesamtplans werden doppeltqualifizierende Bildungsgänge wie folgt beschrieben: „Sie können gleichzeitig oder zeitlich gestuft zu studien- und berufsqualifizierenden Abschlüssen führen bzw. neben einer Studienqualifikation eine berufliche Teilqualifikation oder eine berufliche Ausrichtung vermitteln. Die zu diesen Abschlüssen führenden Bildungsgänge stehen in ihrer zeitlichen Abfolge und didaktischen Gestaltung in einem Zusammenhang. Sie werden dem Anspruch, eine volle Doppelqualifikation zu vermitteln, nur gerecht, wenn sie neben einer Studienqualifikation eine Berufsqualifikation vermitteln, von der im Beschäftigungssystem unmittelbar Gebrauch gemacht werden kann".

Beispiele für doppeltqualifizierende Bildungsgänge

Im Prinzip lassen sich drei unterschiedliche Ansatzpunkte erkennen, von denen aus die Entwicklung doppeltqualifizierender Bildungsgänge versucht wird:

— Es wird eine Funktionsausweitung der gymnasialen Oberstufe angestrebt durch die Aufnahme unmittelbar berufs- und anwendungsbezogener Elemente/Fächer in das Unterrichtsangebot;

— in beruflichen Schulen (z. B. Fachschulen, Berufsfachschulen, Fachoberschulen) werden die Möglichkeiten verstärkt, zusammen mit den entsprechenden Berufsqualifikationen auch eine Hochschul- bzw. Fachhochschulreife zu vermitteln;

— in neuen Schulformen (z. B. der Kollegschule in Nordrhein-Westfalen) werden Lösungen erprobt, die Trennungen von allgemein- und berufsbildenden Bildungsgängen in übergreifenden Verbundsystemen aufzuheben;

— im Hinblick auf die berufliche Seite wird eine Verknüpfung mit „Schulberufen" oder mit anerkannten Ausbildungsberufen nach dem Berufsbildungsgesetz angestrebt.

Diese Ansätze werden in einer Vielzahl unterschiedlicher Varianten in den einzelnen Ländern erprobt; folgende ausgewählte Beispiele können dies verdeutlichen:

— Die Humboldt-Schule in Bad Homburg (Gymnasium) ermöglicht den Schülern den Erwerb einer beruflichen Teilqualifikation, die nach dem Abitur zu einer Vollqualifikation erweitert werden kann. Hierbei geht es um die Aufnahme berufsbezogener Kurse in die neugestaltete gymnasiale Oberstufe, die der Vorbereitung auf Teile der Prüfung als Bank- bzw. Bürokaufmann dienen; weiterhin um die Erarbeitung vielfältiger Angebote im gesellschaftswissenschaftlichen Aufgabenfeld (Gemeinschaftskunde, Betriebswirtschaftslehre) im Rahmen des üblichen Kurssystems der gymnasialen Oberstufe.

— Das Marie-Curie-Gymnasium in Neuß bietet im Rahmen der neugestalteten gymnasialen Oberstufe eine besondere Kurskombination von Mathematik, Physik und Chemie an und ermöglicht durch die Einführung besonderer Laborübungen im Rahmen der üblichen dreijährigen Oberstufenausbildung sowohl das Abitur als auch einen beruflichen Abschluß als chemisch-technischer Assistent.

— Das Fachoberschule-Modell Ludwigshafen wurde in enger Zusammenarbeit mit der Firma Badische Anilin- und Sodafabrik (BASF), Ludwigshafen, an der berufsbildenden Schule Naturwissenschaften in Ludwigshafen eingerichtet. In diesem doppeltqualifizierenden Bildungsgang erwerben angehende Chemie- bzw. Physiklaboranten nach 3 bis 3 1/2jähriger Ausbildung zugleich mit dem Berufsschulabschluß die Fachhochschulreife. Die Ausbildung erfolgt im dualen System. Für die schulische Ausbildung wurden die Inhalte der Berufsausbildung mit denen der Fachoberschule zu einem gemeinsamen Rahmenlehrplan verzahnt.

— In einem dreijährigen Bildungsgang der Fachoberschule in Hamburg werden Fachhochschulreife und Abschluß einer Ausbildung in anerkannten Ausbildungsberufen erworben. Er besteht aus einer verkürzten zweijährigen dualen Ausbildung in Betrieb und Schule und einem anschließenden Vollzeitschuljahr. Dabei sind im schulischen Teil der Ausbildung Unterrichtsziele und Unterrichtsinhalte der Berufsschule und der Fachoberschule curricular ineinandergefügt und miteinander verzahnt, so daß Wiederholungen, die sich beim Erwerb von beruflicher Qualifikation und Fachhochschulreife nacheinander ergeben, vermieden werden.

— Die Gesamtschule Kikweg hat oberhalb der Klasse 10 eine Kollegschule aufgebaut. In der Kollegschule Kikweg sind Bildungsgänge in vier verschiedenen Schwerpunkten (Naturwissenschaften, Wirtschaftswissenschaften, Erziehung und Soziales sowie Sprache und Literatur) eingerichtet worden. In jedem dieser Schwerpunkte gibt es neben Bildungsgängen, die allein zu einem Abschluß führen, auch einen oder mehrere doppeltqualifizierende Bildungsgänge. Beispielsweise kann der Schüler im Schwerpunkt Naturwissenschaften den Abschluß Technischer Assistent (Physik), im Schwerpunkt Erziehung und Soziales den Abschluß Erzieher und im Schwerpunkt Sprache und Literatur den Abschluß als Fremdsprachenkorrespondent jeweils zugleich mit der allgemeinen Hochschulreife erwerben.

In einigen Ländern besteht bereits eine gesetzliche Grundlage für die Entwicklung von Verbundsystemen im Sekundarbereich II, z.T. einschließlich der Möglichkeit zum Erwerb von Doppelqualifikationen.

Derzeit wird in der Bund-Länder-Kommission für Bildungsplanung und Forschungsförderung die überregionale Auswertung von Modellen mit doppeltqualifizierenden Bildungsgängen vorbereitet.

5. Jugendliche, die besonderer Förderung bedürfen

5.1 Berufsausbildung und Berufseinmündung behinderter Jugendlicher

Bisher konnte die Frage, wie viele behinderte Jugendliche ausgebildet werden und wie viele auf eine Ausbildung verzichten müssen, auch nicht annäherungsweise beantwortet werden [1]). Erst recht gibt es keine weitergehenden Angaben z.B. zu den Behinderungsarten, den Ausbildungsberufen, dem Verbleib der Ausgebildeten und den ausbildenden Betrieben. Um diesen Informationsmangel, der eine gezielte Berufsbildungspolitik für Behinderte erschwert, abzubauen, wurden vom Bundesinstitut für Berufsbildung im Frühjahr 1981 Ausbildungsleiter aus Betrieben und Rehabilitationseinrichtungen zur Erstausbildung behinderter Jugendlicher befragt. In die repräsentative Auswahl gelangten annähernd 2000 Betriebe, die im Jahr 1980 Behinderte ausgebildet haben. Zusätzlich wurden 80 % aller Berufsbildungswerke und vergleichbaren Rehabilitationseinrichtungen einbezogen.

5.1.1 Ausbildungsplätze für Behinderte

Die Gesamtzahl der Betriebe, die gegenwärtig behinderte Jugendliche ausbilden, liegt bei 10 500. Das sind etwa 2 % aller Ausbildungsbetriebe. 1980 dürfte die Anzahl der betrieblichen Ausbildungsplätze für Behinderte bei rund 14 000 gelegen haben. Hinzu kommen etwa 9 000 Ausbildungsplätze für behinderte Jugendliche in Berufsbildungswerken und vergleichbaren Rehabilitationseinrichtungen. Beide Zahlen zusammengenommen (23 000) zeigen, daß nur 1,3 % aller Ausbildungsverhältnisse mit Behinderten eingegangen wurden (jedes 77. Ausbildungsverhältnis). Gemessen an den betrieblichen Ausbildungsplätzen (abzüglich der 9 000 Plätze in Rehabilitationseinrichtungen) verringert sich diese Quote auf 0,8 %. Etwa jeder 120. betriebliche Ausbildungsplatz ist mit einem Behinderten besetzt.

Daß die Anzahl der Ausbildungsplätze für Behinderte noch nicht ausreicht, zeigt folgender Vergleich, der allerdings nur hilfsweise herangezogen werden kann, da Statistiken über behinderte Schulabgänger (aus Sonder- und Regelschulen) nicht vorliegen. Nimmt man als Vergleichszahl nur die Hälfte der Sonderschulabgänger, die 1980 insgesamt 6 % aller Schulabgänger ausmachten, dann müßte etwa jeder 33. Ausbildungsplatz für einen Behinderten vorgesehen sein [2]) Die Diskrepanz zum gegenwärtigen Anteil der Behindertenausbildungsplätze macht deutlich, daß zur Verbesserung der beruflichen Bildungschancen dieser Jugendlichen noch verstärkte Anstrengungen notwendig sind.

---

[1]) Bisher konnte eine entsprechende Bilanzierung nur für Abgänger aus Sonderschulen für Behinderte durchgeführt werden. Dieser Personenkreis ist aber keinesfalls mit Behinderten im berufsschulpflichtigen Alter, deren Situation hier beschrieben wird, gleichzusetzen: Hinzugekommen sind Behinderte aus Regelschulen; gleichzeitig wurden ehemalige Sonderschüler, die nicht mehr den Status eines Behinderten haben, nicht einbezogen.

[2]) Hierbei ist zu berücksichtigen, daß nur ein Teil der Sonderschulabgänger im Berufsbildungssystem als Behinderte anzusehen sind. Andererseits sind diejenigen Schulabgänger nicht berücksichtigt, die als Behinderte eine Regelschule verlassen. Zu den Schulabgängerzahlen vgl. z.B. Statistisches Bundesamt: Bildung im Zahlenspiegel 1980, Tabelle 4.10.1.

Die mit Behinderten besetzten Ausbildungsplätze verteilen sich zu 70 % auf männliche und zu 30 % auf weibliche Auszubildende. Der Anteil behinderter Frauen an behinderten Auszubildenden liegt damit unterhalb der entsprechenden Anteile bei Auszubildenden insgesamt (38 %) [1]).

Jeder zweite Behinderte, der eine Ausbildung durchläuft, wird als Lernbehinderter eingestuft (52 %). Es folgen mit 16 % Körperbehinderte mit starken Bewegungseinschränkungen (Lähmungen, fehlende Gliedmaßen usw.), mit 13 % Hör- und Sprachbehinderte, mit 10 % sonstige Körperbehinderte (z.B. Herz- und Kreislaufkrankheiten) und mit 4 % Blinde und schwer Sehbehinderte. Andere Behinderungen sind mit 5 % vertreten.

Die größte Anzahl von betrieblichen Ausbildungsverträgen mit behinderten Jugendlichen wurde im Handwerk abgeschlossen. In der Ausbildung Behinderter ebenfalls stark engagiert ist der öffentliche Dienst, dessen Anteil an den Behindertenausbildungsplätzen zwar nur 6 % ausmacht, aber damit fast doppelt so hoch liegt, wie der entsprechende Anteil des öffentlichen Dienstes bei Ausbildungsverhältnissen insgesamt (3 %). Im Gegensatz zu Industrie und Handel, Handwerk, Landwirtschaft und Hauswirtschaft konzentriert sich die Ausbildung Behinderter im öffentlichen Dienst und in den freien Berufen auf Körperbehinderte (80 %). In den anderen Bereichen hingegen werden zwei Drittel der Behindertenausbildungsplätze mit „lernbehinderten" Jugendlichen besetzt. Im betrieblichen Bereich werden 70 % der behinderten Jugendlichen in Kleinbetrieben bis zu 49 Beschäftigten ausgebildet. Damit bilden Kleinbetriebe — gemessen an ihrem Anteil bei der Ausbildung Nichtbehinderter — überproportional Behinderte aus.

5.1.2 Schwerpunkte in der Berufsausbildung

Das Ausbildungsspektrum der Berufsbildungswerke und Rehabilitationseinrichtungen ist mit insgesamt 105 verschiedenen Berufen etwa halb so groß wie das der Betriebe, die Behinderte in mehr als 200 unterschiedlichen Berufen ausbilden. Während im betrieblichen Bereich Sonderausbildungsgänge für Behinderte [2]) eine untergeordnete Rolle spielen (nur 6 % der Ausbildungsverhältnisse finden in Sonderform statt), haben sie bei der Ausbildung Behinderter in Rehabilitationseinrichtungen entscheidendes Gewicht: Jede dritte Ausbildung wird nach derartigen Regelungen durchgeführt. Das beruht ebenso wie das geringe Ausbildungsspektrum der Berufsbildungswerke und vergleichbaren Rehabilitationseinrichtungen auf Art und Schwere der Behinderung der in diesen Einrichtungen ausgebildeten Jugendlichen.

39 % der behinderten Jugendlichen konzentrieren sich auf 10 Ausbildungsberufe (vgl. *Tabelle 5/1*). Damit ist die Konzentration auf wenige Berufe höher als bei Auszubildenden insgesamt (1980 36 % in 10 Berufen) [3]).

Bei weiblichen Behinderten ist das Berufsspektrum wesentlich stärker eingeschränkt (55 % in 10 Berufen) als bei männlichen Behinderten (45 % in 10 Berufen). In den Berufsbildungswerken und vergleichbaren Rehabilitationseinrichtungen wird fast jede zweite Behinderte in

---

[1]) Vgl. Berufsbildungsbericht 1981, Tabelle 1/2, Seite 105 f.

[2]) Besondere Regelung zur beruflichen Bildung Behinderter nach § 48 Abs. 2 des Berufsbildungsgesetzes bzw. § 42b der Handwerksordnung.

[3]) Vgl. Tabelle 1/6

einem Beruf ausgebildet, der an typisch „hausfrauliche Tätigkeiten" angelehnt ist (Hauswirtschafterin, Näherin, Schneiderin, Wäscherin Plätterin). Hier ist eine Erweiterung des Berufsspektrums besonders dringlich. Vor allem kommt es darauf an, behinderte Mädchen und Frauen verstärkt an Berufsausbildung über die traditionellen Frauenberufe hinaus heranzuführen.

Bei Körperbehinderten sowie bei Sehbehinderten und Blinden nehmen Büroberufe und bei Hör-/Sprachbehinderten sowie Lernbehinderten gewerbliche Berufe die ersten Rangplätze ein. Die jeweils fünf häufigsten Ausbildungsberufe sind in der Tabelle 5/2 zusammengestellt.

5.1.3 Berufliche Einmündung Behinderter nach Abschluß der Ausbildung

94 % der Auszubildenden, die von den Berufsbildungswerken und vergleichbaren Rehabilitationseinrichtungen im Jahre 1980 zur Abschlußprüfung angemeldet wurden, haben die Prüfung bestanden und damit die Ausbildung erfolgreich beendet. Diese Quote ist außergewöhnlich hoch. Sie liegt über der entsprechenden Quote im Bereich der betrieblichen Berufsausbildung Behinderter (87 %). Von den Behinderten, die im Jahre 1980 eine betriebliche Ausbildung mit Erfolg abgeschlossen haben, sind 67 % im Ausbildungsbetrieb weiterbeschäftigt. 23 % arbeiten in einem anderen Betrieb. 3 % der Absolventen besuchen eine weiterführende Schule oder nehmen an einer sonstigen Bildungsmaßnahme teil. Der Anteil der Arbeitslosen und Nicht-Erwerbstätigen nach Abschluß der Ausbildung beträgt 5 % (über 2 % der Ausgebildeten liegen keine Verbleibsangaben vor). Die Übergangsquoten in ein Beschäftigungsverhältnis liegen bei den behinderten Absolventen einer Regelausbildung (94 %) bei 90 %, bei den Absolventen einer Ausbildung in Sonderform (6 %) bei 84 %.

Über die berufliche Einmündung Behinderter nach Abschluß einer Ausbildung in einem Berufsbildungswerk oder einer vergleichbaren Rehabilitationseinrichtung liegen nur begrenzte Informationen vor. Von 65 % der Absolventen des Jahres 1980 ist bekannt, daß sie ein Beschäftigungsverhältnis eingehen konnten. Weitere 5 % sind arbeitslos bzw. nicht erwerbstätig, nehmen an einer erneuten beruflichen Rehabilitationsmaßnahme teil oder besuchen eine weiterführende Schule. Keine Aussagen lassen sich über 30 % der Absolventen machen.

5.1.4 Forderungen im Rehabilitationsprogramm „Rehabilitation in den 80er Jahren"

Die Untersuchungsergebnisse des Bundesinstituts für Berufsbildung zeigen, daß das Ausbildungsplatzangebot noch nicht ausreicht, um allen Behinderten — insbesondere auch den Lernbehinderten -, die eine Berufsausbildung wollen und mit entsprechender Förderung auch dazu fähig sind, eine volle berufliche Qualifizierung zu ermöglichen und damit die Voraussetzungen für ihre beruflich-soziale Integration zu gewährleisten.

Die Erweiterung und Verbesserung der beruflichen Ausbildungsmöglichkeiten für behinderte Jugendliche ist eine zentrale Aufgabe der 80er Jahre. Dies ist neben anderen Forderungen ein Schwerpunkt des Aktionsprogramms „Rehabilitation in den 80er Jahren" der Bundesregierung. Danach ist es zur Fortentwicklung im Bereich der beruflichen Rehabilitation u. a. verstärkt notwendig

— die Ausbildung in anerkannten Ausbildungsberufen zu fördern,

— weitere Maßnahmen zur Vereinheitlichung der besonderen Ausbildungsregelungen für Behinderte zu treffen,

— zur Anpassung an die sich ändernden Verhältnisse in der Berufswelt zusätzliche berufliche Möglichkeiten und neue Berufsfelder zu erschließen,

— die Teilnahme von behinderten Mädchen und Frauen an Berufsausbildungen über die traditionellen Frauenberufe hinaus zu verstärken,

— noch mehr als bisher auch in Betrieben die berufliche Rehabilitation, insbesondere durch begleitende Hilfen zu verbessern,

— den Ausbau des umfangreichen Netzes beruflicher Bildungseinrichtungen und Werkstätten für Behinderte zum Abschluß zu bringen,

— durch Mindestanforderungen an Einrichtungen zur beruflichen Rehabilitation eine qualifizierte Ausbildung ganz allgemein zu sichern.

Zu den anderen Punkten des Aktionsprogramms gehören eine weitere Verbesserung der Bildungschancen für Behinderte sowie Maßnahmen zur verbesserten Eingliederung Schwerbehinderter in das Arbeitsleben.

Forderungen zur Verbesserung der beruflichen Eingliederung behinderter Jugendlicher stellen auch darauf ab, daß ein genügend breites Spektrum an Ausbildungsmöglichkeiten bedarfsdeckend, flächendeckend und regional verteilt im dualen System zur Verfügung steht.

Die Eingliederung behinderter Jugendlicher in das Berufs- und Arbeitsleben erfolgt dabei unter der Zielsetzung, behinderungsbedingte Benachteiligungen zu vermeiden, zu mildern oder zu überwinden. Persönliche Zufriedenheit und berufliches Fortkommen sind auch für Behinderte übergeordnete Ziele, denen die berufliche Eingliederung dient.

Entscheidender Ansatzpunkt ist die bestmögliche Qualifizierung. Die berufliche Leistungsfähigkeit soll Berufstätigkeit, Fortkommen und Dauerbeschäftigung sichern. Die Möglichkeiten, sich auf das Ziel des (von der Behinderung her) zuträglichen und (nach Befriedigungserwartung, Status und ökonomischem Aspekt) zugleich erstrebenswerten Berufs zu orientieren und seine Lebensplanung danach einzurichten, muß jedem Behinderten offenstehen.

Ein genügend breites Spektrum unterschiedlicher Ausbildungsberufe und -möglichkeiten erleichtert behinderten Jugendlichen das Annehmen einer Berufsaufgabe. Ein Berufsanfang, der von der Hypothek des Sichabfindens belastet ist, verschlechtert die Ausgangsposition für die dauerhafte berufliche Eingliederung und Bewährung behinderter Jugendlicher.

Die Erweiterung des Ausbildungsplatzangebots sollte insbesondere durch bessere Nutzung betrieblicher Angebote für die Erstausbildung dieses Personenkreises erfolgen. Hier zeigt sich, ob der Gedanke der beruflichen und auch sozialen Integration ernst genommen wird. Ein ausreichendes, für Behinderte geeignetes, betriebliches Ausbildungsplatzangebot ist die Voraussetzung dafür, daß sich überbetriebliche Ausbildungsangebote auf die behinderten Jugendlichen beschränken können, die wegen Art und Schwere ihrer Behinderung zunächst noch keine betriebliche Ausbildung durchlaufen können.

Dabei ist behinderten Jugendlichen durch geeignete ausbildungsvorbereitende und -begleitende Maßnahmen vordringlich die Ausbildung in anerkannten Ausbildungsbe-

rufen zu ermöglichen. Dies erfordert sowohl den weiteren Ausbau stützender Maßnahmen wie auch verstärkte Information und Beratung der Betriebe über die Leistungsfähigkeit von Behinderten in Ausbildung und Beruf.

Diese Forderungen sind auch zentraler Bestandteil der Empfehlungen der „Nationalen Kommission" der Bundesrepublik Deutschland zum „Internationalen Jahr der Behinderten 1981" auf der Grundlage der Zielsetzung der Generalversammlung der Vereinten Nationen, zur vollen Teilhabe der Behinderten und zur Gleichbehandlung mit Nichtbehinderten in allen gesellschaftlichen Lebensbereichen beizutragen. Die Erkenntnis, daß Arbeit und Beruf auch für Behinderte zentrale Lebensbereiche sind, durch die Auswirkungen der Behinderung besser bewältigt werden können, und daß beruflicher Eingliederung und Wiedereingliederung bei der gesellschaftlichen Integration eine besondere Bedeutung zukommt, hat die Nationale Kommission bewogen, insbesondere folgende Verbesserungsvorschläge für die berufliche Bildung behinderter Jugendlicher zu machen:

— Intensivierung des kontinuierlichen Kontakts zwischen Schule, Berufsberatung und den für die Ausbildung zuständigen Stellen;

— Verbesserung hinsichtlich der Berufswahlvorbereitung durch Veranschaulichung der beruflichen Anforderungen über Betriebserkundung und Betriebspraktika;

— Sicherstellung eines genügend differenzierten Beratungsangebots für die einzelnen Behinderungsarten (z. B. Blinde, Hör- und Sprachbehinderte, psychisch Behinderte, Körperbehinderte) unter Einschaltung der Ausbildungsberatung der zuständigen Stellen (Industrie- und Handelskammer, Handwerkskammer) bei der Berufswahlvorbereitung;

— inhaltliche Ausformung eines objektivierten Diagnoseinstruments und frühzeitige Nutzung der Möglichkeiten der Berufsfindung und der Arbeitserprobung — auch unter Berücksichtigung arbeitswissenschaftlicher bzw. arbeitsmedizinischer Aspekte beim Berufsfindungsverfahren;

— Verbesserung der gesetzlichen Vorschriften zur beruflichen Bildung behinderter Jugendlicher — im Sinne eindeutiger und bundeseinheitlicher Regelungen;

— Ausschöpfung besonderer Regelungsmöglichkeiten für Behinderte nach dem Berufsbildungsgesetz bzw. der Handwerksordnung innerhalb anerkannter Ausbildungsberufe;

— finanzielle Förderung für die personelle und sachliche Ausstattung der Betriebe im Rahmen besonderer Stützmaßnahmen;

— Schaffung von Möglichkeiten für Betriebe, ausbildungsbegleitende Fachdienste der Rehabilitation, z. B. Medizin, Psychologie, Sozialarbeit zur Sicherung des Ausbildungs- und Eingliederungserfolges verstärkt in Anspruch nehmen zu können;

— Dokumentation und Bereitstellung technischer Hilfen in zentralisierter Form;

— Ausbau der direkten Beratung zur Gestaltung behindertengerechter Ausbildungs- und Arbeitsplätze (einschließlich Arbeitsbedingungen);

— Verbesserung der Qualifizierung der Ausbilder zu Fragen der behindertengerechten Ausbildung und Prüfung;

— Ermöglichung der Integration Behinderter und Nichtbehinderter im betrieblichen Ausbildungssystem durch Nutzung der Möglichkeiten überbetrieblicher Bildungseinrichtungen oder eines betrieblichen Ausbildungsverbundes;

— Ausbau des Ausbildungsangebots für alle Behindertengruppen im dualen System unter besonderer Berücksichtigung der behinderten Mädchen.

5.2 Berufliche Rehabilitation behinderter Erwachsener

Seit 1970 ist auf Grundlage des Aktionsprogramms der Bundesregierung zur Förderung der Rehabilitation das Angebot an Umschulungs- und Fortbildungsplätzen in Berufsförderungswerken ausgebaut worden. Die Anzahl qualifizierter Rehabilitationsmaßnahmen mit staatlich anerkanntem Abschluß hat seitdem erheblich zugenommen (vgl. *Tabelle 5/3* und *Übersicht 32*).

Unter Rehabilitation werden alle Maßnahmen verstanden, die dazu bestimmt sind, bei körperlich, geistig oder seelisch Behinderten oder von Behinderung bedrohten Menschen die Behinderung abzuwenden, zu beseitigen, zu bessern, ihre Verschlimmerung zu verhüten oder ihre Folgen zu mildern.

5.2.1 Zur Entwicklung der beruflichen Rehabilitation

Die berufliche Rehabilitation bewirkt eine Qualifizierung der Behinderten, insbesondere der Schwerbehinderten und fördert damit ihre Chance, in das Arbeitsleben dauerhaft eingegliedert zu werden. Trotzdem ist die Zahl der arbeitslosen Schwerbehinderten in den vergangenen Jahren erheblich angestiegen. Im Dezember 1981 waren ca. 100 000 Schwerbehinderte arbeitslos. Die Ursachen hierfür liegen zum einen in der allgemeinen Wirtschaftslage — auch die allgemeine Arbeitslosenquote ist wesentlich gestiegen —, zum anderen in der Nichterfüllung der Beschäftigungspflicht durch die beschäftigungspflichtigen Arbeitgeber (73 % der beschäftigungspflichtigen Arbeitgeber erfüllen diese Pflicht nicht oder nur teilweise).

Um dem Abbau der Arbeitslosigkeit wirkungsvoll begegnen zu können, hat die Bundesregierung zusammen mit den Ländern von 1976 bis 30. April 1981 insgesamt drei Sonderprogramme zum Abbau der Arbeitslosigkeit Schwerbehinderter und zur Förderung des Ausbildungsplatzangebotes für Schwerbehinderte mit einem Gesamtvolumen von 330 Mio. DM durchgeführt. Dadurch konnten über 34 000 Schwerbehinderte beruflich eingegliedert werden. Seit dem 1. Dezember 1981 ist ein 4. Sonderprogramm in Kraft, mit dem besonders betroffenen Gruppen von Schwerbehinderten die Eingliederung in das Arbeitsleben ermöglicht werden soll.

Eine Anwort auf diese verschlechterten Beschäftigungschancen war der Ausbau der Umschulung und der Fortbildung. Nach den Statistiken der Bundesanstalt für Arbeit verdoppelte sich die Anzahl der abgeschlossenen Rehabilitationsfälle zwischen 1970 (80 090) und 1980 (183 368).

Rund 54 000 Rehabilitanden nahmen 1980 an berufsvorbereitenden oder -fördernden Maßnahmen, wie z. B. Grund- und Förderungslehrgänge, Berufsausbildung oder Umschulung teil. Die Entwicklung der berufsfördernden Maßnahmen Umschulung, Fortbildung und Einarbeitung, die sich hauptsächlich an behinderte Erwachsene richten, zeigt die *Übersicht 32*; die steigenden Teilnehmerzahlen für 1979 und 1980 sind auf die Zunahme der statistischen Erfassung der Umschulungsmaßnahmen zurückzuführen.

Übersicht 32: Entwicklung der berufsfördernden Maßnahmen (Umschulung/Fortbildung/Einarbeitung) bei behinderten Erwachsenen von 1972 bis 1980

	1972	1974	1976	1978	1980
Umschulung mit anerkanntem Abschluß	12 393	15 656	13 174	10 782	14 548
Umschulung ohne Abschluß	2 161	2 062	1 179	791	860
Fortbildung	502	482	349	374	786
Einarbeitung	1 698	1 221	1 578	2 360	2 558

Quelle: Bundesanstalt für Arbeit (Hrsg.):
Arbeitsstatistik 1977-Jahreszahlen, Seite 214;
Arbeitsstatistik 1979-Jahreszahlen, Seite 230;
Arbeitsstatistik 1980-Jahreszahlen, Seite 226.

5.2.2 Lernorte und Berufsspektrum der beruflichen Rehabilitation

Die beruflichen Rehabilitationsmaßnahmen Umschulung und Fortbildung werden überwiegend außerbetrieblich durchgeführt (in Berufsbildungswerken oder sonstigen Einrichtungen der beruflichen Erwachsenenbildung).

Von den rund 13 000 Teilnehmern an Umschulungsmaßnahmen (1979) wurden rund 12 000 oder über 90 % außerbetrieblich umgeschult, nur rund 1 000 Rehabilitanden schulten im Betrieb um (vgl. *Schaubild 17*). Dieses Verhältnis zwischen betrieblicher und außerbetrieblicher Umschulung von Rehabilitanden blieb in den letzten fünf Jahren annähernd konstant.

Von den Betrieben werden hauptsächlich Einarbeitungsmaßnahmen angeboten; nur rund 30 % des betriebliche Angebots zur beruflichen Rehabilitation sind Umschulungs- und Fortbildungsmaßnahmen.

Die für einen Großteil der Rehabilitanden notwendige Internatsunterbringung bei außerbetrieblicher Umschulung bringt Probleme mit sich, die Trennung von der Familie wird von den Rehabilitanden als starke Belastung empfunden[1]. Eine Befragung von „Verweigerern" beruflicher Rehabilitationsmaßnahmen zeigt, daß die Internatsunterbringung und die dadurch notwendige Trennung von der Familie zur ablehnenden Haltung gegenüber einer Umschulungsmaßnahme beiträgt.

Die Ergebnisse der angeführten Untersuchungen weisen darauf hin, daß eine Ausweitung des betrieblichen Umschulungsangebots für Rehabilitanden notwendig wäre, um die Umschulungsbereitschaft derjenigen Menschen, für die eine Rehabilitationsmaßnahme mit Internatsunterbringung nicht in Betracht kommt, zu erhöhen.

Die Ausweitung des betrieblichen Umschulungsangebots wäre auch eine wesentliche Voraussetzung dafür, daß seelisch Behinderte stärker in die berufliche Rehabilitation einbezogen werden können. Ein wohnortnahes Umschulungsangebot wäre z. B. durch Zusammenarbeit zwischen Betrieben, Rehabilitationseinrichtungen und ambulanten begleitenden Diensten zu schaffen.

---

[1] Vgl. Hofbauer, H.: Verlauf und Erfolg der beruflichen Umschulung bei Rehabilitanden. In: Mitteilungen aus der Arbeitsmarkt- und Berufsforschung, Heft 1/77, S. 59

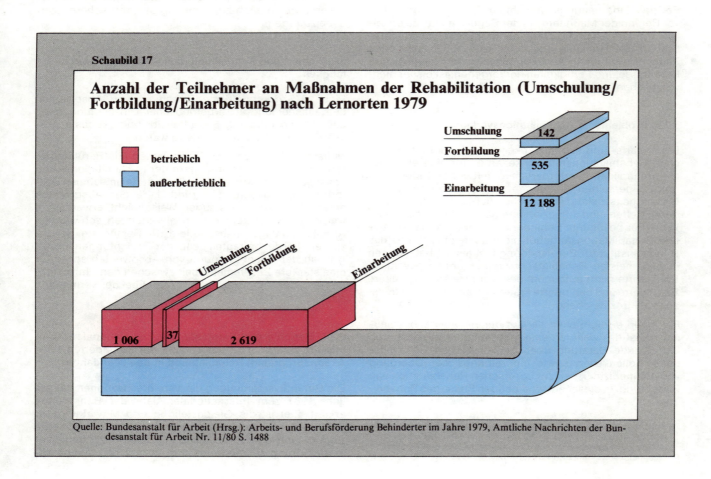

Schaubild 17: Anzahl der Teilnehmer an Maßnahmen der Rehabilitation (Umschulung/Fortbildung/Einarbeitung) nach Lernorten 1979

Quelle: Bundesanstalt für Arbeit (Hrsg.): Arbeits- und Berufsförderung Behinderter im Jahre 1979, Amtliche Nachrichten der Bundesanstalt für Arbeit Nr. 11/80 S. 1488

Berufsspektrum

Die berufsfördernden Maßnahmen zur Rehabilitation konzentrieren sich derzeit — gemessen an der Zahl der anerkannten Ausbildungsberufe — auf wenige Umschulungs- und Fortbildungsberufe. Ungefähr ein Drittel der Rehabilitanden wird zu Bürofach- und Bürohilfskräften umgeschult. Das Berufsspektrum für behinderte Frauen ist besonders eng.

Um in noch stärkerem Maße eine den Neigungen, den Fähigkeiten und dem Gesundheitszustand des Rehabilitanden entsprechende Wahl des neuen beruflichen Ziels zu ermöglichen, sollte das Berufsspektrum um zusätzliche Berufe mit relativ günstigen Arbeitsmarktchancen erweitert werden.

5.2.3 Dauer der beruflichen Rehabilitationsmaßnahmen

Knapp die Hälfte der Umschulungsmaßnahmen mit staatlich anerkanntem Abschluß wird innerhalb eines Zeitraumes von 18 Monaten abgeschlossen. Rund 80 % der Rehabilitanden halten die Maßnahmen für sehr anstrengend bzw. anstrengend. Ein Drittel der Befragten fühlt sich im Hinblick auf die zur Verfügung stehende Umschulungszeit überfordert.

Die Einarbeitungsmaßnahmen dauerten in den meisten Fällen bis zu 12 Monaten, eine Tendenz zur Verlängerung der Maßnahmedauer ist in den letzten Jahren zu verzeichnen[1]. Es gibt jedoch kaum Anhaltspunkte dafür, daß mit einer Verlängerung der Einarbeitungsdauer eine bessere Qualifizierung und eine größere berufliche Mobilität verbunden ist.

Bei den Einarbeitungsmaßnahmen ist vom Arbeitgeber vor Beginn der Maßnahme in der Regel ein Plan zu erstellen, aus dem Art und Umfang der praktischen und theoretischen Unterweisung ersichtlich sind. Ein qualifiziertes Zeugnis, aus dem Art und Umfang der erworbenen Kenntnisse und Fertigkeiten hervorgehen, ist bisher nicht vorgesehen.

5.2.4 Probleme im Rehabilitationsverlauf

Ein bedarfs- und flächendeckendes Angebot an beruflichen Rehabilitationsmöglichkeiten ist für eine erfolgreiche Rehabilitation erforderlich, damit der zu Rehabilitierende eine seinen Neigungen, Fähigkeiten und seinem Gesundheitszustand entsprechende Berufswahlentscheidung treffen und ohne längere Wartezeiten realisieren kann. Für bestimmte Behindertengruppen ist das derzeitige Rehabilitationsangebot nicht ausreichend. Wie das Bundesinstitut für Berufsbildung festgestellt hat, können in den meisten Rehabilitationseinrichtungen psychisch Behinderte nicht aufgenommen werden. Auch für ältere Behinderte und behinderte Frauen ist das Rehabilitationsangebot unzureichend.

Für einen erfolgreichen Verlauf der Rehabilitationsmaßnahme ist des weiteren eine rechtzeitig einsetzende und umfassende Beratung über die beruflichen Rehabilitationsmöglichkeiten sowie ein reibungsloser Übergang von der medizinischen zur beruflichen Rehabilitation von Bedeutung. In dieser entscheidenden Phase des Rehabilitationsprozesses sind zur Zeit — so ergeben Befragungen der Teilnehmer — mehrere Probleme festzustellen:

Rund ein Drittel der Absolventen von Umschulungsmaßnahmen gab an, daß bei der Rehabilitationsberatung Eignung, Neigung und bisherige Tätigkeiten nicht ausreichend berücksichtigt wurden. Knapp ein Drittel der Absolventen einer Umschulung meinte, die Rehabilitationsentscheidung sei ihm aufgedrängt worden.

Die Rehabilitationsberatung erscheint auch aus der Sicht der Leiter von Rehabilitations- und sonstigen Einrichtungen, die Behinderte umschulen oder fortbilden, verbesserungsbedürftig.

Ein Mittel zur abgesicherten Berufswahlentscheidung ist die Berufsfindung. Die in den Rehabilitations- und sonstigen Einrichtungen vorhandenen Kapazitäten für Berufsfindungsmaßnahmen sind jedoch nicht ausreichend. Ein Teil der Einrichtungen bietet überhaupt keine Berufsfindungsmaßnahmen an; bei den übrigen Einrichtungen bestehen in der Regel mehrmonatige Wartezeiten.

Der Rehabilitationsprozeß verläuft nicht immer zügig; zwischen der Entscheidung für eine berufliche Rehabilitationsmaßnahme und dem Maßnahmebeginn verstreicht durchschnittlich ein Jahr.

Angesichts der Probleme im Rehabilitationsverlauf ist anzustreben,

— die Maßnahmedauer bestimmter Umschulungsgänge zu individualisieren, um eine Überforderung der Rehabilitanden zu verhindern bzw. abzubauen,

— durch ein spezielles Fortbildungsangebot für die Lehrkräfte und anderen Fachkräften der beruflichen Rehabilitation die Unterrichtsqualität weiter zu verbessern, um so auch zur Senkung der Abbrecherquoten beizutragen.

5.2.5 Übergang Rehabilitationsmaßnahme/Erwerbstätigkeit

Eine 1975 durchgeführte Befragung von Absolventen betrieblicher und außerbetrieblicher Umschulung zeigt, daß 85 % erwerbstätig, 8 % arbeitslos und 5 % aus sonstigen Gründen nicht erwerbstätig waren.

Neuere Befragungen von Absolventen aus Berufsförderungswerken sowie von Leitern der Rehabilitations- und sonstigen Einrichtungen, die Behinderte umschulen oder fortbilden, ergaben, daß rund 11 % der Absolventen arbeitslos oder in sonstiger Weise nicht erwerbstätig waren. In Anbetracht der zu erwartenden schwierigen Arbeitsmarktlage, insbesondere für Behinderte, spricht sich ein Teil der befragten Leiter der Einrichtungen für den Ausbau der Nachbetreuung von Absolventen sowie für eine stärkere Zusammenarbeit zwischen den Einrichtungen und der Bundesanstalt für Arbeit bei der Vermittlung aus.

5.2.6 Berichte und Empfehlungen der Nationalen Kommission zum Internationalen Jahr der Behinderten 1981; Aktionsprogramm Rehabilitation in den 80er Jahren

Die Generalversammlung der Vereinten Nationen hat das Jahr 1981 zum Internationalen Jahr der Behinderten erklärt. Ziel ist die Gleichstellung und Mitwirkung der Behinderten. Durch verstärkte Öffentlichkeitsarbeit sowie Entwicklung und Verabschiedung eines Programms zur Verbesserung der medizinischen, beruflichen und gesell-

---

[1] Vgl. Bundesanstalt für Arbeit (Hrsg.): Berufliche Rehabilitation. Arbeits- und Berufsförderung behinderter Personen im Jahre 1973, S. 11 sowie Arbeits- und Berufsförderung Behinderter im Jahre 1979, Amtliche Nachrichten der Bundesanstalt für Arbeit Nr. 11/80, S. 1490

schaftlichen Eingliederung der Behinderten soll dieses Ziel erreicht werden. Im Juli 1980 legte die Bundesregierung ein Aktionsprogramm Rehabilitation in den 80er Jahren vor, eine Fortschreibung des Aktionsprogramms aus dem Jahre 1970.

Unter Vorsitz des Bundesministers für Arbeit und Sozialordnung wurde eine Nationale Kommission gebildet, in der alle an der Rehabilitation Beteiligten zusammenarbeiten, um Zielvorstellungen und Empfehlungen für die Rehabilitation in der Bundesrepublik Deutschland zu entwickeln.

Die Empfehlungen für den Bereich der beruflichen Rehabilitation behinderter Erwachsener beziehen sich hauptsächlich auf[1])

— Weiterentwicklung der Arbeitsmark- und Berufsprognostik, um den Rehabilitanden, insbesondere den Sinnesgeschädigten, weitere berufliche Möglichkeiten zu eröffnen;

— Schaffung einer Dokumentation beruflicher Rehabilitationsmöglichkeiten auf allen Bildungsebenen, um die Transparenz der Rehabilitationsangebots für die Beratungsfachkräfte und die zu Rehabilitierenden zu erhöhen;

— stärkere Einbeziehung der seelisch Behinderten in die berufliche Rehabilitation und Schaffung entsprechender Betreuungsstrukturen in Betrieben und wohnortnahen Berufsförderungswerken;

— Weiterentwicklung der Berufsfindungs-/Arbeitserprobungskonzepte sowie Entwicklung und Erprobung spezifischer Berufsfindungs- und/oder Arbeitserprobungsmodelle für bestimmte Behindertengruppen (z. B. Sinnesgeschädigte);

— Entwicklung besonderer Rehabilitationsvorbereitungskonzepte für bestimmte Behindertengruppen (z. B. Frauen, ausländische behinderte Arbeitnehmer);

— Anpassung der für den beruflichen Erstausbildungsbereich geltenden Ausbildungsordnungen an die Belange behinderter Erwachsener in inhaltlicher und zeitlicher Hinsicht;

— erwachsenengerechte Gestaltung der Prüfungsbedingungen unter besonderer Berücksichtigung behinderungsbedingter Besonderheiten;

— Fortbildung der Rehabilitationsfachkräfte, Schaffung von bundeseinheitlichen Regelungen hinsichtlich der zeitlichen und inhaltlichen Ausgestaltung von Fortbildungsangeboten, Anerkennung von Zertifikaten, Mindestauflagen an Träger der Fortbildungsangebote, Finanzierung und Freistellung fortbildungswilliger Mitarbeiter;

— Weiterentwicklung der begleitenden Dienste, Einsatz von ambulanten Fachdiensten für nachgehende Hilfen im beruflichen, sozialen und privaten Bereich;

— verstärkte qualifizierte Rehabilitation im Unternehmen;

— Schaffung ortsnaher und sachkundiger Beratungs- und Hilfsangebote zur Unterstützung und Förderung der betrieblichen Rehabilitation;

— Weiterentwicklung der Fortbildung der betrieblichen Kontaktpersonen der Behinderten (Betriebs- und Personalräte, Beauftragte der Arbeitgeber und Vertrauensleute nach dem Schwerbehindertengesetz, Betriebs-/Personalleiter, Betriebs- und Werksärzte u. a.).

5.3 Ergebnisse einer Wiederholungsbefragung über den Verbleib von Absolventen von Berufsvorbereitungsmaßnahmen

Im Herbst 1980 beteiligten sich rund 4000 Absolventen berufsvorbereitender Maßnahmen des Jahrgangs 1979/80 an einer Repräsentativerhebung des Bundesinstituts für Berufsbildung, über die bereits im Berufsbildungsbericht 1981 berichtet wurde. Im Oktober 1981 ist der gleiche Personenkreis ein weiteres Mal befragt worden. Dieses Mal beteiligten sich 2700 Jugendlichen (rund 67 % des Vorjahres).

Das Ziel der Wiederholungsbefragung war es einmal, den Verbleib der Jugendlichen nach Ablauf eines Jahres zu erfassen, zum anderen sollte festgestellt werden, inwieweit sich später noch Chancen für eine Ausbildung ergeben haben, um so die Beständigkeit mit der unmittelbaren Einmündung nach Abschluß des Berufsvorbereitungsjahres zu untersuchen.

5.3.1 Verbleib der Jugendlichen im Herbst 1981

Die Wiederholungsbefragung zeigt, daß sich die Situation 17 Monate nach Abschluß der Berufsvorbereitung günstiger darstellt als ein Jahr zuvor. So befanden sich im Oktober 1981 45 % der Befragten in einer betrieblichen Berufsausbildung, gegenüber 35 %[1]) im vergangenen Jahr. Der Anteil der Befragten, die eine Schule besuchen, ist um rund die Hälfte auf 7 % gesunken.

Die Anzahl der Übergänge in eine ungelernte Arbeit ist hingegen leicht angestiegen. Die Anzahl der Jugendlichen, die auch zum Zeitpunkt der Wiederholungsbefragung noch ohne Ausbildung und Arbeit waren, betrug 16 %. Bezogen auf die Gesamtzahl von etwa 70000 Jugendlichen in schulischer Berufsvorbereitung und in den von der Bundesanstalt für Arbeit geförderten Lehrgängen des Schuljahres 1979/80 wären das mehr als 11000. Einer ungelernten Arbeit gingen 32 % (hochgerechnet 23000) nach, so daß rund 34000 Jugendliche (= 48 %) keine qualifizierte Ausbildung erhielten.

5.3.2 Stabilität der Übergänge 1980

Bereits 1980 hatte mehr als die Hälfte der Absolventen als Ziel eine betriebliche Ausbildung angegeben. Von den Jugendlichen, die damals einen Ausbildungsplatz gefunden hatten, waren 1981 noch 83 % in dieser Ausbildung. Die Abbrecherquote von 17 % bei den Auszubildenden, die aus der Berufsvorbereitung kamen, liegt jedoch um das Dreifache über dem Vergleichswert bei allen Auszubildenden (1979: 5,0 %). Die meisten Abbrecher gingen einer ungelernten Arbeit nach bzw. waren ohne Ausbildung oder Arbeit.

Die *Übersicht 33* zeigt die Stabilität der Übergänge, die im Herbst 1981 erfaßt worden sind.

---

[1]) Bericht und Empfehlungen der Nationalen Kommission zum Internationalen Jahr der Behinderten 1981 sowie Arbeitsgruppe 4 der Nationalen Kommission, Berufliche Rehabilitation (Bildung, Ausbildung, Fortbildung, Umschulung)

[1]) Unterschiede gegenüber den Angaben im Berufsbildungsbericht 1981 entstehen dadurch, daß hier nur die Absolventen einbezogen werden, die sich sowohl 1980 als auch 1981 an der Befragung beteiligt haben.

Übersicht 33: Verbleib der Absolventen der Berufsvorbereitung des Jahres 1980 im Herbst 1981 (in %)

1980 / 1981	duales System	Schule	Arbeit	ohne Ausbildung bzw. Arbeitsplatz	Prozentverteilung 1981
duales System	83	35	21	23	45
Schule¹)	1	26	4	8	7
Arbeitsplatz	9	21	62	36	32
ohne Ausbildung bzw. Arbeitsplatz	7	18	14	33	16
Summe (abgerundet)	100	100	100	100	100
Prozentverteilung 1980²)	35	13	30	21	100

¹) Hierbei sind berufliche Vollzeitschulen wie Berufsgrundbildungsjahr, Berufsfachschulen einschließlich von der Bundesanstalt für Arbeit geförderte Kurse.

²) Abweichungen gegenüber den Werten, die im Berufsbildungsbericht 1981 ausgewiesen sind, entstehen dadurch, daß hier nur die Absolventen einbezogen werden, die sich sowohl 1980 als auch 1981 an der Befragung teiligt haben.

Ein weiterer Schulbesuch nach der Berufsvorbereitung führte schließlich mehr als ein Drittel der Jugendlichen in das duale System. Nur noch 26 % waren in einer schulischen Ausbildung verblieben. Vorwiegend handelt es sich dabei um berufliche Vollzeitschulen (wie z. B. das Berufsgrundbildungsjahr, Berufsfachschulen).

Von den Jungarbeitern des Jahres 1981 waren 62 % auch ein Jahr zuvor schon als solche tätig. Positiv ist jedoch, daß fast ein Fünftel in der Zwischenzeit noch in das duale System übergewechselt ist. Bezieht man hier „Schule" als weitere bildungspolitische Versorgung mit ein, so hat immerhin ein Viertel seinen Ungelerntenstatus aufgeben können.

Von den 1980 ohne Ausbildung oder Arbeit gebliebenen Jugendlichen fanden 23 % nach der Berufsvorbereitung einen betrieblichen Ausbildungsplatz, 36 % konnten zum zweiten Befragungszeitpunkt einen Arbeitsplatz nachweisen. Die wenigsten gingen auch aus dieser Gruppe weiter zur Schule.

Ein Drittel der Jugendlichen, die im Jahre 1981 ohne Ausbildung bzw. Arbeit waren, waren dies auch schon nach dem Abschluß ihrer Berufsvorbereitung im Jahre 1980.

Von den befragten Auszubildenden des Jahres 1981, die 1980 aus einer Berufsvorbereitung kamen, hatten

— 65 % die Ausbildung schon 1980 begonnen,

— 10 % zunächst eine weitere schulische Ausbildung aufgenommen,

— 14 % zunächst ein Arbeitsverhältnis eingegangen,

— 11 % zunächst nichts gefunden.

Für die befragten Jugendlichen, die 1981 ohne Ausbildung oder Arbeit gewesen sind — dies machte einen Anteil von 16 % aus -, ergibt sich folgende Übergangsstruktur:

— 44 % von ihnen waren sowohl 1980 als auch 1981 ohne Ausbildung oder Arbeit geblieben,

— 26 % hatten zunächst eine ungelernte Arbeit angenommen, die Arbeitsstelle jedoch verloren,

— 15 % waren zunächst zur Schule gegangen,

— 14 % hatten 1980 eine Lehre begonnen, diese aber später abgebrochen (vgl. dazu Übersicht 34).

Ausländische Jugendliche

Bei den Übergängen in das duale System, die 1981 erfaßt wurden, fällt besonders der überdurchschnittliche Anstieg des Anteils der ausländischen Jugendlichen um mehr als das Doppelte auf. Unter den ausländischen Befragten war 1981 noch ein Fünftel ohne Ausbildung oder Arbeit. Gegenüber dem Vorjahr ist hier jedoch eine deutliche Verbesserung eingetreten. Eine auffallende Entwicklung ist am Ende des ersten Jahres nach der Berufsvorbereitung beim Vergleich der deutschen und ausländischen Jugendlichen festzustellen: Während bei den Deutschen der Anteil der Jungarbeiter zugunsten der Auszubildenden leicht zurückgegangen ist, stieg er bei den Ausländern an. Ein wesentlicher Teil der ausländischen Jugendlichen, die 1981 einer ungelernten Arbeit nachgingen, war unmittelbar nach der Berufsvorbereitung zunächst ohne Arbeit oder Ausbildung geblieben. Unterschiede zwischen Deutschen und Ausländern sind somit geringer geworden.

Junge Frauen nach der Berufsvorbereitung

Eine Auswertung nach dem Merkmal Geschlecht ergibt: Während 1981 die Hälfte der Jungen eine betriebliche Ausbildung begonnen hat, waren es nur 39 % der Mädchen. Ähnliches ergibt sich bei den Unversorgten: Der Anteil der Mädchen (1981: 21 %) ist weniger gesunken als

Übersicht 34: Verbleib der Absolventen der Berufsvorbereitung des Jahres 1980 im Herbst 1981 (in %)¹) nach Geschlecht, Nationalität und Träger der Berufsvorbereitung

Verbleib im Herbst 1981	Befragte insgesamt	Träger Schule	Träger Kurse²)	Geschlecht männlich	Geschlecht weiblich	Nationalität Deutsche	Nationalität Ausländer
Duales System	45 *(35)*	43 *(33)*	65 *(56)*	50 *(39)*	39 *(30)*	51 *(42)*	22 *(10)*
Schule³)	7 *(13)*	7 *(14)*	3 *(8)*	6 *(11)*	9 *(16)*	6 *(12)*	9 *(19)*
Arbeitsplatz	32 *(30)*	34 *(31)*	21 *(25)*	33 *(32)*	32 *(29)*	28 *(29)*	50 *(35)*
Ohne Ausbildung/ohne Arbeit	16 *(21)*	16 *(22)*	11 *(12)*	12 *(18)*	21 *(25)*	15 *(17)*	20 *(36)*
Summe (gerundet)	**100**	**100**	**100**	**100**	**100**	**100**	**100**

¹) Die Vergleichswerte der Übergänge 1980 sind in den Klammern ausgewiesen. Unterschiede gegenüber den Werten, die im Berufsbildungsbericht 1981 erschienen sind, entstehen dadurch, daß hier nur die Absolventen einbezogen werden, die sich sowohl 1980 als auch 1981 an der Befragung beteiligt haben.

²) Von der Bundesanstalt für Arbeit geförderte Kurse.

³) Vorwiegend berufliche Vollzeitschulen wie Berufsgrundbildungsjahr, Berufsfachschulen einschließlich von der Bundesanstalt für Arbeit geförderte Kurse.

der Vergleichswert der Jungen, so daß sich der bereits bestehende Unterschied noch verstärkt hat. Beim Übergang in eine Ungelerntentätigkeit sind die Unterschiede zwischen männlichen und weiblichen Schulabgängern leicht zurückgegangen: Im Herbst 1981 hat jeweils etwa ein Drittel eine Arbeit angenommen.

5.4 Modelle zur Förderung der Berufsvorbereitung und Berufsausbildung benachteiligter Jugendlicher

In derzeit acht Modellen werden verschiedene Wege erprobt, wie benachteiligten Jugendlichen (z. B. Sonderschülern, Hauptschulabgängern ohne Abschluß, sozial benachteiligten Jugendlichen) eine erfolgreiche Ausbildung in anerkannten Ausbildungsberufen ermöglicht werden kann. Diesem Personenkreis stellen sich häufig schon vor Beginn einer Berufsausbildung u.a. folgende Hindernisse in den Weg:

a) Die schwachen schulischen Leistungen erschweren den Jugendlichen den Zugang zur betrieblichen Ausbildung.

b) Betriebe befürchten z. B. bei ehemals Drogenabhängigen schädliche Einflüsse auf die anderen Auszubildenden und auf die übrige Belegschaft.

c) Das äußere Erscheinungsbild und das Auftreten bei eventuellen Einstellungsgesprächen kollidiert mit den betrieblichen Vorstellungen zuweilen so stark, daß schon deshalb Einstellungen unterbleiben.

Auch für den Fall, daß diese Jugendlichen einen Ausbildungsplatz erhalten, ist der Erfolg ihrer Ausbildung noch nicht gesichert. Hierbei spielen nicht nur schlechte Leistungen in der Berufsschule eine Rolle, sondern auch die Mängel der Jugendlichen, zeitweilig mit Situationen fertigzuwerden, die sie als unbefriedigend empfinden. Die ausbildenden Betriebe sehen sich häufig nicht in der Lage, bei auftretenden Schwierigkeiten so zu reagieren, daß es nicht zum Abbruch der Ausbildung kommt.

5.4.1 Planung und Durchführung der Ausbildung

In den meisten Modellen wurde vor der eigentlichen Berufsausbildung eine Berufsvorbereitung durchgeführt. Bei Vorhaben, in denen unmittelbar mit der Berufsausbildung begonnen wurde, legen die Ergebnisse nahe, in Zukunft doch stärker berufsvorbereitende Maßnahmen in das Ausbildungskonzept mit einzubeziehen, damit insbesondere die Lerndefizite, die sich häufig als sehr groß herausgestellt haben, bereits zu einem Teil vor der Ausbildung abgebaut werden können.

Den verbindlichen Orientierungsrahmen für die Ausbildung in den Modellen geben die jeweils geltenden Ausbildungsordnungen ab. Der Handlungsspielraum der Modelle liegt daher in erster Linie bei der Ausbildungsmethode. Hier wird häufig der Projektmethode Vorrang eingeräumt, durch die Arbeiten durchgeführt werden können, die den sinnvollen Zusammenhang fachpraktischer und fachtheoretischer Inhalte erkennen lassen und durch die Herstellung eines nützlichen Produkts Erfolgserlebnisse vermitteln.

In den Modellen ist die Konsensbildung über pädagogische Grundsätze schon deshalb wichtig, weil bei der Ausbildung Ausbilder und Sozialpädagogen, zum Teil auch Lehrer, zusammenarbeiten müssen. Als Beispiel für solche Grundsätze gelten in einzelnen Vorhaben:

a) Vorrang pädagogischer Überlegungen bei der Reaktion auf Fehler der Teilnehmer im Leistungs- und Verhaltensbereich. So wird z. B. beim unentschuldigten Fehlen — einem Hauptproblem aller Maßnahmen — nicht abgemahnt und gekündigt, sondern es wird versucht, den jeweiligen Ursachen auf die Spur zu kommen, um erfolgversprechende Gegenmaßnahmen ergreifen zu können.

b) Differenzierung der Ausbildung im Hinblick auf den unterschiedlichen Kenntnisstand der Teilnehmer. Die Erfahrung zeigt, daß auch bei gleicher formaler Vorbildung große Unterschiede im Leistungsvermögen der Teilnehmer bestehen. In den Modellen werden zusätzliche Stützkurse für die Teilnehmer mit fachtheoretischen Defiziten durchgeführt. Darüber hinaus werden zunächst unterschiedlich hohe Anforderungen an die Jugendlichen gestellt mit dem Ziel, durch entsprechende Förderung allmählich ein gleiches Leistungsniveau zu erreichen.

5.4.2 Sozialpädagogische Aufgaben im Modell

In allen Modellen sind Sozialpädagogen bzw. Erzieher (im Heimbereich) tätig. Ihre Funktionen sind u.a.:

a) Aufarbeitung der Ursachen von Lernschwierigkeiten.

b) Anlaufstelle bei Konflikten zwischen Jugendlichen und Ausbildern.

c) Durchführung gruppenbildender Maßnahmen auch im Freizeitbereich.

d) Bindeglied zwischen den an der Ausbildung beteiligten Institutionen und Personen, Elternarbeit.

e) Hilfestellung bei der betrieblichen Ausbildung.

f) Mitarbeit bei der Ausbildungsplanung und Durchführung.

Erkennbar ist, daß bei der sozialpädagogischen Arbeit unterschiedliche Schwerpunkte gesetzt werden. So gibt es Vorhaben, in denen die sozialpädagogische Arbeit nur als Ergänzung zur eigentlichen Ausbildung angelegt wird. Hier konzentrieren sich die Aktivitäten der Sozialpädagogen auf Maßnahmen, die außerhalb der eigentlichen Ausbildung liegen, wie z. B. Elternbesuche, und auf die Lösung aktueller Probleme. In anderen Vorhaben erhalten sozialpädagogische Aspekte bereits in der Ausbildungsplanung stärkeres Gewicht. In ihnen beteiligen sich die sozialpädagogisch geschulten Kräfte auch an der Ausbildung selbst.

5.4.3 Ergänzungsausbildung der Ausbilder

Sofern die Träger der Modelle erstmals mit der Ausbildung benachteiligter Jugendlicher begonnen hatten, mußten sie in der Regel auf Ausbilder (zumeist Handwerksmeister) zurückgreifen, die keine spezifischen Erfahrungen im Umgang mit der Zielgruppe hatten. Zumeist bestand hier auch keine Möglichkeit, die Ausbilder auf ihre Tätigkeit vorzubereiten. Auf diese Situation haben die Träger unterschiedlich reagiert:

a) Vereinzelt bestand für Ausbilder die Möglichkeit, an externen Seminaren teilzunehmen (z. B. denen des Ausbilderförderungszentrums in Essen).

b) Ein übergreifender Erfahrungsaustausch mit Seminarcharakter wurde durchgeführt.

c) Es wurden regional begrenzte Gesprächskreise für Ausbilder aus solchen Betrieben eingerichtet, die Absolventen berufsvorbereitender Maßnahmen als Auszubildende übernommen haben (Modellprojekt der Handwerkskammer in Nürnberg).

d) Arbeitskreise wurden gebildet, in denen Ausbilder einer überbetrieblichen Ausbildungsstätte, Berufsschullehrer und betriebliche Ausbilder die curriculare Abstimmung zwischen berufsvorbereitender Maßnahme und der nachfolgenden Berufsausbildung vorgenommen haben (DHKT-Modellversuch der Handwerkskammer in Nürnberg).

e) Einen großen Stellenwert haben die in den Modellen regelmäßig durchgeführten Arbeitsbesprechungen zwischen den Ausbildern, Sozialpädagogen und ggf. Lehrern und der Ausbildungsleitung. Sie sind zugleich auch praktizierte Fortbildung, da in ihnen auftretende Probleme nicht nur im Hinblick auf den aktuellen Anlaß beraten und geklärt werden können.

Während von den Ausbildungsteams zuweilen die Teilnahme an externen Fortbildungsveranstaltungen wegen des vermeintlich geringen Bezuges zur eigenen Arbeit recht skeptisch beurteilt wird, wird die interne Fortbildung als unbedingt notwendig eingeschätzt. Verständlich wird diese Einschätzung auf dem Hintergrund der Situation, in der sich alle Modellversuche befinden. Die in ihnen tätigen Ausbilder und Sozialpädagogen bewegen sich auf einem Gebiet, in dem in der Regel noch keine Erfahrungen aus dem berufsbildenden Bereich vorliegen.

5.5 Programm des Bundesministers für Bildung und Wissenschaft für die Förderung der Berufsausbildung von benachteiligten Jugendlichen

5.5.1 Übersicht über laufende Maßnahmen

Das im Herbst 1980 mit einer Teilnehmerzahl von 578 Jugendlichen angelaufene Programm für die Förderung der Berufsausbildung von benachteiligten Jugendlichen[1] konnte 1981 erheblich ausgebaut werden. Im Ausbildungsjahr 1981/82 erhalten 2 000 Sonderschüler, Hauptschulabgänger ohne Abschluß, sozial benachteiligte Jugendliche sowie junge Ausländer, die trotz der Teilnahme an einer berufsvorbereitenden Maßnahme keinen Ausbildungsplatz finden konnten, durch dieses Programm eine Ausbildung in anerkannten Ausbildungsberufen.

1 697 Teilnehmer sind im ersten Ausbildungsjahr, die übrigen im zweiten Ausbildungsjahr. Die 106 Maßnahmen verteilen sich auf alle Länder.

Die Zusammensetzung der 1 697 Teilnehmer, die im Herbst 1981 eine Ausbildung im Rahmen des Programms begonnen haben, bestätigt, daß es gelungen ist, einen Personenkreis mit besonderen Schwierigkeiten zu erreichen. Während bei vergleichbaren überbetrieblichen Ausbildungsmaßnahmen für sogenannte unversorgte Ausbildungsplatzbewerber der weitaus überwiegende Teil der Teilnehmer einen Hauptschulabschluß erreicht hat, sind es bei den Teilnehmern des Benachteiligtenprogramms nur 12 %. Bei diesen 198 Jugendlichen mit Hauptschulabschluß handelt es sich infolge der engen Voraussetzungen des Programms um Ausländer, vor allem aber um Jugendliche, die infolge von Verhaltensstörungen, längeren Heimaufenthalten oder als Strafentlassene oder ehemals Drogenabhängige oft gerade die größten Schwierigkeiten haben. Von den 1 697 neuen Teilnehmern des zweiten Druchgangs hatten 383, also jeder vierte (23 % — unter den deutschen Teilnehmern sogar 41 %—), die Sonderschule besucht. Weitere 1 116 (66 %) hatten die Hauptschule ohne Abschluß verlassen oder überhaupt keine deutsche Schule besucht. Jeder zweite Teilnehmer war Ausländer (843), meist Türke (691).

Vor der Förderung durch das Programm hatten alle Teilnehmer eine berufsvorbereitende Maßnahme besucht, 912 Jugendliche (54 %) eine außerschulische Maßnahme der Bundesanstalt für Arbeit — darunter 539 die Maßnahmen zur Berufsvorbereitung und sozialen Eingliederung junger Ausländer (MBSE) -, 656 (38,7 %) eine schulische berufsvorbereitende Maßnahme, insbesondere das Berufsvorbereitungsjahr. Trotz des Besuchs dieser Maßnahmen konnte ihnen ein betrieblicher Ausbildungsplatz nicht vermittelt werden.

Rund 100 Teilnehmern des zweiten Durchgangs ist durch die Inanspruchnahme der im Programm als erste Förderalternative vorgesehenen „überbetrieblichen Ausbildungsphasen" die Aufnahme einer betrieblichen Berufsausbildung ermöglicht worden.

Von den 582 Teilnehmern des ersten Durchgangs haben knapp 40 % ihre Ausbildung in einem Ausbildungsbetrieb fortgesetzt. Etwa 10 % haben ihre Ausbildung bis zu Beginn des zweiten Ausbildungsjahres abgebrochen. Rund die Hälfte hat die Ausbildung in einer überbetrieblichen Einrichtung fortgesetzt.

5.5.2 Inhaltliche Gestaltung des Programms

Die Tatsache, daß das Programm einen besonders schwierigen Personenkreis erreicht, hat die Notwendigkeit zur Folge, erhebliche Lerndefizite der Auszubildenden auch noch während der Ausbildung zu kompensieren. Die Träger ziehen daraus in der Regel die Konsequenz, quantitativ und qualitativ besonders intensive Stützmaßnahmen anzubieten, um die Wissenslücken möglichst rasch zu schließen. Lehrer und Sozialpädagogen bemühen sich gemeinsam mit den Ausbildern — etwa durch Sprachunterricht, durch Nachholen von fehlender Allgemeinbildung und durch Unterstützung beim Erlernen der Fachtheorie —, die Schwierigkeiten dieser Jugendlichen soweit auszugleichen, daß sie ihre Ausbildung möglichst nach dem ersten überbetrieblichen Ausbildungsjahr in einem Ausbildungsbetrieb fortsetzen können.

Von der Qualität dieser ausbildungsbegleitenden Fördermaßnahmen hängt der Erfolg des Programms ab. Die ersten Erfahrungen bestätigen, daß es entscheidend ist,

— Lernformen anzubieten, die es den Jugendlichen ermöglichen, Selbstvertrauen in ihre Fähigkeiten zurückzugewinnen,

— eine enge Zusammenarbeit zur Berufsschule zu erreichen,

— den Übergang in die betriebliche Berufsausbildung in enger Zusammenarbeit aller Beteiligten möglichst frühzeitig vorzubereiten und dort, wo weitere Förderung erforderlich ist, durch intensive Nachbetreuung zu unterstützen.

Durch Nutzung von Erfahrungen aus vorangegangenen Modellvorhaben und durch rasche Umsetzung erster beispielhafter Erfahrungen aus dem Programm wird zur

---
[1] Vgl. Berufsbildungsbericht 81, S. 71 ff.

inhaltlichen Gestaltung des Programms in diesen entscheidenden Bereichen beigetragen.

Projektorientierung

Für den erfolgreichen Übergang in die betriebliche Berufsausbildung und den Erfolg der Ausbildung insgesamt ist die Form und Qualität der Kompensation von Wissensdefiziten von entscheidender Bedeutung. Gerade im Hinblick auf negative schulische Lernerfahrungen fast aller Teilnehmer ist es insbesondere notwendig, neben traditionellen Formen kompensatorischer Wissensvermittlung schrittweise andere Lern- oder Ausbildungsformen anzubieten. Durch Ausbildungseinheiten, die Fachtheorie, Fachpraxis und persönliche Interessen der Jugendlichen verbinden, soll Einsicht in den Sinn und die Notwendigkeit der subjektiven Theoriemühen entstehen. Zur Zeit werden daher Handreichungen erarbeitet, in denen für die Träger Projektbeispiele nutzbar gemacht werden, die in der Praxis bereits mit Erfolg erprobt worden sind.

Zusammenarbeit mit der Berufsschule

Wegen der hohen Lerndefizite der Auszubildenden kommt der Zusammenarbeit zwischen der überbetrieblichen Ausbildungsmaßnahme und der Berufsschule entscheidende Bedeutung für den Ausbildungserfolg zu. Beispiele von vorbildlicher Unterstützung der durch das Programm geförderten Ausbildungsmaßnahmen durch entsprechende Förderung in der Berufsschule unterstreichen dies. Dabei haben sich insbesondere folgende Punkte als wichtig herausgestellt:

— kleine Klassen,

— enge Zusammenarbeit mit der Berufsschule, frühzeitige Information der Lehrer über das Programm,

— Unterrichtung durch Lehrer, die dafür motiviert sind,

— Zusammenwirken von Sozialpädagogen oder Stützlehrern aus der überbetrieblichen Ausbildungsmaßnahme mit den Berufsschullehrern,

— Möglichkeiten der Binnendifferenzierung, evtl. auch der Einrichtung einer eigenen Klasse,

— langsame Steigerung der Soll-Anforderungen,

— enge Synchronisation von Theorie und Praxis.

Der im Rahmen des Programms tätige Stützlehrer soll die Voraussetzungen für einen erfolgreichen Besuch der Berufsschule etwa durch Sprachunterricht verbessern. Er kann auch den Kontakt zur Berufsschule verbessern und den Berufsschulunterricht vor- und nachbereiten. Die Förderung durch die Berufsschule selbst kann er jedoch nicht ersetzen.

Die Aufarbeitung vorbildlicher Beispiele paralleler Förderung in der Berufsschule soll dazu beitragen, daß die Förderung durch das Benachteiligtenprogramm und durch die Berufsschule in Zukunft allgemein noch besser koordiniert werden kann. Nur so kann verhindert werden, daß Mißerfolg in der Berufsschule über eine allgemeine Demotivation auch auf die Leistungen in der betrieblichen Berufsausbildung zurückschlägt und damit zum Mißerfolg der Ausbildungsbemühungen führt.

Übergang in die betriebliche Berufsausbildung

Die Tatsache, daß das Programm einen besonders schwierigen Personenkreis erreicht, erschwert den vorgesehenen Übergang in die betriebliche Berufsausbildung nach dem ersten überbetrieblichen Ausbildungsjahr. Einerseits sind bei einem Teil der Auszubildenden auch nach der intensiven Förderung während des ersten überbetrieblichen Ausbildungsjahres die Schwierigkeiten noch so groß, daß zumindest eine intensive Nachbetreuung erforderlich ist. Andererseits spielt auch dort, wo ein Übergang von den Leistungen des Auszubildenden her gut zu vertreten ist, die Zurückhaltung der Betriebe eine große Rolle.

Die ersten Erfahrungen zeigen, daß es schwer ist, Ausbildungsbetriebe zu finden, die im Hinblick auf eine Förderung durch das Programm bereit sind, von vornherein einen Ausbildungsvertrag abzuschließen. Die meisten Träger mußten daher die Verträge selbst abschließen — die zahlreichen Träger aus der Wirtschaft machen hier keine Ausnahme. Ähnliche Schwierigkeiten entstehen bei der Suche nach geeigneten Betrieben, die bereit sind, im Anschluß an das erste überbetriebliche Ausbildungsjahr die Ausbildung fortzusetzen.

Die Auswertung des ersten Jahres des Programms zeigt, daß der Übergang dort besonders gut gelingt, wo er in enger Zusammenarbeit von Träger, Arbeitsverwaltung, zuständiger Stelle und in Betracht kommenden Betrieben frühzeitig vorbereitet wird. Wichtig ist dabei, daß die Betriebe, die für eine Übernahme der Auszubildenden in Betracht kommen, rechtzeitig das Förderkonzept des Trägers kennenlernen und in dieses Konzept einbezogen werden können. Dabei sollte die Zusammenarbeit der Betreuungspersonen des Trägers mit den Ausbildern des aufnehmenden Betriebes so frühzeitig zustandekommen, daß man ein Praktikum als vermittelndes Element zum Übergang auch noch gemeinsam organisieren kann. Auf diese Weise erfahren die Betriebe am besten, welche Anforderungen an sie gestellt werden und welche Vorleistungen sie nutzen können. Positive Erfahrungen des ersten Übergangs sollen aufgearbeitet und den Trägern in konkreter und anwendbarer Form als Anregungen zur Verfügung gestellt werden.

Für die Fälle, in denen trotz der intensiven Förderung am Ende des ersten Jahres noch so große Schwierigkeiten bestehen, daß bei einem Übergang ohne die Möglichkeit weiterer intensiver ausbildungsbegleitender Förderung der Ausbildungserfolg gefährdet wäre, bestehen Möglichkeiten einer intensiven Nachbetreuung. Die im Programm als erste Förderalternative vorgesehenen „überbetrieblichen Ausbildungsphasen", deren Ziel die Ermöglichung einer betrieblichen Berufsausbildung ist, können auch hier eingesetzt werden. Dies kann beispielsweise so organisiert werden, daß auch nach dem Übergang in den Betrieb an einem Tag in der Woche Stützunterricht oder Sprachunterricht beim Träger der überbetrieblichen Ausbildung stattfindet und daß der Sozialpädagoge, der den Auszubildenden aus dem ersten Ausbildungsjahr kennt, auch weiterhin für diesen Jugendlichen da sein kann.

Mit dieser Nachbetreuung, die möglichst flexibel gestaltet werden soll, kann auch in solchen Fällen ein erfolgreicher Übergang in die betriebliche Ausbildung nach dem ersten überbetrieblichen Ausbildungsjahr ermöglicht werden, in denen dies ohne weitere Förderung nicht zu verantworten wäre.

Personalfortbildung

Der guten Vorbereitung und engen Kooperation aller an der Ausbildung beteiligten Personen kommt große Bedeutung für den Erfolg der Maßnahmen des Programms

zu. Zur Zeit wird daher ein Personalfortbildungskonzept für zwei wichtige Schnittstellen erarbeitet, zum einen für den Beginn der Maßnahme, zum anderen für die möglichst frühe Vorbereitung des Übergangs unter Einbeziehung von Ausbildern aus aufnehmenden Betrieben vor der Durchführung des Praktikums. Dieses Konzept geht davon aus, daß nach ersten Erfahrungen die enge Zusammenarbeit der verschiedenen Betreuungspersonen in der Maßnahme, also von Ausbildern, Sozialpädagogen und Stützlehrrern, sowie die Zusammenarbeit der Betreuungspersonen aus der Maßnahme mit den Ausbildern des aufnehmenden Betriebes den Erfolg der Maßnahme stark beeinflussen.

Durch die Entwicklung und Erprobung von Bausteinen soll eine regelmäßige Fortbildung eingeleitet werden, die weitgehend von den Trägern des Programms selbst getragen werden kann.

5.5.3 Weitere Entwicklung

Im Ausbildungsjahr 1982/83 werden durch das Programm bis zu 3 000 benachteiligte Jugendliche eine Ausbildung erhalten können. Auch angesichts dieser Zahl kann das Programm nur dann einen wirksamen Beitrag zur Verwirklichung des Grundsatzes der Berufsausbildung für alle leisten, wenn es sich wirklich auf die Jugendlichen mit den größten Schwierigkeiten beschränken kann und wenn es durch Maßnahmen flankiert wird, durch die der Anteil der Sonderschüler, Hauptschulabgänger ohne Abschluß und jungen Ausländern weiter erhöht werden kann, die unmittelbar im Betrieb ausgebildet werden. Wichtig erscheinen flankierende Maßnahmen insbesondere in folgenden Bereichen:

1. Verstärkte Motivationsarbeit im Vorfeld der Berufsberatung, um Jugendliche, die wegen ihrer schlechten Voraussetzungen frühzeitig resignieren, in ihrem ursprünglich vorhandenen Ausbildungswunsch zu bestärken. Eine intensive Motivationsarbeit setzt eine enge Zusammenarbeit von Schulen, Eltern, freien Trägern, Kammern, Betrieben, Trägern der Bildungsberatung und der Berufsberatung des Arbeitsamts auf örtlicher Ebene voraus. Vorrangiges Ziel muß die Aufnahme einer betrieblichen Berufsausbildung sein. Das Benachteiligtenprogramm erleichtert eine solche Motivationsarbeit, weil es die Gewißheit schafft, auch für die Jugendlichen mit den größten Schwierigkeiten ein Ausbildungsangebot zur Verfügung stellen zu können, die sonst keine Chance hätten, eine betriebliche Ausbildung zu beginnen.

2. Ausschließliche Ausrichtung der berufsvorbereitenden Maßnahmen auf das Ziel der Ausbildungsvorbereitung. Besonders wichtig ist die Integration sozialpädagogischer Ansätze und die frühzeitige Herstellung des Kontakts zu Anschlußangeboten der Berufsausbildung. Ziel muß es sein, daß für jeden Absolventen eines Förderungslehrganges oder eines Berufsvorbereitungsjahres, aber auch für die jungen Ausländer, die an den Maßnahmen zur Berufsvorbereitung und sozialen Eingliederung junger Ausländer (MBSE) teilgenommen haben, ein Ausbildungsplatz im Betrieb oder in einer berufsqualifizierenden Vollzeitschule zur Verfügung steht.

3. Die Einrichtung von ausbildungsbegleitenden Stützmaßnahmen in Betrieb und in der Berufsschule in erheblich verstärktem Maße, damit ein ausreichendes Ausbildungsplatzangebot auch von allen Jugendlichen mit Erfolg wahrgenommen werden kann. Ausreichende Stützmaßnahmen müssen verhindern, daß Sonderschüler, Hauptschulabgänger ohne Abschluß oder junge Ausländer die Ausbildung wieder abbrechen oder überhaupt nicht aufnehmen. Die Fördermaßnahmen in der Berufsschule müssen erheblich ausgebaut werden, um den Erfolg des theoretischen Teils der Ausbildung auch für Auszubildende mit schlechten schulischen Voraussetzungen sicherzustellen.

4. Für Erwachsene, die wegen schulischer Defizite oder als Ausländer bisher keine volle berufliche Qualifizierung erreicht haben, müssen die Voraussetzungen für eine nachträgliche Qualifizierung im Rahmen der Regelangebote geschaffen werden.

6. Berufsausbildung für ausländische Jugendliche

6.1 Daten zur betrieblichen und schulischen Berufsausbildung

Der im November 1973 von der Bundesregierung verhängte Anwerbestopp für ausländische Arbeitnehmer aus Staaten, die nicht der Europäischen Gemeinschaft angehören, führte zunächst zu einer rückläufigen Entwicklung der ausländischen Wohnbevölkerung, deren Anzahl 1977 mit 3 948 000 Ausländern einen Tiefstand erreichte. Zwischen 1974 und 1977 überwog die Anzahl der in ihre Heimatländer zurückkehrenden Ausländer (2,15 Millionen) bei weitem die Zuzüge (1,71 Millionen) der nachreisenden Familienangehörigen.

Seitdem ist wieder ein verstärkter Anstieg bei der ausländischen Wohnbevölkerung zu verzeichnen. Ende September 1981 lag die Anzahl der Ausländer bei rund 4 630 000. Sie hat sich damit gegenüber dem Vorjahr um 177 000 oder 4 % erhöht. Verglichen mit 1980, als die Zunahme bei den Ausländern noch bei 309 000 oder 7,5 % lag, hat sich das Wachstum der Anzahl der Ausländer 1981 etwas verlangsamt.

Drei Viertel des Zuwachses zwischen 1977 und 1981 entfielen auf türkische Staatsangehörige. Während 1974 der Anteil der Türken an der ausländischen Wohnbevölkerung noch ein Viertel ausmachte, lag er 1980 schon bei einem Drittel. Bei den jungen Altersjahrgängen ist diese Entwicklung noch stärker ausgeprägt (vgl. *Tabelle 6/1*).

Anteil der unter 15jährigen Ausländer angewachsen

Zwischen 1974 und 1980 erhöhte sich der Anteil der unter 15jährigen Ausländer an der ausländischen Wohnbevölkerung kontinuierlich von 18 % auf 24 % oder von 715 000 auf 1 059 Millionen. Die Anzahl der Ausländer im Alter von 15 bis 20 Jahren stieg insbesondere zwischen 1979 und 1980 von 247 500 auf 317 900 (180 900 bzw. 57 % männliche und 137 000 bzw. 43 % weibliche Jugendliche) an (vgl. *Schaubild 18*).

Innerhalb der Altersgruppe der unter 21jährigen Ausländer stammen 84 % aus den ehemaligen sechs Hauptanwerbeländern (bei allen Altersgruppen liegt der Anteil bei 74 %). Besonders stark vertreten sind die türkischen Kinder und Jugendlichen mit 663 000 bzw. 46 % (vgl. *Schaubilder 19 und 20 sowie Tabelle 6/2*).

Übersicht 35: Ausländer am 30. September 1980 nach Altersgruppen und Aufenthaltsdauer

Alter	insgesamt absolut	Aufenthalt in Jahren						
		unter 1 in %	1—4 in %	4—6 in %	6—8 in %	8—10 in %	10—15 in %	15—20 in %
unter 5	335 500	19,6	61,6	18,8	—	—	—	—
5—10	393 600	4,4	16,0	26,5	33,5	19,5	—	—
10—15	329 900	6,0	17,3	11,4	16,1	13,9	35,4	—
15—20	317 900	17,3	23,4	8,8	12,3	11,2	13,7	13,2

Quelle: Statistisches Bundesamt, Fachserie 1, Reihe 1/4, Ausländer 1981.

Aufenthaltsdauer und Einreisealter

Von den heute in der Bundesrepublik Deutschland lebenden ausländischen Kindern unter 15 Jahren sind die meisten bereits hier geboren bzw. im Vor- oder Grundschulalter eingereist. Das bedeutet, daß sie von Anfang an bzw. zu einem frühen Zeitpunkt in das deutsche Schulsystem eingegliedert wurden bzw. noch werden.

Dagegen reiste ein großer Teil der 15- bis unter 20jährigen ausländischen Jugendlichen erst in einem Alter ein, in dem sie nicht mehr der allgemeinen Schulpflicht unterlagen. Beinahe jeder 6. Jugendliche (55 000) dieser Altersgruppe hielt sich (am 30. September 1980) weniger als ein Jahr in der Bundesrepublik Deutschland auf. Ein weiteres knappes Viertel (74 300) der Jugendlichen zog in den letzten 1—4 Jahren zu (vgl. *Übersicht 35*).

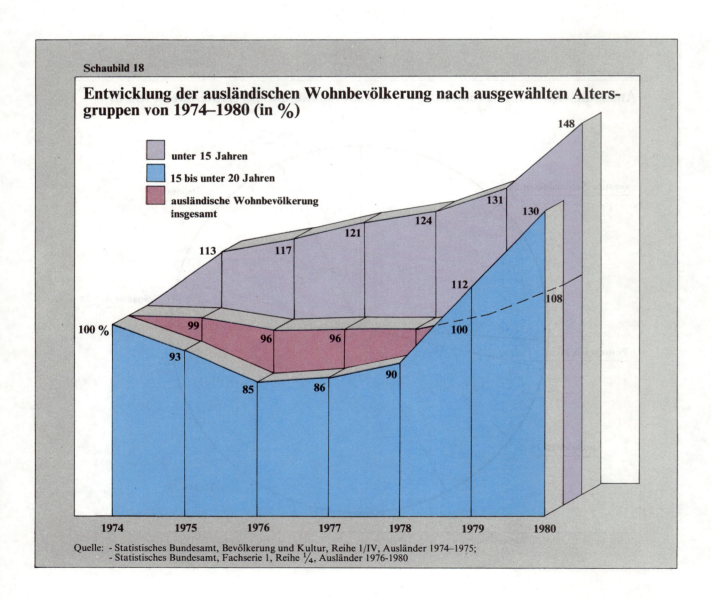

Von der überwiegenden Mehrheit dieser „Späteinsteiger" (insgesamt ca. 130 000 Personen) kann angenommen werden, daß sie in der Bundesrepublik Deutschland keine allgemeinbildenden Schulen mehr besuchen und damit weder einen deutschen Schulabschluß noch ausreichende Deutschkenntnisse für eine Berufsausbildung vorzuweisen haben. Es handelt sich meist um türkische Jugendliche.

Nur ein kleiner Teil aus dieser Gruppe konnte sich im Rahmen der Maßnahmen zur Berufsvorbereitung und sozialen Eingliederung junger Ausländer (MBSE) (im Kursjahr 1980/81 waren es 14 927 Teilnehmer) auf eine Berufs- bzw. auf eine Arbeitsaufnahme vorbereiten.

Andererseits hielt sich immerhin gut ein Viertel (85 700) der 15- bis unter 20jährigen Jugendlichen schon wenigstens 10 Jahre in der Bundesrepublik Deutschland auf, was bedeutet, daß ein großer Teil dieser Jugendlichen voll das deutsche Bildungssystem durchlaufen konnte. Knapp ein Viertel der ausländischen Jugendlichen dieser Altersgruppe lebte zwischen 6 und 10 Jahren hier.

6.1.1 Schulische Situation [1]

Allgemeinbildende Schulen

Im Schuljahr 1980/81 besuchten 637 100 ausländische Schüler eine allgemeinbildende Schule in der Bundesrepublik Deutschland, das waren 85 000 oder 15,4 % mehr als im vorangegangenen Schuljahr.

Über die Hälfte der Schüler besuchte die Grundschule, ein knappes Drittel die Hauptschule, lediglich jeder 10. war Schüler einer weiterführende Schulen (4 % Realschule, 6 % Gymnasium).

---

[1] Die folgenden Angaben zu den allgemeinbildenden und berufsbildenden Schulen sind der Statistik der Kultusministerkonferenz, Dokumentation Nr. 69 und 74 „Ausländische Schüler in der Bundesrepublik Deutschland" entnommen.

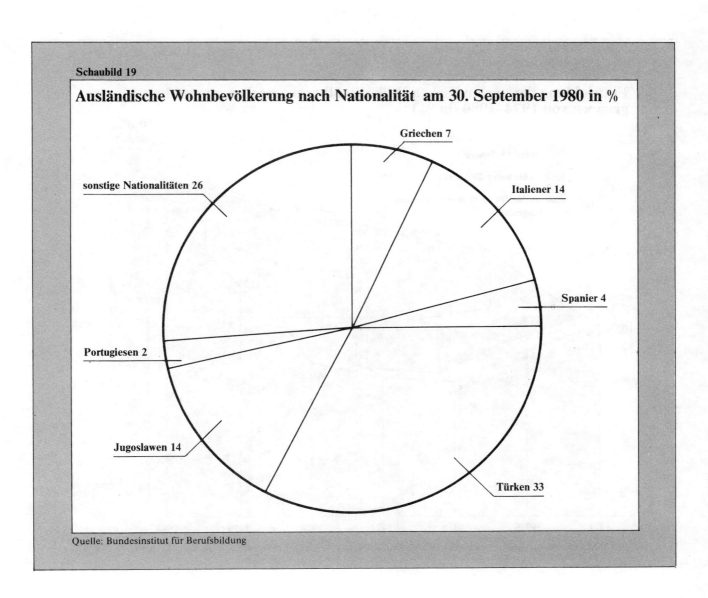

Schaubild 19

Ausländische Wohnbevölkerung nach Nationalität am 30. September 1980 in %

Quelle: Bundesinstitut für Berufsbildung

Der Anteil der ausländischen Schüler aus den sechs Hauptherkunftsländern ist seit 1975 kontinuierlich von 82 % auf 87 % gestiegen. Innerhalb dieses Zeitraumes hat insbesondere eine Verschiebung zugunsten der türkischen Schüler von 32 auf 50 % stattgefunden.

Erhebliche Unterschiede ergeben sich beim Besuch der ausländischen Schüler nach Nationalitäten auf die einzelnen Schularten: während der Schüleranteil aus den „sonstigen Ländern" an allen allgemeinbildenden Schulen im Durchschnitt bei 13 % lag, waren sie in den Gymnasien mit rund der Hälfte und in den Realschulen mit 25 % sehr stark vertreten. Dagegen war der Anteil der türkischen Schüler in den Realschulen (28 %) und insbesondere in den Gymnasien (16 %) vergleichsweise niedrig (vgl. *Schaubild 21* und *Tabelle 6/3*).

Bei den italienischen Schülern fällt der überdurchschnittlich hohe Anteil in Sonderschulen (22 %) auf, beinahe die Hälfte (47 %) dieser italienischen Sonderschüler lebt in Baden-Württemberg.

Innerhalb der letzten 10 Jahre (seit dem Schuljahr 1970/71) hat sich die Anzahl der ausländischen Schüler vervierfacht und ist insgesamt fast um eine halbe Million angestiegen. Gegenüber 1975 machte der Anstieg knapp eine viertel Million aus.

Der Ausländeranteil an der Gesamtzahl aller Schüler in den allgemeinbildenden Schulen lag im Schuljahr 1980/81 im Bundesdurchschnitt bei 7 %, in der Grundschule bei 11,8 % und in den Hauptschulen bei 10,1 %. Je Land und Schulart sind die Ausländeranteile jedoch sehr unterschiedlich.

Von allen Ländern hatte Berlin mit jeweils einem Drittel ausländischer Schüler an den Grund- und Hauptschulen die höchste Ausländerdichte aufzuweisen, gefolgt von Hamburg mit einem Ausländeranteil von 16 % in den Grundschulen und von 17 % in den Hauptschulen. Die Anteile in einzelnen Stadtteilen liegen noch erheblich höher. In Berlin z.B. liegt der Ausländeranteil bei 20

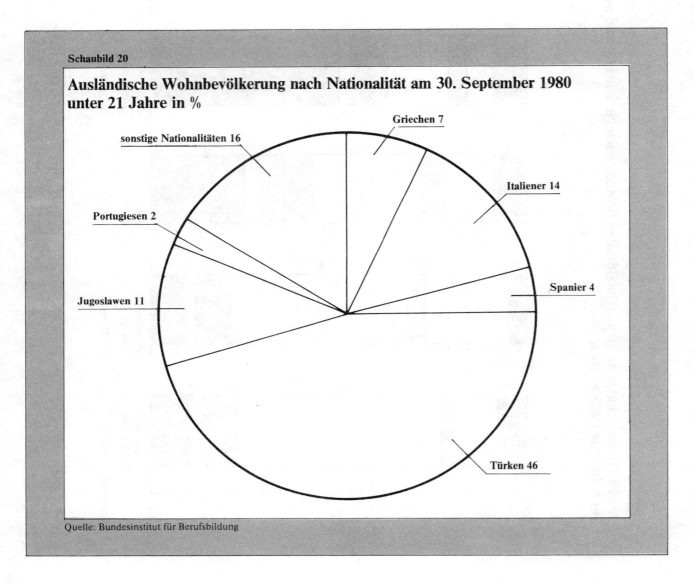

Schaubild 20

Ausländische Wohnbevölkerung nach Nationalität am 30. September 1980 unter 21 Jahre in %

Quelle: Bundesinstitut für Berufsbildung

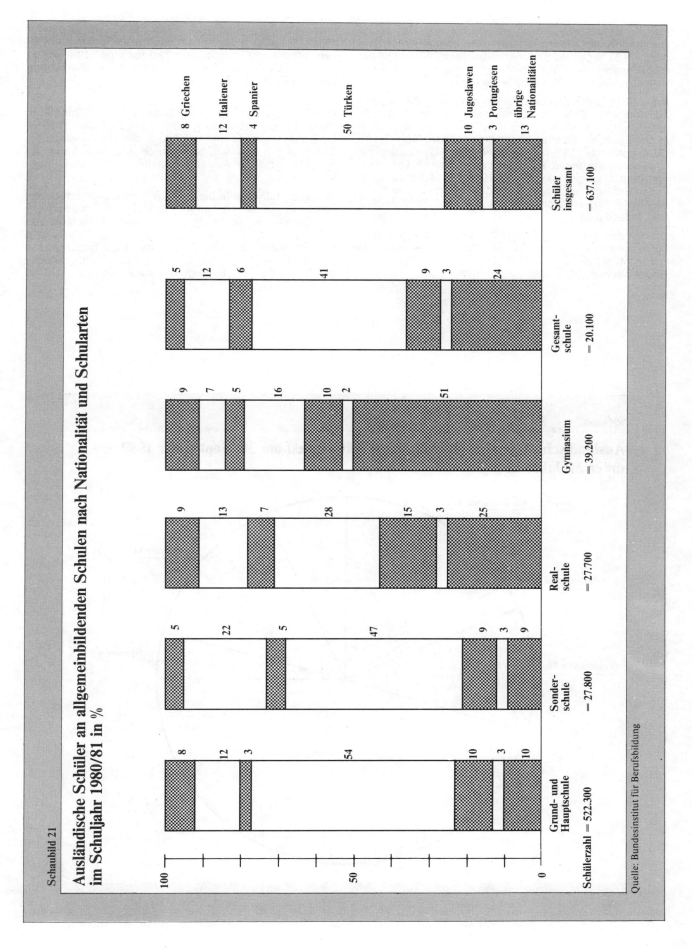

Übersicht 36: Entwicklung der ausländischen Schüler in beruflichen Schulen nach Nationalität (Verteilungsquoten) von 1970 bis 1980

Jahr	Ausländische Schüler insgesamt	Griechen in %	Italiener in %	Spanier in %	Davon Türken in %	Jugoslawen in %	Portugiesen in %	zusammen in %	Sonstige in %
1970	28 764	10,3	16,3	6,7	10,6	7,8	0,9	52,6	47,4
1976	59 362	11,2	16,0	7,2	30,7	8,2	2,3	75,6	24,4
1977	59 045	10,2	16,5	6,8	33,4	8,4	2,5	77,8	22,4
1978	65 005	9,3	16,1	6,6	36,9	8,5	2,8	80,2	19,8
1979	74 715	7,9	14,8	5,9	42,7	8,1	2,9	82,3	17,7
1980	101 140	6,1	12,4	4,7	52,7	6,9	2,4	85,2	14,8

Quelle: Statistik entnommen der Dokumentation 74 der Kultusministerkonferenz, September 1981

Grund- und Hauptschulen zum Teil erheblich über 50 %[1]). Das Land mit der geringsten Ausländerdichte ist Schleswig-Holstein mit einem Anteil von 4,5 % im Grundschul- und 4,1 % im Hauptschulbereich (vgl. *Tabelle 6/4*).

Noch immer verläßt etwa jeder zweite ausländische Schüler die Schule ohne Abschluß[2]). Die Mehrheit der ausländischen Jugendlichen hat bereits aus diesem Grunde erhebliche Schwierigkeiten, eine berufliche Bildung erfolgreich zu durchlaufen.

Berufliche Schulen

Die Anzahl der ausländischen Schüler an beruflichen Schulen ist im Schuljahr 1980/81 um 26 400 auf 101 100 gestiegen. Mit 35,4 % ist dies die höchste Zuwachsquote innerhalb eines Jahres, die vor allem auf den starken Anstieg bei den Berufsschülern (mit einem Zuwachs von 35 %) und den Teilnehmern am Berufsvorbereitungsjahr (mit einem Zuwachs von 67 %) zurückzuführen ist.

Von den 101 100 ausländischen Schülern an beruflichen Schulen besuchten 72 % eine Berufsschule, 11 % nahmen am Berufsvorbereitungsjahr teil und die restlichen 17 % waren Schüler an Berufsfachschulen (vgl. *Tabelle 6/5*).

85 % der ausländischen Schüler an beruflichen Schulen kamen aus den sechs Hauptherkunftsländern (1970/71: erst 53 %). Die größte Nationalitätengruppe bildeten wiederum die türkischen Jugendlichen mit 53 %; gegenüber dem Vorjahr hatte sich ihr Schüleranteil um 10 % erhöht, 1970 lag ihr Anteil lediglich bei 11 % (vgl. *Übersicht 36*).

In der Verteilung der ausländischen Berufsschüler auf die Schularten hat sich seit 1975 nur wenig geändert. Bei einigen Schularten lassen sich folgende Tendenzen erkennen: Die Ausländeranteile an Berufsschulen, Berufsfachschulen sowie Schulen des Gesundheitswesens sind rückläufig. Dagegen hat sich der Anteil der Ausländer im Berufsvorbereitungsjahr — bedingt durch den verstärkten Ausbau dieser Maßnahmen in einigen Ländern — erheblich von 1 % (1975/76) auf 11 % (1980/81) — vergrößert. Eine leicht zunehmende Tendenz des Ausländeranteils innerhalb dieses Zeitraumes war auch bei den Berufsfachschulen zu verzeichnen (vgl. auch *Schaubild 22*).

[1]) Vgl. dazu: Ausländerintegration 5 „Kinder ausländischer Arbeitnehmer im schulischen und außerschulischen Bereich", vorgelegt vom Institut für Zukunftsforschung, Berlin im Auftrag des Regierenden Bürgermeisters von Berlin-West 1980.

[2]) Aufgrund der uneinheitlichen Erfassung in den einzelnen Ländern liegen zu den erreichten Schulabschlüssen bei ausländischen Schülern noch keine Statistiken der Ständigen Konferenz der Kultusminister der Länder in der Bundesrepublik Deutschland vor. Die Angaben stützen sich auf eigene Berechnungen des Bundesinstituts für Berufsbildung.

Der Anteil der Ausländer an den Schülern beruflicher Schulen lag mit 4 % deutlich unter dem des allgemeinbildenden Schulwesens (7 %). Er schlüsselt sich nach einigen Schularten folgendermaßen auf:

— Berufsvorbereitungsjahr (teilweise auch Berufsgrundbildungsjahr)   13,4 %

— Berufsschulen   3,9 %

— Berufsfachschulen   3,4 %

— Fachschulen   2,5 %

— Fachoberschulen /-gymnasien   2,0 %

— Berufsaufbauschulen   1,6 %.

Lediglich 53 % der ausländischen Wohnbevölkerung in der Altersgruppe der 15—18jährigen besuchen eine berufliche Schule. Geht man davon aus, daß nur ein geringer Anteil (ca. 6—8 %) dieser Altersgruppe eine weiterführende allgemeinbildende Schule besucht, dann wird deutlich, daß immer noch ca. 40 % der berufsschulpflichtigen Ausländer ihrer Schulpflicht nicht nachkommen. Ein Teil dieser ausländischen Jugendlichen ist allerdings nach dem Besuch einer einjährigen Vollzeitschule (insbesondere Berufsvorbereitungsjahr) von dem weiteren Besuch der Berufsschule freigestellt.

6.1.2 Ausländische Ratsuchende bei der Bundesanstalt für Arbeit

Die Anzahl der ausländischen Ratsuchenden hat in den letzten Jahren erheblich zugenommen. Insgesamt wünschte etwa ein Viertel der ausländischen Ratsuchenden die Vermittlung in ein betriebliches Ausbildungsverhältnis. Bei deutschen Ratsuchenden lag der Anteil mit 41 % wesentlich höher. Während der Anteil der weiblichen Ratsuchenden bei den Deutschen über die Hälfte ausmacht, sind bei den ausländischen Ratsuchenden junge Frauen mit nur knapp einem Drittel stark unterrepräsentiert.

Empirische Untersuchung

Bei einer gemeinsamen vom Bundesinstitut für Berufsbildung, dem Europäischen Zentrum für die Förderung der Berufsbildung und der Gesellschaft für Wohnungs- und Siedlungswesen 1980 durchgeführten Untersuchung wurden rund 2 500 ausländischen Jugendliche im Alter von 15—25 Jahren der sechs Hauptanwerbeländer befragt[1]).

[1]) Als Erwerbstätige sind im folgenden ausschließlich die abhängig beschäftigten Arbeiter und Angestellten zu verstehen, ohne Auszubildende und Selbständige.

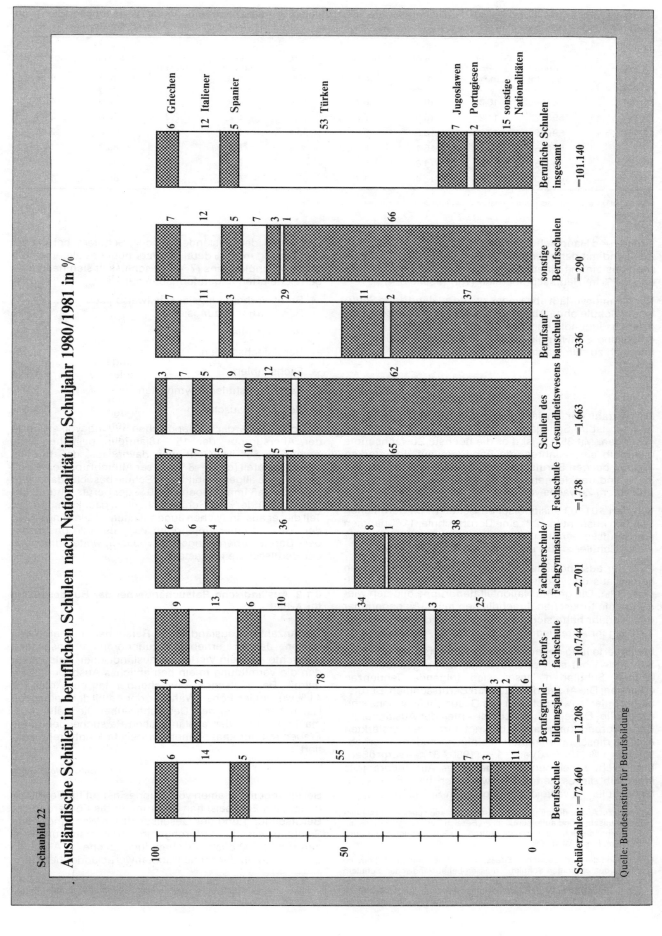

Die Ergebnisse zur schulischen und beruflichen Situation, jeweils gegliedert in die Gruppe der Erwerbstätigen, Auszubildenden und — soweit möglich — Arbeitslosen liefern Ergänzungen der vorliegenden statistischen Daten.

Aus dieser Untersuchung geht hervor, daß für den Jugendlichen, der direkt nach dem Schulbesuch nicht in eine Berufsausbildung einmündet, unterschiedliche Gründe ausschlaggebend sind.

Während bei einem Drittel der Erwerbstätigen das „sofortige Geldverdienen" im Vordergrund stand, bzw. knapp ein Fünftel zum Zeitpunkt der Berufswahl noch unentschlossen war, wurde die Gruppe der späteren Auszubildenden und Arbeitslosen nach ihren Angaben hauptsächlich an einer Berufsaufnahme gehindert, weil sie keinen Ausbildungsplatz bekommen hatten.

Bei den Erwerbstätigen und Arbeitslosen war für einen Ausbildungsverzicht der Elterneinfluß erheblich. Knapp ein Fünftel der Erwerbstätigen war beim Übergang von der Schule in den Beruf über den weiteren Weg unentschlossen. Sowohl die Erwerbstätigen als auch Arbeitslosen gaben an, hauptsächlich wegen des fehlenden oder unzulänglichen Schulabschlusses an einer Berufsausbildung gehindert worden zu sein.

Als Gründe für die Wahl des jetzigen Berufs (bzw. Tätigkeit) stand bei 60 % der Auszubildenden das „Interesse" im Vordergrund. Dieser Aspekt wurde dagegen nur von rund einem Fünftel der Erwerbstätigen genannt.

Die Erwerbstätigen orientierten sich eher an den guten Verdienstmöglichkeiten bei der Berufswahl. Allerdings übt knapp ein Viertel der Erwerbstätigen die jeweilige Tätigkeit deshalb aus, weil sie keinen Ausbildungs- bzw. Arbeitsplatz in einem anderen Beruf bekommen haben.

16 % der Auszubildenden hätten lieber einen anderen Beruf erlernt. Hervorzuheben ist außerdem, daß für ein Viertel der Auszubildenden bei der Berufswahl auch der Aspekt der „guten Verwertungsmöglichkeiten im Heimatland" im Vordergrund stand (vgl. dazu Übersicht 37).

Übersicht 37: Gründe für die Wahl des Berufes bzw. der Tätigkeit (in %)

Gründe	Erwerbstätige	Auszubildende
Interesse	22	59
Habe dafür Arbeits- bzw. Ausbildungsplatz erhalten	4	22
Rat der Eltern	15	6
Gute Verdienstmöglichkeiten	23	16
Keinen Ausbildungsplatz in anderem Beruf	24	16
Beruf kann auch im Heimatland ausgeübt werden	11	25
Sonstiges	23	6
Keine Angaben	18	4

Beratungs- und Vermittlungsinstanzen

Auch hinsichtlich des Beratungs- und Vermittlungsverhaltens bestehen zwischen den einzelnen Gruppen erhebliche Unterschiede. Während die Hälfte der Auszubildenden bei der Berufsentscheidung durch die Schule und Berufsberatung der Arbeitsämter informiert und beraten wurde, wird dies lediglich von 14 % der Erwerbstätigen und in noch geringerem Maße von den Arbeitslosen angegeben. Diese Jugendlichen wurden hauptsächlich von den Eltern/Verwandten/Freunden, und zwar 52 % der Erwerbstätigen und knapp zwei Drittel der Arbeitslosen, beraten (vgl. Schaubild 23).

Ähnlich wie bei der Beratungssituation spielt für die Erwerbstätigen bei der Vermittlung die Hilfe der Eltern (44 %) eine wichtige Rolle, während die Auszubildenden bei ihrer Stellensuche eher die Dienstleistungen der Arbeitsämter in Anspruch nehmen. Bei jedem achten Auszubildenden wird außerdem die Vermittlungshilfe des Lehrers genannt. Über ein Drittel der Erwerbstätigen und Auszubildenden hat sich den Arbeits- bzw. Ausbildungsplatz selbst besorgt (vgl. Schaubild 24).

Berufswünsche männlicher Ratsuchender

Über 50 % der männlichen ausländischen Ratsuchenden, dies geht aus der Berufsberatungsstatistik hervor, äußerten 1979/80 keine oder nur eine unbestimmte Berufsvorstellung[1]). Im Beratungsjahr 1978/79 lag dieser Anteil noch bei 28 %. Diese auffallend starke Veränderung gegenüber dem Vorjahr dürfte auf den hohen Anteil an späteingereisten Jugendlichen unter den ausländischen Ratsuchenden zurückzuführen sein, die keine oder nur eine sehr vage Vorstellung von der deutschen Berufs- und Arbeitswelt besitzen.

Bei den genannten Berufsvorstellungen der männlichen ausländischen Jugendlichen dominieren die Fertigungsberufe mit 36 %, insbesondere Kraftfahrzeuginstandsetzer (13 %) und Elektriker (8 %). Bezogen auf alle Berufswünsche machen diese beiden Berufsbereiche einen Anteil von 45 % aus. Auffallend ist das geringe Interesse der ausländischen Jugendlichen an Bauberufen (2 %). Für eine qualifizierte Tätigkeit am Bau ist in manchen Herkunftsländern, z. B. in der Türkei, eine Berufsausbildung nicht vorgesehen.

Das Interesse an gehobenen technischen Berufen hat mit rund 6 % bei den ausländischen Jugendlichen den gleichen Stellenwert wie bei allen männlichen Ratsuchenden. Hier stehen hauptsächlich die Ingenieurberufe des Maschinen-, Fahrzeug- und Elektrobereichs im Vordergrund. Nur 7 % der männlichen Ausländer streben Berufe im Dienstleistungsbereich an, gegenüber 21 % aller männlichen Ratsuchenden[2])

Berufswünsche weiblicher Ratsuchender

Bei den weiblichen ausländischen Jugendlichen macht der Anteil der Ratsuchenden, die keine oder nur eine vage Berufsvorstellung hatten, 38 % aus und ist damit wesentlich niedriger als bei den männlichen Ausländern.

Bei der Hälfte der jungen ausländischen Frauen besteht der Wunsch nach Dienstleistungsberufen (bei den weiblichen Ratsuchenden insgesamt 62 %), hier dominiert insbesondere der Friseur-Beruf (14 %) vor den Waren- und Dienstleistungskaufleuten (10 %).

Relativ großes Interesse bestand bei den ausländischen jungen Frauen auch an Gesundheitsdienstberufen (9 %)

---

[1]) Quelle: Bundesanstalt für Arbeit (Hrsg.): Berufsberatung 1979/80; Ergebnisse der Berufsberatungsstatistik der Bundesanstalt für Arbeit, Oktober 1981.

[2]) Vgl. Bundesanstalt für Arbeit (Hrsg.): Berufsberatungsstatistik 1979/80, Oktober 1981, Tabellen Nr. 35/36.

und hier vor allem an einer Tätigkeit als Sprechstundenhelferin (4 %). Innerhalb der Organisations-, Verwaltungs- und Büroberufe (8 %) nahm die Bürofachkraft als Berufswunsch mit 7 % einen hohen Stellenwert ein (bei den weiblichen Ratsuchenden insgesamt liegt dieser Anteil bei 13 %).

Bei den Fertigungsberufen (10 %) konzentrierte sich der Berufswunsch der ausländischen Mädchen hauptsächlich auf Textil- und Bekleidungsberufe (6 %), die entsprechende Vergleichszahl für alle weiblichen Ratsuchenden liegt bei 2 %.

Ergebnisse der Beratung

Der relativ größte Teil der ausländischen Ratsuchenden (27 %) wurde in berufsvorbereitende Maßnahmen vermittelt, 14 % wurde der Besuch einer berufsbildenden Schule empfohlen und weitere 14 % mündeten in eine betriebliche Ausbildung ein.

Jeder 10. Ratsuchende wurde direkt in eine Arbeitsstelle vermittelt, für 4 % kam eine weitere allgemeine Schulbildung in Betracht. 1981 nahm die Anzahl der ausländischen Bewerber um Ausbildungsplätze, die einen Platz gefunden haben, um 6,6 % gegenüber dem Vorjahr zu. Allerdings ist nach wie vor davon auszugehen, daß ein erheblicher und gegenüber den Deutschen größerer Teil der jungen Ausländer, die einen konkreten und realisierbaren Berufswunsch haben, diesen nicht verwirklichen können.

6.1.3 Ausländische Beschäftigte in beruflicher Ausbildung

Empirische Untersuchung

Aus der Untersuchung des Bundesinstituts für Berufsbildung geht hervor, daß sich beim Übergang von der Schule ins Erwerbsleben erhebliche Unterschiede zwischen Erwerbstätigen, Auszubildenden und Arbeitslosen ergeben.

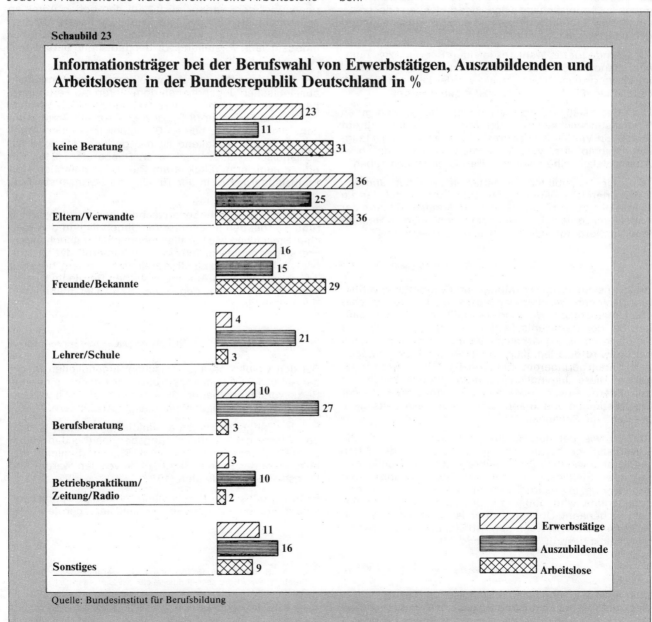

Schaubild 23

Informationsträger bei der Berufswahl von Erwerbstätigen, Auszubildenden und Arbeitslosen in der Bundesrepublik Deutschland in %

Quelle: Bundesinstitut für Berufsbildung

Von den Auszubildenden haben rund vier Fünftel sofort eine Ausbildung begonnen, 11 % haben erst einmal eine Berufsschule oder eine andere allgemeinbildende Schule besucht. Von den Erwerbstätigen mündeten rund ein Viertel nach Beendigung der allgemeinen Schulpflicht in der Bundesrepublik Deutschland in eine Ausbildung, 41 % nahmen jedoch gleich eine Tätigkeit als Jungarbeiter auf. Bei den derzeit arbeitslosen Jugendlichen ist auffallend, daß bereits beim Übergang von der Schule in den Beruf ein weitaus höherer Anteil als bei den beiden anderen Gruppen von der Arbeitslosigkeit betroffen war (vgl. Schaubild 25).

Am 30. Juni 1980 befanden sich 36 500 ausländische Jugendliche in einem beruflichen Ausbildungsverhältnis[1]), dies entspricht einem Anteil von 2,2 % aller sozialversicherungspflichtig Beschäftigten in beruflicher Ausbildung (1979 lag der Anteil bei 1,9 %) (vgl. Übersicht 38).

Gegenüber dem Vorjahr nahm die Anzahl der Ausländer in beruflicher Ausbildung überdurchschnittlich um 5800 oder 19 % zu[1]). Bezogen auf die Altersgruppe der 15- bis unter 18jährigen (ausländische Wohnbevölkerung) lag der Anteil der Auszubildenden bei knapp einem Fünftel (19 %).

Mit 36,5 % (= 13 300) waren junge Frauen bei den ausländischen Auszubildenden erheblich weniger vertreten als unter den Deutschen. Bei den deutschen Beschäftigten in Ausbildung lag der Anteil der jungen Frauen bei 44 %.

Der Ausländeranteil bei den Beschäftigten in beruflicher Ausbildung lag in Berlin mit 4,1 % am höchsten, danach folgt Hessen mit einem Anteil von 3 %. In Nordrhein-Westfalen und Baden-Württemberg liegt die Ausländerquote

---

[1]) Zu diesen Beschäftigten zählen neben den Auszubildenden nach dem Berufsbildungsgesetz auch Praktikanten, Volontäre, Schüler an Schulen des Gesundheitswesens und Teilnehmer an beruflichen Fortbildungs-, Umschulungs- und Einarbeitungsmaßnahmen, die in einem Beschäftigungsverhältnis stehen und von der Bundesanstalt für Arbeit gefördert werden. Im folgenden soll für die Gruppe der Beschäftigten in beruflicher Ausbildung auch die Bezeichnung Auszubildende gebraucht werden.

[1]) Geht man davon aus, daß bei einer im Schnitt dreijährigen Ausbildungszeit die Steigerung grundsätzlich durch eine Zunahme im ersten Ausbildungsjahr erfolgt sein muß, dann haben im Ausbildungsjahr 1979/80 rund 5600 (+ 55 %) mehr junge Ausländer eine Berufsausbildung begonnen als im Vorjahr.

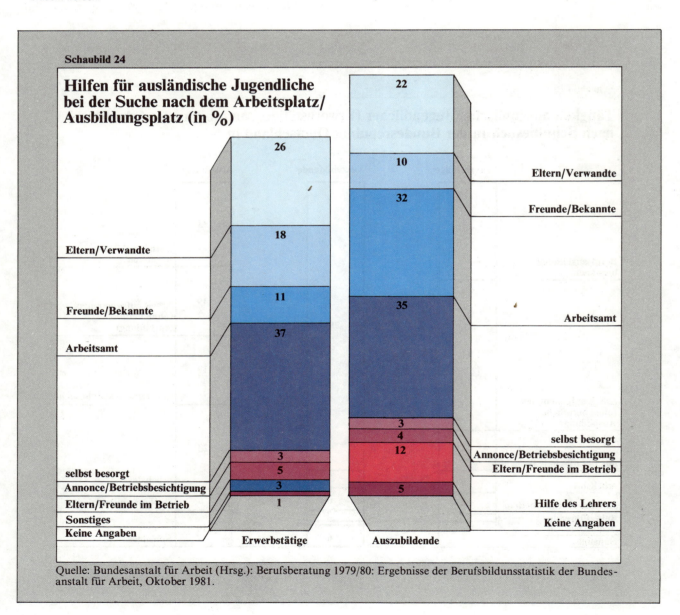

Schaubild 24

Hilfen für ausländische Jugendliche bei der Suche nach dem Arbeitsplatz/Ausbildungsplatz (in %)

Quelle: Bundesanstalt für Arbeit (Hrsg.): Berufsberatung 1979/80: Ergebnisse der Berufsbildungsstatistik der Bundesanstalt für Arbeit, Oktober 1981.

Übersicht 38: Anteil der ausländischen Beschäftigten in beruflicher Ausbildung an der ausländischen Wohnbevölkerung im Alter von 15 bis unter 18 Jahren 1976 — 1980) [1])

Jahr	Ausländische Wohnbevölkerung im Alter von 15 bis unter 18 Jahren	davon Beschäftigte in beruflicher Ausbildung absolut	in %
1976	120 000	30 479	25,4
1977	126 100	29 558	23,4
1978	128 300	28 851	22,5
1979	151 200	30 704	20,3
1980	190 800	36 462	19,1

[1]) Die Personen, die nicht nach Alter aufgegliedert werden konnten, wurden anteilig zugeordnet.

Quelle: Bundesanstalt für Arbeit (Hrsg.): Amtliche Nachrichten der Bundesanstalt für Arbeit, Hefte 9/1977, 2/1979, 10/1979, 7/1980, 4/1981.

der Auszubildenden über dem Bundesdurchschnitt. Geringe Ausländeranteile bei den Auszubildenden liegen in den Arbeitsamtsbezirken Nordbayern (1,2 %), Niedersachsen/Bremen (1,4 %) sowie Rheinland-Pfalz/Saarland (1,4 %) vor.

Ausbildungsbereiche von ausländischen Jugendlichen

Mit knapp einem Drittel (32 %) waren ausländische Auszubildende in den Angestellten- und damit hauptsächlich in Büroberufen gegenüber den deutschen Jugendlichen mit 46 % geringer vertreten. Die Ergebnisse der Berufsberatungsstatistik im Hinblick auf die Berufswünsche spiegeln sich hier wider.

Knapp die Hälfte (49 %) der männlichen ausländischen Jugendlichen wurde im verarbeitenden Gewerbe ausgebildet, an zweiter Stelle rangierte eine Ausbildung im Baugewerbe mit 15 % (trotz des zunächst geäußerten geringen Interesses der ausländischen Ratsuchenden an Bauberufen). Je 12 % befanden sich in einer Ausbildung im Dienstleistungsbereich und im Handel. Innerhalb des verarbeitenden Gewerbes wiederum stand die Ausbildung im Straßenfahrzeugbau (14 %) im Vordergrund. Im Maschinenbau wurden 6 % und im Bereich der Elektrotechnik 5 % der Ausländer ausgebildet (vgl. Übersicht 39).

Über die Hälfte der weiblichen Auszubildenden war im Dienstleistungsbereich beschäftigt, knapp ein Fünftel im verarbeitenden Gewerbe und 16 % hatten im Handel einen Ausbildungsplatz erhalten. 23 % der jungen ausländi-

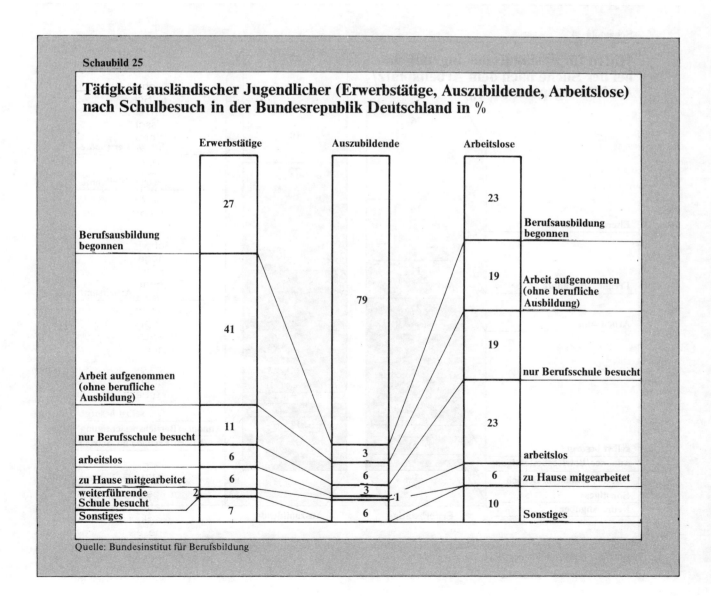

Übersicht 39: Beschäftigte in beruflicher Ausbildung nach Deutschen/Ausländern und Wirtschaftsgruppen am 30. Juni 1980

Wirtschaftsgruppen	Insgesamt	Deutsche	Ausländer			Verteilung der Beschäftigten in beruflicher Ausbildung nach Wirtschaftsgruppen in %			
			Insgesamt	davon:		Deutsche insgesamt	Ausländer davon:		
				Männer	Frauen			Männer	Frauen
Land-, Forstwirtschaft, Fischerei	41 557	41 038	519	390	129	2,5	1,4	1,7	1,0
Energie, Bergbau	26 634	25 497	1 137	1 111	26	1,6	3,1	4,8	0,2
Verarbeitendes Gewerbe	611 734	597 792	13 942	11 432	2 510	36,5	38,2	49,4	18,8
Baugewerbe	168 630	165 072	3 558	3 407	151	10,1	9,8	14,7	1,1
Handel	286 501	281 615	4 886	2 713	2 173	17,2	13,4	11,7	16,3
Verkehr, Nachrichtenübermittlung	45 191	44 422	769	557	212	2,7	2,1	2,4	1,6
Kreditinstitute, Versicherungsgewerbe	56 809	56 370	439	211	228	3,4	1,2	0,9	1,7
Dienstleistungen	365 074	354 991	10 083	2 857	7 226	21,7	27,7	12,3	54,2
Organisationen ohne Erwerbscharakter, priv. Haushalte	22 096	21 680	416	110	306	1,3	1,1	0,5	2,3
Gebietskörperschaften, Sozialversicherungen	48 726	48 036	690	337	353	2,9	1,9	1,5	2,6
Ohne Angabe	1 112	1 089	23	15	8	—	—	—	—
Zusammen	**1 674 064**	**1 637 602**	**36 462**	**23 140**	**13 322**	**100,0**	**100,0**	**100,0**	**100,0**

Quelle: Statistik der Bundesanstalt für Arbeit. Amtliche Nachrichten der Bundesanstalt für Arbeit 4/1981 und eigene Berechnungen.

schen Frauen wurden innerhalb des Dienstleistungssektors im Reinigungs- und Körperpflegegewerbe ausgebildet, d. h. insbesondere als Friseurin.

Ein überdurchschnittlicher Ausländeranteil liegt bei den folgenden Wirtschaftsgruppen vor:

— Bergbau (7,7 %)

— Reinigung, Körperpflege (5,5 %)

— Gaststätten und Beherbergung (3,8 %).

Ein stark unterdurchschnittlicher Ausländeranteil findet sich im

— Versicherungsgewerbe (0,8 %)

sowie im

— Kredit- und Finanzierungsgewerbe (0,7 %).

Empirische Untersuchung

Über die Verwendbarkeit der derzeitigen Tätigkeit auch für die zukünftigen beruflichen Pläne gehen die Einschätzungen der Erwerbstätigen und Auszubildenden weit auseinander. Während knapp 40 % der Erwerbstätigen sich mit ihrer jetzigen Tätigkeit auch spätere berufliche Chancen ausrechnen, sind nahezu alle Auszubildenden davon überzeugt, daß ihnen der erlernte Beruf auch eine berufliche Perspektive bietet.

Einschätzung der Arbeits- und Ausbildungssituation

Sowohl die Erwerbstätigen als auch die Auszubildenden bewerten ihre jeweilige Arbeits- und Ausbildungssituation überwiegend positiv, allerdings mit etwas unterschiedlicher Gewichtung. So macht über drei Viertel der Auszubildenden die Arbeit Spaß oder sie finden sie ziemlich gut.

Die übrigen Auszubildenden betrachten die betriebliche Ausbildung als notwendiges Übel. Schwierigkeiten werden nur von ganz wenigen genannt. Nicht ganz so leicht fällt den Auszubildenden der Berufsschulbesuch, obwohl auch hier 63 % damit keine besonderen Probleme haben. Eine etwas negativere Einstellung zur Arbeitssituation liegt bei den Erwerbstätigen vor. Zwar bekundet auch hier die Hälfte ihre positive Einstellung, aber gleichzeitig betrachten 40 % ihre Arbeit als ein notwendiges Übel und jeder Achte hat Probleme bei der Arbeit, die zum Teil soweit gehen, daß er am liebsten sofort aufhören möchte (vgl. *Schaubild 26*).

Befragt nach den konkreten Schwierigkeiten bei der Arbeit zeigen sich bei der überwiegenden Mehrheit der Auszubildenden keine Probleme. Ebenso haben zwei Drittel der Erwerbstätigen nach eigenen Angaben keine Schwierigkeiten am Arbeitsplatz. Von den erwerbstätigen Jugendlichen, die manchmal Schwierigkeiten im Betrieb haben, werden vor allem genannt: Sprachschwierigkeiten 40 %, Ärger mit deutschen Vorgesetzten 38 %, Intensität der Arbeit 35 %, Ärger mit deutschen Kollegen 30 %.

Jeder vierte Erwerbstätige fühlt sich durch die Vorgesetzten anders behandelt als die deutschen Kollegen, während von den Auszubildenden dies nur jeder Zehnte angibt.

Schwierigkeiten in der beruflichen Bildung

Übereinstimmend sind die meisten Erwerbstätigen, Auszubildenden und Arbeitslosen der Auffassung, daß für ausländische Jugendliche eine berufliche Ausbildung aufgrund ihrer vorherrschenden Defizite und spezifischen Probleme mit erheblichen Schwierigkeiten verbunden ist. Die Auffassung, daß ausländische Jugendliche in der Regel an einer Ausbildung überhaupt nicht interessiert seien, wird durch die befragten Jugendlichen nicht bestätigt.

Als größtes Hindernis oder Problem bei der Ausbildung werden von den Jugendlichen die Sprachschwierigkeiten genannt, danach der fehlende Schulabschluß sowie ungenügende Information.

Einhellig wird von den Jugendlichen die Auffassung vertreten, daß die Ausländer bei der Suche nach einem Ausbildungsplatz benachteiligt sind. Dies wird selbst von über zwei Dritteln der Auszubildenden bestätigt. Die Mehrheit der Erwerbstätigen und Arbeitslosen hält die Anforderungen einer Ausbildung insgesamt jedoch für zu hoch (vgl. *Schaubild 27*).

6.1.4 Beschäftigte ausländische Arbeitnehmer unter 20 Jahren

Am 30. Juni 1980 standen 101 200 ausländische Jugendliche unter 20 Jahren in einem sozialversicherungspflichtigen Beschäftigungsverhältnis. Das war knapp ein Drittel der im Bundesgebiet lebenden 317 900 ausländischen Jugendlichen im Alter von 15 bis unter 20 Jahren.

Die meisten beschäftigten ausländischen Jugendlichen unter 20 Jahren sind als Jungarbeiter beschäftigt.

6.2 Berufsvorbereitende Maßnahmen für junge Ausländer

6.2.1 Maßnahmen zur Berufsvorbereitung und sozialen Eingliederung junger Ausländer (MBSE)

Die Maßnahmen zur Berufsvorbereitung und sozialen Eingliederung junger Ausländer (MBSE) werden seit 1980 angeboten und gemeinsam von der Bundesanstalt für Arbeit (75 %), den Ländern und dem Bundesministerium für Arbeit und Sozialordnung (je 12,5 %) finanziert[1]). Vorrangiges Ziel der MBSE ist es, junge Ausländer mit Sprachschwierigkeiten und Bildungslücken, die aber nicht mehr der deutschen Schulpflicht unterliegen, auf die Aufnahme einer Berufsausbildung vorzubereiten. Die MBSE haben damit eine vergleichbare Funktion wie die allgemeinen berufsvorbereitenden Maßnahmen nach § 40 des Arbeitsförderungsgesetzes, an denen aufgrund sprachlicher und allgemeiner Bildungsdefizite nur wenige Ausländer teilnehmen können. Eine Teilnahme an allen berufsvorbereitenden Maßnahmen ist nur möglich, wenn spezifische Angebote seitens des allgemeinen und des berufsbildenden Schulwesens nicht oder nicht ausreichend zur Verfügung stehen.

[1]) Vgl. Berufsbildungsbericht 1981, S. 75, 79

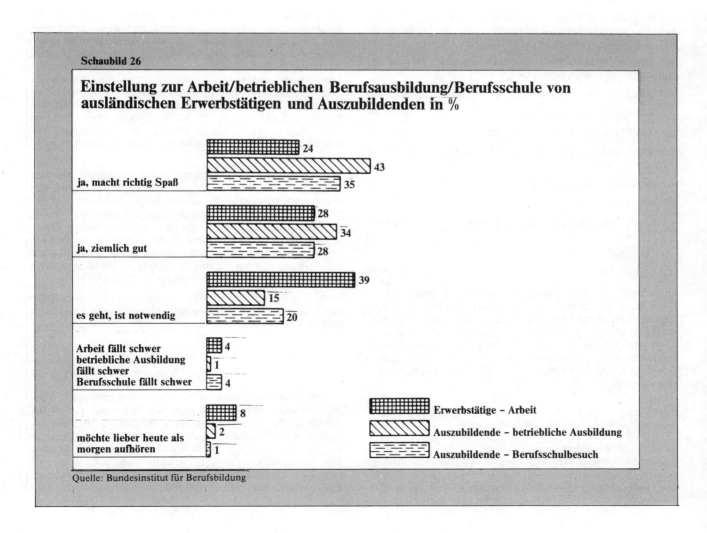

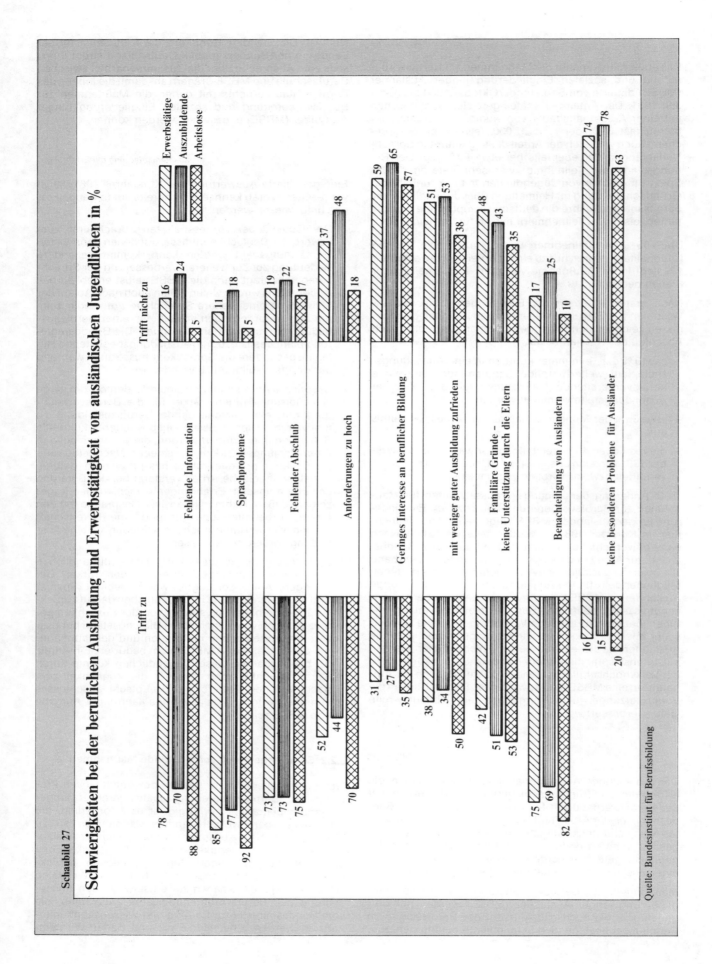

Schaubild 27

Schwierigkeiten bei der beruflichen Ausbildung und Erwerbstätigkeit von ausländischen Jugendlichen in %

Quelle: Bundesinstitut für Berufsbildung

Erste Kursergebnisse

Das erste volle Kursjahr der Maßnahmen zur Berufsvorbereitung und sozialen Eingliederung junger Ausländer (MBSE) dauerte von September/Oktober 1980 bis Juni/Juli 1981. Der Anteil der späteingereisten Jugendlichen mit einer Aufenthaltsdauer von weniger als einem Jahr betrug fast 60 % der rund 15000 Teilnehmer. Entsprechend hoch war auch der Anteil der sogenannten Sprach-Nullanfänger, der ebenfalls bei etwa 60 % lag. Der Bildungsstand der Teilnehmer war sehr heterogen, das Spektrum reichte von Jugendlichen mit nur fünfjähriger Grundschulbildung im Heimatland über Jugendliche, die bereits mehrere Jahre die deutsche Hauptschule besucht hatten, bis hin zu Teilnehmern mit Abitur im Heimatland.

Über 95 % der Teilnehmer waren Türken. Die übrigen Nationalitäten waren nur zu einem Anteil, der jeweils unter 1 % liegt in der Maßnahme vertreten. Der Anteil junger Frauen betrug nur 19 %.

Nach ersten landesweiten Erhebungen in Nordrhein-Westfalen und Bayern sowie mehreren regionalen Ergebnissen zeichnet sich folgendes Übergangsergebnis nach Abschluß des Kursjahres ab:

— ca. 19 % der Teilnehmer konnten in eine Ausbildungsstelle, auf weiterführende Schulen oder in weitere berufsvorbereitende Maßnahmen mit dem Ziel der Ausbildungsreife vermittelt werden;

— etwa 35 % der Teilnehmer nahmen ein Arbeitsverhältnis auf;

— die restlichen 46 % der Teilnehmer waren bis September 1981 vorzeitig ausgeschieden, noch nicht endgültig vermittelt bzw. ihr Verbleib war unbekannt.

Trotz Änderung der Zugangsvoraussetzungen für Maßnahmen zur Berufsvorbereitung und sozialen Eingliederung junger Ausländer (MBSE) liegt die Zahl der Teilnehmer im Kursjahr 1981/82 wieder bei etwa 15000: Nach einer einvernehmlich zwischen Bund, Ländern, Bundesanstalt für Arbeit und der Mehrheit der im Sprachverband „Deutsch für ausländische Arbeitnehmer e. V." vertretenen Mitglieder getroffenen Regelung können nur noch junge Ausländer an MBSE teilnehmen, die bereits über Grundkenntnisse der deutschen Sprache in einem Umfang verfügen, der eine sprachliche Verständigung ohne Dolmetscher mit dem jungen Ausländer möglich macht. Junge Ausländer, die diese Voraussetzung nicht erfüllen, werden auf Intensivsprachkurse oder andere Sprachkurse (z. B. der Volkshochschulen) verwiesen, deren Besuch vor Aufnahme in eine MBSE nachzuweisen ist. Dadurch sollen die Voraussetzungen für die Vermittlung der Ausbildungsreife weiter verbessert werden.

Vermehrte Sprachangebote

Damit die jungen Ausländer auch die Chance haben, die erforderlichen Grundsprachkenntnisse zu erwerben, hat der Sprachverband mit finanzieller Förderung des Bundesministers für Arbeit und Sozialordnung ein bundesweites Netz von Intensivsprachkursen aufbauen lassen. Insgesamt konnten dadurch etwa 10000 ausländische Jugendliche gefördert werden und die Voraussetzungen für eine anschließende Teilnahme an MBSE erwerben.

Maßnahmen zur Berufsvorbereitung und sozialen Eingliederung junger Ausländer (MBSE) werden nur dort genehmigt, wo auch das Angebot der Berufsschule im Rahmen der bestehenden Schulpflichtregelung sichergestellt ist. Die Ständige Konferenz der Kultusminister der Länder in der Bundesrepublik Deutschland strebt ihrerseits eine Absprache über die Zusammenarbeit zwischen Berufsschule und MBSE-Trägern an, damit die Inhalte des Berufsschulunterrichts mit denen die Maßnahmen zur Berufsvorbereitung und sozialen Eingliederung junger Ausländer (MBSE) abgestimmt werden können.

Zusammenfassung der Erfahrungen

Eine detaillierte Auswertung des Kursjahres 1981/82 ist vorgesehen. Vorab kann jedoch bereits auf folgende Fragen hingewiesen werden:

1. Der Qualität der vorgeschalteten Sprachkurse zum Erwerb der Deutschkenntnisse, auf denen dann in den MBSE aufgebaut werden kann, kommt besondere Bedeutung zu. Zur weiteren Verbesserung der Sprachkompetenz trägt dann die MBSE selbst erheblich bei. Andererseits wird in vielen Fällen auch nach Ablauf der Maßnahme eine weitere Sprachhilfe notwendig sein, um den Anforderungen im Rahmen einer Berufsausbildung gerecht werden zu können. Die Bundesregierung plant deshalb, durch ausbildungsbegleitende Hilfen insbesondere die Sprachkenntnisse auch während der Berufsausbildung zu verbessern.

2. Besondere Anstrengungen sind erforderlich, um junge ausländische Frauen stärker für die Berufsvorbereitung und eine anschließende Berufsausbildung zu motivieren. Hier müssen insbesondere kulturelle Schwellen überwunden werden, die vor allem bei den Eltern der jungen Türkinnen bestehen. Nachhaltig kann die Situation nur dadurch verbessert werden, daß die sozialpädagogische Arbeit verstärkt bei der Beratung der Eltern ansetzt. Erfahrungen verschiedener Träger zeigen, daß im Rahmen intensiver Gespräche mit den Eltern Vorbehalte abgebaut und eine Bereitschaft erreicht werden kann, auch junge Frauen auf eine Ausbildung vorbereiten zu lassen.

3. Auffallend gering ist die Beteiligung von Jugendlichen aus anderen Anwerbeländern als der Türkei. Der geringere Anteil der Jugoslawen, Griechen, Spanier und der Italiener dürfte im wesentlichen darauf zurückzuführen sein, daß sie sowohl von der Sprachkompetenz als auch vom allgemeinen Bildungsstand her bessere Voraussetzungen mitbringen und deshalb häufiger der Teilnahme an MBSE nicht bedürfen. Ein Anreiz für die Teilnahme dieser Jugendlichen könnte durch Kurse erreicht werden, in denen die Möglichkeit zum nachträglichen Erwerb des Hauptschulabschlusses vermittelt würde. Dies allerdings kann nicht Aufgabe von MBSE sein.

6.2.2 Schulische berufsvorbereitende Maßnahmen

MBSE kann allenfalls zur Lösung des quantitativen Problems der Berufsvorbereitung späteingereister junger Ausländer beitragen. Vorrangig ist es erforderlich, die schulischen berufsvorbereitenden Maßnahmen so zu gestalten, daß sie die besondere Situation junger Ausländer mit Sprachschwierigkeiten und Bildungslücken, insbesondere der späteingereisten Jugendlichen, berücksichtigen. In Niedersachsen und Nordrhein-Westfalen sind daher Modellvorhaben zur entsprechenden Ausgestaltung des Berufsvorbereitungsjahrs angelaufen, die vom Bundesminister für Bildung und Wissenschaft mitfinanziert werden. Rheinland-Pfalz und Baden-Württem-

berg bereiten zur Zeit entsprechende Modellvorhaben vor. Die stärkere Berücksichtigung der Situation späteingereister junger Ausländer in schulischen berufsvorbereitenden Maßnahmen ist auch durch die Herabsetzung der Altersgrenze für den Familiennachzug auf 16 Jahre besonders dringend geworden, weil späteinreisende ausländische Jugendliche in Zukunft in der Regel noch von der Schulpflicht erfaßt werden.

Folgende Schwerpunkte sind für die Berücksichtigung der Situation der späteingereisten ausländischen Jugendlichen in den schulischen berufsvorbereitenden Maßnahmen besonders wichtig:

— Intensiver Sprachunterricht,

— gezielter Abbau von Lücken der Allgemeinbildung, insbesondere im Bereich der Grundrechenarten,

— Integration sozialpädagogischer Inhalte, insbesondere auch intensive Elternarbeit,

— enge Verknüpfung mit Anschlußangeboten der Berufsausbildung durch intensive Kontakte zu Berufsberatung, Kammern, Betrieben und durch ein Betriebspraktikum,

— Ermöglichung einer Nachbetreuung durch Beratungslehrer,

— entsprechende Aus- und Fortbildung der Lehrer.

Die in den schulischen berufsvorbereitenden Maßnahmen gewonnenen Erfahrungen sollten gleichzeitig für entsprechende Fördermaßnahmen in der Teilzeitberufsschule genutzt werden, damit der Erfolg anschließender Berufsausbildungsmaßnahmen unterstützt werden kann.

6.3 Modellprogramm zur Förderung der Ausbildung von ausländischen Jugendlichen in anerkannten Ausbildungsberufen

Das Förderangebot der Bundesregierung im Bereich der Berufsvorbereitung und der Berufsausbildung ist an den unterschiedlichen Schwierigkeiten der ausländischen Jugendlichen orientiert und hat zum Ziel, möglichst vielen jungen Ausländern eine erfolgreiche betriebliche Berufsausbildung zu ermöglichen:

— Ein Teil der ausländischen Jugendlichen — dazu sind die ausländischen Jugendlichen zu zählen, die bereits mehrere Jahre deutsche Schulen besucht und auch den Hauptschulabschluß erworben haben -, kann nach der Schule unmittelbar ohne weitere Förderung eine betriebliche Berufsausbildung aufnehmen. Dies sollten die Betriebe in stärkerem Maße als bisher bei der Besetzung ihrer Ausbildungsstellen berücksichtigen.

— Junge Ausländer mit erheblichen Sprachschwierigkeiten und unterschiedlich ausgeprägten Wissenslücken werden zunächst in den einjährigen Maßnahmen zur Berufsvorbereitung und sozialen Eingliederung junger Ausländer (MBSE) so weit gefördert, daß ein Großteil von ihnen wiederum ohne weitere Förderung eine betriebliche Berufsausbildung erhalten kann.

— Junge Ausländer ohne deutsche Sprachkenntnisse, insbesondere die sogenannten „Nullanfänger", können durch Intensivsprachkurse auf die Teilnahme an den Maßnahmen zur Berufsvorbereitung und sozialen Eingliederung junger Ausländer (MBSE) vorbereitet werden.

— Für solche Absolventen der Maßnahmen zur Berufsvorbereitung und sozialen Eingliederung junger Ausländer (MBSE) oder anderer auch schulischer berufsvorbereitender Maßnahmen, die für eine erfolgreiche Berufsausbildung noch einer weiteren ausbildungsbegleitenden Förderung bedürfen, stehen Anschlußangebote der Berufsausbildung im Rahmen des Modellprogramms und — vor allem für die jungen Ausländer mit besonders großen Defiziten — im Rahmen des Benachteiligtenprogramms[1]) zur Verfügung.

Das vom Bundesminister für Bildung und Wissenschaft im Juni 1980 vorgelegte Modellprogramm zur Förderung der Ausbildung von ausländischen Jugendlichen in anerkannten Ausbildungsberufen[2]) ist inzwischen angelaufen. Bisher werden 15 Einzelvorhaben gefördert,

— an denen sich insgesamt 108 Betriebe beteiligen,

— in denen knapp 450 ausländische Jugendliche (1982/83 voraussichtlich 800—1000) gemeinsam mit deutschen Jugendlichen überwiegend in Metall-, Elektro-, Holz- und Bergbauberufen, im Friseurhandwerk sowie als Einzelhandelskaufmann/Einzelhandelskauffrau ausgebildet werden und

— in denen mehr als 100 Ausbilder und Sozialbetreuer auf ihre Arbeit mit den ausländischen Auszubildenden vorbereitet und entsprechend fortgebildet werden.

Die überwiegende Anzahl der ausländischen Auszubildenden sind türkische Jugendliche. Junge Frauen sind bisher noch unterrepräsentiert.

In der Mehrzahl haben die Jugendlichen keinen deutschen Schulabschluß. Sie besuchen vor Beginn der Berufsausbildung eine berufsvorbereitende Maßnahme (z. B. Maßnahmen zur Berufsvorbereitung und sozialen Eingliederung ausländischer Jugendlicher (MBSE)).

6.3.1 Ausbildungsbegleitende Förderangebote

Hauptziel des Modellprogramms ist es, gemeinsam mit den an der beruflichen Bildung Beteiligten — vor allem den Betrieben selbst — geeignete ausbildungsbegleitende Förderangebote zu entwickeln und in der betrieblichen Praxis zu erproben, die zusätzlich erforderlich sind, um auch jungen Ausländern und Ausländerinnen mit Sprachschwierigkeiten und Lernlücken eine volle berufliche Qualifizierung zu ermöglichen. Die Modelle sollen einen Anstoß zu einer stärkeren Ausbildungsbereitschaft der Betriebe geben. Sie sollen zeigen, daß interessierte Betriebe unter Nutzung der Erfahrungen aus den praxiserprobten Beispielen in der Lage sind, ohne zu großen Mehraufwand auch junge Ausländer mit Sprachschwierigkeiten und Wissenslücken ausbilden zu können.

Zu den fünf thematischen Schwerpunkten des Programms werden derzeit konkrete, modellhafte Beispiele entwickelt und erprobt:

— zur Motivation und Information der ausländischen Jugendlichen und ihrer Eltern und zur Motivation der Betriebe, ausländische Jugendliche auszubilden;

— zur zusätzlich erforderlichen ausbildungsbegleitenden Förderung der Jugendlichen;

— zur sozialpädagogischen Begleitung;

— zur Fortbildung der Ausbilder und der Sozialpädagogen;

---

[1]) Vgl. Abschnitt 5.5

[2]) Berufsbildungsbericht 1981, S. 81

— zur Kooperation von Betrieben, vor allem von Mittel- und Kleinbetrieben.

Fachbezogene Stützangebote

In 14 der insgesamt bisher angelaufenen 15 Modelle steht die Entwicklung von fachbezogenen Stützangeboten zum Abbau von Sprachschwierigkeiten und Lernlücken mit im Mittelpunkt. Die Fördermaßnahmen sollen durch die inhaltliche Verbindung von Sprachunterricht, Vermittlung von Fachpraxis und Fachtheorie sowie sozialpädagogischer Begleitung aufeinander aufbauende Lernschritte in allen Bereichen ermöglichen. Sprachliche und mathematisch-technische Zusatzangebote haben in diesem Zusammenhang z. B. auch die Aufgabe, fachpraktische Unterweisung und fachtheoretischen Unterricht vor- und nachzubereiten.

Die bisherigen Erfahrungen zeigen, daß die jungen Ausländer weitaus geringere Schwierigkeiten haben, im Betrieb die Fachpraxis zu erlernen, als z. B. in der Berufsschule die Fachtheorie zu verstehen und Prüfungen erfolgreich abzulegen. Dem Sprachverständnis (Umgangs- und Schriftsprache) kommt offenbar eine große Bedeutung zu.

Die ergänzende Förderung wird während der Ausbildung, aber auch in zusätzlichen Stunden angeboten. Zu diesem Zweck werden Unterrichts- und Unterweisungsmaterialien, die auf deutsche Jugendliche und deren Sprachverständnis zugeschnitten sind, den Bedürfnissen der ausländischen Jugendlichen entsprechend aufbereitet und überarbeitet, ferner werden die erforderlichen Sprachhilfen entwickelt.

In einigen Modellvorhaben werden ausbildungsbegleitende Stützangebote von den Betrieben selbst erarbeitet — in den meisten Vorhaben wird diese Aufgabe von Kammern, von Bildungswerken der Wirtschaft und von freien Trägern, von Volkshochschulen, von Ausländer-Fördervereinen und von Initiativgruppen übernommen.

6.3.2 Sprachliche und sozialpädagogische Betreuung

In fast allen Modellvorhaben arbeiten neben den Ausbildern und Sprachlehrern auch Sozialpädagogen. Sie sollen

— die jungen Ausländer und Ausländerinnen zunächst einmal gemeinsam mit der Berufsberatung der Arbeitsämter auf die Ausbildung vorbereiten, ihnen und vor allem auch ihren Eltern Mut zur Ausbildung machen,

— gemeinsam mit den Ausbildern Vorurteile im Betrieb z. B. von seiten der Belegschaft abbauen,

— die ausländischen Jugendlichen und ihre Eltern „bei der Stange halten", d. h. verhindern, daß die Ausbildung bei den ersten größeren Schwierigkeiten abgebrochen wird.

In der Regel ist diese umfassende Betreuungsarbeit, die sich auch auf die Freizeit der Jugendlichen erstrecken kann, von den Ausbildern allein nicht zu leisten. Deshalb kommt es vor allem auf eine gute Zusammenarbeit aller betreuenden Personen — der Ausbilder, der Berufsschullehrer und der Sozialpädagogen — an.

Auch in diesem Zusammenhang kommt der integrierten Sprachförderung eine wichtige Aufgabe zu. So haben erste Modellerfahrungen gezeigt, daß fachliche Lernfähigkeit und insbesondere soziale Kontaktfähigkeit der jungen Ausländer vom Umfang ihres Selbstvertrauens abhängen. Ein Deutschunterricht, der Sprachbefähigung so betreibt, daß Lebens- und Ausbildungssituationen aufgearbeitet werden, trägt hierzu entscheidend bei.

In fast allen Modellen werden die Ausbilder und auch die Sozialpädagogen auf die Ausbildung von ausländischen Jugendlichen vorbereitet und entsprechend weitergebildet. Aus der Sicht der Betriebe sind die Weiterbildungsangebote für Ausbilder, in denen sie sich mit den Lebensumständen ihrer ausländischen Auszubildenden im Herkunftsland, in der Bundesrepublik sowie mit deren Verhaltensmustern und grundlegenden Wertvorstellungen vertraut machen können, eine entscheidende Grundlage für die erfolgreiche Berufsausbildung und die innerbetriebliche soziale Anerkennung der jungen Ausländer.

Qualifizierung des Personals

In einem Modellvorhaben, an dem sich die Handwerkskammer Köln und die Betriebe Bayer AG, Ford-Werke AG und die Klöckner-Humboldt-Deutz AG beteiligen, werden ausschließlich Wege zur Qualifizierung des Ausbildungspersonals für die Arbeit mit türkischen Jugendlichen in Industrie und Handwerk entwickelt und erprobt. In Zusammenarbeit von deutschen Ausbildern mit türkischen und deutschen Experten wurde ein Weiterbildungslehrgang für Ausbilder erarbeitet, in dem Informationen über die Lebenssituation türkischer Familien und ihrer Kinder im Herkunftsland und in der Bundesrepublik anhand von Fallbeispielen so angeboten werden, daß Ausbilder in bisher schwierigen Situationen die Probleme der Jugendlichen erkennen und verstehen können und über Möglichkeiten verfügen, angemessen zu reagieren.

Dieser Lehrgang wird derzeit mit 24 Ausbildern aus Industrie und Handwerk erprobt. Nach einer Überarbeitung und einer erneuten Erprobung wird er im Herbst 1982 allen interessierten Betrieben und Institutionen — z. B. auch dem Ausbilderförderungszentrum in Essen e. V. (AFZ) — zur Verfügung gestellt.

Die Mehrzahl der Modelle sind Kooperationsvorhaben. Dies bedeutet, daß die fachpraktische Ausbildung und Unterweisung von beteiligten Betrieben geleistet wird, während die zusätzliche Förderung der ausländischen Jugendlichen vom Träger des Versuchs organisiert und durchgeführt wird, z. B. von zuständigen Stellen, von Bildungswerken der Wirtschaft und von freien Trägern, Initiativen oder Vereinen. Damit wird vor allem Klein- und Mittelbetrieben ermöglicht, ausländische Jugendliche, die noch Sprachschwierigkeiten und Wissenslücken aufweisen, auszubilden.

Um möglichst rasch eine breite Umsetzung der Modellergebnisse zu erreichen, werden erste Teilergebnisse kontinuierlich durch das Bundesinstitut für Berufsbildung in Berlin, das die einzelnen Modelle betreut und koordiniert, an alle an der beruflichen Bildung Beteiligten weitergegeben.

1983 werden noch weitere Modellvorhaben beginnen

Bei der Gesamtauswertung der Modellergebnisse werden die regionalen und berufsspezifischen Besonderheiten ebenso berücksichtigt werden wie die bei der Ausbildung von jungen Ausländerinnen auftretenden Probleme.

Bis 1983 werden noch weitere Modellvorhaben beginnen können. Sie sollen

— ihren Standort vorrangig in den bisher nicht beteiligten Ländern Schleswig-Holstein, Saarland, Bremen und Hamburg haben,

- dazu beitragen, weitere Branchen und Berufe für die jungen Ausländer zu erschließen, z.B. Chemie- und Bauberufe, kaufmännisch-verwaltende und pflegerische Berufe,
- wegweisend für die Öffnung der Berufsausbildung von jungen Ausländerinnen sein und/oder
- Beispiele erarbeiten, wie ausländische Jugendliche für die Aufnahme einer Berufsausbildung gewonnen werden können.

6.3.3 Modelle zur Nachqualifizierung ausländischer Arbeitnehmer

Neben den Fördermaßnahmen im Bereich der Erstausbildung ausländischer Jugendlicher sind verstärkte Bemühungen erforderlich, um den erwachsenen Ausländern, die bisher weder eine berufliche Erstausbildung noch eine entsprechende weiterführende Schulbildung erhalten haben, die Chance einer nachträglichen beruflichen Qualifizierung zu geben. Hierfür ist es notwendig, die Regelangebote des Arbeitsförderungsgesetzes so auszugestalten, daß sie in stärkerem Maße auch von Ausländern mit Sprachschwierigkeiten in Anspruch genommen werden können.

Zur Zeit laufen zwei Modellvorhaben an, in denen erwachsene Ausländer aufbauend auf ihrer Berufserfahrung in Abendkursen auf den nachträglichen Erwerb einer vollen beruflichen Qualifizierung im Wege der Externenprüfung vorbereitet werden. Weitere Modellvorhaben sind vorgesehen, in denen insbesondere Regelangebote der Umschulung durch entsprechende begleitende Fördermaßnahmen (etwa Sprachunterricht, Stützunterricht zum Nachholen von Allgemeinbildung und zur Unterstützung beim Erlernen der Fachtheorie sowie sozialpädagogische Betreuung) so ausgestaltet werden, daß sie von arbeitslosen Ausländern ohne Erstausbildung erfolgreich wahrgenommen werden können.

7. Berufliche Weiterbildung

7.1 Ordnung in der beruflichen Weiterbildung

Die technischen, wirtschaftlichen und gesellschaftlichen Entwicklungen führen zu ständigen Veränderungen der beruflichen Anforderungen, auf die sich die Betriebe und Verwaltungen, die Arbeitnehmer und das Bildungssystem einzustellen haben. Insbesondere für die Anbieter von beruflicher Weiterbildung ist es eine wichtige Aufgabe, auf die neuen Anforderungen rasch zu reagieren und die Umstellung der Berufstätigen zu fördern. Flexibilität des Weiterbildungsangebotes und Vielfalt der Weiterbildungsträger sind daher Voraussetzungen für ein leistungsfähiges Weiterbildungssystem.

Das trifft im Prinzip auch für die andere wichtige Aufgabe der beruflichen Weiterbildung zu, den Berufstätigen den beruflichen und sozialen Aufstieg zu erleichtern bzw. zu ermöglichen. Insbesondere für diesen Bereich der beruflichen Weiterbildung gilt der Auftrag des Berufsbildungsgesetzes und der Handwerksordnung, nach pflichtgemäßem Ermessen Mindeststandards für die außerschulische berufliche Weiterbildung (berufliche Fortbildung und berufliche Umschulung) festzulegen und die Anforderungen im einzelnen zu bestimmen (§§ 46 und 47 des Berufsbildungsgesetzes, §§ 42 und 42a der Handwerksordnung).

Auf dieser Grundlage hat der Bund dreizehn Rechtsverordnungen erlassen und die zuständigen Stellen haben für 115 Fortbildungsberufe Regelungen getroffen. Darüber hinaus kann der Bund die Anforderungen speziell der handwerklichen, landwirtschaftlichen, hauswirtschaftlichen Meisterprüfung sowie der Ausbildungsmeisterprüfung durch 58 Rechtsverordnungen festlegen (§§ 77, 81 und 95 des Berufsbildungsgesetzes, § 45 der Handwerksordnung).

Die Ordnungsmaßnahmen des Bundes dienen insbesondere

- der Vereinheitlichung von Maßnahmen mit überregionaler Bedeutung
- der staatlichen Anerkennung von Weiterbildungsabschlüssen und damit auch der Weiterbildungsleistungen im außerschulischen Bereich
- der Verbesserung der Vergleichbarkeit und der Durchlässigkeit in der beruflichen Weiterbildung.

Stand der Regelungstätigkeit des Bundes

Der Bund hat von seinen Regelungsmöglichkeiten nach §§ 46 und 47 des Berufsbildungsgesetzes und §§ 42 und 42a der Handwerksordnung zurückhaltend Gebrauch gemacht. Im Rahmen dieser Regelungsermächtigungen sind bisher insgesamt dreizehn Fortbildungsverordnungen, davon fünf im Industriemeisterbereich, sowie eine Umschulungsverordnung erlassen worden.

Weitere Rechtsverordnungen sind in Vorbereitung, z.B. zum Sozialberater für ausländische Arbeitnehmer und ihre Familien, zur Werkschutzfachkraft, zum Kraftwerker und zum Wirtschaftsinformatiker. Für Fortbildungsordnungen im kaufmännisch-verwaltenden Bereich werden zur Zeit die Grundlagen erarbeitet.

7.2 Stipendienprogramm Venedig

Auf Empfehlung der parlamentarischen Versammlung des Europarates wurde zur „Rettung Venedigs" die „Europäische Stiftung Pro Venetia Viva" gegründet. Erste Maßnahme dieser Stiftung war die Schaffung des „Europäischen Ausbildungszentrums für Handwerker im Denkmalschutz in Venedig". In diesem Ausbildungszentrum werden Handwerker wie Steinmetze, Maler, Schmiede im Denkmalschutz in mehrmonatigen Kursen fortgebildet. Dabei wird sowohl auf die Vermittlung und Ergänzung handwerklicher Fertigkeiten als auch auf die Erweiterung der entsprechenden Kenntnisse Wert gelegt. Das Ausbildungszentrum strebt hierbei insbesondere folgende Bildungsziele an:

a) Vermittlung des erforderlichen Geschichtswissens,

b) Kenntnisse und Fertigkeiten von früher verwendeten Techniken und Werkzeugen,

c) Grundkenntnisse aus benachbarten Gewerben,

d) Einübung verschiedener Konservierungs- und Restaurierungsverfahren an den venezianischen Bauwerken,

e) Förderung des Erfahrungsaustausches im Denkmalschutz zwischen den Handwerkern der verschiedenen westeuropäischen Nationen.

Pro Kurs werden ca. 20 Teilnehmer aus den europäischen Staaten aufgenommen. Die Kurse schließen mit einer Prüfung ab.

1980 konnte erstmals seitens des Bundesministers für Bildung und Wissenschaft die Teilnahme deutscher Handwerker an Fortbildungskursen in Venedig gefördert werden. Im Rahmen der für deutsche Teilnehmer zur Verfügung stehenden Plätze (ca. 4 je Kurs, insgesamt ca. 20 pro Jahr) wurden in den Jahren 1980 und 1981 insgesamt 35 Stipendien vergeben. Die deutschen Teilnehmer haben durchweg mit Erfolg an den Kursen teilgenommen.

Das Stipendienprogramm wird weitergeführt, da weiterhin ein erhebliches Interesse daran besteht, daß Handwerker an dem Europäischen Ausbildungszentrum in Venedig fortgebildet werden.

7.3 Betriebliche Weiterbildung im Rahmen des Arbeitsmarktpolitischen Programms der Bundesregierung für Regionen mit besonderen Beschäftigungsproblemen

Mit dem Arbeitsförderungsgesetz (AFG) wurde die Förderung beruflicher Weiterbildung (Fortbildung, Umschulung, Einarbeitung) zum Kernstück einer vorausschauenden Arbeitsmarktpolitik.

7.3.1 Ziele des Arbeitsmarktpolitischen Programms der Bundesregierung für Regionen mit besonderen Beschäftigungsproblemen

Im Arbeitsmarktpolitischen Programm der Bundesregierung für Regionen mit besonderen Beschäftigungsproblemen[1]) vom 16. Mai 1979 mit einem ursprünglich geplanten Umfang von 500 Mio. DM, dann auf rund 860 Mio. DM aufgestockt, für 23 Arbeitsamtsbezirke in fünf Regionen (Ruhrgebiet, Saarland, Ostbayern, Ostfriesland, niedersächsisches Zonenrandgebiet) erhielt die berufliche Weiterbildung als Instrument vorbeugender Arbeitsmarktpolitik einen neuen Akzent:

a) Zum ersten Mal wurden in größerem Umfang innerbetriebliche Weiterbildungs- und Qualifizierungsmaßnahmen im Rahmen des Schwerpunkts 1 des Programms mit einem Mittelvolumen von über 410 Mio. DM öffentlich gefördert, was im Rahmen des Arbeitsförderungsgesetzes (§ 43 Abs. 2) nur in Ausnahmefällen möglich ist.

b) Zugleich wurde die berufliche Weiterbildung in neuartiger Kombination mit anderen arbeitsmarktpolitischen Instrumenten eingesetzt, um arbeitsmarkt-, regional-, wirtschaftsstruktur- und bildungspolitische Zielsetzungen zu realisieren.

Die Zielsetzungen des Programms bezogen sich insbesondere auf die Qualifizierung von Arbeitnehmern in Betrieben mit Umstellungs- und Anpassungsprozessen, eine größere Mitverantwortung der Betriebsräte bei betrieblichen Umstrukturierungen und beschäftigungspolitischen Maßnahmen und Hilfen für die Wiedereingliederung und Beschäftigung von Arbeitslosen.

Das Programm gliederte sich in drei Schwerpunkte:

1. Berufliche Qualifizierung der Arbeitnehmer in Betrieben mit Anpassungs- und Umstellungsprozessen

2. Wiedereingliederung Ungelernter sowie längerfristig Arbeitsloser mit Hilfe von Einarbeitungszuschüssen und „Ergänzenden Eingliederungsbeihilfen"

3. Arbeitsbeschaffungsmaßnahmen im Bereich der sozialen Dienste, des Umweltschutzes und zur Verbesserung des Wohnumfeldes.

Im ersten Schwerpunkt des Programms, auf den die folgende Darstellung konzentriert ist, wurden drei Qualifizierungsarten bzw. -typen durch Lohnkostenzuschüsse gefördert:

a) Umschulung in Berufe mit anerkanntem Abschluß (mit 90 % Lohnkostenzuschuß für die Dauer der gesamten Maßnahme und 100 % bei außer- oder überbetrieblicher Durchführung der Maßnahme unter Aufrechterhaltung des Arbeitsverhältnisses);

b) Fortbildung in Berufe mit anerkanntem Abschluß (mit 90 % für maximal 24 Monate Maßnahmedauer);

c) sonstige Maßnahmen zur Qualifizierung für einen neuen Arbeitsplatz gemäß einem mit dem Betrieb festgelegten Plan (mit 80 % für Maßnahmen von maximal 12 Monaten Dauer).

Im Falle von notwendigen Anpassungsprozessen sollten umstellungsbedingte Entlassungen von nicht hinreichend qualifizierten Arbeitnehmern durch gezielte Förderung von betrieblich organisierten Qualifizierungsprozessen vermieden werden. Die Vergabe der Mittel wurde dabei nicht nur an die Aufrechterhaltung des Beschäftigungsverhältnisses des geförderten Arbeitnehmers geknüpft; der Betrieb erhält vielmehr nur dann die Qualifizierungszuschüsse, wenn er seine Qualifizierungsanstrengungen über das bisherige Maß ausweitet und der Betriebsrat den Qualifizierungsmaßnahmen zustimmt.

Die Gesamtzahl der Teilnehmer an den Qualifizierungsmaßnahmen nach Schwerpunkt 1 des Arbeitsmarktpolitischen Programms betrug mehr als 30 000.

Dabei hat die weitaus überwiegende Zahl der Betriebe „sonstige Qualifizierungsmaßnahmen" (wie unter c) beschrieben) durchgeführt (für über 25 000 Teilnehmer). Dabei gab es kaum Unterschiede zwischen Groß- und Kleinbetrieben. Betriebsgrößenabhängig war hingegen die Beteiligung an Fortbildung und Umschulung (über 4 300 Teilnehmer). Nahezu zwei Drittel der Fortbildungs- und Umschulungsmaßnahmen wurden in Großbetrieben durchgeführt.

7.3.2 Erste Ergebnisse der Begleitforschung

Die Bundesregierung hat mehrere wissenschaftliche Institute beauftragt, das Arbeitsmarktpolitische Programm begleitend zu untersuchen. Die endgültigen Ergebnisse dieser Begleitforschung werden für Ende 1982 erwartet. Auf der Grundlage erster bereits vorliegender Ergebnisse läßt sich sagen:

Viele Betriebe (über ein Drittel), so auch Klein- und Mittelbetriebe, haben erstmals mit Hilfe des Arbeitsmarktpolitischen Programms der Bundesregierung für Regionen mit besonderen Beschäftigungsproblemen eigene Weiterbildungs- und Qualifizierungsmaßnahmen durchgeführt. Weiterbildungserfahrene Betriebe wurden in ihren Qualifizierungsanstrengungen bestätigt und zur Ausweitung ihrer Maßnahmen angeregt.

Un- und angelernte Arbeiter, die für außerbetriebliche Qualifizierungsmaßnahmen sehr schwer zu motivieren sind, haben in erheblichem Umfang (über die Hälfte) an den berufsbildenden Maßnahmen teilgenommen. Offenbar sind un- und angelernte Arbeitnehmer in besonderem Maße von betrieblichen Umstellungs- und Rationalisierungsprozessen betroffen und haben damit auch einen

---

[1]) Vgl. Bundesminister für Arbeit und Sozialordnung (Hrsg.): Arbeitsmarktpolitisches Programm der Bundesregierung für Regionen mit besonderen Beschäftigungsproblemen, Bonn 1979

erheblichen Bedarf an Weiterbildung. Zugleich zeigen die Projekte, daß die Teilnahme an Qualifizierungsmaßnahmen viel leichter aufgenommen wird, wenn das Arbeitsverhältnis und das Einkommen gesichert sind. In etwa jedem zweiten Fall war die Weiterbildung mit einer Verbesserung des Einkommens verbunden bzw. vorgesehen[1]). In Teilnehmeraussagen ist die Sicherung des Arbeitsplatzes die wesentlichste Voraussetzung zur Teilnahme.

Es hat sich gezeigt, daß unter diesen Bedingungen mangelnde Motivation und eine große Anzahl von Abbrechern, die den Erfolg außerbetrieblicher Weiterbildung nicht selten gefährden, für die betriebliche Qualifizierung erheblich geringere Bedeutung haben.

Bevorzugter Lernort, insbesondere für die Un- und Angelernten, ist der Arbeitsplatz. Betriebliche Schulungsräume oder außerbetriebliche Bildungseinrichtungen haben ergänzende Bedeutung. Auch bei den Lehrkräften und Ausbildern nutzten die Betriebe primär die eigenen Möglichkeiten. In einigen Betrieben hatten nebenberufliche Ausbilder zentrale Bedeutung, da sie sich nicht nur an der Durchführung der Maßnahme beteiligten, sondern auch den Qualifizierungsbedarf gegenüber der Betriebs- und Personalleitung artikulierten und auf die Auswahl der Teilnehmer Einfluß nahmen.

Der Betriebsrat mußte dem Antrag des Arbeitgebers eine Stellungnahme beifügen. Die Aktivität der Betriebsräte konzentrierte sich vor allem auf die Mitwirkung bei der Teilnehmerauswahl, die zum Teil auch die Motivierung potentieller Teilnehmer mit einschloß.

Jede zweite betriebliche Maßnahme bereitet auf einen geplanten Wechsel des Arbeitsplatzes vor[1]). Die Probleme des innerbetrieblichen Arbeitsplatzwechsels sind für die Betroffenen jedoch eher zu übersehen und zu bewältigen als die Risiken einer Wiedereingliederung in das Beschäftigungssystem nach Teilnahme an einer ausschließlich außerbetrieblichen Qualifizierungsmaßnahme außerhalb des bestehenden Arbeitsverhältnisses.

Neben den Chancen und positiven Qualifizierungseffekten lassen die Ergebnisse des Arbeitsmarktpolitischen Programms jedoch auch Probleme insbesondere bei betrieblicher Weiterbildung erkennen insofern, als die Maßnahmen vorwiegend betriebsspezifisch orientiert sind. Auch eine betriebsinterne Bescheinigung der Qualifizierungsteilnahme erfolgte nur in einem guten Drittel der Fälle[2]).

Ein zentrales Hindernis für weiterführende Aktivitäten liegt in den mangelnden Voraussetzungen für die Planung, Organisation und Durchführung betrieblicher Weiterbildung vieler Klein- und Mittelbetriebe.

7.3.3 Vorläufige Schlußfolgerungen

Endgültige Schlußfolgerungen lassen sich noch nicht ziehen, hier sind die weiteren Ergebnisse der Begleitforschung abzuwarten. Es lassen sich jedoch schon jetzt einige Leitgedanken für die Durchführung von betrieblichen Weiterbildungsmaßnahmen aufstellen:

---

[1]) Vgl. Infratest-Sozialforschung: Begleitforschung zum Arbeitsmarktpolitischen Programm der Bundesregierung für Regionen mit besonderen Beschäftigungsproblemen, Bd. 4, Teilnehmererhebung zu Schwerpunkt 1: Berufliche Qualifizierung, München, 1980

[2]) Vgl. Infratest Sozialforschung: Begleitforschung zum Arbeitsmarktpolitischen Programm der Bundesregierung für Regionen mit besonderen Beschäftigungsproblemen Bd. 4; Teilnehmererhebung zu Schwerpunkt 1: Berufliche Qualifizierung, München 1980

a) Betriebsspezifische Weiterbildung sollte im Interesse der Teilnehmer vom Betrieb so angelegt werden, daß insbesondere der Gruppe der Un- und Angelernten die Chance eröffnet wird, einen anerkannten Aus- oder Fortbildungsabschluß anzustreben.

b) Die Voraussetzungen für die Planung, Organisation und Durchführung (wie z. B. Hilfen für die Bedarfsermittlung, Ausbilderkapazität, Lehr- und Lernmaterialien) von Weiterbildung in den Betrieben sollten so verbessert werden, daß eine systematische betriebliche Bildungsarbeit ermöglicht wird.

c) Sinnvoll erscheinen auch Organisationskonzepte für einen Lernortverbund in der beruflichen Weiterbildung, durch den die Verknüpfung des Lernorts Arbeitsplatz / Betrieb mit außerbetrieblichen Weiterbildungseinrichtungen ermöglicht wird, um somit überbetrieblich verwertbare Abschlüsse vermitteln zu können. Im Rahmen von Lernortverbunden könnte der Weiterbildungsteilnehmer kontinuierlich Qualifikationen erwerben, die ihn zu beruflichen Aus- und Weiterbildungsabschlüssen hinführen.

d) Die betrieblichen Arbeitnehmervertretungen sind im Rahmen ihrer gesetzlichen Mitverantwortung für die Durchführung von Bildungsmaßnahmen auf eine aktive Rolle bei der Planung, Gestaltung und Durchführung betrieblicher Weiterbildung vorzubereiten; dazu gehört auch die verstärkte Beteiligung bei der Auswahl und Motivierung der Teilnehmer.

7.4 Entwicklung der Weiterbildungsangebote im tertiären Bereich außerhalb der Hochschulen

Die Bund-Länder-Kommission für Bildungsplanung hat in ihrem „Stufenplan zu Schwerpunkten der beruflichen Bildung" vom 2. Juni 1975 den Ausbau, die Weiterentwicklung und Neustrukturierung des tertiären Bereichs außerhalb der Hochschulen gefordert. So sollen Bildungsgänge in diesem Sektor eigenständige Aufgaben erhalten und nicht nur als Durchgangsstationen für ein späteres Hochschulstudium dienen. Dabei geht es im Prinzip darum, den Absolventen von berufsqualifizierenden und von studienvorbereitenden Bildungsgängen attraktive berufliche Qualifizierungsmöglichkeiten außerhalb des Hoch- und Fachhochschulstudiums anzubieten. Ein besonderer Praxisbezug und eine enge Abstimmung mit dem Ausbildungsbedarf und Beschäftigungssystem sind weitere wichtige Erfordernisse.

Zu den berufsqualifizierenden Bildungsgängen im tertiären Bereich außerhalb der Hochschulen werden schulische und außerschulische Bildungsmaßnahmen und Einrichtungen gezählt, wie die — zweijährigen — Fachschulen, die Berufsakademien, Fachakademien und die qualifizierten Ausbildungsgänge der Wirtschaft für Abiturienten. Zu der beruflichen Weiterbildung werden hierzu auch die Fortbildungsgänge gerechnet, die auf eine Erweiterung z. B. der wirtschaftlichen oder technischen Kompetenz der Handwerksmeister ausgerichtet sind. Gemäß einer im Auftrag des Bundesministers für Bildung und Wissenschaft erfolgten Untersuchung handelt es sich dabei insbesondere um die Fortbildung für technische und kaufmännische Führungskräfte in Handwerksbetrieben und Handwerksorganisationen, die an Handwerksakademien durchgeführt werden, sowie um Fortbildungsmaßnahmen für Ausbilder und Dozenten in überbetrieblichen Ausbildungsstätten bzw. Fortbildungseinrichtungen des Handwerks. Von besonderer Bedeutung ist auch die künstlerische Fortbildung im Handwerk, deren weiterer Ausbau geplant ist.

Im Rahmen von Forschungsprojekten bzw. Modellen des Bundesministers für Bildung und Wissenschaft werden die Möglichkeiten für die Entwicklung von berufsqualifizierenden Bildungsgängen außerhalb der Hochschulen im gewerblich-technischen Bereich sowie im kaufmännischen Bereich einschließlich der gewerblichen Verkehrswirtschaft geprüft. Ziel dieser Maßnahmen ist es insbesondere, Absolventen von fachschulischen und vergleichbaren außerschulischen Bildungsgängen neue interessante berufliche Tätigkeiten zu eröffnen. Die durch Verordnungen nach § 46 Abs. 2 des Berufsbildungsgesetzes geregelten Fortbildungsabschlüsse Geprüfte(r) Wirtschaftsassistent(in) (Industrie) und Geprüfte(r) Pharmareferent(in) stellen ebenfalls qualifizierte Abschlüsse in diesem Bereich dar. Weitere Fortbildungsmaßnahmen dieser Art werden vorbereitet, so die berufliche Fortbildung zum Wirtschaftsinformatiker(in), deren Grundlagen und Anforderungen im Bundesinstitut für Berufsbildung zusammen mit einer Expertengruppe erarbeitet worden sind.

7.5 Berufliche Weiterbildung an Volkshochschulen

In der Bundesrepublik Deutschland wird die berufliche Weiterbildung von einer Vielzahl privater und öffentlicher Träger durchgeführt. Exemplarisch soll in diesem Berufsbildungsbericht die Arbeit der Volkshochschulen dargestellt werden[1]).

Das breit gefächerte Angebot der Volkshochschulen läßt eine genaue Abgrenzung des Anteils beruflicher Weiterbildung am Gesamtangebot nur schwer zu. Eine 1976 im Auftrage des Bundesinstituts für Berufsbildung durchgeführte empirische Untersuchung zum Angebot beruflicher Weiterbildung an Volkshochschulen kam zu dem Schluß, daß jede fünfte an Volkshochschulen durchgeführte Unterrichtsstunde auf eine Qualifizierung von Erwachsenen für Arbeit, Beruf und Betrieb gerichtet ist. Dabei wurden z. B. Sprachkurse, die 1980 mit 96 427 Kursen und 1 424 568 Belegungen etwa 30 % des Volkshochschulprogramms ausmachten, nicht mitgezählt. Sie vermitteln vor allem eine Sprachfertigkeit, die es erlaubt, mit den wichtigsten Situationen des täglichen Lebens fertigzuwerden. Sie werden allerdings häufig aus beruflichen Gründen besucht und dienen, oft auch unbeabsichtigt, der Erhaltung und Erweiterung der beruflichen Dispositionsfähigkeit. Das gleiche gilt für große Teile des übrigen allgemeinbildenden Angebots: Da die Teilnehmer meist Erwachsene mit beruflichen Erfahrungen, beruflichen Problemen und einer täglichen beruflichen Praxis sind, kann kaum eine Thematik ohne Berufsbezug im weiteren Sinne behandelt werden.

Umfang und Struktur

Umfang und Struktur der beruflichen Weiterbildung im engeren Sinne an Volkshochschulen sind aus *Tabelle 7/1* zu ersehen. Geht man analog zum Berichtssystem Weiterbildungsverhalten von jährlich 1,7 Belegungen pro Weiterbildungsteilnehmer aus[1]), so haben 1980 mindestens 366 000 Personen an Volkshochschulkursen zur beruflichen Weiterbildung teilgenommen. Ihre Verteilung nach Geschlecht und Alter in den beiden größten Fachbereichen zeigt *Schaubild 28*.

---
[1]) Vgl. Berufsbildungsbericht 1981, S. 84ff.

In einer Vielzahl von Fächern kann Weiterbildung an Volkshochschulen mit einer bundeseinheitlichen Zertifikatsprüfung abgeschlossen werden. Diese Volkshochschul-Zertifikate wurden seit 1970 mit Förderung des Bundesministers für Bildung und Wissenschaft als Beitrag zu einem Baustein-System der Weiterbildung entwickelt. Für jedes Zertifikat liegt ein jedermann zugänglicher Lernzielkatalog vor, an dem sich die Prüfung orientiert. Das erleichtert die Anerkennung durch Öffentlichkeit und Arbeitgeber, denn es bedeutet, daß die Zertifikate überall den gleichen Wert haben bzw. den gleichen Leistungsstand anzeigen.

Jährlich werden von der Prüfungszentrale des Deutschen Volkshochschul-Verbandes für mehr als 9 000 Prüfungsteilnehmer Zertifikatsprüfungen in sieben sprachlichen und acht mathematisch-naturwissenschaftlichen und technischen Fächern durchgeführt. Auf die Prüfungen, die in einer Vielzahl von Prüfungsvolkshochschulen abgelegt werden können, bereiten in der Regel mehrstufige Kurse der Volkshochschulen vor. Diese umfassen bei den beruflich orientierten Zertifikaten

— English for Business Purposes

— Elektrotechnik

— Elektronik

— Statistik A (Deskriptive Statistik)

— Statistik B (Induktive Statistik) und

— Informatik

insgesamt ca. 57 000 Unterrichtsstunden.

Die größte Anzahl der abschlußbezogenen beruflichen Lehrgänge der Volkshochschulen bereitet mit ca. 110 000 Unterrichtsstunden auf Prüfungen der Industrie- und Handels- bzw. Handwerkskammern vor. Davon beziehen sich etwa drei Viertel auf Weiterbildungsprüfungen wie Sekretärinnen-, Fachwirte, Fachkaufmann, Bilanzbuchhalter und Meister-Prüfungen, während es bei einem Viertel darum geht, Erwachsene nach § 40 (2) des Berufsbildungsgesetzes auf Berufsabschlußprüfungen der Industrie- und Handelskammern vorzubereiten. Schließlich führen 10 % der abschlußbezogenen beruflichen Kurse oder 24 000 Unterrichtsstunden zu einer staatlichen Prüfung. Dabei handelt es sich in der Regel um Fachschulabschlüsse, insbesondere um Vorbereitungslehrgänge auf die Erzieherprüfung und auf den Abschluß der Fachschulen für Wirtschaft.

7.6 Berufsbildender Fernunterricht

7.6.1 Auswirkungen des Fernunterrichtsschutzgesetzes

Das 1976 in Kraft getretene „Gesetz zum Schutz der Teilnehmer am Fernunterricht (Fernunterrichtsschutzgesetz)" konnte 1981 mit Ablauf der Übergangsfristen zum 31.12.1980 in vollem Umfang wirksam werden.

Veranstalter, Fernlehrgangsangebote

Die Zahl der Anbieter, die sich vor Inkrafttreten des Gesetzes als Fernlehreinrichtungen bezeichneten, hat sich von 140 in 1976 auf 100 in 1981 reduziert. Zugleich ist ein Rückgang beim Fernlehrangebot festzustellen. Vor 1976 gingen Schätzungen von etwa 1 200 Fernlehrgänge aus. 1981 waren 763 allgemein- und berufsbildende Fernlehrgänge staatlich zugelassen und weitere 41 als Hobby-

Lehrgänge angezeigt. Hinzu kamen 372 Fernlehrgänge ausländischer Veranstalter, die sich an ausländische Arbeitnehmer in der Bundesrepublik Deutschland in deren Landessprache wenden und sowohl Sprachkenntnisse, vor allem Deutsch, als auch berufliche Qualifikationen vermitteln.

Der Rückgang der Anzahl der Fernlehrveranstalter und der Fernlehrangebote hat mehrere Gründe:

a) Einige Veranstalter konnten die Qualitätsanforderungen des Fernunterrichtsschutzgesetzes, insbesondere im berufsbildenden Fernunterricht, wegen der damit verbundenen Kosten nicht erfüllen.

b) Andere Institute bezeichneten ihre ehemaligen Fernlehrmaterialien als „Selbstunterrichtsmaterialien" und entzogen sich auf diese Weise der staatlichen Kontrolle.

c) Eine größere Anzahl von Fernlehrgängen wurde von den Veranstaltern aus dem Angebot genommen, weil die vermuteten Kosten des Zulassungsverfahrens ihnen in keinem angemessenen Verhältnis zu den erwartbaren Einnahmen standen.

d) Die Anzahl der neuentwickelten Fernlehrgänge ist zurückgegangen, weil ein Mehr an Qualifikationsanforderungen erhöhte Entwicklungskosten erfordert.

Das Fernunterrichtsschutzgesetz hat — bei Rückgang des Gesamtangebots — eine Anhebung des durchschnittlichen Niveaus der Fernlehrgänge bewirkt und das Vertrauen in diese Unterrichtsform gestärkt. Zugleich sank aber die Bereitschaft zur Neuentwicklung von Lehrgängen. Um die fachliche Breite des Angebots, insbesondere im berufsbildenden Fernunterricht, für die Zukunft zu sichern, wird deshalb eine verstärkte Beratung der Veranstalter immer wichtiger. Ebenso wird es notwendig sein, die Forschung und Werbung für den berufsbildenden Fernunterricht zu verstärken.

Teilnehmer

Positive Auswirkungen der gesetzgeberischen Maßnahmen werden in der Entwicklung der Teilnehmerzahlen sichtbar. Nach Schätzungen des Bundesinstituts für Berufsbildung lag die Anzahl der Fernunterrichtsteilnehmer im Jahr 1976 bei 35 000 bis 45 000. Bis 1981 stieg die Anzahl der Teilnehmer auf 55 000 bis 60 000 an.

Ähnlich entwickelten sich die Teilnehmerzahlen im nach dem Arbeitsförderungsgesetz geförderten Fernunterricht. Die Neueintritte in Fernunterrichtsmaßnahmen lagen 1976 bei rund 2 000 und stiegen auf rund 3 300 Neueintritte im Jahre 1980 an[1]. Nur 10 % davon entfielen 1980 auf Frauen.

---

[1] Vgl. Bundesanstalt für Arbeit (Hrsg.): Arbeitsstatistik — Jahreszahlen 1971 ff.

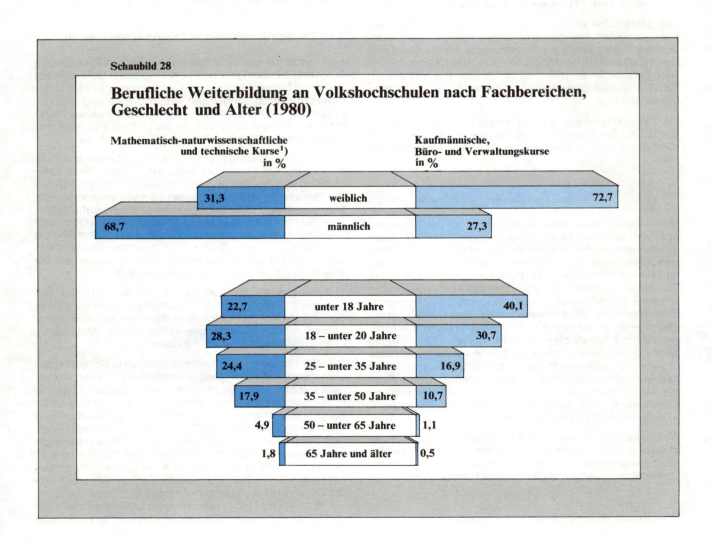

Schaubild 28
Berufliche Weiterbildung an Volkshochschulen nach Fachbereichen, Geschlecht und Alter (1980)

Im Rahmen des berufsbildenden Fernunterrichts, auf den die Hälfte aller Fernunterrichtsteilnehmer entfällt, dominiert die Teilnahme an technisch-gewerblichen Lehrgängen mit 60 % gegenüber der an kaufmännisch-verwaltenden Maßnahmen mit 40 %[1]).

7.6.2 Modelle für neue Lehrgänge und zur Teilnehmerinformation

Modellfernlehrgang „Elektrotechnik"

In den Jahren 1979/80 wurde der erste vom Bundesinstitut für Berufsbildung entwickelte Fernlehrgang durchgeführt. Mit dem Modell „Elektronik/Elektrotechnik" sollte gezeigt werden:

a) Die Entwicklung von berufsbildendem Fernlehrmaterial in enger Anlehnung an einen vorgegebenen Lernzielkatalog,

b) die Förderung von Gruppenarbeit und die Aufhebung der Isolation bei den Fernlehrgangsteilnehmern,

c) die Arbeit mit hochwertigem technischen Gerät, das dem Teilnehmer zur häuslichen Vorbereitung leihweise überlassen wurde,

d) die Erreichung neuer, bisher im Fernunterricht unterrepräsentierter Gruppen, hier der jüngeren Arbeiter.

Von den 500 Personen, die den Lehrgang begonnen hatten, beendeten ihn immerhin 82 %. Dies ist ein außerordentlich hoher Anteil von Teilnehmern, die bis zum Ende durchhielten. Von der Möglichkeit, an einer Kammer-Prüfung teilzunehmen, machten zum ersten Prüfungstermin 124 Teilnehmer Gebrauch, von denen 85 % die Prüfung bestanden.

Der Lehrgang wird vom Bundesinstitut für Berufsbildung auf Grund der Ergebnisse der Begleituntersuchung revidiert und an einen Fernlehrveranstalter in Lizenz vergeben.

Verbesserung der Information über Fernunterricht

Dem Versuch, neue Interessengruppen für die Teilnahme am Fernunterricht zu erschließen, diente das vom Bundesminister für Bildung und Wissenschaft getragene Projekt „Erprobung von Verfahren zur Motivierung potentieller Fernlehrteilnehmer (Efeu)", das vom Forschungs- und Entwicklungszentrum für objektivierte Lehr- und Lernverfahren in Paderborn durchgeführt wurde. Mit den gegenüber traditionellen Werbemethoden der Fernlehrveranstalter veränderten Informationsformen sollten neue Fernunterrichtsinteressenten erreicht werden. Das Projekt zeigte, daß vor allem Frauen bei angemessener Ansprache in sehr viel größerem Maße als bisher zur Teilnahme am Fernunterricht gewonnen werden könnten. Diese Form der Weiterbildung ist evtl. auch für Arbeitnehmerinnen mit Familienaufgaben geeignet, die Voll- und Teilzeitmaßnahmen nicht besuchen können.

Die Reaktion auf die Informationskampagne verdeutlichen auch, daß Teilnehmer, die einmal an einem Fernlehrgang teilgenommen haben, sehr häufig wieder auf diese Weiterbildungsmöglichkeiten zurückkommen.

---
[1]) Berechnung des Bundesinstituts für Berufsbildung

Dokumentation realisierbarer Fernlehrangebote

Der Verbesserung der Information über Fernunterrichtsangebote dient ein vom Bundesminister für Bildung und Wissenschaft gefördertes und vom Institut für Entwicklungsplanung und Strukturforschung in Hannover durchgeführtes Projekt zur Dokumentation aller für den Einzelinteressenten erreichbaren Fernlehrangebote. Die Zusammenstellung soll darüber Aufschluß geben, in welchen Fachgebieten nur ein geringes oder kein Fernlehrangebot vorliegt. Die Projektergebnisse werden den Bildungsberatungsstellen zur Verfügung gestellt.

7.7 Lernprobleme von Erwachsenen

Über Art und Umfang von Lernschwierigkeiten in der beruflichen Erwachsenenbildung liegen bisher keine repräsentativen Daten vor. Aufschlüsse ergeben sich aber aus Einzeluntersuchungen, vor allem im Umschulungs- und Rehabilitationsbereich, sowie aus Forschungsergebnissen des Bundesinstituts für Berufsbildung. Insbesondere bei der Erprobung eines gemeinsam vom Bundesinstitut für Berufsbildung und der Stiftung Rehabilitation Heidelberg entwickelten diagnostischen Verfahrens zur Erfassung von Lernproblemen Erwachsener, wurden in verschiedenen Bildungsmaßnahmen genauere Erkenntnisse über Ausprägungsformen und Ausmaße derartiger Schwierigkeiten gewonnen. Dabei wurde von folgendem Grundkonzept ausgegangen:

7.7.1 Lernschwierigkeiten im theoretischen Bereich

Lernprobleme werden nicht nur als persönliche Defizite aufgefaßt, sondern als erklärungsbedürftige Unterschiede zwischen Lernanforderungen und Lernergebnissen unter den speziellen Bedingungen der jeweiligen Bildungsveranstaltung. In eine Analyse sind deshalb ebenso Merkmale der Teilnehmer wie solche des Unterrichts, des Lehrgangs und der Bildungseinrichtung aufzunehmen.

Probleme im theoretischen Lernen beziehen sich auf die notwendigen Prozesse der Aufnahme, Verarbeitung, Speicherung und Anwendung des Lernstoffes. Über ein Drittel der Teilnehmer findet das Lernen ziemlich schwierig. Probleme bestehen z. B. bei den theoretischen Anforderungen, bei der Übertragung und Anwendung des Gelernten und dem Unterrichtstempo. Die eigene Berufserfahrung hilft mehr als einem Drittel der einbezogenen Weiterbildungsteilnehmer nach eigenen Angaben wenig bei der Bewältigung der Lehrgangsanforderungen.

Schwierigkeiten bestehen auch bei der Entwicklung geeigneter Lern- und Arbeitstechniken. Etwa ein Drittel der Teilnehmer hat Schwierigkeiten mit selbständigem Lernen, mit der Lernplanung sowie mit der Anfertigung oder Systematisierung von Notizen.

Die für Probleme im theoretischen Bereich wichtigen Unterrichts- und Lehrgangsbedingungen werden von einem Großteil der Lernenden kritisch gesehen. Etwa die Hälfte empfindet einen starken Leistungsdruck im Lehrgang und kritisiert in bestimmten Lehrgangstypen und verschiedenen Einzelmaßnahmen die Stoffülle, das Unterrichtstempo und fehlende Übungs- und Wiederholungsmöglichkeiten. Probleme hier sind durch eine sehr gedrängte Lehrgangsdauer oder einen umfangreichen Lehrplan vorprogrammiert. Demgegenüber wird die Form der Unterrichtsgestaltung weniger kritisch beurteilt. Etwa ein Fünftel der Teilnehmer hält den Unterricht nicht für gut, für wenig verständlich und interessant, etwa ein Drit-

tel vermißt die Praxisrelevanz des behandelten Stoffes.

Schwierigkeiten im Bereich der Motivation werden an unterschiedlichen Merkmalen deutlich. Hierzu gehören Vorbehalte gegenüber dem Lehrgang, eine negative Einstellung zum Fach oder Dozenten, fehlende oder übersteigerte Leistungsorientierung. Diese Tendenzen wirken sich antriebshemmend auf die Auseinandersetzung mit dem Lernstoff aus.

Die Motivation etwa der Hälfte der Lernenden wird stark durch Sorgen um die berufliche Zukunft beeinflußt, wobei insbesondere die Sicherheit des zukünftigen Arbeitsplatzes wesentlich ist. Die Bedeutung der besuchten Bildungsmaßnahme für die eigene berufliche Zukunft wird unterschiedlich eingeschätzt. Etwa einem Drittel der Teilnehmer erscheint eine Verbesserung der eigenen Zukunftsaussichten durch die Lehrgangsteilnahme fraglich und ein Viertel fragt sich, ob sich der Aufwand der Weiterbildung überhaupt lohnt. Etwa ein Drittel der Teilnehmer klagt über fehlende Ausdauer oder neigt dazu, bei Schwierigkeiten schnell aufzugeben.

Motivationsstützende Vorgehensweisen der Lehrkräfte werden von rund einem Drittel vermißt. Dazu werden gezählt: Besondere Beobachtung und Ermunterung schwächerer Teilnehmer, das Angebot von Lernhilfen und Hinweise zum Lernen und Arbeiten. Etwa ein Drittel der Lernenden fühlt sich nicht gut informiert und vermißt die Berücksichtigung von Teilnehmeranliegen und -beschwerden.

Über ein Drittel der Teilnehmer zeigt Selbstunsicherheit. Diese äußert sich z. B. in einer sehr vorsichtigen Unterrichtsbeteiligung aus Angst vor Fehlern, im Grübeln über begangene Fehler oder bei fast einem Viertel in der Sorge, von anderen nicht akzeptiert zu werden.

Starke Angst bei Prüfungs- und Leistungssituationen beeinträchtigt etwa ein Drittel der Teilnehmer. Häufig wird auch das soziale Klima in der Gruppe kritisiert. Über ein Drittel der Lernenden sieht das Verhältnis sehr stark durch Konkurrenz geprägt und meint, daß andere zu sehr an sich denken und sich wenig kollegial verhalten.

Das Verhältnis zwischen Lehrkräften und Teilnehmern erscheint etwas weniger belastet, etwa ein Viertel der Teilnehmer empfindet es nicht als partnerschaftlich und den Kontakt nicht als gut.

7.7.2 Ansatzpunkte und Folgerungen

Bemühungen zur Verhinderung oder Reduzierung von Lernproblemen müssen an den Bedingungen ansetzen, unter denen die Schwierigkeiten auftreten.

— *Individuelle Bedingungen der Teilnehmer;*
  hier sind es u. a. die allgemeinen und beruflichen Vorkenntnisse und das Lernverhalten, die Motivation, Lernanstrengungen und Einstellungen zum Lehrgang sowie die sozialen Fähigkeiten der Teilnehmer.

— *Bedingungen des Unterrichts;*
  hierzu gehören die fachliche und pädagogische Qualifikation der Lehrkräfte, die Qualität des Unterrichts, u.a. im Hinblick auf verständliche und interessante Stoffdarbietung, lernunterstützende Vorgehensweisen und Angemessenheit der Unterrichtsanforderungen sowie ein gutes Verhältnis zwischen den Teilnehmern untereinander und zum Dozenten.

— *Bedingungen des Lehrgangs und der Bildungseinrichtungen;*
  sie umfassen die Teilnehmerrekrutierung und -zusammensetzung, die Lehrgangsdauer und -organisation, Möglichkeiten der Teilnehmervorbereitung, Lernförderung, Beratung und Betreuung sowie Ausstattung und Atmosphäre der Bildungseinrichtung.

Lernprobleme lassen sich meistens auf ein Bündel von Ursachen zurückführen. Lösungsansätze werden deshalb um so erfolgversprechender sein, je mehr der relevanten Bedingungsfaktoren in ihren Auswirkungen erkannt und in die Vorgehensweise einbezogen werden. Zu berücksichtigen ist aber auch, inwieweit andere Probleme — z. B. im privaten oder finanziellen Bereich — so stark negative Auswirkungen auf das Lernen haben, daß ohne ihre Lösung keine Verbesserung zu erreichen ist.

Über bisherige Bemühungen zur Verringerung von Lernproblemen in der Praxis beruflicher Weiterbildung liegen kaum systematisierte Erfahrungen vor. Als vorbeugende Maßnahmen werden für einige Bildungsgänge Vorbereitungslehrgänge angeboten. Sie haben die Funktion, Grundkenntnisse schwächerer Teilnehmer zu verbessern und so Leistungsunterschiede auszugleichen, Einstellungen und Bereitschaft zum Lernen zu verbessern sowie den Umgang mit anderen zu fördern. Auch vorbereitende Fernlehrgänge einzelner Bildungseinrichtungen zum Ausgleich von Kenntnislücken schwächerer Teilnehmer in Grundlagenfächern sind in diesem Zusammenhang zu nennen. Die Bemühungen einiger Einrichtungen um Verbesserung der Berufswahl sind in diesem Zusammenhang von Bedeutung. Auch die pädagogisch-psychologische Weiterbildung von Lehrkräften, wie sie z. B. vom Ausbilderförderungszentrum Essen, der Stiftung Rehabilitation Heidelberg oder dem Berufsförderungswerk Hamburg durchgeführt wird, kann und soll dazu beitragen, die Probleme zu lösen.

Zur Früherkennung von Lernproblemen dient das vom Bundesinstitut für Berufsbildung gemeinsam mit der Stiftung Rehabilitation entwickelte lerndiagnostische Verfahren. Mittels Fragebogen werden von Teilnehmern und Lehrkräften Art und Ausmaß vorhandener Probleme und mögliche Bedingungsfaktoren der Teilnehmer des Unterrichts und des Lehrgangs ermittelt. Als Hilfe für die Bildungspraxis dient es dazu, Lernprobleme differenziert zu erfassen und gezielt anzugehen.

Maßnahmen zur Lösung von Lernproblemen sind Förderunterricht, psychologisch-soziale Beratung und Betreuung durch entsprechende Dienste zu nennen, die allerdings meist nur im Rehabilitationsbereich und in größeren Umschulungszentren angeboten werden. Veränderung der Unterrichtsgestaltung oder individuelle Lernunterstützung bzw. Beratung durch engagierte Lehrkräfte sind weitere wichtige Möglichkeiten zur aktuellen Behebung auftretender Probleme.

7.8 Besondere Aspekte der Weiterbildung von Frauen

Die derzeitige Arbeitsmarkt- und Beschäftigungssituation der Frauen ist, neben den im Vergleich zu den Männern niedrigeren Einkommen und geringeren Aufstiegschancen, insbesondere durch eine hohe Arbeitslosenquote gekennzeichnet. Sie betrug im Jahresdurchschnitt 1981 bei Frauen 6,9 % gegenüber 4,5 % bei Männern.

Die Ursachen für die Frauenarbeitslosigkeit sind vor allem folgende:

— Die Erwerbstätigkeit von Frauen konzentriert sich auf relativ wenige Berufsbereiche.

— Frauen haben häufiger als Männer keine oder nur eine verkürzte Ausbildung durchlaufen. Nach dem Mikro-

zensus 1978 haben weibliche Erwerbstätige zu 41 % keine abgeschlossene Ausbildung, männliche Erwerbstätige zu 22 %[1]).

— Anders als die meisten Männer unterbrechen viele Frauen aus familiären Gründen einmal oder mehrmals die Erwerbstätigkeit.

— Die tatsächliche oder als erwartbar unterstellte Familiensituation beeinflußt die Beschäftigungschancen von Frauen negativ.

— Rund ein Drittel der arbeitslosen Frauen stehen dem Arbeitsmarkt nur als Teilzeitkräfte zur Verfügung.

Die Probleme, wie sie für Frauen auf dem Arbeitsmarkt bestehen, wiederholen sich in der beruflichen Weiterbildung:

Im Jahre 1980 traten rund 80 300 Frauen in nach dem Arbeitsförderungsgesetz geförderte berufliche Weiterbildungsmaßnahmen ein (dies waren rund 33 % aller Neueintritte). Rund vier Fünftel der Teilnehmerinnen bilden sich in Berufen weiter, die im traditionellen Sinne als weibliche Arbeitsbereiche gelten (Verwaltung, Büro, Gesundheitswesen, Erziehung). Nur etwa 7 % aller Teilnehmerinnen nahmen 1980 an Weiterbildungslehrgängen im gewerblich-technischen Bereich teil[2]). Nur knapp 16 000, also ca. 20 % aller Teilnehmerinnen begannen durch Umschulung eine neue Berufsausbildung, während rund 53 000 der Teilnehmerinnen in eine Fortbildungsmaßnahme eintraten. Da eine Reihe von Zusatzfähigkeiten wie Stenografie und Schreibmaschine und andere Teilqualifikationen im kaufmännisch-verwaltenden Bereich als Fortbildung gefördert werden, handelt es sich bei diesen Weiterbildungsaktivitäten nur in geringem Umfang um eine echte „Aufstiegsfortbildung"[3]).

Nach der Statistik der Bundesanstalt für Arbeit gehört zu den Maßnahmen der beruflichen Bildung auch die „betriebliche Einarbeitung". Darunter fällt der arbeitsplatzbezogene Erwerb qualifizierender beruflicher Kenntnisse und Fertigkeiten nach einem Einarbeitungsplatz. Mit rund 15 % aller Teilnehmerinnen umfaßt sie einen erheblichen Anteil an der nach dem Arbeitsförderungsgesetz geförderten Weiterbildung.

Mit geringen Abweichungen zwischen den genannten Maßnahmen waren ca. 60 % der Teilnehmerinnen (bei den Männern 35 %) vor Eintritt in die Weiterbildung arbeitslos[4]). Jedoch haben nur 10 % aller arbeitslosen Frauen an Weiterbildungsmaßnahmen teilgenommen haben. Inwieweit die überwiegend besuchten Einarbeitungs- und Anpassungsqualifizierungsmaßnahmen als Mittel einer schnellen Reintegration in den Arbeitsprozeß auch mit der Aussicht auf längerfristige Beschäftigung verbunden sind, bleibt offen.

7.8.1 Zur Weiterbildungsmotivation arbeitsloser Frauen

Das Bundesministerium für Bildung und Wissenschaft bemüht sich durch die Förderung von Modellprojekten und Forschungsvorhaben, Wege aufzuzeigen, wie die Weiterbildungsmotivation und die Weiterbildungschancen von Frauen aus bildungsfernen Schichten und mit Lücken in der Bildungsbiographie verbessert werden können. Spezielle Zielgruppen sind arbeitslose Frauen, Frauen ohne Berufsausbildung, Arbeiterinnen, Frauen, die nach meist familienbedingter Unterbrechung wieder in das Arbeitsleben zurückkehren wollen, ausländische Frauen.

Eine wichtige Ursache für die geringe Weiterbildungsbeteiligung von Frauen aus den genannten Gruppen liegt in ihrer stark durch Resignation bestimmten Weiterbildungsmotivation. Damit ist nicht gemeint, daß diese Frauen grundsätzlich weiterbildungsunwillig wären. Vielmehr trauen sie sich häufig nicht zu, im Erwachsenenalter zu lernen. Sie haben Ängste und Vorbehalte gegenüber den als fremd und fern empfundenen Weiterbildungseinrichtungen. Eine Untersuchung des Bundesinstituts für Berufsbildung über die Haltung arbeitsloser Frauen gegenüber der Möglichkeit, an Weiterbildung teilzunehmen, ergab, daß ein ganz wesentliches Hindernis die mangelnde Information darstellt. Die befragten Frauen kannten weder die rechtlichen, finanziellen und qualifikatorischen Voraussetzungen einer Weiterbildungsteilnahme noch hatten sie Informationen über das Spektrum der für sie in Frage kommenden Weiterbildungsangebote. Die in der Erhebung erfaßten arbeitslosen Frauen hatten sich selbst mit der Frage kaum auseinandergesetzt; es waren ihnen aber auch keine Informationen hierüber angeboten worden.

Diejenigen Frauen, die vor ihrer Arbeitslosigkeit als un- und angelernte Arbeiterinnen im gewerblich-technischen Bereich tätig gewesen sind, konnten die Arbeitsgebiete von Facharbeitern recht genau einschätzen. Sie waren grundsätzlich gegenüber einer Fortbildung zur Facharbeiterin aufgeschlossen und trauten sich eine Ausbildung und die Anforderungen am Arbeitsplatz zu.

Weiterbildungsmotivation und Weiterbildungsteilnahme von Frauen ist zusätzlich stark durch deren familiäre Situation bestimmt. Für erwerbstätige Mütter sind berufsbegleitende Weiterbildungsmaßnahmen außerhalb der Arbeitszeit praktisch nicht wahrzunehmen. Sie können im Falle von Arbeitslosigkeit nur sehr schwer an Vollzeitbildungsmaßnahmen teilnehmen. Ihnen bleibt deshalb häufig nur die Einarbeitung als einzige Form einer zusätzlichen bzw. neuen Qualifikation.

Wie alle bisherigen Ergebnisse von Modellprojekten zeigen, genügt es nicht, allein die Frauen für die Teilnahme an der Weiterbildung zu motivieren; die Weiterbildungsangebote selbst müssen in Inhalten, Methoden und Organisation die Lebensumstände der Frauen berücksichtigen.

7.8.2 Weiterbildungsangebote für Frauen

Die durch Weiterbildung zu erzielende berufliche Qualifikation ist nur ein Element bei der Entwicklung individueller Bereitschaft zur Weiterbildung. Die tatsächliche Entscheidung für eine Teilnahme wird vor allem in Abhängigkeit vom vorhandenen Weiterbildungsangebot getroffen. Deshalb wurde vom Bundesinstitut für Berufsbildung untersucht, ob die Träger/Einrichtungen von beruflicher Weiterbildung Lehrgänge für Frauen anbieten.

Das Ergebnis einer Fragebogenaktion bei 170 Trägern/Einrichtungen der Weiterbildung ergab, daß die Mehrzahl der befragten Institutionen bei ihren Lehrangeboten die Lebensumstände von Frauen wenig berücksichtigen. Es wurden weder in den Programmankündigungen, beim Werbematerial oder den Beschreibungen der Teilnehmer-

---

[1]) Vgl. Kap. 3.1

[2]) Vgl. Bundesanstalt für Arbeit (Hrsg.): Arbeitsstatistik 1980 — Jahreszahlen, Nürnberg 1981, S. 195 f.

[3]) Prüfungsstatistiken des Deutschen Industrie- und Handelstages (DIHT) 1979; es entfallen ca. drei Viertel aller Prüfungen auf den schreib-technischen Bereich. Vgl. auch Bundesanstalt für Arbeit (Hrsg.): Arbeitsstatistik 1980 — Jahreszahlen, Nürnberg 1981, S. 207.

[4]) Vgl. Bundesanstalt für Arbeit (Hrsg.): Arbeitsstatistik 1980 Jahreszahlen. Nürnberg 1981, S. 198 ff.

voraussetzungen für Weiterbildungslehrgänge in den gewerblich-technischen Bereichen besondere Hinweise gegeben, daß auch Frauen an diesen Lehrgängen teilnehmen können. Besondere Aktivitäten, um Frauen verstärkt für diese Lehrgänge zu gewinnen, beschränken sich auf einige Modellvorhaben „Umschulung von Frauen in gewerblich-technische Berufe".

Eine nach Kammerbezirken ausgewählte Stichprobenuntersuchung von Programmplänen der Volkshochschulen ergab, daß die bekannten Hindernisse einer Teilnahme von Frauen an Weiterbildung — wie ihre Doppelbelastung durch Familie und Beruf, ihre resignative Einschätzung von Aufstiegschancen, ihr niedriges Ausbildungs-/Qualifikationsniveau — auch bei der Programmplanung, der organisatorischen und personellen Ausstattung und bei den Lehrgangsangeboten kaum berücksichtigt wurde. Es bieten z. B. nur wenige Volkshochschulen Orientierungskurse zur Information und zum Abbau von Lernängsten an. Sozialpädagogische Begleitung findet nur vereinzelt bei Lehrgängen für Arbeitslose statt und praktische Hilfen wie Bereitstellung von Räumen und pädagogischem Personal für die Kinder von Teilnehmerinnen konnten ebenfalls nur wenige der Einrichtungen anbieten. Insbesondere mangelt es auch an qualifizierten Angeboten in typischen Frauenberufen.

7.8.3 Motivationslehrgänge

Im Untersuchungszeitraum 1980 wurden 10 Motivationslehrgänge für Frauen im Bundesinstitut für Berufsbildung ausgewertet. Auf der Grundlage von Lehrgangsberichten, in denen sowohl Kursleiterinnen als auch Teilnehmerinnen ihre Einschätzung über diese kurzfristigen Maßnahmen wiedergaben, wurden sowohl die Problematik als auch der „Erfolg" solcher Lehrgänge herausgearbeitet.

Dabei stellte sich heraus:
— Lehrgänge, die sich nur an Frauen richten, werden von den Teilnehmerinnen positiver eingeschätzt als Lehrgänge, an denen Männer und Frauen teilnehmen.
— Kurse, die bis zu 6 Wochen liefen, sind als weniger bedeutsam für eine positive Veränderung der Motivation/Einstellung zur Berufstätigkeit bzw. zur Weiterbildung bei den Teilnehmerinnen einzuschätzen als Maßnahmen, die 8—10 Wochen dauern.
— Die Lernbereitschaft der Frauen innerhalb der Motivationslehrgänge entspricht den Erwartungen, die sie mit der Teilnahme verbanden. War der Motivationslehrgang einer anschließenden Weiterbildung vorgeschaltet, war die Lernbeteiligung und -bereitschaft höher als in Lehrgängen, bei denen keine Anschlußmaßnahme in Aussicht stand.
— Die geringste Lernbereitschaft zeigten Frauen mit großen schulischen Defiziten sowie schwerbehinderte Frauen. Beide Gruppen zeigten große Hoffnungslosigkeit sowohl hinsichtlich des Erfolgs einer Weiterbildung als auch gegenüber einer Rückkehrmöglichkeit in eine Beschäftigung.

7.8.4 Verbesserung der Weiterbildung von Frauen

Aus den Untersuchungen von verschiedenen Modellprojekten auf regionaler Ebene läßt sich noch kein einheitliches Konzept zur Verbesserung der Weiterbildungssituation von Frauen ableiten; wichtige Problemfelder können jedoch enger eingegrenzt und folgende Verbesserungsvorschläge aus den bisherigen Erfahrungen abgeleitet werden:
— Durch eine Intensivierung und Dezentralisierung von Werbung bzw. Information über Weiterbildung muß ein enger Bezug zu der spezifischen Weiterbildungssituation und den spezifischen Weiterbildungsbedürfnissen von Frauen hergestellt werden.
— Der Weiterbildungserfolg ist gefährdet, wenn das Unterhaltsgeld der Teilnehmerinnen nicht deutlich über dem Sozialhilfesatz liegt. Insbesondere bei alleinstehenden Frauen, die für Kinder aufkommen müssen, ist dies bereits heute nicht der Fall.
— Vorkehrungen und Hilfen zur Kinderbetreuung, vor allem für alleinerziehende Mütter, sind unabdingbar. Wesentlich ist auch die Sicherstellung der Versorgung von erkrankten Kindern, da Frauen während der Weiterbildungsmaßnahme nicht wie beim Arbeitsverhältnis notfalls Urlaub nehmen können, um nicht den Anschluß zu verlieren.
— Sowohl während der Vorbereitungs- als auch während der eigentlichen Qualifizierungsphase kann auf eine sozialpädagogische Begleitung und Beratung, die auch die Familien mit einbezieht, nicht verzichtet werden.
— Die Kurse selbst müssen in den Inhalten sowie didaktisch und methodisch auf die Lernbedürfnisse und -möglichkeiten von Frauen zugeschnitten sein. Eine entsprechende Vorbereitung und begleitende Beratung des Lehrpersonals ist notwendig.

Die bisherigen Erfahrungen aus Modellprojekten zeigen, daß bei Berücksichtigung der gewonnenen Erkenntnisse die Teilnahme von Frauen an beruflichen Weiterbildungsmaßnahmen und der Ausbildungserfolg erheblich gesteigert werden können. Besonders zu curricularen und sozialpädagogischen Fragen besteht jedoch noch weiterer Erprobungsbedarf.

7.9 Prüfungen in der beruflichen Weiterbildung

Für alle Prüfungen im Bereich beruflicher Weiterbildung gilt nach dem Berufsbildungsgesetz und der Handwerksordnung, daß sie den besonderen Erfordernissen beruflicher Erwachsenenbildung entsprechen müssen. Das bedeutet u. a., daß die psychologischen und soziologischen Erkenntnisse über die unterschiedliche Situation von jugendlichen und erwachsenen Prüfungsteilnehmern zu berücksichtigen sind.

7.9.1 Merkmale erwachsenengerechter Weiterbildungsprüfungen

Für die Lern- und Prüfungssituation des Erwachsenen sind insbesondere folgende Faktoren bestimmend:
— seine Lebens- und Berufserfahrungen,
— seine Bindungen und Verpflichtungen gegenüber seiner Familie und seinem Lebensraum sowie
— eine für ihn in der Regel neue, von seiner Umgebung häufig nicht anerkannte Rolle als Lernender.

Auf besondere Situationen des Erwachsenen muß sich der Prüfer in der beruflichen Weiterbildung einstellen: Einerseits muß er unter Beachtung aller genannten Faktoren die Bedingungen des Kandidaten in der Prüfung berücksichtigen, zum anderen aber auch der Forderung

nach Objektivität und Vergleichbarkeit einer Prüfung nachkommen.

7.9.2 Quantitative Entwicklung der Prüfungen

Jede Prüfung bei einer zuständigen Stelle wird vor einem Prüfungsausschuß abgelegt, dem mindestens drei Mitglieder angehören müssen. Bei Meisterprüfungen im Handwerk ist eine Mindestzahl von fünf Mitgliedern vorgeschrieben. Allein für Prüfungen in der beruflichen Fortbildung waren im Bereich der Industrie- und Handelskammern 11055 Prüfer in 1722 Prüfungsausschüssen tätig[1]).

Im Jahre 1980 nahmen in der Bundesrepublik Deutschland einschließlich Berlin (West) 98509[2]) Personen erfolgreich an Prüfungen zur beruflichen Fortbildung und Umschulung nach dem Arbeitsförderungsgesetz teil; davon entfielen 15419 Prüfungen auf den Abschluß beruflicher Umschulungen. Seit 1977 ist die Anzahl der Teilnehmer an Prüfungen zur beruflichen Fortbildung und Umschulung stetig gestiegen.

Die Anzahl der weiblichen Prüfungsteilnehmer lag 1980 bei 27816; gut die Hälfte der Teilnehmerinnen legten eine Prüfung im Bereich der Organisations-, Verwaltungs- und Büroberufe ab. Über ein Fünftel aller männlichen Prüfungsteilnehmer machten eine Prüfung zum Handwerksmeister. Die Anzahl der weiblichen Prüfungsteilnehmer mit mindestens zweijähriger betrieblicher Berufsausbildung lag mit 13291 etwas unter 50 %. Der Anteil der weiblichen Prüfungsteilnehmer ohne abgeschlossene Berufsausbildung war jedoch erheblich höher als bei männlichen Prüfungskandidaten.

Mehr als die Hälfte aller männlichen Prüfungsteilnehmer hatte einen Hauptschulabschluß; ein ebenso großer Anteil hatte eine mindestens zweijährige betriebliche Berufsausbildung absolviert. Insgesamt war die Altersgruppe der 25- bis unter 30jährigen Prüfungsteilnehmer am stärksten vertreten.

Mehr als ein Viertel aller Teilnehmer an beruflichen Fortbildungsprüfungen in den Bereichen Industrie und Handel sowie Handwerk blieben 1980 ohne Prüfungserfolg. Nach den Übersichten[3]) des Deutschen Industrie- und Handelstages lag 1980 die Quote nichtbestandener beruflicher Fortbildungsprüfungen im Durchschnitt bei 33,3 %[4]); nach den Angaben des Deutschen Handwerkskammertages fielen 1980 bei den Meisterprüfungen im Handwerk 22,6 % aller Teilnehmer durch die Prüfung (einschließlich Wiederholungsprüfungen)[5]).

7.9.3 Berufliche Weiterbildungsprüfungen und Ansätze zur praktischen Lösung

Für eine praktische Verbesserung der Prüfungsdurchführung kommen folgende Maßnahmen in Betracht:

— *Festlegung der konkreten Prüfungsanforderungen*
Orientierungshilfen bieten hier z. B. die in den Rechtsverordnungen vorangestellten Aufgabenkataloge und die Prüfungszielbeschreibungen in den einzelnen Prüfungsteilen bzw. Prüfungsfächern. Besondere Bedeutung, insbesondere auch für die Formulierung der Prüfungsaufgaben, kommt den Lehrgangsempfehlungen zu, in denen die Dauer der Vorbereitungsmaßnahme sowie ihr Inhalt im einzelnen angegeben wird.

— *Didaktisch-methodische Gestaltung der Prüfungsaufgaben*
Hier kommt es vor allem darauf an, unter Berücksichtigung der Merkmale erwachsenengemäßer Weiterbildungsprüfungen adressatengerechte Aufgaben zu entwickeln.

— *Abstimmung zwischen Prüfenden und Lehrenden*
Durch verstärkte Kontakte und Rückkoppelung zwischen Prüfern und Lehrgangsträgern bzw. Lehrkräften können Prüfungs- und Lehrgangsziele besser aufeinander abgestimmt werden.

8. Personal in der beruflichen Bildung

8.1 Stand der Ausbilderqualifizierung

Im Jahre 1982 wird die erste Ausbildereignungsverordnung, die für die gewerbliche Wirtschaft erlassen wurde, 10 Jahre alt. Ende 1984 läuft die Übergangsfrist aus, die das Ausbilden noch ohne förmlichen Eignungsnachweis ermöglicht. Ähnliche Regelungen bestehen für die Hauswirtschaft, Landwirtschaft und den Öffentlichen Dienst. Ferner ist die auf der Grundlage des Bundesbeamtengesetzes erlassene Ausbildereignungsverordnung für Bundesbeamte zu erwähnen.

Im Bereich von Industrie und Handel hat sich die Anzahl der registrierten Ausbilder von 247700 im Jahre 1976 auf 307600 im Jahre 1980 um knapp 25 % erhöht. Alle Handwerksmeister verfügen über die Ausbildereignung. Der Anteil hauptamtlicher Ausbilder an der Gesamtzahl aller haupt- und nebenamtlichen Ausbilder beträgt in der Industrie bei gewerblichen Berufen etwa 10 %, bei kaufmännischen Berufen 3 %[1]).

Schaubild 29 zeigt die Entwicklung der Anzahl der Prüfungen nach der Ausbildereignungsverordnung im Bereich der Industrie- und Handelskammern und der Zuerkennung nach §§ 6 und 7 der Ausbildereignungsverordnung im Bereich von Industrie und Handel.

Die Anzahl der entweder durch Prüfung oder Zuerkennung nach §§ 6 und 7 Ausbildereignungsverordnung qualifizierten Ausbilder von ca. 346000 ist somit um knapp 10 % höher als die Anzahl der gegenwärtig bei den Industrie- und Handelskammern registrierten Ausbilder (307600). Dies erklärt sich einerseits durch die Fluktuation im Ausbildungswesen, aber andererseits auch dadurch,

---

[1]) Vgl. Deutscher Industrie- und Handelstag (Hrsg.): Berufs- und Weiterbildung 1980/81. DIHT 191. Bonn 1981. S. 81

[2]) Vgl. Bundesanstalt für Arbeit (Hrsg.): Arbeitsstatistik 1980 — Jahreszahlen, Nürnberg 1981. S. 202 — 208.

[3]) Amtliche Statistiken, aus denen die Quote nichtbestandener Prüfungen ermittelt werden kann, liegen für die Jahre 1977 bis 1979 vor; vgl. dazu Statistisches Bundesamt (Hrsg.): Berufliche Bildung 1977 ff., Fachserie 11, Reihe 3, Wiesbaden 1977 ff.

[4]) Vgl. Deutscher Industrie- und Handelstag (Hrsg.): Berufs- und Weiterbildung 1980/81. DIHT 191. Bonn 1981. S. 109 ff., eigene Berechnung der Quoten.

[5]) Vgl. Deutsches Handwerksblatt. 14/81. S. 478.

---

[1]) Vgl. dazu Althoff, H. u.a.: Schulische Vorbildung, Prüfungserfolg von Auszubildenden. Ausbildereignung 1976 und 1978. Berlin 1979 und 1980. S. 68

daß Ausbilder sich an der Prüfung beteiligt haben, ohne jedoch unmittelbar als Ausbilder tätig zu werden. Offensichtlich wird die Ausbildereignungsprüfung z. B. von jungen Facharbeitern, graduierten Ingenieuren und Betriebswirten „vorsorglich" als Zusatzqualifikation erworben, um die Arbeitsmarktchancen zu verbessern.

Nach einer Befragung des Bundesinstituts für Berufsbildung erlangten bereits bis 1976 die befragten Ausbildungspersonen die pädagogische Eignung durch Prüfungen nach der Ausbildereignungsverordnung zu 33 %, durch Meisterprüfung nach der Handwerksordnung zu 20 % und durch Zuerkennung gemäß der Ausbildereignungsverordnung zu 41 %[1]).

Diese Zahlen lassen den Schluß zu, daß die Ausbildereignungsverordnung weitgehend von den Betroffenen angenommen wurde. Die Ausbildereignungsverordnungen haben das Qualitäts- und Quantitätsproblem der Ausbilderausbildung öffentlich bewußt gemacht und zu einer starken Ausweitung des Lehrgangsangebots bei verschiedenen Trägern geführt.

Der vorgezeichnete Rahmen der Ausbildung der Ausbilder wird durch eine Reihe von Modellen ausgefüllt, akzentuiert und inzwischen durch adressatenspezifische Modelle ergänzt. Dabei haben sich zwischenzeitlich die Schwerpunkte von einer pädagogischen Erstausbildung der Ausbilder zu einer adressaten- und problemorientierten Weiterbildung der Ausbilder verschoben. Auch hier gibt es unterschiedliche Ansätze, wie z. B. an einer fachorientierten pädagogischen Weiterbildung gewerblicher Ausbilder und einer themenorientierten Weiterbildung, wie sie im Rahmen des Ausbilderförderungszentrums angeboten wird.

8.2 Weiterbildung der Ausbilder

Eine Weiterbildung nach Abschluß der pädagogischen Erstausbildung ist für die Ausbilder sehr wichtig. Weiterbildungsangebote für Ausbilder haben u.a. das Ziel, berufs- und arbeitspädagogische Kenntnisse zu vertiefen, zu erweitern und auf konkretes Handeln zu beziehen. Ferner sollen die fachlichen und fachdidaktischen Aspekte einbezogen werden, auf besondere Probleme der Ausbildung ist einzugehen, und darüber hinaus ist das methodisch selbständige Handeln der Ausbilder zu fördern.

Für die Erarbeitung von betrieblichen Ausbildungsplänen sowie von Arbeits- und Ausbildungsaufgaben führt die Stiftung Rehabilitation Heidelberg Modellehrgänge zur methodischen Qualifizierung von Ausbildern in metallverarbeitenden und kaufmännisch-verwaltenden Berufen durch. Anhand von Beispielen aus der betrieblichen Ausbildungspraxis und unter Berücksichtigung des unterschiedlichen Lernverhaltens verschiedener Gruppen von Auszubildenden werden Verfahren als Hilfen für die Ausbilder erarbeitet, die aus den in den Ausbildungsordnungen beschriebenen beruflichen Anforderungen selbständig betriebliche Ausbildungspläne und Ausbildungsaufgaben erstellen müssen. Erstes Ergebnis dieses Modells ist ein Lehrgangsplan zur Einweisung von Ausbildern in die Erstellung von lernzielorientierten betrieblichen Ausbildungsplänen sowie von Arbeits- und Ausbildungsaufgaben. Daneben werden Leitfäden mit Beispielen aus dem kaufmännisch-verwaltenden und metallverarbeitenden Bereich für die Hand des Ausbilders erarbeitet.

Für die Weiterbildung von Ausbildern in Übungsfirmen des kaufmännischen Bereichs führt die Deutsche Angestellten-Akademie (DAA) Hamburg Modellehrgänge durch, bei denen die Planung und Durchführung arbeitsplatzbezogener Ausbildung im Vordergrund stehen. Grundlage für die Entwicklung eines Lehrgangsplans ist die Analyse von Ausbildungsbedingungen in Übungsfirmen, wobei die Situation des Ausbildungspersonals und der Auszubildenden einbezogen wird.

Das von der Bundesregierung geförderte Ausbilderförderungszentrum (AFZ) erfüllt im Bereich der Aus- und Weiterbildung des Ausbildungspersonals eine wichtige Funktion in der Entwicklung, Erprobung und Verbreitung von Lernangeboten und Informationen. Die Aufgaben des Ausbilderförderungszentrums umfassen insbesondere die Entwicklung und Erprobung von Lehrplänen, methodischen Hilfen und Materialien für Dozenten und Teilnehmer in Ausbilderlehrgängen sowie Informations- und Dokumentationsaufgaben. Dazu gehört auch die Bereitstellung von Lehrplänen und Materialien für die Träger von Ausbilderlehrgängen.

Nach einer mehrjährigen Entwicklungszeit liegen inzwischen Erfahrungen aus über 150 Lehrgängen vor. Für Veranstalter von Ausbilderlehrgängen und Dozenten werden erste Seminarleitfäden bzw. Referentenleitfäden angeboten.

Besondere Bedeutung kommt der Zusammenarbeit des Ausbilderförderungszentrums mit den anderen Trägern der Aus- und Weiterbildung der Ausbilder zu. Mehr als die Hälfte der Lehrgänge wurden in Kooperation mit anderen Trägern, z. B. Kammern und größeren Betrieben, dezentral durchgeführt. Die enge Zusammenarbeit und die positive Resonanz bei den Trägern sind eine Gewähr dafür, daß die im Zentrum entwickelten Ansätze in der Praxis wirkungsvoll umgesetzt werden.

Eine wichtige Aufgabe des Ausbildungspersonals besteht darin, dazu beizutragen, daß auch solche Jugendliche eine Berufsausbildung erfolgreich durchlaufen können, die zu den benachteiligten Gruppen der Gesellschaft zu rechnen sind. Deshalb werden vom Bundesminister für Bildung und Wissenschaft Maßnahmen und Modelle unterstützt, die eine zusätzliche Qualifizierung von Ausbildern für die Ausbildung von körperbehinderten, lernbeeinträchtigten und ausländischen Jugendlichen zum Ziel haben.

Die Stiftung Rehabilitation Heidelberg hat ein Modell für die Ausbildung von Ausbildern unter besonderer Berücksichtigung der Bedingungen in der beruflichen Rehabilitation körperbehinderter Jugendlicher entwickelt (psychologisch-pädagogische Ausbildung für Berufsausbilder von körperbehinderten Jugendlichen). Ausbilder schildern zahlreiche Lern- und Arbeitsprobleme bei körperbehinderten Jugendlichen (z. B. mangelndes Problemlöseverhalten, mangelnde Fähigkeiten zum Transfer), die sie jedoch allein nicht zu lösen vermögen.

Deshalb entstanden im Laufe des Projekts Lehrgänge, die Hilfen zur Konfliktbewältigung im Unterricht geben sollen. Dazu wurden allgemeine sonderpädagogische Prinzipien in konkrete Handlungsanweisungen für Ausbilder umgearbeitet. Zusätzlich wurden Informationsunterlagen erarbeitet, die Ausbilder über die verschiedenen Behinderungsarten und deren mögliche Auswirkungen auf die Ausbildung informieren. Die inhaltliche Gewichtung im Rahmen des Modells folgt den Bedürfnissen insbesondere der Berufsbildungswerke, nämlich den Ausbildern für ihre tägliche Unterweisungspraxis sonderpädagogische Grundlagen zu vermitteln.

---

[1]) Die Summe der Prozentzahlen ergibt nicht 100, weil von einem Teil der befragten Personen keine Daten vorliegen.

In einem weiteren Modellvorhaben sollen Ausbilder zur Einzelfallhilfe durch eine individuelle Lern-, Arbeits- und Problemberatung körperbehinderter Jugendlicher geschult werden. Zum Teil bringen die betroffenen Jugendlichen vielfältige Defizite im Lern-, Arbeits- und Sozialverhalten bereits in die Ausbildung mit, zum Teil entstehen solche Probleme unter den Belastungen der Ausbildungssituation. Durch seine dauernden und engen Kontakte zu den Jugendlichen kann der Ausbilder direkt Veränderungsprozesse bei den Jugendlichen beobachten und Einfluß nehmen. Er kann die Entwicklung und Verschärfung von Problemen frühzeitig erkennen und allein oder in Zusammenarbeit mit den entsprechenden Fachdiensten auf geeignete Weise helfen. Er kann den Erfolg beobachten und erneut eingreifen. Diese kontinuierliche Beratung ist bei Problemfällen erforderlich, um einen Ausbildungserfolg zu gewährleisten.

Das Christliche Jugenddorfwerk Deutschland e. V., Göppingen, hat ein Qualifizierungskonzept für Ausbilder lernbeeinträchtigter Jugendlicher entwickelt. Ziel dieses Vorhabens ist, Ausbilder aus den Berufsbereichen Holz und Metall anhand fachlicher Beispiele didaktisch und methodisch auf ihre Arbeit besser vorzubereiten. Hierbei stehen Fragen der Differenzierung und Individualisierung der Unterweisung im Vordergrund. Grundlage für die Erarbeitung von Lehrgangsplänen und -unterlagen sind Untersuchungsergebnisse über typische Schwierigkeiten und Probleme von Ausbildern im Umgang mit lernbeeinträchtigten Jugendlichen. Die Lehrgangspläne sollen mit Ausbildern aus mehreren Berufsbildungswerken und aus Betrieben der gewerblichen Wirtschaft erprobt werden.

Im Rahmen des Modellprogramms zur Förderung der Ausbildung ausländischer Jugendlicher in anerkannten Ausbildungsberufen werden in mehreren Modellen Qualifizierungsmaßnahmen für Ausbilder ausländischer Jugendlicher entwickelt und erprobt.

Ein spezielles Weiterbildungsangebot für Ausbilder ausländischer Jugendlicher entsteht in einem Modell, das die Handwerkskammer zu Köln gemeinsam mit Industriebetrieben durchführt. Die Weiterbildungslehrgänge zielen auf eine verbesserte sozialpädagogische und methodisch-didaktische Qualifizierung ab und geben den Ausbildern u.a. notwendige Informationen über die Lebenssituation ausländischer Familien in ihrem Herkunftsland (Türkei) und in der Bundesrepublik. Diese Informationen werden anhand von Fallbeispielen der betrieblichen und außerbetrieblichen Praxis vermittelt. Ausbilder werden dadurch in

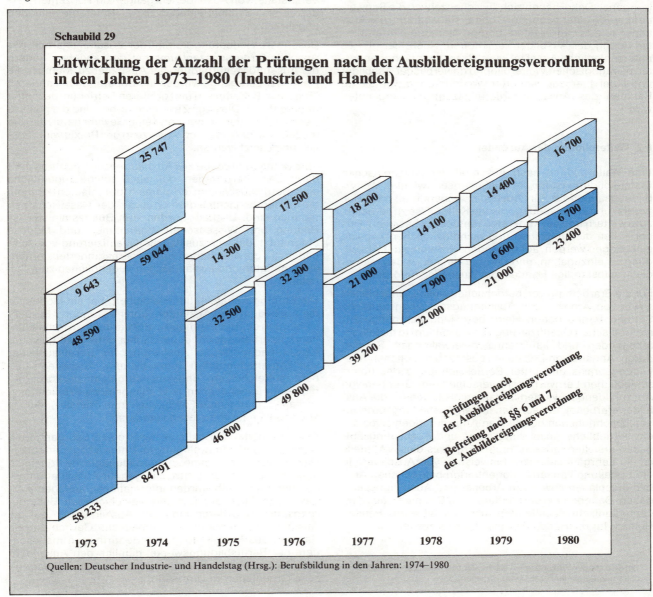

Schaubild 29

Entwicklung der Anzahl der Prüfungen nach der Ausbildereignungsverordnung in den Jahren 1973–1980 (Industrie und Handel)

Quellen: Deutscher Industrie- und Handelstag (Hrsg.): Berufsbildung in den Jahren: 1974–1980

die Lage versetzt, eigene, angemessene Lösungsstrategien für problematische Situationen zu entwickeln. Die Fallbeispiele sowie die für betriebliche Ausbilder erforderlichen Informationen über ausländische Arbeitnehmer in der Bundesrepublik Deutschland werden zu einem Referentenleitfaden zusammengefaßt.

8.3 Weiterbildung der Ausbildungsberater

Ausbildungsberater werden von den zuständigen Stellen gemäß § 45 des Berufsbildungsgesetzes bzw. § 41a der Handwerksordnung bestellt, um die Durchführung der Berufsausbildung und der beruflichen Umschulung zu überwachen und sie durch Beratung der Ausbildenden und Ausbilder sowie der Auszubildenden zu fördern.

Die in der *Übersicht 40* enthaltenen Zahlen für die Bereiche Industrie und Handel und Handwerk zeigen, daß die Anzahl der hauptamtlichen Ausbildungsberater verhältnismäßig gering ist.

Insgesamt waren 1980 1 096 hauptamtliche, 374 nebenamtliche und 6 758 ehrenamtliche Ausbildungsberater tätig (vgl. *Schaubild 30*).

Angesichts des Umfangs und der Vielfalt auch neuer Aufgaben sollten in Zukunft einerseits mehr hauptberufliche Ausbildungsberater beschäftigt werden, andererseits muß die Aus- und Weiterbildung der Ausbildungsberater intensiviert werden. Diese Auffassung bestätigt auch der OECD-Bericht über die Jugendbeschäftigung in der Bundesrepublik Deutschland aus dem Jahre 1980[1].

---

[1] Quelle: Organisation für wirtschaftliche Zusammenarbeit und Entwicklung (Hrsg.): Untersuchung der Jugendbeschäftigungspolitik in der Bundesrepublik Deutschland (Manuskript), Paris 1980, S. 88

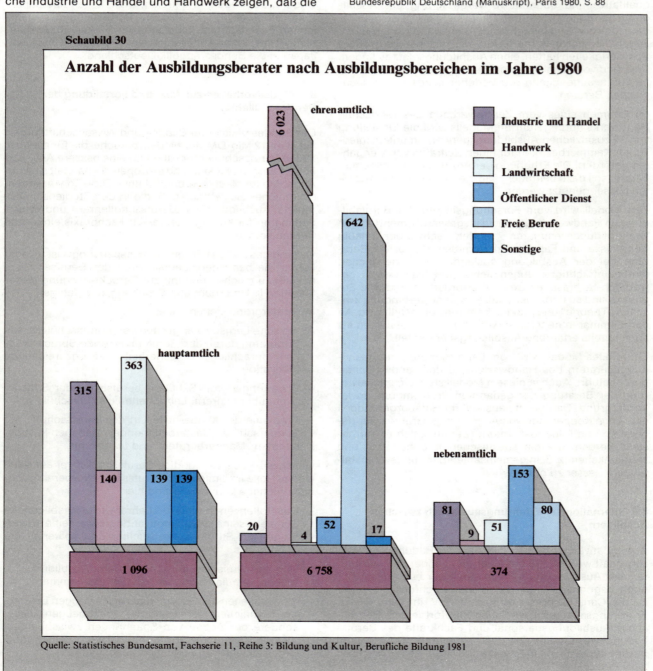

Schaubild 30: Anzahl der Ausbildungsberater nach Ausbildungsbereichen im Jahre 1980

Quelle: Statistisches Bundesamt, Fachserie 11, Reihe 3: Bildung und Kultur, Berufliche Bildung 1981

Übersicht 40: Hauptamtliche Ausbildungsberater und Anzahl ihrer Betriebsbesuche im Verhältnis zur Anzahl der Ausbildungsstätten und Auszubildenden in den Bereichen Industrie und Handel sowie Handwerk — 1979

	Ausbildungsberater		Besuchsrhythmus in Jahren[1])		Auszubildende pro Ausbildungsberater		Ausbildungsstätten pro Ausbildungsberater		Betriebsbesuche pro Ausbildungsberater	
	Industrie- und Handelskammern	Handwerkskammern	Industrie- und Handelskammern	Handwerkskammern	Industrie- und Handelskammern	Handwerkskammern	Industrie- und Handelskammern	Handwerkskammern	Industrie- und Handelskammern	Handwerkskammern
Bundesgebiet	335	135	1,5	6,4	2 234	5 009	445	1 719	291	267

[1]) Der Besuchsrhythmus errechnet sich aus der Anzahl der Ausbildungsstätten dividiert durch die Anzahl der Betriebsbesuche der hauptamtlichen Ausbildungsberater pro Jahr. Bundesgebiet und Nordrhein-Westfalen wurden hochgerechnet.

Quelle: Statistisches Bundesamt, Fachserie 11, Bildung und Kultur: Reihe 3, Berufliche Bildung, 1979, S. 12, 18, 160 ff.; eigene Berechnungen.

Mit Hilfe zweier vom Bund geförderter Modelle wird eine qualitative und quantitative Verbesserung der Ausbildungsberatung angestrebt. Dabei steht die gezielte Beratung bei der Einstellung und Ausbildung von solchen Jugendlichen im Vordergrund, die bislang die größten Schwierigkeiten hatten, einen Ausbildungsplatz zu finden. Dies sind vor allem ausländische Jugendliche, lernbeeinträchtigte Jugendliche und Mädchen in gewerblich-technischen Berufen.

Im Rahmen eines vom Zentralverband des Deutschen Handwerks durchgeführten Modells wird die Einstellung von 15 zusätzlichen Ausbildungsberatern in unterschiedlichen Kammerbezirken für einen Zeitraum von vier Jahren gefördert. Die Erhöhung der Anzahl der Ausbildungsberater soll dazu beitragen, daß die Ausbildungskapazitäten besser genutzt werden.

Das Modell wird vom Forschungsinstitut für Berufsbildung im Handwerk begleitet. In insgesamt 12 mehrtägigen Weiterbildungsseminaren werden schwerpunktmäßig Kenntnisse und Fähigkeiten vermittelt, die für die Beratung bei der Ausbildung ausländischer Jugendlicher, lernbeeinträchtigter Jugendlicher und Mädchen in gewerblich-technischen Berufen erforderlich sind. Die Seminare sind so konzipiert, daß eine enge Verbindung zwischen „Theorie" und praktischem Tun hergestellt wird. An den Seminaren nehmen sowohl die neu eingestellten als auch bereits erfahrene Ausbildungsberater teil.

Ein zweites Modell wird vom Land Hamburg mit Ausbildungsberatern des Handwerks und der Landwirtschaft durchgeführt. Auch in diesem Modell steht die Intensivierung der Beratung der genannten Problemgruppen im Vordergrund. Darüber hinaus soll im Hamburger Modell eine enge Kooperation von Ausbildungsberatern, Berufsberatern und Bildungsberatern (Beratungslehrer) hergestellt werden, um die spezifischen Informationen und Möglichkeiten (z. B. in gemeinsamen Beratungsveranstaltungen) besser zu nutzen.

8.4 Internationaler Erfahrungsaustausch zwischen Ausbildern

Auf Initiative des Bundesministers für Bildung und Wissenschaft wurde 1978 mit mehreren Ländern ein internationaler Austausch von Fachkräften der beruflichen Bildung begonnen. Organisator und Durchführungsträger ist die Carl-Duisberg-Gesellschaft e.V. in Köln. Dieser Erfahrungsaustausch wird auch 1982 fortgesetzt. Betriebliches Ausbildungspersonal und Fachkräfte des Berufsbildungswesens in der Bundesrepublik Deutschland besuchten bisher zur Erweiterung ihrer Kenntnisse und zum Auf- und Ausbau internationaler Kontakte Polen, Ungarn, Schweden, Frankreich, USA, Italien und Japan. Zum Studium des deutschen Berufsbildungssystems kamen Fachleute aus Finnland, der Türkei, Großbritannien, Griechenland, Italien, Israel, Portugal, China und Japan in die Bundesrepublik Deutschland.

8.5 Modellvorhaben zur Aus- und Fortbildung der Berufsschullehrer

Der Bundesminister für Bildung und Wissenschaft fördert mit etwa 12 Mio. DM vier Modellversuche, die für die über 70 000 Berufsschullehrer Hilfen für eine bessere Aus- und Fortbildung entwickeln und erproben. Es handelt sich um Angebote im Medienverbund (Filme, Dias, Tonkassetten, schriftliches Begleitmaterial), die in den Studienseminaren zur Ausbildung von Berufsschullehrern und in den Seminaren für künftige Lehrer für Fachpraxis eingesetzt werden sollen.

Vorrangiges Ziel des Projekts Berufspädagogik ist es, dem Lehrer die besondere Lernsituation des Berufsschülers bewußt zu machen und ihn zur Berücksichtigung dieser Situation in Unterricht und Erziehung zu befähigen.

Im Vordergrund stehen dabei:

— typische Lernschwierigkeiten von Berufsschülern, wie Ermüdung durch den Beruf, mangelnde Sprachfertigkeit, sprachliche Unsicherheit und unzureichende Motivation,

— Erwartungen von Schülern berufsbildender Schulen gegenüber Lehrern, Lehrinhalten und Mitschülern,

— Probleme der Minderheiten in der Berufsschule, wie Sonderschüler, Gastarbeiterkinder, Mädchen in sogenannten „Männerberufen" und umgekehrt.

Gleichzeitig soll der künftige Berufsschullehrer auf seine eigene Rolle im Umfeld der Berufsschule vorbereitet werden. Wichtige Lerninhalte sind hier:

— Das Rollenverständnis des Lehrers an berufsbildenden Schulen, seine Berufsmotivation sowie seine Erwartungen im Studium, im Seminar und später in der Schulpraxis,

— sein Verhältnis zu Eltern, Ausbildern, Ausbildungsbetrieben, Schulaufsicht, Verbänden und Kammern,

— Möglichkeiten der Zusammenarbeit zwischen Lehrern, um beruflicher „Vereinsamung" vorzubeugen, insbesondere der Abbau von Spannungen zwischen Studienrat, Werklehrer und Schulassistent; gemeinsame Unterrichtsplanung und team-teaching,

— am Beispiel der Fachdidaktik für den kaufmännischen und gewerblichen Unterricht im Rahmen des Berufsgrundbildungsjahres wird gezeigt, wie der Lehrer sein Fachwissen am besten vermitteln kann.

Lehrer für Fachpraxis

Adressaten dieses Modellvorhabens sind angehende Lehrer für Fachpraxis, darüber hinaus Ausbilder in Handwerk und Industrie; bei einigen Produktionen auch Studienreferendare und Studienräte an beruflichen Schulen.

Experten von Bund und Ländern erarbeiteten das aus 13 Teilen bestehende Medienpaket für diesen neuen Ausbildungsgang. Es besteht aus Filmen, Video- und Tonbändern sowie aus Tonbildreihen, Folien und schriftlichem Begleitmaterial.

Schätzungsweise 5000 bis 6000 Lehrer für Fachpraxis werden gebraucht. Bei Einführung des Berufsgrundbildungsjahres ist mit noch weit höheren Zahlen zu rechnen.

Das Medienpaket soll den Unterricht ergänzen. Mit seiner Hilfe soll deshalb nicht Faktenwissen vermittelt werden, sondern Probleme des fachpraktischen Unterrichts sollen aufgedeckt und veranschaulicht werden. Dem entsprechen Themen wie etwa: motivationsfördernde Maßnahmen im fachpraktischen Unterricht, Lernzielkontrolle, typische Unterrichtsabläufe und Unfallverhütung.

9. Maßnahmen zur finanziellen Förderung der beruflichen Bildung im Jahre 1981 [1])

Die berufliche Bildung wurde wie in den Vorjahren von Bund, Ländern, Kommunen [2]) und der Bundesanstalt für Arbeit in starkem Maße gefördert: Vom Bund wurden 1981 ca. 1,131 Mrd. DM (vgl. *Tabelle 9/1*) und von den Ländern ca. 752 Mio. DM [3]) (vgl. *Tabelle 9/2*) im Rahmen ihrer Sonderprogramme und BAföG-Förderung von Schülern in beruflichen Schulen zur Verfügung gestellt. Die Bundesanstalt für Arbeit (BA) gab für die individuelle und institutionelle Förderung der beruflichen Bildung [4]) insgesamt ca. 3,824 Mrd. DM (einschließlich Unterhaltsgeld) aus (vgl. *Schaubild 31*).

Die für außerschulische berufliche Bildungszwecke (ohne Unterhaltsgeld der Bundesanstalt für Arbeit) zur Verfügung stehenden Mittel von 2,402 Mrd. DM wurden vorgesehen (vgl. *Schaubild 31*) für

— die Förderung der Auszubildenden und der Teilnehmer an berufsvorbereitenden Maßnahmen (1,588 Mrd. DM),

— die Förderung der betrieblichen Berufsausbildung (377 Mio. DM),

— die Förderung der überbetrieblichen Berufsausbildung (437 Mio. DM).

Die Fördermaßnahmen blieben unter sozial-, arbeitsmarkt- und berufsbildungspolitischen Gesichtspunkten weiterhin im wesentlichen darauf ausgerichtet,

— ein ausreichendes Ausbildungsplatzangebot in allen Regionen zu erreichen,

— die Ausbildungsqualität entsprechend den steigenden Anforderungen des Arbeitsmarktes zu verbessern und

— Jugendlichen, die besonderer Förderung bedürfen, den Zugang zu Ausbildungsplätzen zu erleichtern.

9.1 Förderung der betrieblichen Berufsausbildung

9.1.1 Förderung der Auszubildenden

Jugendliche, denen die für ihren Lebensunterhalt und ihre Ausbildung erforderlichen Mittel anderweitig nicht zur Verfügung stehen, können nach dem Arbeitsförderungsgesetz oder dem Bundesausbildungsförderungsgesetz gefördert werden.

Das Bundesausbildungsförderungsgesetz ist durch das 7. Änderungsgesetz und durch das 2. Haushaltsstrukturgesetz mehrfach geändert worden. U. a. erfolgte eine Anpassung an das bürgerliche Unterhaltsrecht und das übrige Sozialrecht insoweit, als die Förderung nunmehr frühestens ab Beginn des Monats, in dem der Antrag gestellt wurde, gewährt wird.

Die Förderungsmöglichkeiten, die das Arbeitsförderungsgesetz im Bereich der beruflichen Bildung bietet, sind durch das Arbeitsförderungs-Konsolidierungsgesetz in einigen Punkten eingeschränkt worden, und zwar u. a. zur Anpassung der Berufsausbildungsbeihilfe bei berufsvorbereitenden Maßnahmen an die vergleichbaren Sätze des Bundesausbildungsförderungsgesetzes für Schüler sowie Einschränkungen der Förderungsmöglichkeiten bei Fortbildung, Umschulung und Rehabilitationsmaßnahmen hinsichtlich der Förderungsvoraussetzungen und teilweise auch bei der Höhe und Art der Leistung.

Nach § 40 des Arbeitsförderungsgesetzes gewährt das örtlich zuständige Arbeitsamt Auszubildenden für eine betriebliche oder überbetriebliche Ausbildung bei Bedürftigkeit Berufsausbildungsbeihilfe in Form von Zuschüssen, in Ausnahmefällen auch in Form von Darlehen. Für die Berufsausbildungsbeihilfe gelten nach Lebensalter und Familienstand folgende Höchstsätze [1]):

— Bedarf für den Lebensunterhalt in Höhe von 375 DM bis 620 DM pro Monat,

— 20 DM pro Monat für Arbeitskleidung und

— eine Fahrtkostenpauschale, deren Höhe von der Entfernung zwischen Wohnung und Ausbildungsplatz abhängig ist.

Um die Begründung eines Ausbildungsverhältnisses zu erleichtern, können arbeitslose und von Arbeitslosigkeit unmittelbar bedrohte Jugendliche, die beim örtlich zuständigen Arbeitsamt als Bewerber um eine berufliche Ausbildungsstelle gemeldet sind, nach § 53 des Arbeitsförderungsgesetzes u. a. Zuschüsse zu den

— Bewerbungskosten und

— Reise- und Umzugskosten

erhalten.

---

[1]) Zur finanziellen Förderung in den Vorjahren vgl. Berufsbildungsberichte 1979, S. 55 ff., 1980, S. 82 ff., 1981, S. 94 ff.

[2]) Für die Kommunen liegen über Förderumfang und -volumen keine näheren Angaben vor.

[3]) Wegen neu aufgenommener Ansätze nach dem Bundesausbildungsförderungsgesetz ist Vorjahresvergleich nur bedingt möglich.

[4]) Ohne Förderung von Maßnahmen zur Rehabilitation, für die 1981 insgesamt ca. 1,917 Mrd. DM bereitgestellt worden sind.

[1]) Vgl. Anordnung des Verwaltungsrates der Bundesanstalt für Arbeit über die individuelle Förderung der beruflichen Ausbildung in der Fassung der 20. Änderungsanordnung vom 23. Juli 81 (Amtliche Nachrichten der Bundesanstalt für Arbeit 1981, Heft 9, S. 1017).

Nach § 58 des Arbeitsförderungsgesetzes erhalten behinderte Auszubildende die Leistungen nach § 40 des Arbeitsförderungsgesetzes auch dann, wenn ihnen die erforderlichen Mittel auf Grund eines Unterhaltsanspruches zur Verfügung stehen. Berufsfördernde und ergänzende Leistungen zur Rehabilitation werden von der Bundesanstalt für Arbeit auch gewährt, wenn die berufliche Ausbildung wegen Art oder Schwere der Behinderung in einer besonderen Ausbildungsstätte für Behinderte stattfindet und in einem zeitlich nicht überwiegenden Abschnitt

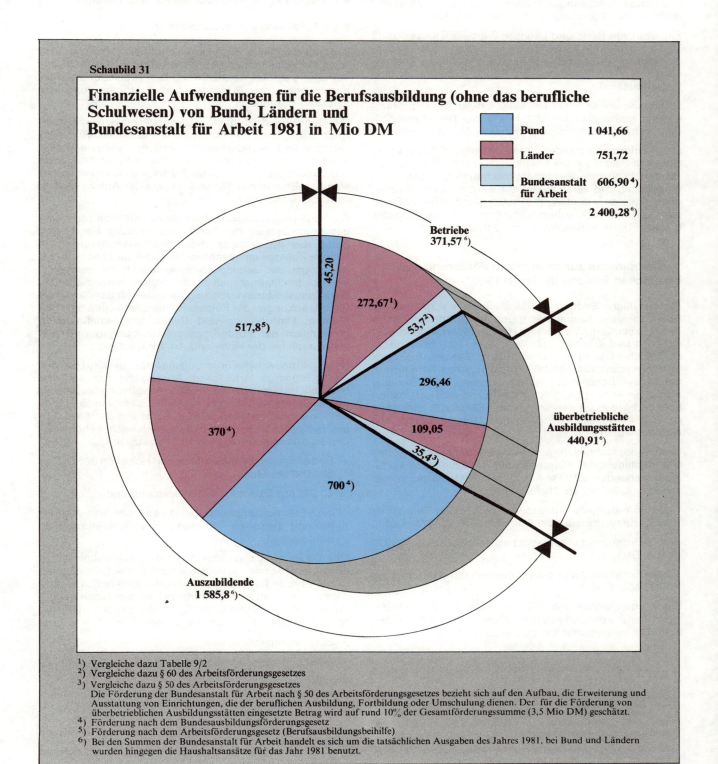

Schaubild 31

Finanzielle Aufwendungen für die Berufsausbildung (ohne das berufliche Schulwesen) von Bund, Ländern und Bundesanstalt für Arbeit 1981 in Mio DM

Bund	1 041,66
Länder	751,72
Bundesanstalt für Arbeit	606,90 [4]
	2 400,28 [6]

[1] Vergleiche dazu Tabelle 9/2
[2] Vergleiche dazu § 60 des Arbeitsförderungsgesetzes
[3] Vergleiche dazu § 50 des Arbeitsförderungsgesetzes
Die Förderung der Bundesanstalt für Arbeit nach § 50 des Arbeitsförderungsgesetzes bezieht sich auf den Aufbau, die Erweiterung und Ausstattung von Einrichtungen, die der beruflichen Ausbildung, Fortbildung oder Umschulung dienen. Der für die Förderung von überbetrieblichen Ausbildungsstätten eingesetzte Betrag wird auf rund 10% der Gesamtförderungssumme (3,5 Mio DM) geschätzt.
[4] Förderung nach dem Bundesausbildungsförderungsgesetz
[5] Förderung nach dem Arbeitsförderungsgesetz (Berufsausbildungsbeihilfe)
[6] Bei den Summen der Bundesanstalt für Arbeit handelt es sich um die tatsächlichen Ausgaben des Jahres 1981, bei Bund und Ländern wurden hingegen die Haushaltsansätze für das Jahr 1981 benutzt.

schulisch durchgeführt wird. Darüber hinaus sind für behinderte Auszubildende besondere Leistungen vorgesehen[1]).

Teilnehmer an berufsvorbereitenden Maßnahmen erhalten bei Bedürftigkeit Berufsausbildungsbeihilfe nach dem Arbeitsförderungsgesetz. Die Förderungshöchstsätze sind für bestimmte Teilnehmer durch das Arbeitsförderungs-Konsolidierungsgesetz[2]) den entsprechenden Sätzen des Bundesausbildungsförderungsgesetzes angeglichen worden und betragen für diese zwischen 260 DM und 525 DM pro Monat. Daneben werden notwendige Fahrtkosten, die Kosten für Lernmittel und Arbeitskleidung sowie Lehrgangsgebühren erstattet.

Die Lehrgangsgebühren werden ohne Anrechnung von Einkommen übernommen (§ 40 Abs. 1 Arbeitsförderungsgesetz).

Für Teilnehmer an berufsvorbereitenden Maßnahmen, die nach mindestens einjähriger beitragspflichtiger Beschäftigung arbeitslos geworden sind, gewährt die Bundesanstalt für Arbeit die Berufsausbildungsbeihilfe (einschließlich Lehrgangsgebühren) ohne Anrechnung von Einkommen (§ 40 a Arbeitsförderungsgesetz). In diesen Fällen wird die Berufsausbildungsbeihilfe für den Lebensunterhalt in Höhe des zuletzt bezogenen Arbeitslosengeldes oder der Arbeitslosenhilfe gewährt, wenn diese Leistungen höher sind als die im Regelfall zu zahlende Berufsausbildungsbeihilfe.

Nach dem Arbeitsförderungsgesetz wurden 1981 insgesamt 517,8 Mio. DM an Berufsausbildungsbeihilfe zur Verfügung gestellt.

Jugendliche, die eine vollzeitschulische Berufsausbildung durchlaufen (Berufsgrundbildungsjahr als 1. Ausbildungsjahr, Sonderformen des Berufsgrundbildungsjahres, Besuch einer Berufsfachschule, Berufsaufbauschulen, Fachoberschulen, Fachschulen) können nach § 2 des Bundesausbildungsförderungsgesetzes gefördert werden. Die Förderungshöchstsätze betragen zwischen 260 DM und 465 DM pro Monat. 1981 erhielten rund 330 000 Jugendliche im Berufsgrundbildungsjahr, in Berufsfachschulen und in weiteren beruflichen Schulen insgesamt rund 1,070 Mrd. DM; davon brachten der Bund 65 % und die Länder 35 % auf.

9.1.2 Förderung der Betriebe

Betriebe erhalten finanzielle Hilfen aus öffentlichen Haushalten, um dadurch die Ausbildungsfähigkeit zu erhalten oder herzustellen, die Ausbildungsqualität zu steigern sowie um die Ausbildungsbereitschaft zu sichern und zu verbessern. Darüber hinaus können auch betriebliche Maßnahmen, die der Hinführung von noch nicht ausbildungsfähigen Jugendlichen zur Ausbildungsreife dienen, gefördert werden.

Förderungsmöglichkeiten bestehen auf Grund von Gesetzen und verschiedenen Programmen:

— Im Rahmen von Sonderprogrammen der Länder, die überwiegend Zuschüsse für die Bereitstellung zusätzlicher Ausbildungsplätze gewähren. Insbesondere fördern sie Ausbildungsplätze

— für Mädchen (vgl. Tabelle 9/5),

— für Behinderte (vgl. Tabelle 9/7),

— für auf dem Ausbildungsstellenmarkt benachteiligte Jugendliche (vgl. Tabelle 9/8) und

— für „Konkurslehrlinge" (vgl. Tabelle 9/9).

Einige der Förderungsmaßnahmen der Länder sind mit Ablauf des Jahres 1981 ausgelaufen (vgl. Tabellen 9/3 bis 9/9). Eine Regionalförderung besteht nur noch in Niedersachsen und Hessen. Die Förderkriterien und die Zuschußhöhe weisen von Land zu Land erhebliche Unterschiede auf.

— Zur Errichtung oder Schaffung betrieblicher Ausbildungsplätze, insbesondere von Lehrwerkstätten, bzw. Förderung richtungweisender Kooperationsvorhaben durch kleine und mittlere Betriebe der gewerblichen Wirtschaft wurden 1981 aus Mitteln des ERP[1])-Sondervermögens 6,2 Mio. DM in Form von Darlehen zugesagt.

Daneben werden auch im Rahmen der Gemeinschaftsaufgabe „Verbesserung der regionalen Wirtschaftsstruktur" Investitionskostenverbilligungen für die Schaffung betrieblicher Ausbildungsplätze in strukturschwachen Gebieten gewährt.

Auf Grund von Rechtsverordnungen (Landesregelungen) nach dem Schornsteinfegergesetz erhalten Ausbildungsbetriebe des Schornsteinfegerhandwerks Zuschüsse aus überbetrieblichen Lehrlingskostenausgleichskassen. Die Zuschüsse für die insgesamt 1 900 (1 506)[2]) Auszubildenden betragen im Durchschnitt rund 5 500 (4 800) DM.

Für die Tarifbereiche

— Baugewerbe,

— Garten- und Landschaftsbau,

— Steinmetz- und Steinbildhauerhandwerk und

— Dachdeckerhandwerk

bestehen außerdem tarifvertraglich vereinbarte überbetriebliche Finanzierungsregelungen[3])

Mit dem Tarifvertrag über die Berufsbildung im Gerüstbauergewerbe vom 28. April 1981 wurde die Finanzierung von Weiterbildungsmaßnahmen geregelt.

1981 wurde im Geltungsbereich der tarifvertraglichen Finanzierungsregelungen die Ausbildung von ca. 87 700 (85 000) Auszubildenden in etwa 31 500 (30 400) Ausbildungsbetrieben mit rund 570 (525) Mio. DM bezuschußt. Davon entfielen auf Ausbildungsvergütungen sowie Internats-, Lehrgangs- und Fahrtkosten im Zusammenhang mit überbetrieblichen Ausbildungsmaßnahmen ca. 495 (461) Mio. DM.

Für die einzelnen Tarifbereiche ergibt sich folgendes Bild:

— Im Bereich der Bauwirtschaft wurden insgesamt ca. 553 (509) Mio. DM aufgewendet.

Am 31. Dezember 1981 bestanden rund 75 000 (72 000) Ausbildungsverhältnisse in etwa 26 000 (25 000) Ausbildungsbetrieben.

Die Anzahl der gewerblichen Arbeitnehmer betrug im Jahre 1981 ca. 1,11 (1,26) Mio., die sich auf etwa 55 000 (57 000) Betriebe verteilten. Die durchschnittliche Leistung je Auszubildenden betrug 1981 etwa 7 400 (7 100) DM.

---

[1]) Vgl. Berufsbildungsbericht 1980, S. 85, 1981, S. 97

[2]) Arbeitsförderungs-Konsolidierungsgesetz (AFKG) (Bundesgesetzblatt I S. 1497 vom 22. Dezember 1981).

[1]) European Recovery Program (Europäisches Wiederaufbauprogramm)

[2]) Vergleichszahlen 1980 in ( )

[3]) Vgl. Berufsbildungsberichte 1980, S. 83 f. und 1981, S. 95 f.

- Im Bereich des Garten-, Landschafts- und Sportplatzbaus wurden 1981 ca. 3,5 (3,5) Mio. DM Erstattungsleistungen gewährt. Am 31. Dezember 1981 bestanden in diesem Tarifbereich ca. 2 900 (3 200) Ausbildungsverhältnisse in ca. 800 (790) Ausbildungsbetrieben.

  Die Gesamtzahl der Betriebe betrug etwa 4 700 (4 500), in denen etwa 44 000 (40 000) gewerbliche Arbeitnehmer beschäftigt waren. Durchschnittlich betrug 1981 die Erstattungsleistung je Auszubildenden etwa 1 200 (1 100) DM.

- Im Steinmetz- und Steinbildhauerhandwerk betrug das Mittelaufkommen 1981 3,1 (3,2) Mio. DM.

  Von den insgesamt rund 4 400 (4 500) Betrieben bildeten ca. 1 230 (1 250) Betriebe aus.

  Im Tarifbereich waren 1981 etwa 18 000 (12 000) gewerbliche Arbeitnehmer beschäftigt, davon waren ca. 2 140 (2 150) Auszubildende.

  Je Auszubildenden wurden etwa 1 500 (1 500 DM) Erstattungsleistungen gewährt.

- Im Tarifbereich des Dachdeckerhandwerks wurden 1981 zur Förderung der beruflichen Bildung 9,9 (9,2) Mio. DM aufgebracht.

  Am 31. Dezember 1981 bestanden ca. 7 900 (7 364) Ausbildungsverhältnisse in ca. 3 700 (3 533) Ausbildungsbetrieben.

  Die etwa 59 000 gewerblichen Arbeitnehmer im Dachdeckerhandwerk verteilen sich auf 7 071 (6 940) Betriebe. Die durchschnittliche Erstattungsleistung je Auszubildenden betrug 1981 etwa 1 260 (1 300) DM.

Um den auf dem Ausbildungsstellenmarkt benachteiligten Jugendlichen den Beginn einer Berufsausbildung zu ermöglichen, sind besondere finanzielle Anreize für Betriebe vorgesehen.

Nach § 60 des Arbeitsförderungsgesetzes können Betriebe Zuschüsse zu den durch die Ausbildung behinderter Jugendlicher entstehenden Kosten bis zur Höhe der im letzten Ausbildungsjahr zu zahlenden monatlichen Ausbildungsvergütung erhalten. Die Ist-Ausgaben betrugen hierfür im Jahre 1981 53,7 Mio. DM.

Nach § 2 Abs. 1 Nr. 2 und § 3 der Zweiten Verordnung zur Durchführung des Schwerbehindertengesetzes (Ausgleichsabgabenverordnung SchwbG) in Verbindung mit § 8 Abs. 3 Satz 3 des Schwerbehindertengesetzes können die Hauptfürsorgestellen Arbeitgebern u. a. auch Leistungen zur Schaffung und Erhaltung von Ausbildungsplätzen für Schwerbehinderte gewähren. Nach § 24 in Verbindung mit § 3 der Ausgleichsabgabenverordnung kann auch der Bundesminister für Arbeit und Sozialordnung aus Mitteln des Ausgleichsfonds Leistungen an Arbeitgeber für die Bereitstellung zusätzlicher Ausbildungsplätze für Schwerbehinderte gewähren.

Bund und Länder haben erneut ein Sonderprogramm zur verstärkten Bereitstellung von Arbeits- und Ausbildungsplätzen für Schwerbehinderte[1]) mit einem Volumen von 250 Mio. DM aufgelegt. Es läuft vom 1. Dezember 1981 bis 30. November 1983. Mit Hilfe der bisherigen Sonderprogramme haben rund 6 400 Schwerbeschädigte einen Ausbildungsplatz erhalten.

Ausbildungsbetriebe, die mit Jugendlichen, die bei einem Arbeitsamt arbeitslos oder als Bewerber um eine Ausbildungsstelle gemeldet sind, einen Betreuungsvertrag mit der Verpflichtung auf Abschluß eines Ausbildungsvertrages oder eines unbefristeten Arbeitsvertrages abschließen, können in Hamburg und Nordrhein-Westfalen Zuschüsse zu den Betreuungs-, Lohn- und Ausbildungskosten erhalten (vgl. *Tabelle 9/8*).

9.1.3 Förderung der überbetrieblichen Ausbildungsstätten

Der Bund fördert die überbetrieblichen Ausbildungsstätten durch Zuschüsse aus Mitteln des Bundesministers für Bildung und Wissenschaft nach den dafür erlassenen „Richtlinien zur Förderung von überbetrieblichen Ausbildungsstätten" vom 19. September 1973 und den „Richtlinien über die Gewährung von Zuwendungen zu den laufenden Kosten überbetrieblicher Ausbildungsstätten" vom 31. Januar 1978[1]).

1981 wurden vom Bund Zuschüsse

— aus Mitteln des Schwerpunktprogramms für den Ausbau der überbetrieblichen Ausbildungsstätten und

— aus Mitteln des Programms für Zukunftsinvestitionen

in Höhe von insgesamt 203,46 Mio. DM einschließlich Zuschüssen zu den laufenden Kosten einer überbetrieblichen Ausbildungsstätte für Ausbildungspersonal (Ausbilderförderungszentrum) in Höhe von 0,46 Mio. DM veranschlagt. (Ist: ca. 194 Mio. DM).

Für Anträge, die ab 1. September eingegangen sind, ist der Förderungshöchstsatz auf 65 % neu festgesetzt worden.

Darüber hinaus werden überbetriebliche Ausbildungsstätten auch mit Landesmitteln gefördert. Die Länder haben hierfür 1981 rund 109,05 Mio. DM bereitgestellt.

Nach § 50 des Arbeitsförderungsgesetzes kann die Bundesanstalt für Arbeit Darlehen und Zuschüsse für den Aufbau, die Erweiterung und Ausstattung von Einrichtungen einschließlich überbetrieblicher Ausbildungsstätten gewähren, die der betrieblichen Ausbildung, Fortbildung oder Umschulung dienen. In besonderen Fällen kann die Förderung sich auch auf die Unterhaltung solcher Einrichtungen der beruflichen Bildung erstrecken. 1981 wurden von der Bundesanstalt für Arbeit 35,4 Mio. DM ausgegeben.

Im Rahmen des Gesetzes zur Verbesserung der regionalen Wirtschaftsstruktur kann auch die Errichtung und der Ausbau von Ausbildungs-, Fortbildungs- und Umschulungsstätten der gewerblichen Wirtschaft gefördert werden. Dafür stellten 1981 Bund und Länder zusammen 16,6 Mio. DM bereit.

Darüber hinaus stellte der Bund 1981 für Errichtung, Erweiterung, Ausbau und Modernisierung von überbetrieblichen Ausbildungsstätten nach § 6 Abs. 2 des Zonenrandförderungsgesetzes 4,8 Mio. DM bereit.

Der Bundesminister für Wirtschaft gewährt aus Mitteln des Gewerbeförderungsprogramms Zuschüsse zu den Lehrgangs- und Internatskosten überbetrieblicher Ausbildungsmaßnahmen im Bereich des Handwerks. Mit der Bundeszuwendung werden etwa ein Drittel der Lehrgangskosten und rund 50 % der Internatskosten gedeckt. 1981 standen hierfür 47,1 Mio. DM zur Verfügung. Darüber

---

[1]) Vgl. Berufsbildungsbericht 1981. S. 97

[1]) Vgl. Berufsbildungsbericht 1980. S. 84

hinaus wurden aus Gewerbeförderungsmitteln für den Bau und die Ausstattung beruflicher Fortbildungsstätten des Handwerks 3,8 Mio. DM bereitgestellt.

In einigen Bereichen wird das Instrument einer Sonderumlage für die überbetriebliche Ausbildung genutzt, die sowohl bei ausbildenden als auch bei nichtausbildenden Betrieben in den Berufen erhoben wird, für die eine überbetriebliche Ausbildung angeboten wird. Die Sonderumlage wird im Bereich der Handwerkskammer Konstanz auf Grund eines Beschlusses der Vollversammlung seit 1976 erhoben. Die Höhe der Umlage ist nicht für alle Berufe gleich. Der jährliche Abgabebetrag errechnet sich aus 90 DM Grundbetrag und 3 Promille der Lohnsumme, die für jeden Betrieb jeweils 2 Jahre vor dem Erhebungszeitraum festgestellt wird, jedoch von höchstens 500 000 DM der Lohnsumme. Die Gesamteinnahmen der Kammer aus der Sonderumlage betrugen im Jahre 1980 500 000 DM. Von den zur Abgabe herangezogenen Betrieben sind etwa ein Drittel ausbildende und etwa zwei Drittel nichtausbildende Betriebe. Die Handwerkskammer Karlsruhe führt seit 1978 einen ähnlichen Kostenausgleich durch. Die eine Hälfte der Kosten wird von den ausbildenden Betrieben in Form von Lehrgangsgebühren für die von ihnen entsandten Teilnehmer aufgebracht. Die andere Hälfte wird von den nichtausbildenden Betrieben gezahlt. Berechnungsgrundlage ist hier der einheitliche Gewerbesteuermeßbetrag, der auch der allgemeinen Beitragsveranlagung zugrunde gelegt wird.

Für benachteiligte (ausländische sowie lernbeeinträchtigte oder sozial benachteiligte deutsche) Jugendliche, die im Anschluß an berufsvorbereitende Maßnahmen keinen betrieblichen Ausbildungsplatz finden, kann nach dem Sonderprogramm des Bundesministers für Bildung und Wissenschaft seit 1980 die Ausbildung in einer überbetrieblichen Einrichtung mit einem Zuschuß bis zur Höhe der Personalkosten und einem Pauschalbetrag für sonstige Kosten gefördert werden. 1981 wurden 29 Mio. DM für die Förderung der Ausbildung von rund 2 000 Teilnehmern bereitgestellt.

9.1.4 Förderung des Ausbildungspersonals

Bund, einzelne Länder und die Bundesanstalt für Arbeit fördern mit unveränderter Zielsetzung das Ausbildungspersonal[1]:

Der Bund fördert die Ausbildung der Ausbilder durch die Unterstützung des Ausbilderförderungszentrums — wofür als Zuschüsse zu den laufenden Kosten 0,46 Mio. DM bereitgestellt sind — und weiterer Weiterbildungsmaßnahmen.

Die Länder Hamburg und Berlin gewähren ausbildenden Unternehmen, die Arbeitnehmer für den Besuch eines Ausbilderlehrganges freistellen, Zuschüsse zu den durch die Maßnahme entstehenden Kosten (vgl. *Tabelle 9/6*).

Betriebe in Berlin, die wegen Fehlens geeigneten Ausbildungspersonals einen Ausbilder einstellen, können einen Zuschuß zu den Ausbildungskosten erhalten. Darüber hinaus können Ausbilder, die außerhalb der Arbeitszeit an einem förderungsfähigen Lehrgang teilnehmen, die ihnen im Zusammenhang mit der Vorbereitung und Ablegung der Ausbilder-Eignungsprüfung entstehenden Kosten erstattet bekommen.

In Rheinland-Pfalz können die Träger von förderungsfähigen Aus- und Fortbildungsmaßnahmen für Ausbilder Zuschüsse zu den Lehrgangskosten erhalten.

Teilnehmer an Fortbildungsmaßnamen, die auf die Heranbildung und Fortbildung von Ausbildungskräften abzielen, können nach den Bestimmungen der §§ 41 ff. des Arbeitsförderungsgesetzes gefördert werden.

9.2 Weitere Leistungen des Bundes für die berufliche Bildung

Neben den nach Empfängergruppen gegliederten Förderungsarten für die berufliche Bildung wurden vom Bund weitere Leistungen mit zum Teil erheblichem finanziellen Aufwand gewährt, die bestimmten Personengruppen und Bereichen zugute kommen. Hierzu wird auf den Bericht des Vorjahres verwiesen[1].

Im Rahmen der Maßnahmen zur Berufsvorbereitung und sozialen Eingliederung junger Ausländer (MBSE-Programm) (vgl. hierzu Kapitel 6), die von der Bundesanstalt für Arbeit durchgeführt werden und der beruflichen Eingliederung ausländischer Jugendlicher dienen, werden den Lehrgangsträgern die angemessenen Sach- und Personalkosten erstattet. Die Lehrgangsteilnehmer erhalten bei Bedürftigkeit finanzielle Hilfen für den Lebensunterhalt und die persönlichen Ausbildungskosten. An MBSE nahmen vom Oktober 1980 bis Ende 1981 15 000 Jugendliche teil. Hierfür stellte die Bundesanstalt für Arbeit 200 Mio. DM bereit, wovon vereinbarungsgemäß durch Bund und Länder 25 % der Aufwendungen erstattet werden.

Der Bund fördert Modelleinrichtungen und Programme (Modellvorhaben) im Rahmen der Bund-Länder-Kommission für Bildungsplanung und Forschungsförderung sowie im Rahmen von den durch das Bundesinstitut für Berufsbildung betreuten Wirtschaftsmodellversuchen in der beruflichen Bildung. Im Jahre 1981 sind für die unterschiedlich strukturierten Modelle zusammen 36 Mio. DM Bundesmittel zur Verfügung gestellt worden. Für die Förderung der Forschung im Bereich der beruflichen Bildung wurden 6,8 Mio DM bereitgestellt.

Berufsbildungswerke und Werkstätten für Behinderte werden vom Bundesminister für Arbeit und Sozialordnung, den Ländern sowie der Bundesanstalt für Arbeit durch Darlehen und Zuschüsse finanziell unterstützt.

Der Bund beteiligt sich auf der Grundlage von Verwaltungsvereinbarungen nach Art. 104a des Grundgesetzes mit Finanzhilfen von 650 Mio. DM an den Investitionskosten der Länder zur Schaffung zusätzlicher Ausbildungskapazitäten. Davon wurden 1981 10 Mio. DM zur Schaffung zusätzlicher schulischer Ausbildungskapazitäten im Rahmen des Programms für Zukunftsinvestitionen bereitgestellt.

9.3 Förderung der Fortbildung und Umschulung nach dem Arbeitsförderungsgesetz

Die Bundesanstalt für Arbeit fördert nach den §§ 34 ff. des Arbeitsförderungsgesetzes Teilnehmer an Fortbildungs-, Umschulungs- und Einarbeitungsmaßnahmen und an Maßnahmen zur Verbesserung der Vermittlungsaussichten durch Gewährung eines Unterhaltsgeldes und Über-

---

[1] Vgl. Berufsbildungsbericht 1980, S. 84

[1] Vgl. Berufsbildungsbericht 1981, S. 98 f.

nahme von sonstigen maßnahmebedingten Kosten (vgl. Kapitel 7). 1981 stellte die Bundesanstalt für Arbeit rund 3,4 Mrd. DM für ca. 244000 Teilnehmer an Fortbildungs- und Umschulungsmaßnahmen sowie Teilnehmern nach § 41a des Arbeitsförderungsgesetzes bereit.

Im Rahmen von Maßnahmen zur Rehabilitation werden Weiterbildungsmaßnahmen nach den §§ 56 ff. des Arbeitsförderungsgesetzes gefördert. 1981 stellte die Bundesanstalt für Arbeit hierfür rund 2,0 Mrd. DM zur Verfügung.

10. Anhang

10.1 Methodische Daten der Berufsbildungsstatistik

Die Daten über die berufliche Bildung werden fünf verschiedenen Bereichen entnommen, die jeweils eigene Definitionen verwenden.

a) Statistik der zuständigen Stellen

Die zuständigen Stellen melden jährlich zum 30. September die Zahl der neu abgeschlossenen Ausbildungsverträge an den Bundesminister für Bildung und Wissenschaft, der mit der Durchführung der Erhebung das Bundesinstitut für Berufsbildung beauftragt hat. Zusammen mit Daten der Bundesanstalt für Arbeit über die bei der Arbeitsverwaltung registrierten noch unbesetzten Plätze und unvermittelten Bewerber werden diese Angaben zur Erstellung der Ausbildungsplatzbilanz verwendet[1]).

Die zuständigen Stellen führen außerdem für die anerkannten Ausbildungsberufe das Verzeichnis der Berufsausbildungsverhältnisse (§ 31 BBiG, § 28 HwO). Auf dieser Grundlage werden von den Spitzenverbänden die Berufsbildungsstatistiken des jeweiligen Bereichs zum Stichtag 31. Dezember zusammengestellt und an das Statistische Bundesamt weitergeleitet. Das Statistische Bundesamt gibt jährlich die Veröffentlichung „Berufliche Bildung" heraus, die neben den Angaben über Auszubildende Daten über Ausbilder, Prüfungen, Weiterbildung und Ausbildungsberater enthält.

Die Statistiken der zuständigen Stellen — zusammengefaßt in der Veröffentlichung des Statistischen Bundesamtes — bilden die Grundlage der Berufsbildungsstatistik, da die Daten unmittelbar im Rahmen der Tätigkeit der zuständigen Stellen (Eintragung der Verträge in das Verzeichnis der Berufsausbildungsverhältnisse, Durchführung von Prüfungen, Bestellung von Ausbildungsberater usw.) anfallen und daher eine genaue Abgrenzung der verschiedenen Tatbestände gemäß den Definitionen des Berufsbildungsgesetzes gewährleistet ist[2]).

b) Berufsschulstatistik der Länder

Die Länder führen jährlich zum Schuljahresbeginn eine Erhebung an den Berufsschulen durch, bei der auch die Auszubildenden erfaßt werden. Abweichungen zur Statistik der zuständigen Stellen ergeben sich durch die unterschiedlichen Stichtage sowie durch die Tatsache, daß teilweise auch Praktikanten und Volontäre zu den Auszubildenden gezählt werden. Schließlich wird auch ein geringer Teil der Auszubildenden an den Berufsschulen gar nicht erfaßt, da — je nach landesüblicher Regelung — nach Erreichen einer bestimmten Altersgrenze keine Berufsschulpflicht mehr besteht.

Die Angaben über die Auszubildenden sind vor allem wichtig, wenn Vergleiche mit der Zahl der Jungarbeiter/-angestellten und arbeitslosen Jugendlichen gezogen werden sollen, da diese in der Berufsschulstatistik ebenfalls erfaßt werden[1]).

c) Erwerbstätigenstatistik des Statistischen Bundesamtes

Im jährlichen Mikrozensus werden die Auszubildenden zusammen mit Praktikanten, Volontären, Schwesternschülerinnen u.a. erfaßt. Obwohl die Abgrenzungen nicht den Definitionen des Berufsbildungsgesetzes entsprechen und auch durch den Stichprobencharakter der Erhebung (1%-Stichprobe) gewisse Unschärfen zu erwarten sind, geben diese Daten doch wichtige Hinweise für die Verteilung der Auszubildenden auf die Wirtschaftszweige, ihre Altersstruktur, schulische Vorbildung und andere Merkmale[2]).

Das Statistische Bundesamt führt in größeren Zeitabständen Totalerhebungen in verschiedenen Wirtschaftsbereichen durch, bei denen die Auszubildenden, zusammen mit Praktikanten, Volontären u.a. eigens ausgewiesen werden. Zu nennen sind die Handwerkszählung (zuletzt 1977), die Handels- und Gaststättenzählung (zuletzt 1979) und die Landwirtschaftszählung (zuletzt 1979).

Auch in der Volks- und Berufszählung und in der Arbeitsstättenzählung von 1970 wurden die Auszubildenden erfaßt. Im Baugewerbe werden die gewerblichen Auszubildenden im Rahmen der jährlichen Vollerhebung gezählt[3]).

d) Berufsberatungsstatistik der Bundesanstalt für Arbeit

Die Bundesanstalt für Arbeit weist die bei den Arbeitsämtern ratsuchenden Schulabgänger nach ihrem Berufswunsch, nach dem Ergebnis der Beratung und anderen Merkmalen für das jeweils abgelaufene Beratungsjahr (1.10.—30.9.) aus. Ferner wird zum Stichtag 30. September die Zahl der noch unversorgten Bewerber und unbesetzt gebliebenen Berufsausbildungsstellen ermittelt. Diese Angaben gehen in die Ausbildungsplatzbilanz des Berufsbildungsberichts ein[4]).

e) Beschäftigtenstatistik der Bundesanstalt für Arbeit

In der Beschäftigtenstatistik werden die sozialversicherungspflichtig Beschäftigten in Ausbildung ausgewiesen. Dazu gehören Auszubildende, Anlernlinge, Praktikanten, Volontäre und Umschüler. Die Auswertungen werden zum 30. Juni erstellt, da zu diesem Zeitpunkt die Eintragung der

---

[1]) Quelle: Bundesminister für Bildung und Wissenschaft (Hrsg.) Berufsbildungsberichte (jährlich)

[2]) Quelle: Statistisches Bundesamt (Hrsg.), Fachserie 11, Reihe 3: Berufliche Bildung (jährlich).

[1]) Quelle: Statistisches Bundesamt (Hrsg.), Fachserie 11, Reihe 2: Berufliches Schulwesen (jährlich)

[2]) Quelle: Statistisches Bundesamt (Hrsg.), Fachserie 1, Reihe 4.1.1: Stand und Entwicklung der Erwerbstätigkeit (jährlich) sowie Sonderauszählungen des Mikrozensus

[3]) Quelle: Statistisches Bundesamt (Hrsg.), Fachserien 3 bis 6

[4]) Quelle: Bundesanstalt für Arbeit (Hrsg.), Amtliche Nachrichten, Sonderheft Ergebnisse der Berufsberatungsstatistik (jährlich)

Jahresmeldungen abgeschlossen ist. Wichtige Merkmale für die Auszubildenden sind die Staatsangehörigkeit und die Verteilung auf die Wirtschaftszweige[1].

10.1.1 Erläuterungen zu den verschiedenen Erhebungsverfahren

Bei der Volks- und Berufszählung und der Arbeitsstättenzählung handelt es sich um Totalerhebungen. Die letzten Erhebungen sind zum Stichtag 27. Mai 1970 durchgeführt worden. In der Volkszählung 1970 wurden 1 283 300 Auszubildende auf Grund der Angaben im Haushaltsbogen erfaßt. In der Arbeitsstättenzählung, bei der die nichtgewerblich besteuerten Betriebe in der Land- und Forstwirtschaft sowie die privaten Haushalte nicht erfaßt werden, sind 1 278 000 Auszubildende zum gleichen Stichtag 1970 von Betrieben gemeldet worden. Zum Vergleich: In der Berufsausbildungsstatistik wurden 1 283 500 Auszubildende zum Stichtag 31. Dezember 1969 registriert.

Der Mikrozensus ist eine jährliche Repräsentativerhebung der Bevölkerung und des Erwerbslebens mit einem Auswahlsatz von 1 % (Berichtswoche: Ende April). Insbesondere wegen des unterschiedlichen Erhebungsstichtags ist die Zahl der Auszubildenden im Mikrozensus deutlich niedriger als in der Berufsbildungsstatistik, da die Auszubildenden mit einer 2 1/2- bzw. 3 1/2-jährigen Ausbildungsdauer ihre Ausbildung größtenteils im Frühjahr beenden und daher in den April-Zahlen des Mikrozensus nicht mehr enthalten sind. Wegen des hohen Stichprobenfehlers bei geringen Fallzahlen sind die Aussagen des Mikrozensus über Auszubildende allerdings in Teilbereichen eingeschränkt.

Die Handwerkszählung ist eine Totalerhebung bei selbständigen Handwerksunternehmen und handwerklichen Nebenbetrieben nichthandwerklicher Unternehmen. Sie erstreckte sich 1977 auf Unternehmen, die das ganze Jahr 1976 bestanden. Die Ergebnisse der Erhebung 1977 beziehen sich auf den Stichtag 30. September 1976 für Unternehmen (Nebenbetriebe), die das ganze Jahr 1976 und am Zählstichtag (Ende März 1977) bestanden.

Zum Stichtag 30. September 1976 wurden im Handwerk 493 400 Auszubildende erfaßt. Zum Vergleich: In der Berufsbildungsstatistik sind 510 400 Auszubildende zum Stichtag 31. Dezember 1976 ausgewiesen. Neben den unterschiedlichen Stichtagen dürfte die Differenz auch auf jene Auszubildenden des öffentlichen Dienstes zurückgeführt werden, deren Ausbildungsberufe nach dem Berufsbildungsgesetz bei Handwerkskammern registriert und miterfaßt werden.

Die Bundesanstalt für Arbeit weist seit 1976 Beschäftigte in Ausbildung zum Stichtag 30. Juni aus. Der Stichtag 30. Juni wurde von der Bundesanstalt aus meldetechnischen Gründen gewählt, da der Übergang eines Ausbildungsverhältnisses in ein Arbeitsverhältnis kein Meldetatbestand ist. Erst nach Vorliegen der Jahresmeldungen kann eine zutreffende Erfassung des Merkmals "Stellung im Beruf", das Grundlage für die Ermittlung des Personenkreises "Auszubildende" ist, erfolgen. Dies ist am ehesten zum Stichtag 30. Juni gewährleistet. Auf Grund der umfassenderen Definition ist die Zahl der Beschäftigten in Ausbildung in der Beschäftigtenstatistik höher als in der Berufsbildungsstatistik. Weitere Differenzen zwischen beiden Statistiken entstehen vor allem durch die Stichtagsunterschiede, aber auch durch die verzögerten Abmeldungen der Auszubildenden nach ihrem Ausscheiden aus dem Ausbildungsverhältnis in der Beschäftigtenstatistik.

10.1.2 Verfahrensfragen zur Erhebung der sektoralen und regionalen Entwicklung der betrieblichen Ausbildung nach § 5 des Berufsbildungsförderungsgesetzes

Für die sektorale und regionale Entwicklung der betrieblichen Ausbildung werden sowohl die Angaben der Jahresschlußstatistik zum 31. Dezember als auch die Erhebung zum 30. September herangezogen.

Die Verwendung der beiden Statistiken erweist sich als notwendig, weil die Daten erst seit 1976 erhoben werden und daher über eine längere Zeit keine Vergleiche ermöglichen und weil die beiden Statistiken hinsichtlich ihrer regionalen Untergliederung unterschiedliche Einblicke in die regionale Entwicklung vermitteln können. Während sich die Erhebung zum 30. September nur auf die Neuabschlüsse bezieht, wird in der Jahresschlußstatistik die Gesamtzahl der Ausbildungsverhältnisse nach Ausbildungsjahren erfaßt.

Die Erfassung zu einem bestimmten Stichtag bringt es mit sich, daß regionale Besonderheiten — z. B. unterschiedliche Ferientermine — unberücksichtigt bleiben müssen. Außerdem muß in die Bewertung regionaler Daten die unterschiedliche Einführung des Berufsgrundbildungsjahres mit einbezogen werden.

Die Darstellung der regionalen Entwicklung nach Arbeitsamtsbezirken erfolgt auf der Basis der von den zuständigen Stellen gemeldeten Daten zum Stichtag 30. September.

Für die Analyse der langfristigen Entwicklung der Zahl der Neuabschlüsse werden die Angaben aus der Jahresschlußstatistik herangezogen. Dabei wird die Zahl der neu abgeschlossenen Verträge rechnerisch ermittelt: Zahl der Auszubildenden im 1. Ausbildungsjahr plus Differenz zwischen der Zahl der Auszubildenden im 2. Ausbildungsjahr und der Zahl der Auszubildenden im 1. Ausbildungsjahr im Vorjahr (sog. „Differenzberechnung").

Die rechnerische Ermittlung führt zu etwas niedrigeren Zahlen der Neuabschlüsse, als sie sich aus der statistischen Erhebung ergeben. Die Gesamtergebnisse und ihre Veränderung im Zeitablauf werden dadurch jedoch nur geringfügig beeinträchtigt.

Gründe für die Abweichung zwischen der Erhebung über neu abgeschlossene Verträge zum 30. September sowie der 1978 erstmals vollständigen Erfassung der neu abgeschlossenen Ausbildungsverträge zum 31. Dezember und der „Differenzberechnung" zum 31. Dezember sind

— unterschiedliche Stichtage (d. h. Auflösungen in der Probezeit und Neuabschlüsse können nicht mehr berücksichtigt werden)

— unterschiedliche Abgrenzung der Neuabschlüsse (teilweise unter Einbeziehung der Anschlußverträge)

— unterschiedliche Aufteilung der neu abgeschlossenen Ausbildungsverträge auf die Ausbildungsjahre (d. h. unterschiedliche Zuordnung von Verträgen mit verkürzter Ausbildungszeit zum 1. bzw. 2. Ausbildungsjahr, je nach Dauer und Zeitpunkt der Verkürzung).

---

[1] Quelle: Bundesanstalt für Arbeit (Hrsg.), Amtliche Nachrichten

10.2 Tabellenverzeichnis, Tabellen

Tabelle 1/1: Neu abgeschlossene Ausbildungsverhältnisse nach Ausbildungsberufen 1976, 1980—1981 (Stichtag 30. September)

Tabelle 1/2: Veränderung der neu abgeschlossenen Ausbildungsverträge in den Bereichen Industrie und Handel, Handwerk und Landwirtschaft nach Bundesländern und Kammerbezirken 1980 und 1981 (Stichtag 30. September) im Vergleich zum Vorjahr

Tabelle 1/3: Schulabgänger aus den allgemeinen Schulen sowie aus Fachoberschulen und Fachgymnasien 1980—1982

Tabelle 1/4: Angestrebte Übergänge in eine Ausbildung im dualen System 1979—1981

Tabelle 1/5: Gesamtzahl der Ausbildungsverträge und der neu abgeschlossenen Ausbildungsverträge zum Stichtag 31. Dezember nach Ausbildungsbereichen (in Tsd.) 1973—1979

Tabelle 1/6: Auszubildende in den fünfundzwanzig am stärksten besetzten Ausbildungsberufen nach Rangfolge, insgesamt, männlich, weiblich und Ausbildungsbereich

Tabelle 1/7: Anzahl der Jugendlichen im Berufsgrundbildungsjahr und Berufsvorbereitungsjahr nach Länder 1979 und 1980

Tabelle 1/8: Auszubildende in den 1980 am stärksten besetzten Ausbildungsberufen sowie Auszubildende in gewerblich-technischen und Dienstleistungsberufen 1960—1980

Tabelle 2/1: Gesamtangebots-Nachfragerelationen 1980 und 1981 nach Arbeitsamtsbezirken

Tabelle 2/2: Gesamtangebot und Gesamtnachfrage 1980 und 1981 nach Arbeitsamtsbezirken

Tabelle 2/3: Schüler in beruflichen Vollzeitschulen und Indizes des vollzeitschulischen und dualen Versorgungsgrades 1980

Tabelle 3/1: Deutsche Erwerbstätige nach sozialer Herkunft mit und ohne Ausbildungsabschlüsse (in %)

Tabelle 3/2: Deutsche Erwerbstätige mit und ohne Ausbildungsabschluß nach Geschlecht und Stellung im Beruf bei der ersten Erwerbstätigkeit (in %)

Tabelle 3/3: Deutsche Erwerbstätige ohne abgeschlossene Berufsausbildung nach ausgeübten Berufen und der Stellung im Beruf in ausgewählten Berufsgruppen und Berufen

Tabelle 3/4: Entwicklung der betrieblichen Berufsausbildung in den Metallberufen

Tabelle 5/1: Zehn am stärksten besetzte Ausbildungsberufe für Behinderte in Betrieben und Rehabilitationseinrichtungen 1980 (in %)

Tabelle 5/2: Ausbildungsschwerpunkte in Betrieben und Rehabilitationseinrichtungen nach Art der Behinderung der Auszubildenden 1980 (in %)

Tabelle 5/3: Entwicklung der berufsfördernden Maßnahmen (Umschulung / Fortbildung / Einarbeitung) bei behinderten Erwachsenen von 1971 bis 1980

Tabelle 6/1: Entwicklung der Nationalitätenstruktur nach Hauptherkunftsländern in den Jahren 1974, 1977, 1980, 1981 (Stand: jeweils 30. September)

Tabelle 6/2: Anteil ausländischer Kinder und Jugendlicher unter 21 Jahren in der Bundesrepublik Deutschland, gegliedert nach Altersgruppen und Nationalität am 30. September 1980

Tabelle 6/3: Ausländische Schüler an allgemeinbildenden Schulen nach Herkunftsländern und Schularten 1980/81

Tabelle 6/4: Ausländische Schüler nach Bundesland / Anteil ausländischer Schüler an der Gesamtschülerzahl an allgemeinbildenden Schulen im Schuljahr 1980/81 (in %)

Tabelle 6/5: Ausländische Schüler in beruflichen Schulen nach Nationalität im Schuljahr 1980/81 (absolut und in %)

Tabelle 7/1: Berufliche Weiterbildung an Volkshochschulen nach Kursen, Unterrichtsstunden und Belegungen nach Fachgebieten 1980

Tabelle 9/1:	Mittel des Bundes nach Ressorts (Haushaltssätzen) zur Förderung der beruflichen Bildung im Jahre 1981
Tabelle 9/2:	Förderung der außerschulischen Berufsausbildung 1980 und 1981 in den Ländern
Tabelle 9/3:	Förderung von zusätzlichen Ausbildungsplätzen, Ausbildungsplätzen bei Betriebsgründungen bzw. -übernahmen und im Ausbildungsverbund
Tabelle 9/4:	Förderung von Ausbildungsplätzen in Problemregionen
Tabelle 9/5:	Förderung von Ausbildungsplätzen für Mädchen
Tabelle 9/6:	Förderung der Aus- und Fortbildung der Ausbilder
Tabelle 9/7:	Förderung von Ausbildungsplätzen für Behinderte
Tabelle 9/8:	Förderung von Ausbildungsplätzen für auf dem Ausbildungsstellenmarkt benachteiligte Jugendliche (Sonderschulabgänger, Hauptschulabgänger ohne Abschluß, Altausbildungsplatzinteressenten und sonstige Gruppen)
Tabelle 9/9:	Förderung von Ausbildungsplätzen für Auszubildende im Falle von Konkursen, Betriebsstillegungen und -einschränkungen

Tabelle 1/1: Neu abgeschlossene Ausbildungsverhältnisse nach Ausbildungsberufen 1976, 1980 – 1981 (Stichtag 30. September)

Berufs-klasse	Ausbildungsberuf/Berufsgruppe	1976	1980	Veränderung 1980 zu 1976 in %	1981	Veränderung 1981 zu 1976 in %	Veränderung 1980 zu 1981 in %
2811	Kraftfahrzeugmechaniker/Kraftfahrzeugmechanikerin	28010	32224	+ 16,3	28773	+ 2,7	− 10,7
2820	Verkäufer/Verkäuferin (1. Stufe)	36186	48177	+ 18,6	41044	+ 13,4	− 14,8
3110	Elektro(anlagen)installateur/Elektro(anlagen)installateurin	18462	24495	+ 32,7	22930	+ 24,2	− 6,4
7812	Industriekaufmann/Industriekauffrau	20086	23638	+ 17,7	21483	+ 7,0	− 9,1
9011	Friseur/Friseurin	20638	25679	+ 24,4	23716	+ 15,0	− 7,6
6811	Kaufmann/Kauffrau im Groß- und Außenhandel	16278	19693	+ 21,0	17864	+ 9,4	− 9,3
7810	Bürokaufmann/Bürokauffrau	18814	25776	+ 37,0	23818	+ 26,6	− 7,6
2730	Maschinenschlosser/Maschinenschlosserin	11474	13552	+ 18,1	13180	+ 14,9	− 2,7
6910	Bankkaufmann/Bankkauffrau und Sparkassenkaufmann/Sparkassenkauffrau	14832	20581	+ 38,8	20431	+ 37,7	− 0,7
6812	Einzelhandelskaufmann/Einzelhandelskauffrau	16207	10846	− 33,1	9449	− 41,7	− 12,9
5110	Maler und Lackierer/Maler und Lackiererin	8659	13950	+ 61,1	12957	+ 49,6	− 7,1
2621	Gas- und Wasserinstallateur/Gas- und Wasserinstallateurin	6293	9576	+ 52,0	8407	+ 33,6	− 12,1
2910	Werkzeugmacher/Werkzeugmacherin	5720	6772	+ 18,4	6149	+ 7,5	− 9,2
5010	Tischler/Tischlerin	8749	16069	+ 83,7	15126	+ 72,9	− 5,9
6350	Technischer Zeichner/Technische Zeichnerin	4109	5198	+ 26,5	4821	+ 17,3	− 7,3
4410	Maurer (ungestuft)[1]	8623	6110	− 29,1	3676	− 57,4	− 39,8
6821	Verkäufer/Verkäuferin im Nahrungsmittelhandwerk	8671	15132	+ 74,5	13878	+ 60,1	− 8,3
4010	Fleischer/Fleischerin	5487	7042	+ 28,3	6492	+ 18,3	− 7,8
3911	Bäcker/Bäckerin	5981	9330	+ 56,0	8967	+ 49,9	− 3,9
2740	Betriebsschlosser/Betriebsschlosserin	5855	8000	+ 36,6	7519	+ 28,4	− 6,0
7810	Bürogehilfe/Bürogehilfin	6676	9915	+ 48,5	9177	+ 37,5	− 7,4
2710	Schlosser/Schlosserin	4719	8269	+ 75,2	7578	+ 60,6	− 8,4
4110	Koch/Köchin	5460	8488	+ 55,5	8667	+ 58,7	+ 2,1
2622	Zentralheizungs- und Lüftungsbauer/Zentralheizungs- und Lüftungsbauerin	3999	6615	+ 65,4	5665	+ 41,7	− 14,4
3151	Radio- und Fernsehtechniker/Radio- und Fernsehtechnikerin	2908	3319	+ 14,1	3290	+ 13,1	− 0,9
6352	Bautechniker	3053	5037	+ 65,0	4424	+ 44,9	− 12,2
2850	Mechaniker/Mechanikerin	3432	4390	+ 27,9	4268	+ 24,4	− 2,8
2821	Landmaschinenmechaniker/Landmaschinenmechanikerin	2944	3441	+ 16,9	2877	− 2,3	− 16,4
*1	Rest. Gewerbliche Berufe im Handwerk	35142	42286	+ 20,3	40090	+ 14,1	− 5,2
*2	Sonstige Auszubildende im Handwerk	918	1674	+ 82,4	1520	+ 65,6	− 9,2
*3	Gewerbliche/Industrielle Berufe in Industrie und Handel	53310	54450	+ 2,1	49780	− 6,6	− 8,6
*4	Kaufmänn./Sonstige Berufe in Industrie und Handel	21725	24958	+ 14,8	23195	+ 6,7	− 7,1
7813	Rechtsanwalts- und Notargehilfe/Rechtsanwalts- und Notargehilfin	7250	10442	+ 44,0	10235	+ 41,2	− 2,0
7535	Fachgehilfe/Fachgehilfin in Wirtschafts- und Steuerberatenden Berufen	7729	8500	+ 10,0	9332	+ 20,7	+ 9,8
8561	Arzthelfer/Arzthelferin	16119	18267	+ 13,3	19090	+ 18,4	+ 4,5
8562	Zahnarzthelfer/Zahnarzthelferin	9762	10541	+ 8,0	10082	+ 3,3	− 4,4
9211	Hauswirtschafter/Hauswirtschafterin im städtischen Bereich	4760	4155	− 12,7	3263	− 31,5	− 21,5
6851	Apothekenhelfer/Apothekenhelferin	3693	4826	+ 30,7	5132	+ 39,0	+ 6,3
*5	Landwirtschaftliche Berufe (ohne Hauswirtschafter/Hauswirtschafterin)	13719	17876	+ 30,3	17283	+ 26,0	− 3,3
9211	Hauswirtschafter im ländlichen Bereich	3527	2888	− 18,1	2988	− 8,3	+ 3,5
3120	Fernmeldehandwerker/Fernmeldehandwerkerin	4722	4023	− 14,8	4033	− 14,6	+ 0,2
*6	Technikerberufe im öffentlichen Dienst	678	1079	+ 59,1	1093	+ 61,2	+ 1,3
*7	Verkehrsberufe im öffentlichen Dienst (einschl. Matrose)	3360	4429	+ 31,8	5047	+ 50,2	+ 14,0
*8	Verwaltungs- und Büroberufe im öffentlichen Dienst	6845	9621	+ 40,6	9512	+ 39,0	− 1,1
*9	Sonstige Berufe im öffentlichen Dienst	482	693	+ 43,8	664	+ 37,8	− 4,2
*10	Textilherstellende und -verarbeitende Berufe		11009		8169		− 25,8
8563	Tierarzthelfer/Tierarzthelferin		507		514		+ 1,4
*11	Stufenausbildung in der Bauwirtschaft		18560		18805		+ 1,3
*12	Berufe im Hotel- und Gaststättengewerbe (Gästebetreuer)		7900[2]		8899		+ 12,6
	Insgesamt	**496076**	**649989**	**+ 31,0**	**605352**	**+ 22,0**	**− 6,9**

[1] Maurer (ungestuft) incl. Stufenausbildung in der Bauwirtschaft für 1976, ab 1979 getrennte Erfassung.   [2] Abweichungen zum Berufsbildungsbericht 1981 aufgrund der Nachmeldung einer zuständigen Stelle.

Quelle: Erhebung zum 30. September

Die zusammengefaßten Berufsgruppen bestehen u.a. aus folgenden Ausbildungsberufen (Berufsklassen):

* 1: 1001, 2510, 2610, 2910, 3114, 3920, 4520, 4850, 8044
* 2: 6350, 6812, 7810, 7812
* 3: 2210, 2721, 2811, 3120, 6324, 6330
* 4: 0531, 6841, 6940, 7011, 7022
* 5: 0110, 0121, 0510, 0621, 8382
* 6: 6230, 6236, 6239, 6241, 6311, 6354, 6359
* 7: 7161, 7232, 7322
* 8: 7811, 7822
* 9: 4652, 8232, 8762
* 10: 3441, 3510, 3512, 3520, 3551
* 11: 4410, 4420, 4511, 4620, 4811, 4830
* 12: 9113, 9122, 9133

Tabelle 1/2: Veränderung der neu abgeschlossenen Ausbildungsverträge in den Bereichen Industrie und Handel, Handwerk und Landwirtschaft nach Bundesländern und Kammerbezirken 1980 und 1981 (Stichtag 30. September) im Vergleich zum Vorjahr

Ausbildungsbereich Land Kammerbezirk	1980		1981	
	absolut	Veränderungsrate gegenüber 1979 in %	absolut	Veränderungsrate gegenüber 1980 in %
Industrie und Handel				
Schleswig-Holstein	11 350	+ 0,8	11 002	− 3,1
Flensburg	2 509	+ 1,9	2 602	+ 3,7
Kiel	4 970	+ 0,9	4 842	− 2,6
Lübeck	3 871	− 0,1	3 558	− 8,1
Hamburg	9 125	+ 1,8	8 879	− 2,7
Niedersachsen	30 710	+ 0,5	27 894	− 9,2
Braunschweig	4 329	− 1,4	4 031	− 6,9
Emden	2 439	− 2,0	2 040	− 16,4
Hannover	9 846	− 3,1	9 490	− 3,6
Lüneburg	3 866	− 2,9	3 781	− 2,2
Oldenburg	4 213	+ 6,1	3 471	− 17,6
Osnabrück	4 011	+ 4,5	3 242	− 19,2
Stade	2 006	− 1,1	1 839	− 8,3
Bremen	4 513	+ 0,7	4 276	− 5,3
Bremen	3 688	− 0,4	3 451	− 6,4
Bremerhaven	825	+ 6,3	825	0,0
Nordrhein-Westfalen	89 764	+ 1,1	77 861	− 13,3
Aachen	5 118	− 3,3	4 139	− 19,1
Arnsberg	2 722	+ 2,4	2 168	− 20,4
Bielefeld	7 942	− 2,3	6 727	− 15,3
Bochum	2 456	− 9,4	2 094	− 14,7
Bonn	2 770	+ 2,3	2 470	− 10,8
Detmold	1 596	+ 11,4	1 314	− 17,7
Dortmund	7 061	+ 11,7	6 419	− 9,1
Düsseldorf	5 787	+ 0,2	5 584	− 3,5
Duisburg	6 633	+ 0,8	5 651	− 14,8
Essen	5 559	+ 4,7	4 778	− 14,1
Hagen	5 490	+ 0,1	4 767	− 13,2
Köln	10 407	− 0,1	9 580	− 7,9
Krefeld	5 904	+ 7,5	5 112	− 13,4
Münster	13 226	− 1,4	11 343	− 14,2
Siegen	3 233	+ 7,5	2 360	− 27,0
Wuppertal	3 860	− 4,8	3 355	− 13,1
Hessen	27 945	+ 1,1	26 785	− 4,2
Darmstadt	4 071	+ 1,4	3 892	− 4,4
Dillenburg	1 134	+ 6,6	977	− 13,8
Frankfurt	6 855	+ 3,1	7 078	+ 3,3
Friedberg	932	− 7,0	915	− 1,8
Fulda	1 133	− 2,2	1 011	− 10,8
Gießen	1 534	− 3,2	1 379	− 10,1
Hanau	1 606	+ 2,2	1 566	− 2,5
Kassel	5 423	+ 0,1	5 016	− 7,5
Limburg	795	− 0,1	691	− 13,1
Offenbach	1 795	+ 1,9	1 678	− 6,5
Wetzlar	738	− 6,8	664	− 10,0
Wiesbaden	1 929	+ 4,7	1 918	− 0,6
Rheinland-Pfalz	19 280	− 0,8	17 473	− 9,4
Koblenz	7 396	+ 1,8	6 801	− 8,0
Ludwigshafen	6 810	− 0,1	6 122	− 10,1
Mainz	2 775	− 2,6	2 473	− 10,9
Trier	2 299	− 7,9	2 077	− 9,7

Tabelle 1/2: Veränderung der neu abgeschlossenen Ausbildungsverträge in den Bereichen Industrie und Handel, Handwerk und Landwirtschaft nach Bundesländern und Kammerbezirken 1980 und 1981 (Stichtag 30. September) im Vergleich zum Vorjahr (Fortsetzung)

Ausbildungsbereich Land Kammerbezirk	1980		1981	
	absolut	Veränderungsrate gegenüber 1979 in %	absolut	Veränderungsrate gegenüber 1980 in %
Baden-Württemberg	**50 217**	**+ 0,1**	**46 942**	**– 6,5**
Freiburg	4 337	– 3,2	4 327	– 0,2
Heidenheim	2 549	+ 13,2	2 088	– 18,1
Heilbronn	4 183	+ 4,3	3 913	– 6,5
Karlsruhe	4 782	+ 0,8	4 298	– 10,1
Konstanz	3 035	– 3,8	2 749	– 9,4
Mannheim	5 233	– 1,7	4 926	– 5,9
Pforzheim	3 094	0,0	2 696	– 12,9
Reutlingen	2 605	– 9,1	2 525	– 3,1
Stuttgart	12 691	– 0,1	12 230	– 3,6
Ulm	2 525	– 3,7	2 444	– 3,2
Villingen-Schwenningen	2 683	+ 7,1	2 335	– 13,0
Weingarten	2 500	+ 4,7	2 411	– 3,6
Bayern	**54 952**	**+ 0,3**	**51 199**	**– 6,8**
Aschaffenburg	1 992	+ 0,4	1 823	– 8,5
Augsburg	6 804	– 9,7	7 306	+ 7,4
Bayreuth	4 767	– 3,0	4 138	– 13,2
Coburg	990	+ 10,7	838	– 15,4
Lindau	383	+ 10,7	341	– 11,0
München	17 019	+ 2,4	16 030	– 5,8
Nürnberg	8 885	+ 6,2	8 162	– 8,1
Passau	4 392	– 1,4	3 814	– 13,2
Regensburg	4 988	+ 7,9	4 540	– 9,0
Würzburg	4 732	+ 4,6	4 207	– 11,1
Saarland	**6 750**	**+ 6,2**	**6 445**	**– 4,5**
Berlin (West)	**7 372**	**+ 5,1**	**7 250**	**– 1,7**
Bundesgebiet	**311 978**	**+ 0,9**	**286 006**	**– 8,3**
Handwerk				
Schleswig-Holstein	**11 030**	**– 3,5**	**10 933**	**– 0,9**
Flensburg	3 980	– 1,8	3 848	– 3,3
Lübeck	7 050	– 4,4	7 085	+ 0,5
Hamburg	**5 765**	**+ 5,8**	**5 567**	**– 3,4**
Niedersachsen	**31 283**	**+ 2,2**	**28 566**	**– 8,7**
Aurich	1 696	+ 5,0	1 222	– 27,9
Braunschweig	3 288	+ 4,3	3 034	– 7,7
Hannover	6 355	– 3,4	5 996	– 5,7
Hildesheim	3 437	+ 14,9	2 916	– 15,2
Lüneburg-Stade	8 128	– 1,5	7 871	– 3,2
Oldenburg	3 715	+ 1,6	3 375	– 9,2
Osnabrück	4 664	+ 6,8	4 152	– 11,0
Bremen	**2 661**	**+ 3,5**	**2 786**	**+ 4,7**
Nordrhein-Westfalen	**61 458**	**+ 2,6**	**49 838**	**– 18,9**
Aachen	4 508	– 3,0	3 430	– 23,9
Arnsberg	4 031	– 3,4	3 253	– 19,3
Bielefeld	8 100	+ 1,0	6 486	– 19,9
Dortmund	7 250	– 11,9	6 981	– 3,7
Düsseldorf	18 353	+ 11,6	14 727	– 19,8
Köln	8 146	– 0,7	7 025	– 13,8
Münster	11 070	+ 8,5	7 936	– 28,3

Tabelle 1/2: Veränderung der neu abgeschlossenen Ausbildungsverträge in den Bereichen Industrie und Handel, Handwerk und Landwirtschaft nach Bundesländern und Kammerbezirken 1980 und 1981 (Stichtag 30. September) im Vergleich zum Vorjahr (Fortsetzung)

Ausbildungsbereich Land Kammerbezirk	1980		1981	
	absolut	Veränderungsrate gegenüber 1979 in %	absolut	Veränderungsrate gegenüber 1980 in %
Hessen	18491	+ 7,0	18077	− 2,2
Rhein-Main	7105	+ 4,8	7005	− 1,4
Kassel	5471	+ 18,3	5073	− 7,3
Wiesbaden	5915	+ 0,8	5999	+ 1,4
Rheinland-Pfalz	15707	− 2,2	14919	− 9,1
Kaiserslautern	5143	− 6,4	4629	− 10,0
Koblenz	5956	+ 0,6	6179	+ 3,7
Mainz	2073	+ 10,4	1768	− 14,7
Trier	2535	− 8,4	2343	− 7,6
Baden-Württemberg	34181	+ 9,5	33623	− 1,6
Freiburg	4437	+ 0,7	4188	− 5,6
Heilbronn	3481	+ 9,9	3242	− 6,9
Karlsruhe	4286	+ 9,1	3920	− 8,5
Konstanz	3590	+ 2,0	3376	− 6,0
Mannheim	3621	+ 13,0	3714	+ 2,6
Reutlingen	2677	− 16,5	3438	+ 28,4
Stuttgart	7421	+ 3,5	7100	− 4,3
Ulm	4668	+ 9,4	4645	− 0,5
Bayern	49612	− 0,4	47032	− 5,2
Augsburg	7618	+ 10,7	7524	− 1,2
Bayreuth	4094	− 5,8	4023	− 1,7
Coburg	588	− 2,2	637	+ 8,3
München	14466	+ 0,1	13923	− 3,8
Nürnberg	6340	+ 0,2	5988	− 5,6
Passau-Regensburg	10390	− 1,3	9302	− 10,5
Würzburg	6116	− 8,2	5635	− 7,9
Saarland	4547	0,0	4095	− 9,9
Berlin (West)	4437	− 7,0	4701	+ 5,9
Bundesgebiet	239172	+ 2,4	220137	− 8,0

232 548   5,9   S. 92

Landwirtschaft

Schleswig-Holstein	1601	+ 0,8	1620	+ 1,2
Hamburg	243	− 8,6	229	− 5,8
Niedersachsen	3934	+ 85,6	3974	+ 1,0
Bremen	79	+ 23,4	85	+ 7,6
Nordrhein-Westfalen	4317	+ 1,7	4119	− 4,6
Hessen	1395	+ 5,1	1169	− 14,3
Rheinland-Pfalz	1369	+ 3,2	1381	+ 0,9
Baden-Württemberg	2490	+ 1,3	2771	+ 11,3
Bayern	5025	− 8,9	4619	− 8,1
Saarland	65	− 65,1	79	+ 21,5
Berlin (West)	246	+ 4,7	225	− 8,5
Bundesgebiet	20764	+ 7,4	20271	− 2,4

Tabelle 1/3: Schulabgänger aus den allgemeinen Schulen sowie aus Fachoberschulen und Fachgymnasien 1980—1982*)

Land	Jahr	Nach Beendigung der Vollzeitschulpflicht ohne Hauptschulabschluß	Nach Beendigung der Vollzeitschulpflicht mit Hauptschulabschluß	Realschul- oder gleichwertiger Abschluß	Sekundarbereich I zusammen	Fachhochschulreife[1]	Hochschulreife[2]	Sekundarbereich II zusammen	Insgesamt
		1	2	3	4	5	6	7	8
Schleswig-Holstein	1980	5 638	17 281	13 496	36 415	1 044	5 682	6 726	43 141
	1981	5 350	17 000	13 950	36 300	1 240	6 700	7 940	44 240
	1982	5 100	16 800	14 100	36 000	1 420	7 530	8 950	44 950
Hamburg	1980	2 352	7 736	8 892	18 980	1 421	6 042	7 463	26 443
	1981	2 310	7 730	8 900	18 940	1 510	6 870	8 380	27 320
	1982	2 140	7 580	9 000	18 720	1 550	7 150	8 700	27 420
Niedersachsen	1980	15 413	45 367	43 496	104 276	5 260	19 549	24 809	129 085
	1981	14 485	42 370	50 400	107 255	6 230	22 600	28 830	136 085
	1982	14 080	40 420	49 650	104 150	7 270	25 100	32 370	136 520
Bremen	1980	1 039	2 950	4 244	8 233	875	2 330	3 205	11 438
	1981	960	2 580	4 500	8 040	980	2 800	3 780	11 820
	1982	940	2 980	4 200	8 120	1 120	2 980	4 100	12 220
Nordrhein-Westfalen	1980	30 972	96 028	94 306	221 306	14 607	42 846	57 453	278 759
	1981	22 811	78 102	97 963	198 876	17 191	50 805	67 996	266 872
	1982	20 911	109 077	100 245	230 233	18 070	61 188	79 258	309 491
Hessen	1980	8 871	25 633	32 286	66 790	3 108	16 409	19 517	86 307
	1981	8 400	24 400	31 900	64 700	3 840	21 000	24 840	89 540
	1982	8 400	24 200	30 900	63 500	4 500	22 800	27 300	90 800
Rheinland-Pfalz	1980	6 710	32 518	14 692	53 920	1 980	8 752	10 732	64 652
	1981	6 700	29 000	15 100	50 800	2 400	11 200	13 600	64 400
	1982	6 700	27 600	14 900	49 200	2 820	11 700	14 520	63 720
Baden-Württemberg	1980	14 438	70 153	43 329	127 920	1 121	28 239	29 360	157 280
	1981	13 100	63 000	45 800	121 900	1 270	26 400	27 670	149 570
	1982	12 500	62 000	47 700	122 200	1 430	33 450	34 880	157 080
Bayern	1980	17 259	87 374	51 673	156 306	7 760	22 473	30 233	186 539
	1981	17 300	83 600	53 900	154 800	8 750	25 000	33 750	188 550
	1982	16 800	80 300	55 000	152 100	9 900	25 600	35 500	187 600
Saarland	1980	2 808	8 234	4 616	15 658	1 045	2 533	3 578	19 236
	1981	3 040	8 290	4 900	16 230	1 180	2 550	3 730	19 960
	1982	2 860	7 700	4 870	15 430	1 380	2 550	3 930	19 360
Berlin (West)	1980	3 476	6 058	9 434	18 968	730	5 420	6 150	25 118
	1981	3 250	5 780	9 900	18 930	800	5 500	6 300	25 230
	1982	3 090	5 420	10 100	18 610	880	5 850	6 730	25 340
Bundesgebiet	1980	108 976	399 332	320 464	828 772	38 951	160 275	199 226	1 027 998
	1981	97 706	361 852	337 213	796 771	45 391	181 425	226 816	1 023 587
	1982	93 521	384 077	340 665	818 263	50 340	205 898	256 238	1 074 501

Vgl. Berufsbildungsbericht 1981, Tabelle 1/4 S. 108.

*) 1980: Ist-Zahlen; 1981 und 1982 Schätzzahlen der Kultusministerien, die von der KMK zusammengestellt wurden (für Nordrhein-Westfalen revidierte Schätzung des Landesamtes für Datenverarbeitung und Statistik); aus den Zahlen der KMK wurden die Angaben über die Absolventen des zweiten Bildungsweges vom Statistischen Bundesamt herausgeschätzt. Die Schätzung für die Absolventen der Fachoberschulen und Fachgymnasien 1981 und 1982 wurden vom Statistischen Bundesamt auf der Grundlage der Prognosen der Kultusministerien vorgenommen.

[1] Fachhochschulreife an Gymnasien und Gesamtschulen sowie Fachoberschulen und Fachgymnasien.
[2] Allgemeine und fachgebundene Hochschulreife an Gymnasien, Gesamtschulen und Fachgymnasien.

Quelle: Statistisches Bundesamt (vgl. Anmerkung *).

Tabelle 1/4: Angestrebte Übergänge in eine Ausbildung[7] im dualen System 1979 — 1981

Land	Eine Ausbildung im dualen System strebten ...... % der Schüler an aus																							Angestrebte Übergänge insgesamt		
	Hauptschule Klasse 7/8			Hauptschule Klasse 9/10			Realschule Klasse 9/10			Gymnasium Klasse 9—12			Integrierte Gesamtschule Klasse 7—12			Sonderschule			allgemein- bildende Schulen zus.			berufliche Schulen								
																						zusammen			darunter Berufs- grundbildungs- jahr					
	1979	1980	1981	1979	1980	1981	1979	1980	1981	1979	1980	1981	1979	1980	1981	1979	1980	1981	1979	1980	1981	1979	1980	1981	1979	1980	1981	1979	1980	1981
Schleswig-Holstein	52,9	47,0	[1]	64,8	62,7	[1]	69,5	68,7	[1]	51,5	44,8	[1]	74,3	67,5	[1]	30,8	26,0	[1]	63,0	60,8	[1]	70,3	69,3	[1]	63,0	69,9	[1]	24937	25825	[1]
Hamburg	10,6	9,3	12,5	59,7	58,1	56,9	75,1	73,6	78,5	59,0	58,3	62,8	66,8	67,0	65,5	16,1	16,2	14,2	62,2	61,3	59,1	63,7	59,7	59,8	73,2	69,4	52,1	12222	12010	11336
Niedersachsen	33,8	21,2	18,4	48,9	47,7	38,7	55,9	52,7	41,6	40,1	45,9	36,1	61,3	61,5	48,3	19,6	18,5	16,6	48,4	46,3	37,5	71,3	74,3	67,0	89,1	89,7	87,5	72073	75799	69909
Bremen	—[2]	41,6	36,6	66,7[2]	58,5	48,2	65,0	58,4	48,4	56,0	50,7	54,1	53,0	50,0	40,0	16,9	10,0	6,5	61,0	53,9	44,8	67,3	55,4	52,5	79,6	61,0	68,6	5440	4942	4342
Nordrhein-Westfalen	71,8	48,7	17,8	63,2	59,5	42,1	58,0	55,8	47,6	59,4	55,9	49,6	69,4	62,3	54,4	53,0	42,7	32,5	61,8	56,6	42,3	66,1	65,9	59,2	75,6	76,7	70,1	181934	166486	121397
Hessen	24,0	22,5	20,4	64,1	62,6	59,1	61,2	59,8	57,8	24,4	23,2	18,3	52,5	52,1	50,1	34,9	36,5	33,9	53,4	52,7	49,8	69,5	69,6	69,0	86,4	84,5	83,8	48080	48543	46574
Rheinland-Pfalz	50,6	44,2	40,5	63,5	61,9	58,0	68,8	69,1	62,0	55,0	60,7	66,3	83,9	76,7	62,8	32,8	34,2	37,7	61,7	61,0	57,1	74,0	73,8	71,3	89,7	69,6	70,3	41730	41457	37226
Baden-Württemberg	50,2	41,3	40,4	59,4	58,6	54,8	65,1	62,9	56,8	35,7	35,9	39,4	55,4	60,5	58,4	34,6	34,1	33,4	55,2	56,4	53,0	79,8	81,0	76,4	98,9	97,5	96,9	101913	103716	94103
Bayern	76,5	73,0	70,1	80,5	81,3	79,0	77,4[3]	75,5[3]	72,7[3]	62,8[4]	61,9[4]	47,7	71,9	75,3	79,3	44,5	43,6	44,2	76,7	76,2	73,7	79,8	79,9	80,5	79,8[6]	97,6	97,7	131501	126357	119310
Saarland	46,0	41,3	36,4	70,8	66,4	60,9	65,0	59,3	49,9	53,8	45,9	40,6	—[5]	—[5]	42,0	32,4	23,8	21,4	63,5	58,1	51,8	68,8	67,1	68,1	72,0	82,3	87,5	13936	13540	12250
Berlin (West)	11,0	8,4	[1]	79,6	78,1	[1]	74,2	69,0	[1]	60,9	51,0	[1]	66,7	69,6	[1]	28,1	15,1	[1]	65,3	63,2	[1]	64,9	56,8	[1]	70,4	51,4	[1]	12073	12926	[1]

Vgl. Berufsbildungsbericht 1981. Tabelle 1/6. S. 110.

[1] In den Bundesländern Schleswig-Holstein und Berlin ist die Entlaßschülerbefragung nicht durchgeführt worden.
[2] In Bremen erfolgte keine Trennung nach Klassenstufen.
[3] Einschließlich 3- und 4stufiger Wirtschaftsschule.
[4] Einschließlich Klasse 13, soweit keine Studienabsicht. (1979 und 1980)
[5] Gesamtschule in Gymnasien enthalten. (1979 und 1980)
[6] Einschließlich Zug „J" (einschließlich Klassen für Jungarbeiter).
[7] 1979 einschließlich der Entlaßschüler, die eine Ausbildung als Beamtenanwärter anstreben.

Quelle: Sekretariat der Ständigen Konferenz der Kultusminister der Länder in der Bundesrepublik Deutschland. Einheitliche Berichterstattung über die Schülerbefragung der Länder zur Ermittlung der Ausbildungsstellensituation 1981. Bonn 1981

Tabelle 1/5: Gesamtzahl der Ausbildungsverträge und der neu abgeschlossenen Ausbildungsverträge zum Stichtag 31. Dezember nach Ausbildungsbereichen (in Tsd.) 1973—1979

Jahr	Insgesamt		Industrie und Handel		Handwerk		Öffentlicher Dienst[1]		Landwirtschaft		Sonstige	
	Ausbildungsverträge		Ausbildungsverträge[3]		Ausbildungsverträge		Ausbildungsverträge		Ausbildungsverträge		Ausbildungsverträge	
	insgesamt	Neuabschlüsse[4]	insgesamt	Neuabschlüsse[4]	insgesamt	Neuabschlüsse[4]	insgesamt	Neuabschlüsse[4]	insgesamt	Neuabschlüsse[4]	insgesamt	Neuabschlüsse[4]
1973	1331	449	694	226	465	153	50	19	26	9	96	43
1974	1331	450	665	218	487	156	47	17	27	12	105	47
1975	1329	462	634	218	505	164	46	16	33	15	111	49
1976	1316	483	611	223	510	179	44	17[5]	37	15[5]	114	48
1977	1397	558	644	256	556	210	45	19	41	17	112	49
1978	1517	595	692	280	615	225	52	21	45	19	113	50
1979	1645	656	748	322	676	239	54	18	47	23	120	54
1980	1713	670	787	328	702	243	54	20	47	23	123	55

Vgl.: Berufsbildungsbericht 1980, Übersicht 4, Seite 10

[1] Ohne diejenigen Auszubildenden des Öffentlichen Dienstes, deren Ausbildungsverträge nach dem Berufsbildungsgesetz bei zuständigen Stellen („Kammern") außerhalb des Öffentlichen Dienstes registriert und miterfaßt werden.

[2] Freie Berufe, Hauswirtschaft und Seeschiffahrt

[3] Ohne Anschlußverträge

[4] Die hier ausgewiesenen Neuabschlüsse weichen für 1976 bis 1978 von den erhobenen Neuabschlüssen ab, da sie zur Bildung einer längeren Zeitreihe nach der sogenannten Differenzmethode (vgl. Berufsbildungsbericht 1978, Seite 29, und Berufsbildungsbericht 1977, Seite 18) berechnet, also nicht erhoben wurden.

[5] Durch die — zum Teil flächendeckende — Einführung des Berufsgrundbildungsjahres ergeben sich bei den Neuabschlüssen Veränderungen, die auf das Berufsgrundbildungsjahr, nicht aber auf veränderte Ausbildungsanstrengungen zurückzuführen sind.

Quelle: Bundesministerium für Bildung und Wissenschaft (Hrsg.), Berufliche Aus- und Fortbildung 1973—1976, Statistisches Bundesamt (Hrsg.), Fachserie 11, Bildung und Kultur, Reihe 3, Berufliche Bildung 1977—1980, Statistisches Bundesamt, eigene Berechnungen.

Tabelle 1/6: Auszubildende in den fünfundzwanzig am stärksten besetzten Ausbildungsberufen nach Rangfolge, insgesamt, männlich, weiblich und Ausbildungsbereich

Ausbildungsberuf	Ausbildungsbereich	Auszubildende					
		1980	1973	1980	1973	1980	1973
		Rangfolge		Anzahl		in %	

Auszubildende insgesamt

Ausbildungsberuf	Bereich	1980 Rang	1973 Rang	1980 Anzahl	1973 Anzahl	1980 %	1973 %
Kraftfahrzeugmechaniker/Kraftfahrzeugmechanikerin	Hw	1	1	94 055	97 080	5,5	7,3
Verkäufer/Verkäuferin (1. Stufe)[2]	IH	2	2	92 239	76 146	5,4	5,7
Friseur/Friseurin	Hw	3	7	71 129	45 034	4,2	3,4
Industriekaufmann/Industriekauffrau[2]	IH	4	3	57 985	68 866	3,4	5,2
Elektroinstallateur/Elektroinstallateurin	Hw	5	4	57 623	60 482	3,4	4,5
Zusammen 1—5				373 031	347 608	21,8	26,1
Bürokaufmann/Bürokauffrau	IH	6	8	51 052	42 825	3,0	3,2
Kaufmann/Kauffrau im Groß- und Außenhandel[2]	IH	7	5	50 335	52 719	2,9	4,0
Bankkaufmann/Bankkauffrau	IH	8	6	45 750	49 286	2,7	3,7
Maschinenschlosser/Maschinenschlosserin	IH	9	9	45 735	42 192	2,7	3,2
Einzelhandelskaufmann/Einzelhandelskauffrau (2. Stufe)[2]	IH	10	10	44 301	32 137	2,6	2,4
Zusammen 6—10				237 173	183 888	13,8	13,8
Verkäufer/Verkäuferin im Nahrungsmittelhandwerk	Hw	11	25	44 011	14 015	2,6	1,1
Tischler/Tischlerin	Hw	12	23	44 006	16 245	2,6	1,2
Maler und Lackierer/Malerin und Lackiererin	Hw	13	14	40 321	22 488	2,4	1,7
Maurer[1]	Hw	14	17	39 162	18 992	2,3	1,4
Arzthelfer/Arzthelferin	FB	15	11	35 685	26 638	2,1	2,0
Zusammen 11—15				203 185	133 649	11,9	10,0
Gas- und Wasserinstallateur/Gas- und Wasserinstallateurin	Hw	16	16	34 611	21 111	2,0	1,6
Bäcker/Bäckerin	Hw	17	38	27 803	9 861	1,6	0,7
Werkzeugmacher/Werkzeugmacherin	IH	18	12	23 105	26 270	1,3	2,0
Fleischer/Fleischerin	Hw	19	33	22 679	11 092	1,3	0,8
Zahnarzthelfer/Zahnarzthelferin	FB	20	20	22 646	17 941	1,3	1,3
Zusammen 16—20				130 844	86 275	7,6	6,5
Schlosser/Schlosserin	Hw	21	34	22 379	11 023	1,3	0,8
Betriebsschlosser/Betriebsschlosserin	IH	22	30	21 678	12 611	1,3	0,9
Koch/Köchin	IH	23	29	21 607	13 226	1,3	1,0
Fachgehilfe/Fachgehilfin in steuer- und wirtschaftsberatenden Berufen	FB	24	24	20 785	15 596	1,2	1,2
Landwirt/Landwirtin	Lw	25	26	19 330	13 998	1,1	1,1
Zusammen 21—25				105 779	66 454	6,2	5,0
Insgesamt 1—25				1 050 012	817 874	61,3	61,5
Auszubildende insgesamt				**1 712 716**	**1 330 801**	**100,0**	**100,0**

Männliche Auszubildende

Ausbildungsberuf	Bereich	1980 Rang	1973 Rang	1980 Anzahl	1973 Anzahl	1980 %	1973 %
Kraftfahrzeugmechaniker	Hw	1	1	93 526	97 021	8,8	11,3
Elektroinstallateur	Hw	2	2	57 363	60 447	5,4	7,0
Maschinenschlosser	IH	3	3	45 432	42 185	4,3	4,9
Tischler	Hw	4	13	42 398	16 067	4,0	1,9
Maurer[1]	Hw	5	11	39 121	18 977	3,7	2,2
Zusammen 1—5				277 840	238 088	26,2	27,7
Maler und Lackierer	Hw	6	9	38 130	22 368	3,6	2,6
Gas- und Wasserinstallateur	Hw	7	10	34 468	21 107	3,3	2,5
Kaufmann im Groß- und Außenhandel[2]	IH	8	5	29 495	31 245	2,8	3,6
Bäcker	Hw	9	28	26 085	9 710	2,5	1,1
Werkzeugmacher	IH	10	6	22 779	26 259	2,1	3,1
Zusammen 6—10				150 957	92 052	14,2	10,7
Fleischer	Hw	11	25	22 352	11 013	2,1	1,3
Schlosser	Hw	12	24	22 297	11 023	2,1	1,3
Industriekaufmann[2]	IH	13	4	21 995	33 514	2,1	3,9
Betriebsschlosser	IH	14	20	21 562	12 611	2,0	1,5
Bankkaufmann	IH	15	7	21 320	23 469	2,0	2,7
Zusammen 11—15				109 526	106 876	10,3	12,4
Zentralheizungs- und Lüftungsbauer	Hw	16	19	18 824	13 317	1,8	1,5
Landwirt	Lw	17	16	18 774	13 973	1,8	1,6
Koch	IH	18	23	17 829	11 722	1,7	1,4
Einzelhandelskaufmann (2. Stufe)[2]	IH	19	15	17 297	14 202	1,6	1,7
Verkäufer (1. Stufe)[2]	IH	20	17	17 197	13 496	1,6	1,6
Zusammen 16—20				89 921	66 710	8,5	7,8
Elektroanlageninstallateur (1. Stufe)	IH	21	32	14 878	7 659	1,4	0,9
Landmaschinenmechaniker	Hw	22	27	13 776	10 068	1,3	1,2
Mechaniker	IH	23	22	13 342	11 742	1,3	1,4
Energieanlagenelektroniker	IH	24	73	13 035	630	1,2	0,1
Zimmerer	Hw	25	43	12 668	4 275	1,2	0,5
Zusammen 21—25				67 699	34 374	6,4	4,0
Insgesamt 1—25				695 943	538 100	65,6	62,6
Auszubildende insgesamt				**1 060 472**	**860 169**	**100,0**	**100,0**

Tabelle 1/6: Auszubildende in den fünfundzwanzig am stärksten besetzten Ausbildungsberufen nach Rangfolge, insgesamt, männlich, weiblich und Ausbildungsbereich (Fortsetzung)

Ausbildungsberuf	Ausbildungsbereich	Auszubildende					
		1980	1973	1980	1973	1980	1973
		Rangfolge		Anzahl		in %	
Weibliche Auszubildende							
Verkäuferin (1. Stufe)	IH	1	1	75039	62650	11,5	13,3
Friseurin	Hw	2	2	67690	43088	10,4	9,2
Verkäuferin im Nahrungsmittelhandwerk	Hw	3	12	43690	13986	6,7	3,0
Bürokauffrau	IH	4	4	41712	33822	6,4	7,2
Industriekauffrau²)	IH	5	3	35990	35352	5,5	7,5
Zusammen 1—5				264121	188898	40,5	40,1
Arzthelferin	FB	6	5	35662	26638	5,5	5,7
Einzelhandelskauffrau (2. Stufe)²)	IH	7	9	27004	17935	4,1	3,8
Bankkauffrau	IH	8	6	24430	25817	3,7	5,5
Zahnarzthelferin	FB	9	8	22638	17941	3,5	3,8
Kauffrau im Groß- und Außenhandel²)	IH	10	7	20840	21474	3,2	4,6
Zusammen 6—10				130574	109805	20,0	23,3
Bürogehilfin²)	IH	11	10	19183	16756	2,9	3,6
Fachgehilfin in steuer- und wirtschaftsberatenden Berufen	FB	12	13	16705	10906	2,6	2,3
Rechtsanwalts- und Notargehilfin	FB	13	—	12601	—	1,9	—
Hauswirtschafterin	Lw/Hausw	14	15	12119	10290	1,9	2,2
Bürokauffrau	Hw	15	21	11547	6355	1,8	1,4
Zusammen 11—15				72155	40928	11,1	8,7
Rechtsanwaltsgehilfin	FB	16	11	10402	15790	1,6	3,4
Apothekenhelferin	FB	17	14	9509	10494	1,5	2,2
Bekleidungsfertigerin (2. Stufe)²)	IH	18	16	9270	8209	1,4	1,7
Hotel- und Gaststättengehilfin	IH	19	28	8422	2976	1,3	0,6
Verwaltungsfachangestellte	ÖD	20	36	8276	1901	1,3	0,4
Zusammen 16—20				45879	42749	7,0	9,1
Floristin	IH	21	26	8078	3451	1,2	0,7
Technische Zeichnerin²)	IH	22	18	7654	7201	1,2	1,5
Bauzeichnerin²)	IH	23	17	7366	7237	1,1	1,5
Gärtnerin	Lw	24	50	5112	585	0,8	0,1
Damenschneiderin	Hw	25	22	4628	5302	0,7	1,1
Zusammen 21—25				32838	23776	5,0	5,1
Insgesamt 1—25				545567	406156	83,6	86,3
Auszubildende insgesamt				**652244**	**468598**	**100,0**	**100,0**

¹) Einschließlich Auszubildende in Industrie und Handel mit entsprechender Ausbildung.
²) Einschließlich einer geringen Anzahl Auszubildender, die im Handel beschäftigt sind.

Tabelle 1/7: Anzahl der Jugendlichen im Berufsgrundbildungsjahr und Berufsvorbereitungsjahr nach Länder 1979 und 1980

Land	Jugendliche im schulischen Berufsgrundbildungsjahr		Jugendliche im kooperativen Berufsgrundbildungsjahr		Berufsgrundbildungsjahr insgesamt		Schüler im Berufsvorbereitungsjahr	
	1979	1980	1979	1980	1979	1980	1979	1980
Schleswig-Holstein	1754	1953	624	1068	2378	3021	834	880
Hamburg	1313	1379	481	797	1794	2176	1590	1594
Niedersachsen	17746	21071	—	—	17746	21071	5212	7990
Bremen	545	493	115	203	660	696	760	1032
Nordrhein-Westfalen	9873	10239	—	—	9873	10239	27585	19215
Hessen	4919	5523	2226	3870	7145	9393	3135	3534
Rheinland-Pfalz	4876	5099	2353	3994	7229	9093	1436	1787
Baden-Württemberg	1618	1815	3752	4088	5370	5903	1475	2672
Bayern	11223	11187	417	1054	11640	12241	4615	4737
Saarland	1919	2071	34	117	1953	2188	575	640
Berlin (West)	1578	1939	—	—	1578	1939	2397	2010
Bundesgebiet	**57364**	**62769**	**10002**	**15191**	**67366**	**77960**	**48854**	**46091**

Vgl. Berufsbildungsbericht 1981, Übersicht 15, Seite 18

Quelle: Umfrage des Sekretariats der Kultusministerkonferenz der Länder über vollzeitschulische Ausbildungsgänge vom Oktober 1981.

Tabelle 1/8: Auszubildende in den 1980 am stärksten besetzten Ausbildungsberufen sowie Auszubildende in gewerblich-technischen und Dienstleistungsberufen 1960—1980

Ausbildungsberuf/Berufsgruppe	1960 absolut	1960 %	1962 absolut	1962 %	1964 absolut	1964 %	1966 absolut	1966 %	1968 absolut	1968 %	1970 absolut	1970 %	1972 absolut	1972 %	1974 absolut	1974 %	1976 absolut	1976 %	1978 absolut	1978 %	1980 absolut	1980 %
Verkäufer/Verkäuferin, Einzelhandelskaufmann/Einzelhandelskauffrau	201877	15,89	177973	14,54	177636	13,71	177124	12,91	174093	12,50	122044	9,61	115803	8,89	102161	7,68	102795	7,81	123335	8,13	136540	7,9
Kraftfahrzeugmechaniker/Kraftfahrzeugmechanikerin, Schlosser/Schlosserin	54687	4,30	62436	5,10	77911	6,01	85846	6,26	85851	6,17	86528	6,81	95185	7,31	97043	7,29	77506	5,89	93347	6,15	99158	5,7
Elektroinstallateur/Elektroinstallateurin, Elektroanlageninstallateur/Elektroanlageninstallateurin, Energieanlagenelektroniker/Energieanlagenelektronikerin	40100	3,16	40881	3,34	47763	3,69	45995	3,35	46347	3,33	47618	3,75	53914	4,14	77479	5,82	76069	5,78	74624	4,92	85725	5,0
Friseur/Friseurin	49723	3,91	56638	4,63	62291	4,81	59943	4,37	63134	4,53	51331	4,04	46696	3,58	47990	3,61	55616	4,22	68584	4,52	71129	4,2
Bürokaufmann/Bürokauffrau	—	—	4291	0,35	19411	1,50	29645	2,16	37662	2,71	42470	3,34	50170	3,85	52024	3,91	50113	3,81	58427	3,85	66258	3,9
Industriekaufmann/Industriekauffrau	76613	6,03	82921	6,77	81106	6,26	84053	6,13	79977	5,74	81967	6,45	74682	5,73	62035	4,66	49667	3,77	54748	3,61	57985	3,4
Kaufmann/Kauffrau im Groß- und Außenhandel	78771	6,20	75620	6,18	74207	5,73	69522	5,07	70193	5,04	61725	4,86	56215	4,32	48868	3,67	41983	3,19	45691	3,01	50335	2,9
Tischler/Tischlerin, Holzmechaniker/Holzmechanikerin	17408	1,37	13704	1,12	15378	1,19	16361	1,19	17897	1,29	14835	1,17	14144	1,09	20695	1,56	28562	2,17	38935	2,57	48685	2,8
Bankkaufmann/Bankkauffrau	19910	1,57	26101	2,13	28195	2,18	37052	2,70	41632	2,99	49705	3,91	52713	4,05	43640	3,28	35198	2,67	37819	2,49	45750	2,7
Maschinenschlosser/Maschinenschlosserin	45129	3,55	45544	3,72	45624	3,52	47164	3,44	42012	3,02	40511	3,19	41688	3,20	43548	3,27	41744	3,17	41571	2,74	45735	2,7
Verkäuferin/Verkäuferin im Nahrungsmittelhandwerk	17597	1,38	14050	1,15	15155	1,17	15552	1,13	17780	1,28	14083	1,11	13801	1,06	17050	1,28	26060	1,98	37906	2,50	44649	2,6
Maler und Lackierer/Malerin und Lackiererin	26424	2,08	22155	1,81	25390	1,96	27508	2,01	30148	2,17	22622	1,78	21168	1,62	24686	1,86	27311	2,07	34370	2,27	40321	2,3
Maurer, Hochbaufacharbeiter	34629	2,73	28476	2,33	30694	2,37	32167	2,35	23855	1,71	15365	1,21	16570	1,27	19672	1,48	22233	1,69	32291	2,13	39771	2,3
Gas- u. Wasserinstallateur/Gas- u. Wasserinstallateurin, Klempner/Klempnerin	19691	1,55	14626	1,19	16368	1,26	17476	1,27	15702	1,13	17320	1,36	18837	1,45	24706	1,86	25944	1,97	29244	1,93	35967	2,1
Arzthelfer/Arzthelferin	—	—	—	—	—	—	13956	1,02	19273	1,38	19273	1,52	23506	1,80	29166	2,19	32847	2,49	31438	2,07	35685	2,0
Bäcker/Bäckerin	14246	1,12	11019	0,90	11560	0,89	12272	0,89	15300	1,10	11860	0,93	9768	0,75	11646	0,88	18040	1,37	23939	1,58	27880	1,6
Schlosser/Schlosserin, Bauschlosser/Bauschlosserin	25790	2,03	18861	1,54	16201	1,25	14420	1,05	14274	1,03	11699	0,92	11782	0,90	14361	1,08	17118	1,30	20737	1,37	24538	1,4
Fleischer/Fleischerin	14442	1,14	12508	1,02	14622	1,13	15371	1,12	17545	1,26	13127	1,03	11706	0,90	12395	0,93	18566	1,41	22450	1,48	23150	1,3
Zahnarzthelfer/Zahnarzthelferin	—	—	7319	0,60	8699	0,67	10909	0,80	13406	0,96	13657	1,08	16400	1,26	20720	1,56	24737	1,88	23827	1,57	22646	1,3
Werkzeugmacher/Werkzeugmacherin	20843	1,64	23218	1,90	23757	1,83	24306	1,77	23243	1,67	26596	2,09	28637	2,20	29162	2,19	25766	1,96	24478	1,61	26895	1,1
Gewerblich-technische Berufe	636846	53,78	624447	52,84	672157	53,60	720323	52,52	722547	51,90	678636	53,43	703759	54,02	743305	55,86	736704	55,96	853962	56,28	979446	57,2
Dienstleistungsberufe	547310	46,22	557264	47,16	581867	46,40	651186	47,48	669688	48,10	591485	46,57	598992	45,98	585743	44,02	578632	43,95	662499	43,66	733270	42,8
Auszubildende insgesamt[1])[2])	**1270787**	**100,00**	**1224403**	**100,00**	**1295620**	**100,00**	**1371509**	**100,00**	**1392235**	**100,00**	**1270120**	**100,00**	**1302751**	**100,00**	**1330768**	**100,00**	**1316562**	**100,00**	**1517373**	**100,00**	**1712716**	**100,0**

Anm.: [1]) 1960—1964 korrigierte Gesamtzahlen
[2]) 1974—1980 einschließlich „Sonstige Ausbildungsverhältnisse im Handwerk" (Praktikanten, Fachoberschüler), die in der Gliederung nach Berufsbereichen unberücksichtigt blieben.

Quellen: Lehrlinge und Anlernlinge in der Bundesrepublick Deutschland 1960—1967; Beitrag zum Heft 12/1968 der „Arbeits- und sozialstatistischen Mitteilungen", Bundesministerium für Arbeit und Sozialordnung, Bonn 1968.
Auszubildende in Ausbildungsberufen 1972: Beilage zum Heft 3/1974 der „Arbeits- und sozialstatistischen Mitteilungen", Bundesministerium für Arbeit und Sozialordnung, Bonn 1974, Tabelle 6.
Berufliche Aus- und Fortbildung 1974/Tabelle 7, 1976/Tabelle 8, Bonn/Wiesbaden 1975, 1977.
Berufliche Bildung 1978/Tabelle 5, 1980 (Vorabdrucke), Wiesbaden 1979, 1981.
Bildung im Zahlenspiegel 1980, Wiesbaden 1980, Tabellen 6, 5.

Tabelle 2/1: Gesamtangebots-Nachfragerelationen 1980 und 1981 nach Arbeitsamtsbezirken

Arbeitsamtsbezirke	Angebot an Ausbildungsplätzen		Nachfrage nach Ausbildungsplätzen		Angebots-Nachfrage-Relation		
	1981	Veränderung zu 1980 in %	1981	Veränderung zu 1980 in %	1980	1981	Veränderung zu 1980
Bad Oldesloe	2 736	− 2,3	2 693	− 0,5	103,4	101,6	− 1,8
Elmshorn	4 466	− 3,3	4 535	2,9	104,8	98,5	− 6,1
Flensburg	5 201	1,0	5 361	6,2	102,0	97,0	− 4,9
Hamburg	17 403	− 2,8	17 954	− 0,7	99,0	96,9	− 2,1
Heide	1 869	− 8,7	1 840	− 6,6	103,8	101,6	− 2,1
Kiel	4 688	− 4,6	4 668	− 2,8	102,4	100,4	− 1,9
Lübeck	4 794	− 5,9	4 679	− 3,6	105,0	102,5	− 2,4
Neumünster	4 464	− 2,2	4 727	3,1	99,6	94,4	− 5,2
Schleswig-Holstein/Hamburg	**45 621**	**− 3,1**	**46 457**	**0,0**	**101,4**	**98,2**	**− 3,1**
Schleswig-Holstein	28 218	− 3,3	28 503	0,5	102,9	99,0	− 3,7
Hamburg	17 403	− 2,7	17 954	− 0,6	99,0	96,9	− 2,0
Braunschweig	5 286	− 9,7	5 314	− 7,8	101,6	99,5	− 2,1
Bremen	7 189	− 2,7	7 330	− 1,5	99,2	98,1	− 1,2
Bremerhaven	2 295	− 3,2	2 406	− 0,1	98,4	95,4	− 3,1
Celle	3 846	− 2,7	3 845	− 0,8	101,9	100,0	− 1,9
Emden	2 864	− 15,0	2 887	− 14,1	100,2	99,2	− 1,0
Goslar	2 046	− 5,5	1 861	− 6,1	109,2	109,9	0,6
Göttingen	4 229	− 11,9	4 142	− 12,0	102,0	102,1	0,1
Hameln	4 009	− 4,9	4 154	1,0	102,5	96,5	− 5,8
Hannover	8 686	− 4,5	8 614	− 1,4	104,2	100,8	− 3,2
Helmstedt	3 731	− 4,9	3 660	− 3,9	103,1	101,9	− 1,1
Hildesheim	3 381	− 16,4	3 412	− 11,4	105,0	99,1	− 5,7
Leer	2 399	− 16,4	2 351	− 19,0	99,0	102,0	3,1
Lüneburg	2 843	− 2,7	2 786	− 2,8	101,9	102,0	0,1
Nienburg	2 464	0,8	2 336	1,9	106,6	105,5	− 1,0
Nordhorn	3 328	− 20,3	3 052	− 23,9	104,1	109,0	4,7
Oldenburg	5 302	− 8,9	5 519	− 5,8	99,4	96,1	− 3,3
Osnabrück	5 766	− 3,7	5 681	0,0	105,4	101,5	− 3,7
Stade	3 629	− 9,6	3 733	− 4,0	103,2	97,2	− 5,8
Uelzen	2 539	7,4	2 427	7,1	104,3	104,6	0,3
Vechta	2 223	− 10,2	2 216	− 6,7	104,3	100,3	− 3,8
Verden	2 674	− 1,8	2 674	− 0,2	101,7	100,0	− 1,7
Wilhelmshaven	1 709	− 14,1	1 732	− 15,1	97,5	98,7	1,2
Niedersachsen/Bremen	**82 438**	**− 7,3**	**82 132**	**− 5,5**	**102,4**	**100,4**	**− 2,0**
Niedersachsen¹)	72 954	− 7,8	72 396	− 5,9	102,8	100,8	− 1,9
Bremen²)	9 484	− 2,8	9 736	− 1,1	99,0	97,4	− 1,5
Aachen	6 420	− 18,5	6 310	− 18,6	101,6	101,7	− 0,2
Ahlen	2 528	− 17,1	2 471	− 16,8	102,7	102,3	− 0,4
Bergisch Gladbach	5 852	27,4	5 797	26,9	100,6	100,9	0,4
Bielefeld	6 128	− 18,5	5 989	− 18,4	102,4	102,3	− 0,1
Bochum	4 772	− 6,1	4 827	− 3,8	101,2	98,9	− 2,3
Bonn	6 183	− 10,3	6 089	− 9,4	102,5	101,5	− 1,0
Brühl	3 450	− 11,4	3 350	− 10,3	104,3	103,0	− 1,2
Coesfeld	5 231	− 21,1	5 095	− 22,0	101,5	102,7	1,1
Detmold	3 421	1,5	3 373	1,7	101,6	101,4	− 0,2
Dortmund	8 308	3,4	8 226	5,1	102,6	101,0	− 1,6
Düren	2 149	− 20,0	2 023	− 23,2	102,0	106,2	4,1
Düsseldorf	10 028	− 6,3	9 891	− 6,0	101,7	101,4	− 0,3
Duisburg	5 345	− 4,2	5 418	− 3,6	99,2	98,7	− 0,6
Essen	6 175	− 7,0	5 996	− 8,9	100,8	103,0	2,2
Gelsenkirchen	5 132	− 9,4	4 347	− 17,8	107,2	118,1	10,1
Hagen	4 689	− 12,8	4 614	− 12,6	101,9	101,6	− 0,3
Hamm	3 531	− 17,2	3 539	− 17,6	99,3	99,8	0,5
Herford	4 996	− 13,3	4 870	− 13,1	102,8	102,6	− 0,2
Iserlohn	3 874	− 12,8	3 948	− 11,9	99,2	98,1	− 1,0
Köln	9 758	− 6,7	9 699	− 6,9	100,4	100,6	− 0,2
Krefeld	4 932	− 8,4	5 001	− 8,8	98,3	98,6	0,4
Meschede — Brilon	2 734	− 17,1	2 631	− 15,8	105,5	103,9	− 1,5
Mönchengladbach	5 658	− 13,6	5 730	− 12,2	100,3	98,7	1,6
Münster	3 632	− 4,9	3 601	− 4,3	101,5	100,9	− 0,6
Oberhausen	3 601	− 14,6	3 663	− 15,0	97,9	98,3	0,4
Paderborn	3 701	− 19,5	3 701	− 17,8	102,2	100,0	− 2,1
Recklinghausen	5 449	− 13,1	5 227	− 13,8	103,4	104,2	0,8
Rheine	3 668	− 18,9	3 743	− 18,2	98,9	98,0	− 0,9
Siegen	4 055	− 22,6	4 106	− 22,9	98,3	98,8	0,4
Soest	2 589	− 7,2	2 525	− 9,5	100,0	102,5	2,6
Solingen	2 908	− 44,5	2 862	− 44,8	100,9	101,6	− 0,7
Wesel	5 902	− 24,9	6 013	− 24,4	98,8	98,2	− 0,6
Wuppertal	4 792	− 11,7	4 660	− 13,1	101,1	102,8	1,7
Nordrhein-Westfalen	**161 591**	**− 12,0**	**159 335**	**− 12,2**	**101,2**	**101,4**	**0,2**
Bad Hersfeld	1 532	− 21,9	1 539	− 19,8	102,3	99,5	− 2,7
Darmstadt	8 116	− 4,3	8 284	− 1,8	100,5	98,0	− 2,5
Frankfurt	13 473	0,7	13 212	2,8	104,1	102,0	− 2,1
Fulda	1 885	− 18,5	2 001	− 13,2	100,4	94,2	− 6,2
Gießen	5 218	− 4,9	5 242	− 2,6	101,9	99,5	− 2,3
Hanau	3 270	− 2,9	3 342	0,1	100,9	97,8	− 3,1
Kassel	6 625	1,1	6 623	3,4	102,3	100,0	− 2,3
Korbach	1 271	− 25,8	1 298	− 23,2	101,4	97,9	− 3,5
Limburg	1 568	− 7,4	1 601	− 4,9	100,7	97,9	− 2,7
Marburg	2 027	− 2,4	2 088	0,4	99,9	97,1	− 2,8
Offenbach	2 545	− 7,0	2 576	− 1,9	104,3	98,8	− 5,2
Wetzlar	2 964	− 11,4	3 008	− 8,9	101,3	98,5	− 2,7
Wiesbaden	4 416	1,7	4 332	5,3	105,6	101,9	− 3,5
Hessen	**54 910**	**− 4,4**	**55 146**	**− 1,7**	**102,4**	**99,6**	**− 2,7**

Tabelle 2/1: Gesamtangebots-Nachfragerelationen 1980 und 1981 nach Arbeitsamtsbezirken (Fortsetzung)

Arbeitsamtsbezirke	Angebot an Ausbildungsplätzen		Nachfrage nach Ausbildungsplätzen		Angebots-Nachfrage-Relation		
	1981	Veränderung zu 1980 in %	1981	Veränderung zu 1980 in %	1980	1981	Veränderung zu 1980
Bad Kreuznach	3303	− 2,8	3387	− 1,3	99,1	97,5	− 1,6
Kaiserslautern	3275	− 10,8	3274	− 8,4	102,7	100,0	− 2,6
Koblenz	3744	− 0,8	3843	1,0	99,2	97,4	− 1,8
Ludwigshafen	5176	− 10,2	5158	− 9,5	101,1	100,3	− 0,7
Mainz	5243	− 14,2	5205	− 11,9	103,3	100,7	− 2,5
Mayen	2578	− 2,6	2635	0,6	101,1	97,8	− 3,2
Montabaur	3082	− 8,2	3075	− 4,5	104,3	100,2	− 3,9
Neunkirchen	2923	− 3,9	2874	− 0,9	104,9	101,7	− 3,0
Neustadt (Weinstraße)	3278	− 11,0	3312	− 8,2	102,1	99,0	− 3,0
Neuwied	3193	− 2,9	3264	− 1,5	99,2	97,8	− 1,4
Pirmasens	1758	− 12,7	1760	− 6,6	106,9	99,9	− 6,6
Saarbrücken	6044	− 8,9	6057	− 5,9	103,0	99,8	− 3,1
Saarlouis	3723	− 8,1	3598	− 7,8	103,7	103,5	− 0,2
Trier	5536	− 8,5	5906	− 3,1	99,3	93,7	− 5,6
Rheinland-Pfalz/Saarland	**52856**	**− 8,0**	**53348**	**− 5,4**	**101,9**	**99,1**	**− 2,8**
Rheinland-Pfalz	*40166*	*− 8,1*	*40819*	*− 5,3*	*101,4*	*98,4*	*− 2,8*
Saarland	*12690*	*− 7,4*	*12529*	*− 5,3*	*103,6*	*101,3*	*− 2,2*
Aalen	4496	− 8,8	4135	− 11,8	105,1	108,7	3,4
Balingen	3227	− 10,7	3153	13,5	104,9	102,3	− 2,5
Freiburg	5628	− 0,2	5363	− 1,5	103,6	104,9	1,3
Göppingen	6465	− 4,2	5793	− 2,4	113,7	111,6	− 1,9
Heidelberg	3774	− 7,0	3759	− 5,3	102,2	100,4	− 1,8
Heilbronn	4997	23,1	4896	27,2	105,5	102,1	− 3,2
Karlsruhe	6024	− 10,6	6177	− 7,7	100,7	97,5	− 3,1
Konstanz	3054	− 10,6	2906	− 7,7	108,6	105,1	− 3,2
Lörrach	4104	− 6,1	3868	− 5,4	106,9	106,1	0,8
Ludwigsburg	4204	− 4,5	3557	− 5,0	117,5	118,2	0,6
Mannheim	5412	− 1,4	5331	0,0	102,9	101,5	− 1,4
Nagold	2613	− 3,4	2466	− 2,9	106,5	106,0	− 0,5
Offenburg	4063	− 4,8	4037	− 1,8	103,8	100,6	− 3,1
Pforzheim	2805	− 10,8	2633	− 10,4	106,9	106,5	− 0,4
Rastatt	2782	− 8,6	2532	− 8,3	110,3	109,9	− 0,4
Ravensburg	5480	1,9	5263	− 0,9	103,1	104,1	1,0
Reutlingen	4143	− 0,2	3749	4,4	115,6	110,5	− 4,4
Rottweil	2593	− 13,5	2479	− 13,3	104,8	104,6	− 0,2
Waiblingen	3271	− 2,5	2914	− 1,7	113,2	112,3	− 0,9
Schwäbisch Hall	2574	− 8,8	2382	− 4,1	113,6	108,1	− 4,9
Stuttgart	11986	1,2	10855	− 1,1	107,9	110,4	2,3
Tauberbischofsheim	2983	− 34,0	2736	− 34,7	107,9	109,0	1,1
Ulm	3584	− 6,6	3264	− 3,2	113,9	109,8	− 3,6
Villingen	2405	− 14,6	2304	− 9,4	110,7	104,4	− 5,7
Baden-Württemberg	**102667**	**− 4,6**	**96552**	**− 3,7**	**107,4**	**106,3**	**− 1,0**
Ansbach	3096	− 10,5	2911	− 8,0	109,3	106,4	− 2,7
Aschaffenburg	3920	− 11,4	3899	− 8,4	103,9	100,5	− 3,3
Bamberg	2959	− 8,3	3013	− 6,6	100,1	98,2	− 1,9
Bayreuth	2813	− 7,6	2686	− 4,3	108,4	104,7	− 3,4
Coburg	3194	− 16,9	3049	− 7,6	116,5	104,8	− 10,1
Hof	3052	− 9,6	2785	− 0,7	120,4	109,6	− 9,0
Nürnberg	12957	− 5,2	12451	− 4,3	105,0	104,1	− 0,9
Regensburg	5195	− 8,2	4786	− 7,6	109,3	108,5	− 0,7
Schwandorf	4298	− 11,4	4189	− 5,6	109,3	102,6	− 6,2
Schweinfurt	4723	− 5,7	4709	− 8,5	97,3	100,3	3,0
Weiden	2290	− 11,1	2097	− 10,6	109,8	109,2	− 0,5
Weißenburg	1607	− 9,5	1627	− 0,4	109,6	98,8	− 9,9
Würzburg	5623	− 9,3	5394	− 8,2	105,5	104,2	− 1,2
Augsburg	6895	1,0	6208	0,5	110,5	111,1	0,5
Deggendorf	3379	− 12,6	3312	− 10,6	104,4	102,0	− 2,3
Donauwörth	2412	− 5,8	2278	− 2,8	109,3	105,9	− 3,1
Freising	2003	1,4	1872	− 0,2	105,4	107,0	1,5
Ingolstadt	4052	− 10,8	3847	− 5,5	111,5	105,3	− 5,5
Kempten	5394	− 2,2	4960	− 0,5	110,7	108,8	− 1,8
Landshut	3391	− 4,2	2928	− 5,2	114,7	115,8	1,0
Memmingen	5159	− 2,3	4489	2,0	120,0	114,9	− 4,2
München	21051	− 6,6	18979	− 2,4	115,9	110,9	− 4,3
Passau	3606	− 15,1	3253	− 11,2	115,9	110,9	− 4,3
Pfarrkirchen	3596	− 9,5	3221	− 8,9	112,4	111,6	− 0,6
Rosenheim	5070	0,8	4488	− 4,1	107,5	113,0	5,1
Traunstein	3095	− 8,4	2754	− 5,0	116,6	112,4	− 4,3
Weilheim	2888	− 6,2	2756	− 3,7	107,6	104,8	− 2,6
Bayern	**127718**	**− 7,1**	**118941**	**− 4,8**	**110,1**	**107,4**	**− 2,4**
Berlin (West)	**14899**	**0,7**	**15581**	**4,7**	**99,4**	**95,6**	**− 3,8**
Bundesgebiet	**642700**	**− 7,5**	**627492**	**− 6,0**	**104,1**	**102,4**	**− 1,6**

[1] Ohne die Gebiete, die zu den bremischen Arbeitsamtsbezirken gehören.
[2] Einschließlich der niedersächsischen Gebiete, die zu den bremischen Arbeitsamtsbezirken gehören.

Tabelle 2/2: Gesamtangebot und Gesamtnachfrage 1980 und 1981 nach Arbeitsamtsbezirken

Arbeitsamtsbezirke	Neu abgeschlossene Ausbildungsverträge		Unvermittelte Bewerber		Unbesetzte Plätze		Gesamtnachfrage		Gesamtangebot	
	1980	1981	1980	1981	1980	1981	1980	1981	1980	1981
Bad Oldesloe	2679	2621	27	72	120	115	2706	2693	2799	2736
Elmshorn	4292	4316	114	219	327	150	4406	4535	4619	4466
Flensburg	4870	5002	180	359	281	199	5050	5361	5151	5201
Hamburg	17428	17078	646	876	471	325	18074	17954	17899	17403
Heide	1962	1828	9	12	84	41	1971	1840	2046	1869
Kiel	4759	4592	41	76	156	96	4800	4668	4915	4688
Lübeck	4832	4649	23	30	264	145	4855	4679	5096	4794
Neumünster	4372	4350	211	377	193	114	4583	4727	4565	4464
Schleswig-Holstein/Hamburg	**45194**	**44436**	**1251**	**2021**	**1896**	**1185**	**46445**	**46457**	**47090**	**45621**
Schleswig-Holstein	*27766*	*27358*	*605*	*1145*	*1425*	*860*	*28371*	*28503*	*29191*	*28218*
Hamburg	*17428*	*17078*	*646*	*876*	*471*	*325*	*18074*	*17954*	*17899*	*17403*
Braunschweig	5535	5120	226	194	319	166	5761	5314	5854	5286
Bremen	7286	7131	158	199	101	58	7444	7330	7387	7189
Bremerhaven	2308	2267	101	139	63	28	2409	2406	2371	2295
Celle	3769	3727	108	118	183	119	3877	3845	3952	3846
Emden	3188	2724	172	163	180	140	3360	2887	3368	2864
Goslar	1941	1818	40	43	223	228	1981	1861	2164	2046
Göttingen	4510	3928	198	214	290	301	4708	4142	4800	4229
Hameln	3984	3921	129	233	231	88	4113	4154	4215	4009
Hannover	8614	8501	118	113	485	185	8732	8614	9099	8686
Helmstedt	3704	3555	103	105	221	176	3807	3660	3925	3731
Hildesheim	3576	3202	275	210	469	179	3851	3412	4045	3381
Leer	2846	2251	55	100	25	148	2901	2351	2871	2399
Lüneburg	2773	2713	94	73	149	130	2867	2786	2922	2843
Nienburg	2282	2290	11	46	162	174	2293	2336	2444	2464
Nordhorn	3912	2942	97	110	262	386	4009	3052	4174	3328
Oldenburg	5673	5199	187	320	149	103	5860	5519	5822	5302
Osnabrück	5614	5561	66	120	373	205	5680	5681	5987	5766
Stade	3743	3484	146	249	270	145	3889	3733	4013	3629
Uelzen	2227	2385	39	42	136	154	2266	2427	2363	2539
Vechta	2330	2135	44	81	145	88	2374	2216	2475	2223
Verden	2617	2591	61	83	107	83	2678	2674	2724	2674
Wilhelmshaven	1955	1678	85	54	35	31	2040	1732	1990	1709
Niedersachsen/Bremen	**84387**	**79123**	**2513**	**3009**	**4578**	**3315**	**86900**	**82132**	**88965**	**82438**
Niedersachsen[1])	*74793*	*69725*	*2254*	*2671*	*4414*	*3229*	*77047*	*72396*	*79207*	*72954*
Bremen[2])	*9594*	*9398*	*259*	*338*	*164*	*86*	*9853*	*9736*	*9758*	*9484*
Aachen	7528	6029	225	281	347	391	7753	6310	7875	6420
Ahlen	2956	2452	15	19	95	76	2971	2471	3051	2528
Bergisch Gladbach	4321	5641	247	156	273	211	4568	5797	4594	5852
Bielefeld	7268	5855	70	134	247	273	7338	5989	7515	6128
Bochum	4908	4617	111	210	173	155	5019	4827	5081	4772
Bonn	6606	5909	117	180	288	274	6723	6089	6894	6183
Brühl	3630	3165	104	185	264	285	3734	3350	3894	3450
Coesfeld	6418	4930	111	165	210	301	6529	5095	6628	5231
Detmold	3265	3280	51	93	104	141	3316	3373	3369	3421
Dortmund	7669	8060	155	166	362	248	7824	8226	8031	8308
Düren	2577	1944	56	79	109	205	2633	2023	2686	2149
Düsseldorf	10388	9667	139	224	318	361	10527	9891	10706	10028
Duisburg	5470	5152	153	266	109	193	5623	5418	5579	5345
Essen	6498	5842	87	154	139	333	6585	5996	6637	6175
Gelsenkirchen	5233	4292	53	55	434	840	5286	4347	5667	5132
Hagen	5215	4576	63	38	164	113	5278	4614	5379	4689
Hamm	4198	3411	98	128	68	120	4296	3539	4266	3531
Herford	5478	4660	127	210	286	336	5605	4870	5764	4996
Iserlohn	4309	3731	171	217	133	143	4480	3948	4442	3874
Köln	10266	9410	151	289	189	348	10417	9699	10455	9758
Krefeld	5282	4784	200	217	105	148	5482	5001	5387	4932
Meschede — Brilon	3118	2618	8	13	180	116	3126	2631	3298	2734
Mönchengladbach	6319	5443	206	287	228	215	6525	5730	6547	5658
Münster	3674	3504	89	97	145	128	3763	3601	3819	3632
Oberhausen	4163	3531	144	132	54	70	4307	3663	4217	3601
Paderborn	4418	3530	84	171	181	171	4502	3701	4599	3701
Recklinghausen	5929	5046	134	181	339	403	6063	5227	6268	5449
Rheine	4400	3554	174	189	124	114	4574	3743	4524	3668
Siegen	5159	3892	166	214	77	163	5325	4106	5236	4055
Soest	2714	2412	77	113	76	177	2791	2525	2790	2589
Solingen	5096	2738	93	124	140	170	5189	2862	5236	2908
Wesel	7637	5649	321	364	225	253	7958	6013	7862	5902
Wuppertal	5261	4507	104	153	165	285	5365	4660	5426	4792
Nordrhein-Westfalen	**177371**	**153831**	**4104**	**5504**	**6351**	**7760**	**181475**	**159335**	**183722**	**161591**
Bad Hersfeld	1872	1476	46	63	90	56	1918	1539	1962	1532
Darmstadt	8139	7896	296	388	338	220	8435	8284	8477	8116
Frankfurt	12659	13005	187	207	717	468	12846	13212	13376	13473
Fulda	2219	1856	86	145	95	29	2305	2001	2314	1885
Gießen	5263	5042	120	200	223	176	5383	5242	5486	5218
Hanau	3201	3155	136	187	167	115	3337	3342	3368	3270
Kassel	6329	6533	74	90	224	92	6403	6623	6553	6625
Korbach	1634	1232	55	66	79	39	1689	1298	1713	1271
Limburg	1585	1477	98	124	109	91	1683	1601	1694	1568
Marburg	2019	2004	60	84	58	23	2079	2088	2077	2027
Offenbach	2559	2459	67	117	179	86	2626	2576	2738	2545
Wetzlar	3216	2903	87	105	130	61	3303	3008	3346	2964
Wiesbaden	3976	4171	137	161	368	245	4113	4332	4344	4416
Hessen	**54671**	**53209**	**1449**	**1937**	**2777**	**1701**	**56120**	**55146**	**57448**	**54910**

Tabelle 2/2: Gesamtangebot und Gesamtnachfrage 1980 und 1981 nach Arbeitsamtsbezirken (Fortsetzung)

Arbeitsamtsbezirke	Neu abgeschlossene Ausbildungsverträge		Unvermittelte Bewerber		Unbesetzte Plätze		Gesamtnachfrage		Gesamtangebot	
	1980	1981	1980	1981	1980	1981	1980	1981	1980	1981
Bad Kreuznach	3229	3153	202	234	170	150	3431	3387	3399	3303
Kaiserslautern	3469	3153	105	121	201	122	3574	3274	3670	3275
Koblenz	3675	3685	130	158	100	59	3805	3843	3775	3744
Ludwigshafen	5399	4921	303	237	366	255	5702	5158	5765	5176
Mainz	5827	5120	84	85	282	123	5911	5205	6109	5243
Mayen	2489	2473	129	162	157	105	2618	2635	2646	2578
Montabaur	3061	2918	159	157	297	164	3220	3075	3358	3082
Neunkirchen	2736	2748	164	126	305	175	2900	2874	3041	2923
Neustadt (Weinstraße)	3447	3122	162	190	236	156	3609	3312	3683	3278
Neuwied	3236	3151	79	113	52	42	3315	3264	3288	3193
Pirmasens	1816	1650	68	110	198	108	1884	1760	2014	1758
Saarbrücken	6243	5783	196	274	390	261	6439	6057	6633	6044
Saarlouis	3809	3508	95	90	240	215	3904	3598	4049	3723
Trier	5783	5386	310	520	268	150	6093	5906	6051	5536
Rheinland-Pfalz/Saarland	**54219**	**50771**	**2186**	**2577**	**3262**	**2085**	**56405**	**53348**	**57481**	**52856**
Rheinland-Pfalz	*41431*	*38732*	*1731*	*2087*	*2327*	*1434*	*43162*	*40819*	*43758*	*40166*
Saarland	*12788*	*12039*	*455*	*490*	*935*	*651*	*13243*	*12529*	*13723*	*12690*
Aalen	4575	4043	115	92	356	453	4690	4135	4931	4496
Balingen	2733	3051	45	102	182	176	2778	3153	2915	3227
Freiburg	5296	5204	148	159	345	424	5444	5363	5641	5628
Göppingen	5849	5693	88	100	902	772	5937	5793	6751	6465
Heidelberg	3769	3548	202	211	291	226	3971	3759	4060	3774
Heilbronn	3739	4757	110	139	321	240	3849	4896	4060	4997
Karlsruhe	6481	5880	209	297	255	144	6690	6177	6736	6024
Konstanz	3058	2831	89	75	359	223	3147	2906	3417	3054
Lörrach	3903	3690	184	178	467	414	4087	3868	4370	4104
Ludwigsburg	3684	3524	61	33	717	680	3745	3557	4401	4204
Mannheim	5207	5229	123	102	280	183	5330	5331	5487	5412
Nagold	2512	2442	28	24	194	171	2540	2466	2706	2613
Offenburg	3952	3857	157	180	314	206	4109	4037	4266	4063
Pforzheim	2877	2579	62	54	266	226	2939	2633	3143	2805
Rastatt	2690	2449	70	83	354	333	2760	2532	3044	2782
Ravensburg	5052	5088	163	175	324	392	5215	5263	5376	5480
Reutlingen	3517	3636	75	113	636	507	3592	3749	4153	4143
Rottweil	2815	2419	45	60	183	174	2860	2479	2998	2593
Waiblingen	2924	2858	39	56	431	413	2963	2914	3355	3271
Schwäbisch Hall	2436	2345	47	37	385	229	2483	2382	2821	2574
Stuttgart	10793	10627	184	228	1052	1359	10977	10855	11845	11986
Tauberbischofsheim	4116	2629	76	107	406	354	4192	2736	4522	2983
Ulm	3297	3190	74	74	541	394	3371	3264	3838	3584
Villingen	2513	2267	29	37	302	138	2542	2304	2815	2405
Baden-Württemberg	**97788**	**93836**	**2423**	**2716**	**9863**	**8831**	**100211**	**96552**	**107651**	**102667**
Ansbach	3062	2810	103	101	398	286	3165	2911	3460	3096
Aschaffenburg	4185	3790	71	109	239	130	4256	3899	4424	3920
Bamberg	3180	2870	46	143	48	89	3226	3013	3228	2959
Bayreuth	2758	2602	48	84	285	211	2806	2686	3043	2813
Coburg	3268	2964	31	85	574	230	3299	3049	3842	3194
Hof	2747	2677	58	108	630	375	2805	2785	3377	3052
Nürnberg	12819	12221	191	230	847	736	13010	12451	13666	12957
Regensburg	5069	4604	111	182	592	591	5180	4786	5661	5195
Schwandorf	4321	3970	118	219	532	328	4439	4189	4853	4298
Schweinfurt	4872	4519	274	190	137	204	5146	4709	5009	4723
Weiden	2261	1996	85	101	314	294	2346	2097	2575	2290
Weißenburg	1535	1521	85	106	241	86	1620	1627	1776	1607
Würzburg	5711	5283	164	111	486	340	5875	5394	6197	5623
Augsburg	6084	6071	95	137	743	824	6179	6208	6827	6895
Deggendorf	3551	3150	153	162	317	229	3704	3312	3868	3379
Donauwörth	2284	2217	59	61	276	195	2343	2278	2560	2412
Freising	1860	1863	15	9	116	140	1875	1872	1976	2003
Ingolstadt	3980	3788	93	59	561	264	4073	3847	4541	4052
Kempten	4883	4819	100	141	633	575	4983	4960	5516	5394
Landshut	3035	2863	52	65	505	528	3087	2928	3540	3391
Memmingen	4321	4428	80	61	959	731	4401	4489	5280	5159
München	19145	18577	292	402	3384	2474	19437	18979	22529	21051
Passau	3543	3094	121	159	702	512	3664	3253	4245	3606
Pfarrkirchen	3444	3100	93	121	530	496	3537	3221	3974	3596
Rosenheim	4569	4397	111	91	460	673	4680	4488	5029	5070
Traunstein	2845	2703	53	51	533	392	2898	2754	3378	3095
Weilheim	2787	2652	75	104	292	236	2862	2756	3079	2888
Bayern	**122119**	**115549**	**2777**	**3392**	**15334**	**12169**	**124896**	**118941**	**137453**	**127718**
Berlin (West)	**14240**	**14597**	**643**	**984**	**555**	**302**	**14883**	**15581**	**14795**	**14899**
Bundesgebiet	**649989**	**605352**	**17346**	**22140**	**44616**	**37348**	**667335**	**627492**	**694605**	**642700**

¹) Ohne die Gebiete, die zu den bremischen Arbeitsamtsbezirken gehören.
²) Einschließlich der niedersächsischen Gebiete, die zu den bremischen Arbeitsamtsbezirken gehören.

Tabelle 2/3: Schüler in beruflichen Vollzeitschulen und Indizes des vollzeitschulischen und dualen Versorgungsgrades 1980[1])

Arbeitsamtsbezirke	Schüler in Vollzeitschulen insgesamt	davon entfallen .... % auf				Indizes des Versorgungsgrades im Hinblick auf[2]) [3])				
		Berufsfachschulen 1. Schuljahrgang	Berufsfachschulen insgesamt	Berufsgrundbildungsjahr	Berufsvorbereitungsjahr	Berufsfachschulen 1. Schuljahrgang	Berufsgrundbildungsjahr	Berufsvorbereitungsjahr	Berufsfachschulen 1. Schuljahrgang und Berufsgrundbildungsjahr	duales Ausbildungsplatzangebot
	1	2	3	4	5	6	7	8	9	10
Bad Oldesloe	1029	45,9	79,8	4,3	15,9	44,5	14,4	73,0	37,7	87,3
Elmshorn	1907	45,8	83,6	8,4	8,0	54,8	34,8	45,3	50,3	94,8
Flensburg	3468	42,7	78,3	17,8	3,9	90,5	130,7	38,9	99,5	107,6
Hamburg	11094	41,3	73,2	12,4	14,4	78,9	82,3	129,6	79,7	101,5
Heide	577	56,0	100,0	0,0	0,0	51,1	0,0	0,0	39,6	100,1
Kiel	2412	45,9	83,1	11,3	5,6	70,1	59,8	40,7	67,8	100,7
Lübeck	2774	37,2	67,9	22,5	9,7	71,4	149,7	87,7	88,9	112,5
Neumünster	1216	43,7	78,5	19,5	2,0	36,3	56,2	7,8	40,8	103,4
Schleswig-Holstein /Hamburg	**24477**	**42,5**	**76,3**	**13,6**	**10,1**	**68,4**	**75,9**	**76,8**	**70,0**	**101,5**
Schleswig-Holstein	*13383*	*43,5*	*78,8*	*14,6*	*6,6*	*61,8*	*72,0*	*44,2*	*64,1*	*101,6*
Hamburg	*11094*	*41,3*	*73,2*	*12,4*	*14,4*	*78,9*	*82,3*	*129,6*	*79,7*	*101,5*
Braunschweig	4691	35,7	51,6	29,3	19,1	91,3	259,7	231,4	129,0	97,7
Bremen	4828	47,9	70,3	11,3	18,4	90,2	73,6	164,0	86,5	95,0
Bremerhaven	1696	42,7	67,3	16,7	15,9	89,2	121,3	157,1	96,4	95,8
Celle	3423	32,4	45,8	39,6	14,6	72,8	308,1	154,8	125,4	85,4
Emden	2975	34,1	45,2	41,6	13,1	83,2	352,4	151,1	143,5	79,6
Goslar	1469	45,8	68,9	19,0	12,1	100,2	144,1	125,2	110,0	103,2
Göttingen	4867	35,2	51,8	39,4	8,9	104,9	407,6	124,8	172,6	87,8
Hameln	4373	44,9	64,7	23,9	11,3	125,8	232,4	159,1	149,7	87,0
Hannover	4082	41,4	59,9	26,9	13,2	60,0	135,4	90,7	76,9	104,6
Helmstedt	2528	37,6	51,1	31,0	17,9	66,8	190,8	150,0	94,5	88,8
Hildesheim	2620	42,2	57,5	26,6	15,8	71,6	156,7	126,9	90,6	74,1
Leer	2645	31,8	44,0	43,3	12,7	75,9	358,6	143,5	139,2	73,4
Lüneburg	2427	38,2	58,4	29,2	12,4	84,8	225,0	130,7	116,2	88,2
Nienburg	3066	41,5	56,8	30,4	12,8	123,7	315,1	180,3	166,6	81,3
Nordhorn	4228	39,1	58,0	35,6	6,5	121,2	382,9	94,6	179,8	82,7
Oldenburg	4535	44,6	61,0	29,6	9,3	99,3	229,1	98,2	128,4	88,3
Osnabrück	4279	42,1	64,9	24,9	10,2	94,1	193,3	107,7	116,3	102,1
Stade	3727	42,5	59,2	31,7	9,1	116,9	301,8	118,5	158,3	90,7
Uelzen	2351	33,3	48,2	38,4	13,4	92,1	368,8	174,7	154,0	101,3
Vechta	2964	46,4	63,4	25,6	10,9	114,9	220,2	127,9	138,4	62,9
Verden	2473	39,9	57,2	36,3	6,5	85,8	270,7	65,7	127,2	78,7
Wilhelmshaven	2134	44,5	63,9	23,8	12,3	123,0	228,3	160,4	146,6	75,0
Niedersachsen/Bremen	**72381**	**40,2**	**57,7**	**29,8**	**12,5**	**92,6**	**237,8**	**135,5**	**125,1**	**88,8**
Niedersachsen[5])	*65857*	*39,6*	*56,6*	*31,5*	*11,9*	*92,9*	*256,1*	*132,3*	*129,4*	*88,0*
Bremen[6])	*6524*	*46,6*	*69,5*	*12,7*	*17,8*	*90,0*	*85,1*	*162,3*	*88,9*	*95,2*
Aachen	5815	44,7	77,1	5,7	17,3	109,4	48,2	199,7	95,7	91,6
Ahlen	1613	36,1	67,1	19,7	13,1	64,5	122,0	110,7	77,3	94,7
Bergisch Gladbach	4126	45,0	79,8	6,8	13,4	73,5	38,7	103,5	65,7	78,5
Bielefeld	6020	44,4	79,1	6,8	14,2	131,0	69,1	197,4	117,1	101,7
Bochum	3012	42,4	74,3	3,4	22,3	70,7	19,6	176,0	59,3	89,6
Bonn	5153	46,3	80,7	8,2	11,1	93,7	57,4	106,0	85,6	82,3
Brühl	4100	47,0	82,4	5,4	12,2	104,9	41,7	129,0	90,8	63,6
Coesfeld	4916	47,0	83,1	12,0	4,9	120,7	106,7	59,4	117,5	92,5
Detmold	2767	40,3	76,1	12,4	11,5	106,8	114,3	143,9	108,5	111,0
Dortmund	4478	45,4	82,2	4,9	12,9	78,8	29,6	106,1	67,8	109,1
Düren	2171	45,3	81,3	7,4	11,4	128,0	72,2	151,8	115,5	94,7
Düsseldorf	4665	42,0	76,0	6,2	17,9	66,3	33,7	133,3	59,0	115,0
Duisburg	3331	35,8	59,1	7,0	33,9	75,5	51,4	338,3	70,1	114,7
Essen	3465	45,4	76,8	7,4	15,8	79,6	45,1	131,0	71,9	105,9
Gelsenkirchen	3809	41,8	72,3	11,1	16,6	106,2	97,3	199,3	104,2	115,9
Hagen	3563	41,8	77,5	2,7	19,8	80,5	18,0	179,9	66,5	85,8
Hamm	3173	33,8	63,3	8,8	27,9	73,4	66,1	286,6	71,8	82,0
Herford	5545	44,0	79,6	7,9	12,5	145,2	90,2	195,0	132,8	100,7
Iserlohn	5054	43,0	78,2	6,9	14,9	145,2	81,2	237,5	130,9	87,8
Köln	8739	40,1	73,6	6,1	20,3	120,9	63,6	289,5	108,1	114,2
Krefeld	4868	43,7	78,1	6,6	15,3	131,7	69,0	218,3	117,6	103,5
Meschede — Brilon	2929	49,0	84,6	5,8	9,6	135,2	55,5	125,4	117,4	87,2

Tabelle 2/3: Schüler in beruflichen Vollzeitschulen und Indizes des vollzeitschulischen und dualen Versorgungsgrades 1980[1]) (Fortsetzung)

Arbeitsamtsbezirke	Schüler in Vollzeitschulen insgesamt	davon entfallen .... % auf				Indizes des Versorgungsgrades im Hinblick auf[2]) [3])				
		Berufsfachschulen 1. Schuljahrgang	Berufsfachschulen insgesamt	Berufsgrundbildungsjahr	Berufsvorbereitungsjahr	Berufsfachschulen 1. Schuljahrgang	Berufsgrundbildungsjahr	Berufsvorbereitungsjahr	Berufsfachschulen 1. Schuljahrgang und Berufsgrundbildungsjahr	duales Ausbildungsplatzangebot
	1	2	3	4	5	6	7	8	9	10
Mönchengladbach	5 840	45,7	77,7	5,4	16,9	124,4	50,7	217,2	107,9	89,3
Münster	2 411	45,9	86,4	10,0	3,6	106,3	80,3	39,0	100,5	118,1
Oberhausen	2 512	43,8	73,2	11,1	15,7	87,3	76,7	148,0	85,0	96,7
Paderborn	4 697	46,6	84,6	8,5	7,0	163,8	103,0	115,6	150,2	93,8
Recklinghausen	3 153	44,4	81,9	7,0	11,1	79,8	43,9	94,3	71,8	105,3
Rheine	3 839	44,5	82,1	10,6	7,3	105,5	86,8	81,9	101,3	76,6
Siegen	2 338	43,4	80,8	6,4	12,8	63,9	32,5	88,9	56,8	86,4
Soest	2 449	41,6	75,7	15,0	9,4	103,9	129,9	110,4	109,7	89,5
Solingen	2 326	46,0	77,8	7,3	14,9	132,1	72,7	202,2	118,8	121,5
Wesel	7 013	47,5	82,7	8,5	8,8	145,3	89,9	127,0	132,9	87,2
Wuppertal	3 761	42,4	76,4	8,6	15,0	104,3	73,6	174,0	97,5	106,3
Nordrhein-Westfalen	**133 651**	**43,8**	**78,0**	**7,7**	**14,4**	**103,1**	**62,6**	**159,9**	**94,0**	**96,4**
Bad Hersfeld	1 499	51,1	72,1	18,7	9,1	99,7	126,9	84,3	105,8	67,6
Darmstadt	4 189	41,5	73,4	14,3	12,2	53,2	63,8	74,2	55,6	84,2
Frankfurt	4 247	44,5	75,6	13,0	11,4	54,0	54,4	65,4	54,1	130,8
Fulda	2 115	45,6	77,3	18,4	4,3	125,6	176,1	55,3	136,9	83,1
Gießen	3 466	40,4	69,5	20,2	10,3	73,1	126,7	88,0	85,1	92,2
Hanau	2 404	40,6	72,7	12,0	15,3	75,1	76,9	133,8	75,5	85,2
Kassel	3 286	36,3	59,4	25,6	15,0	54,1	132,4	105,9	71,6	101,9
Korbach	1 156	40,3	64,9	23,3	11,9	83,2	166,5	115,5	101,8	76,9
Limburg	1 629	47,3	81,0	13,5	5,5	136,6	135,4	74,6	136,3	94,2
Marburg	1 647	44,0	70,6	17,7	11,7	91,0	127,3	113,9	99,1	86,3
Offenbach	1 375	49,5	72,3	17,2	10,5	74,6	89,7	75,1	78,0	94,5
Wetzlar	2 124	39,5	70,5	19,7	9,8	73,4	126,7	85,9	85,3	87,8
Wiesbaden	2 199	39,7	65,6	19,9	14,5	65,0	112,9	112,2	75,7	111,4
Hessen	**31 336**	**42,4**	**71,1**	**17,6**	**11,3**	**69,7**	**100,6**	**87,6**	**76,6**	**97,7**
Bad Kreuznach	2 057	38,5	68,3	23,2	8,5	73,1	152,8	76,3	91,0	103,3
Kaiserslautern	2 870	38,5	76,6	14,0	9,4	88,2	111,7	101,5	93,4	88,6
Koblenz	2 426	46,0	76,3	18,5	5,2	106,4	148,4	56,3	115,8	120,9
Ludwigshafen	2 703	40,8	76,7	13,9	9,3	73,9	87,5	79,6	76,9	117,3
Mainz	3 960	41,4	73,8	18,7	7,5	91,4	142,9	78,4	102,9	98,9
Mayen	1 058	39,8	73,9	21,7	4,3	48,4	91,7	25,0	58,1	100,4
Montabaur	1 323	42,4	80,5	12,3	7,2	50,1	50,5	40,1	50,2	93,2
Neunkirchen	3 175	50,5	76,3	17,6	6,0	124,4	150,6	70,4	130,2	76,9
Neustadt/Weinstraße	2 542	35,8	70,2	21,5	8,3	72,9	151,9	80,3	90,6	89,0
Neuwied	1 762	42,1	72,4	21,0	6,6	69,8	120,9	51,6	81,2	101,9
Pirmasens	1 393	44,2	76,7	17,3	6,0	87,2	118,3	55,5	94,2	84,3
Saarbrücken	3 897	49,9	71,6	22,7	5,7	107,2	169,0	57,5	121,0	112,8
Saarlouis	3 674	49,0	76,8	17,1	6,2	157,8	190,5	93,9	165,1	110,5
Trier	4 127	40,4	70,5	26,7	2,8	82,7	189,5	27,1	106,6	92,9
Rheinland-Pfalz/Saarland	**36 967**	**43,3**	**74,0**	**19,4**	**6,6**	**89,3**	**138,6**	**63,9**	**100,3**	**99,8**
Rheinland-Pfalz	*26 221*	*40,7*	*73,7*	*19,4*	*6,8*	*77,9*	*129,1*	*61,6*	*89,4*	*99,3*
Saarland	*10 746*	*49,8*	*74,8*	*19,3*	*6,0*	*126,0*	*169,2*	*71,2*	*135,7*	*101,3*
Aalen	3 456	71,4	96,9	1,2	1,9	165,5	9,5	20,9	130,6	102,2
Balingen	3 166	69,6	94,2	1,3	4,5	190,1	12,0	58,7	150,2	94,3
Freiburg	5 268	69,3	94,2	2,0	3,8	201,1	20,4	52,0	160,7	105,0
Göppingen	5 122	73,5	94,9	3,0	2,1	166,3	23,9	22,3	134,4	96,7
Heidelberg	3 408	68,9	95,4	3,7	0,9	204,3	38,0	12,3	167,0	111,2
Heilbronn	2 824	72,1	94,9	2,9	2,2	174,9	24,4	24,7	141,2	145,4
Karlsruhe	6 618	70,6	95,4	1,5	3,1	244,6	18,5	50,5	194,0	106,9
Konstanz	4 616	54,8	95,1	0,4	4,5	225,0	5,2	87,4	175,8	92,0
Lörrach	3 143	67,0	94,4	1,5	4,1	172,2	13,3	49,8	136,6	113,7
Ludwigsburg	2 648	79,0	95,4	2,5	2,1	151,8	16,9	18,8	121,6	103,3
Mannheim	4 868	70,3	92,1	2,2	5,7	211,3	23,3	80,5	169,2	113,2
Nagold	2 343	73,4	96,7	0,0	3,3	197,0	0,0	42,2	152,9	101,4

Tabelle 2/3: Schüler in beruflichen Vollzeitschulen und Indizes des vollzeitschulischen und dualen Versorgungsgrades 1980[1]) (Fortsetzung)

Arbeitsamtsbezirke	Schüler in Vollzeitschulen insgesamt	davon entfallen .... % auf				Indizes des Versorgungsgrades im Hinblick auf[2]) [3])				
		Berufsfachschulen 1. Schuljahrgang	Berufsfachschulen insgesamt	Berufsgrundbildungsjahr	Berufsvorbereitungsjahr	Berufsfachschulen 1. Schuljahrgang	Berufsgrundbildungsjahr	Berufsvorbereitungsjahr	Berufsfachschulen 1. Schuljahrgang und Berufsgrundbildungsjahr	duales Ausbildungsplatzangebot
	1	2	3	4	5	6	7	8	9	10
Offenburg	4 007	68,1	96,0	2,4	1,5	187,5	23,1	20,1	150,7	94,5
Pforzheim	2 235	75,3	98,8	1,2	0,0	189,5	10,6	0,0	149,5	107,1
Rastatt	2 381	67,0	99,2	0,8	0,0	184,4	8,0	0,0	144,9	109,0
Ravensburg	6 468	68,4	94,5	1,6	3,9	243,3	19,7	65,0	193,2	102,1
Reutlingen	3 343	71,0	95,4	2,0	2,6	188,1	18,4	32,5	150,2	111,2
Rottweil	2 548	70,9	94,5	1,7	3,8	181,0	14,9	46,4	143,8	88,0
Waiblingen	2 912	75,1	95,9	1,9	2,2	184,5	16,4	25,1	146,9	93,5
Schwäbisch Hall	2 636	68,8	96,7	2,6	0,6	182,4	24,1	8,1	146,9	87,7
Stuttgart	8 546	64,8	94,8	2,6	2,6	220,6	30,5	41,8	178,0	161,7
Tauberbischofsheim	2 850	69,8	97,6	2,0	0,4	190,7	18,9	5,4	152,3	96,9
Ulm	2 878	67,7	87,3	3,4	9,3	226,8	39,5	147,3	184,9	141,3
Villingen	2 338	63,7	95,8	2,7	1,5	195,3	28,6	21,7	158,0	106,8
Baden-Württemberg	**90 622**	**69,1**	**95,0**	**2,0**	**2,9**	**196,7**	**19,8**	**39,7**	**157,1**	**109,3**
Ansbach	4 322								132,0	89,0
Aschaffenburg	2 088								54,8	96,8
Bamberg	1 807								54,7	84,4
Bayreuth	1 669								66,2	105,1
Coburg	583								20,0	103,2
Hof	1 659								62,1	107,8
Nürnberg	5 641								62,1	134,3
Regensburg	5 310								106,2	97,8
Schwandorf	1 935								40,3	84,2
Schweinfurt	3 435								72,2	93,4
Weiden	2 723								121,1	95,9
Weissenburg	1 935								99,8	78,1
Würzburg	2 910								59,1	107,6
Augsburg	4 885								90,6	120,5
Deggendorf	1 912								52,9	88,0
Donauwörth	1 288								53,3	94,0
Freising	1 460								75,6	97,7
Ingolstadt	4 483								107,1	91,2
Kempten	4 218								93,2	112,2
Landshut	2 049								67,8	105,5
Memmingen	4 153								90,2	105,5
München	7 590								51,8	135,2
Passau	3 729								109,2	99,5
Pfarrkirchen	1 469								47,1	108,4
Rosenheim	1 770								41,6	112,2
Traunstein	2 584								104,6	118,0
Weilheim	2 596								99,6	104,3
Bayern[4])	**80 203**	**32,4**	**80,1**	**13,9**	**5,9**	**64,8**	**96,8**	**55,8**	**71,9**	**107,9**
Berlin (West)	**7 535**	**24,2**	**47,6**	**25,7**	**26,7**	**34,0**	**125,3**	**176,9**	**54,4**	**94,0**
Bundesgebiet	**477 172**	**45,6**	**77,2**	**13,2**	**9,7**	**100,0**	**100,0**	**100,0**	**100,0**	**100,0**

Vgl. Berufsbildungsbericht 1981, Tabelle 2/2, S. 121.

[1]) Wegen der zum Teil unterschiedlichen Abgrenzungen der Schulen in der Berufsschulstatistik und in der KMK-Befragung weichen die Ergebnisse von den schulstatistischen Angaben der Übersichten ab.
[2]) Vollzeitlische Versorgungsgrade (Spalten 6—9): Relation der Schüler in beruflichen Vollzeitschulen (1. Schuljahrgang, BGJ, BVJ) zu Schulabgängern (Bundesgebiet = 100); dualer Versorgungsgrad (Spalte 10): Relation des Gesamtergebots an Berufsausbildungsplätzen im dualen System zu Schulabgängern (Bundesgebiet = 100).
[3]) Im Gegensatz zu Kapitel 2 sind hier die schulischen Werte nicht Pendler-korrigiert.
[4]) Die Zahl der Schüler in beruflichen Vollzeitschulen sowie der Index des Versorgungsgrades im Hinblick auf die Schüler im 1. Schuljahrgang der Berufsfachschule sowie im Berufsgrundbildungsjahr in den Arbeitsamtsbezirken des Landes Bayern wurden unter Verwendung der Schulabgangsbefragung der Bundesanstalt für Arbeit geschätzt.
[5]) Ohne die Gebiete, die zu den bremischen Arbeitsamtsbezirken gehören.
[6]) Einschließlich der niedersächsischen Gebiete, die zu den bremischen Arbeitsamtsbezirken gehören.

Quelle: Umfrage der Kultusministerkonferenz (KMK) vom Oktober 1981; Statistisches Bundesamt; Bundesanstalt für Arbeit.

Tabelle 3/1: Deutsche Erwerbstätige nach sozialer Herkunft mit und ohne Ausbildungsabschlüsse (in %)

Soziale Stellung des Vaters (soziale Herkunft)	Ausbildungsabschluß der Erwerbstätigen				
	Ohne Ausbildungsabschluß			Lehre, Fachschule	Fachhoch-/ Hochschule
	insgesamt	Männer	Frauen		
Hilfsarbeiter, angelernter Arbeiter	24	30	20	13	3
Facharbeiter, Vorarbeiter	24	21	26	31	9
Meister	3	2	3	6	5
Einfacher Angestellter	3	3	3	5	4
Qualifizierter Angestellter	2	2	2	4	7
Gehobener Angestellter	2	2	2	4	13
Einfacher, mittlerer Beamter	4	3	4	8	11
Gehobener, höherer Beamter	1	1	2	2	17
Mithelfender Familienangehöriger	0	0	1	0	0
Selbständiger Landwirt	21	22	20	8	6
Selbständiger Handwerker	3	2	4	5	5
Anderer Selbständiger	5	5	6	6	14
Keine Angabe, unbekannt	8	7	7	8	6
Insgesamt	**100**	**100**	**100**	**100**	**100**
Absolut	6 237 000	2 849 000	3 388 000	13 999 000	1 805 000

Quelle: Gemeinsame Erhebung des Bundesinstituts für Berufsbildung und des Instituts für Arbeitsmarkt- und Berufsforschung bei 30 000 Erwerbspersonen im Sommer 1979.

Tabelle 3/2: Deutsche Erwerbstätige mit und ohne Ausbildungsabschluß nach Geschlecht und Stellung im Beruf bei der ersten Erwerbstätigkeit (in %)

Stellung im Beruf, bei der ersten Erwerbstätigkeit	Ausbildungsabschluß der Erwerbstätigen				
	Ohne Ausbildungsabschluß			Lehre, Fachschule	Fachhoch-/ Hochschule
	insgesamt	Männer	Frauen		
Hilfsarbeiter, angelernter Arbeiter	61	64	58	6	3
Facharbeiter, Vorarbeiter	6	9	3	48	12
Meister	0	0	0	1	0
Einfacher Angesteller	12	5	17	23	8
Qualifizierter Angestellter	3	2	4	12	17
Gehobener Angestellter	1	1	1	3	23
Einfacher, mittlerer Beamter	1	2	0	3	7
Gehobener, höherer Beamter	0	0	0	1	24
Mithelfender Familienangehöriger	12	10	14	2	1
Selbständiger	3	5	2	1	4
Keine Angabe	1	1	2	—	1
Insgesamt	**100**	**100**	**100**	**100**	**100**

Quelle: Gemeinsame Erhebung des Bundesinstituts für Berufsbildung und des Instituts für Arbeitsmarkt- und Berufsforschung bei 30 000 Erwerbspersonen im Sommer 1979.

Tabelle 3/3: **Deutsche Erwerbstätige ohne abgeschlossene Berufsausbildung nach ausgeübten Berufen und der Stellung im Beruf in ausgewählten Berufsgruppen und Berufen**

Ausgewählte Berufsgruppen und Berufe	Erwerbstätige			davon arbeiten ... % als:				
	absolut	in %	Frauen in %	Hilfsarbeiter/angelernte Arbeiter, einfache Angestellte	Facharbeiter/angestellte	mithelfende Familienangehörige	Selbständige	Andere[1] keine Angabe
Ungelernte insgesamt	6237000	100	54	62	10	9	8	11
darunter:								
Landwirte, Tierzüchter, Fischerei	430000	7	45	1	—	35	62	2
Landwirtschaftliche Arbeitskräfte	208000	3	84	14	—	83	3	—
Textil-, Bekleidungsberufe	191000	3	87	88	5	—	0	7
Speisenbereiter	109000	2	95	96	2	—	—	2
Berufe des Land-, Wasser-, Luftverkehrs	322000	5	4	65	14	4	5	12
Berufe des Nachrichtenverkehrs	101000	2	69	49	5	—	1	45
Dienst-, Wachberufe	110000	2	30	87	4	—	—	9
Gästebetreuer	130000	2	70	49	4	10	33	4
Hauswirtschaftliche Berufe	93000	2	96	89	2	5	3	1
Reinigungsberufe	400000	6	93	95	1	0	3	1
Warenkaufleute	544000	9	84	55	5	18	19	3
Techniker	104000	2	23	30	42	—	—	28
Rechnungskaufleute, DV-Fachleute	94000	2	72	87	4	—	2	7
Bürofach-, Bürohilfskräfte	700000	11	71	56	23	2	1	18
Montierer	132000	2	58	99	1	—	—	—
Bauhilfsarbeiter	135000	2	4	95	2	—	—	3
Warenprüfer, Versandfertigmacher	166000	3	71	89	5	—	—	6
Hilfsarbeiter ohne nähere Tätigkeitsangabe	609000	10	54	94	2	1	—	3
Maschinisten	106000	2	12	74	17	—	—	9
Lagerverwalter-, Lager-, Transportarbeiter	191000	3	14	83	8	—	—	9

[1]) Hierunter fallen: Beamte, Meister, gehobene Angestellte

Quelle: Gemeinsame Erhebung des Bundesinstituts für Berufsbildung und des Instituts für Arbeitsmarkt- und Berufsforschung bei 30000 Erwerbspersonen im Sommer 1979.

Tabelle 3/4: Entwicklung der betrieblichen Berufsausbildung in den Metallberufen

Berufs-kenn-ziffer	Berufsgruppe	Auszubildende insgesamt 1970 absolut	Auszubildende bezogen auf 1970 (= 100) (Indexwerte)								Gemeldete Auszubildende 1979 absolut
			1970	1973	1974	1975	1976	1977	1978	1979	
19—24	Metallerzeuger und -bearbeiter	14571	100	89	98	110	117	124	129	139	20271
19	Metallerzeuger, Walzer	331	100	75	114	191	225	276	306	377	1249
20	Former, Formgießer	526	100	63	90	165	223	255	264	264	1390
21	Metallverformer (spanlos)	53	100	45	136	204	264	362	511	472	250
22	Metallverformer (spanend)	12056	100	92	99	107	109	111	113	121	14625
23	Metalloberflächenbearbeiter, -vergüter, -beschichter	768	100	75	84	95	110	129	148	159	1218
24	Metallverbinder	837	100	84	91	104	127	157	166	184	1539
25—30	Schlosser, Mechaniker, zugeordnete Berufe	272746	100	111	115	116	109	116	124	134	364605
25	Schmiede	4012	100	70	77	91	100	107	110	113	4524
26	Feinblechner, Installateure	28661	100	149	161	163	147	173	194	222	63551
27	Schlosser	74398	100	104	112	118	120	125	129	140	103948
28	Mechaniker	127929	100	111	107	104	91	98	106	113	144744*)
29	Werkzeugmacher	28036	100	110	110	105	98	95	94	99	27774
30	Metallfeinbauer und zugeordnete Berufe	9710	100	129	139	159	182	193	207	207	20064
Metallberufe insgesamt		**287317**	**100**	**114**	**118**	**119**	**113**	**120**	**128**	**138**	**384876**
Auszubildende insgesamt		**1270120**	**100**	**105**	**105**	**105**	**104**	**110**	**120**	**130**	**1644619**

*) Darunter in Ausbildungsberuf 2811 Kraftfahrzeugmechaniker/Kraftfahrzeugmechanikerin =99328.

Quellen: Statistisches Bundesamt und Bundesministerium für Bildung und Wissenschaft (Hrsg.): Berufliche Aus- und Fortbildung (1973—1976)
Statistisches Bundesamt (Hrsg.): Fachserie 11 Reihe 3 Berufliche Bildung (1977—1979) (Bestandszahlen zum Jahresende. Klassifikation der Berufe 1970)
(Indexzahlen, eigene Berechnung)

Tabelle 5/1: Zehn am stärksten besetzte Ausbildungsberufe für Behinderte in Betrieben und Rehabilitationseinrichtungen 1980 (in %)

Rangfolge der behinderten Auszubildenden und ihr Anteil an allen Auszubildenden		Rangfolge der männlichen behinderten Auszubildenden und ihr Anteil an allen Auszubildenden		Rangfolge der weiblichen behinderten Auszubildenden und ihr Anteil an allen Auszubildenden	
Maler und Lackierer / Malerin und Lackiererin	6,8	Maler und Lackierer	9,4	Bürokauffrau	10,9
Bürokaufmann / Bürokauffrau	5,7	Tischler	7,2	Hauswirtschaftstechnische Helferin [1] [4]	7,2
Tischler / Tischlerin	5,1	Maurer	6,1	Hauswirtschafterin	6,5
Maurer	4,2	Metallwerker [1] [3]	5,4	Friseurin	6,3
Metallwerker / Metallwerkerin [1] [3]	3,9	Bäcker	3,8	Verwaltungsfachangestellte	5,1
Verwaltungsfachangestellter / Verwaltungsfachangestellte	2,8	Bürokaufmann	3,4	Bekleidungsnäherin [5]	4,3
Bäcker / Bäckerin	2,7	Schlosser	2,6	Technische Zeichnerin	3,9
Technischer Zeichner / Technische Zeichnerin	2,7	Gärtner	2,4	Damenschneiderin	3,7
Büropraktiker / Büropraktikerin [1] [2]	2,4	Mechaniker	2,3	Büropraktikerin [1] [2]	3,6
Hauswirtschaftstechnischer Helfer / Hauswirtschaftstechnische Helferin [1]	2,3	Elektroanlageninstallateur	2,2	Industriekauffrau	3,1
Insgesamt	**38,6**	**Insgesamt**	**44,8**	**Insgesamt**	**54,6**
Behinderte Auszubildende insgesamt	100,0	Behinderte Auszubildende insgesamt	100,0	Behinderte Auszubildende insgesamt	100,0

[1] Besondere Regelung zur beruflichen Bildung Behinderter
[2] Einschließlich Bürohelfer / Bürohelferin
[3] Einschließlich Metallfachwerker / Metallfachwerkerin, Metallbearbeiter / Metallbearbeiterin
[4] Einschließlich hauswirtschaftstechnische Betriebshelferin, Helferin in der Hauswirtschaft
[5] Stufenausbildung 1. Stufe (einjährige Ausbildung)

Tabelle 5/2: Ausbildungsschwerpunkte in Betrieben und Rehabilitationseinrichtungen nach Art der Behinderung der Auszubildenden[1]) 1980 (in %)

Körperbehinderte mit starker Bewegungseinschränkung (Lähmungen, fehlende Gliedmaßen usw.)		Sonstige Körperbehinderte (z. B. Herz- und Gefäßkrankheiten)		Schwer Sehbehinderte und Blinde		Hör- und Sprachbehinderte		Lernbehinderte	
Bürokaufmann/Bürokauffrau	18,5	Bürokaufmann/Bürokauffrau	15,0	Bürokaufmann/Bürokauffrau	13,1	Tischler/Tischlerin	8,2	Maler und Lackierer/Maler und Lackiererin	10,7
Verwaltungsfachangestellter/Verwaltungsfachangestellte	8,5	Verwaltungsfachangestellter/Verwaltungsfachangestellte	9,2	Bürogehilfe/Bürogehilfin	8,0	Zahntechniker/Zahntechnikerin	5,1	Maurer	7,4
Industriekaufmann/Industriekauffrau	6,8	Büropraktiker/Büropraktikerin[2])[3])	6,3	Metallwerker/Metallwerkerin[2])[4])	6,9	Technischer Zeichner/Technische Zeichnerin	4,1	Tischler/Tischlerin	6,7
Technischer Zeichner/Technische Zeichnerin	6,0	Industriekaufmann/Industriekauffrau	4,5	Industriekaufmann/Industriekauffrau	6,6	Maler und Lackierer/Maler und Lackiererin	3,9	Metallwerker/Metallwerkerin[2])[4])	6,5
Büropraktiker/Büropraktikerin[2])[3])	6,0	Elektroanlageninstallateur/Elektroanlageninstallateurin	4,1	Verwaltungsfachangestellter/Verwaltungsfachangestellte	5,0	Raumausstatter/Raumausstatterin	3,9	Schlosserwerker/Schlosserwerkerin[2])[5])	4,2
Zusammen 1 bis 5	**45,8**		**39,1**		**39,6**		**25,2**		**35,5**
Insgesamt	100,0		100,0		100,0		100,0		100,0

[1]) Die fünf am stärksten besetzten Ausbildungsberufe je Behindertengruppe
[2]) Besondere Regelung zur beruflichen Bildung Behinderter
[3]) Einschließlich Bürohelfer/Bürohelferin
[4]) Einschließlich Metallfachwerker/Metallfachwerkerin
[5]) Einschließlich Schlosserfachwerker/Schlosserfachwerkerin, Schlosser/Schlosserin

Tabelle 5/3: Entwicklung der berufsfördernden Maßnahmen (Umschulung/Fortbildung/Einarbeitung) bei behinderten Erwachsenen von 1971 bis 1980

Maßnahmen	1971	1972	1973	1974	1975	1976	1977	1978	1979	1980
Umschulung mit anerkanntem Abschluß	9698	12393	13215	15656	13673	13174	11500	10782	12406	14548
Umschulung ohne Abschluß	1980	2161	2031	2062	1467	1179	1039	791	788	860
Fortbildung	566	502	514	482	348	349	388	374	572	786
Einarbeitung	1730	1698	1404	1221	1091	1578	2229	2360	2761	2558

Quelle: Bundesanstalt für Arbeit (Hrsg.): Arbeitsstatistik 1977-Jahreszahlen, S. 214; Arbeitsstatistik 1979-Jahreszahlen, S. 230; Arbeitsstatistik 1977-Jahreszahlen, S. 226.

Tabelle 6/1: Entwicklung der Nationalitätenstruktur nach Hauptherkunftsländern in den Jahren 1974, 1977, 1980, 1981 (Stand: jeweils 30. September)

Nationalität	1974		1977		1980		1981	
	absolut	in %	absolut	in %	absolut	in %	absolut	in %
Griechen	406 400	9,8	328 500	8,3	297 500	6,7	299 000	6,5
Italiener	629 600	15,3	570 800	14,5	617 900	13,9	624 000	13,5
Jugoslawen	707 800	17,2	630 000	16,0	631 800	14,2	637 000	13,8
Portugiesen	121 500	2,9	111 000	2,8	112 300	2,5	109 400	2,4
Spanier	272 700	6,6	201 400	5,1	180 000	4,0	177 000	3,8
Türken	1 027 800	24,9	1 118 000	28,3	1 462 400	32,8	1 546 000	33,4
Übrige	961 600	23,3	988 600	25,0	1 151 400	26,8	1 237 400	26,7
Insgesamt	**4 127 400**	**100,0**	**3 948 300**	**100,0**	**4 453 300**	**100,0**	**4 629 800**	**100,0**
Veränderungen gegenüber dem Vorjahr			− 179 100		+ 309 500		+ 176 500	

Quelle: Statistisches Bundesamt, Fachserie 1, Reihe 1.4, Ausländer 1977/80

Tabelle 6/2: Anteil ausländischer Kinder und Jugendlicher unter 21 Jahren in der Bundesrepublik Deutschland, gegliedert nach Altersgruppen und Nationalität am 30. September 1980

Ausländische Jugendliche am 30. September 1980	insgesamt	Griechen	Italiener	Spanier	Türken	Jugo-slawen	Portu-giesen	Übrige Nationali-täten
0 — 6 Jahre	419 000	25 700	54 900	12 900	201 500	61 100	10 400	52 500
6 — 10 Jahre	310 100	24 800	36 800	11 100	142 600	43 200	8 400	43 200
10 — 15 Jahre	329 900	29 400	43 800	14 700	146 100	29 800	10 200	55 900
15 — 18 Jahre	190 800	12 700	27 100	7 600	94 200	12 500	5 100	31 600
18 — 21 Jahre	199 400	11 200	40 200	6 800	78 300	11 200	4 100	47 600
	1 449 200	103 800	202 800	53 100	662 700	157 800	38 200	230 800
	100,0 %	7,2 %	14,0 %	3,7 %	45,7 %	10,9 %	2,6 %	15,9 %
Zum Vergleich alle Altersgruppen	4 453 300	297 500	617 900	180 000	1 462 400	631 800	112 300	1 151 400
	100,0 %	6,7 %	13,9 %	4,0 %	32,8 %	14,2 %	2,5 %	25,9 %

Quelle: Statistisches Bundesamt, Fachserie 1, Reihe 1/4, Ausländer 1981

Tabelle 6/3: Ausländische Schüler an allgemeinbildenden Schulen nach Herkunftsländern und Schularten 1980/81

Herkunftsland	Schüler insgesamt absolut	in %	Grundschule und Hauptschule absolut	in %	Sonderschule absolut	in %	Realschule absolut	in %	Gymnasien absolut	in %	Gesamtschule absolut	in %
Griechenland	50 700	8,0	42 115	8,1	1 467	5,3	2 399	8,7	3 678	9,4	1 045	5,2
Italien	76 200	12,0	61 310	11,7	6 002	21,6	3 542	12,8	2 889	7,4	2 486	12,4
Spanien	24 600	3,9	18 180	3,5	1 448	5,2	1 920	6,9	1 835	4,7	1 221	6,1
Türkei	317 200	49,7	282 267	54,0	12 945	46,5	7 743	28,0	6 093	15,5	8 167	40,7
Jugoslawien	65 000	10,2	52 677	10,1	2 434	8,7	4 266	15,4	3 909	10,0	1 712	8,5
Portugal	18 700	2,9	15 733	3,0	953	3,5	845	3,1	676	1,7	534	2,7
Summe Anwerbeländer	**552 500**	**86,7**	**472 282**	**90,4**	**25 249**	**90,8**	**20 715**	**74,9**	**19 080**	**48,7**	**15 165**	**75,6**
Sonstige Staaten	84 600	13,3	50 063	9,6	2 570	9,2	6 945	25,1	20 115	51,3	4 889	24,4
Insgesamt	**637 100**	**100,0**	**522 345**	**82,0**	**27 819**	**4,4**	**27 660**	**4,3**	**39 195**	**6,2**	**20 054**	**3,1**
			325 452	51,1 Grundschule								
			195 444	30,7 Hauptschule								

Quelle: Statistik der Kultusministerkonferenz Nr. 74, September 1981 — Ausländische Schüler

Tabelle 6/4: Ausländische Schüler nach Bundesland / Anteil ausländischer Schüler an der Gesamtschülerzahl an allgemeinbildenden Schulen im Schuljahr 1980/81 (in %)

Land	Ausländer	Ausländeranteil insgesamt	Grundschule	Hauptschule	Sonderschule	Realschule	Gymnasium	Gesamtschule
Baden-Württemberg	127 039	9,0	14,5	13,9	16,2	2,9	2,2	5,1
Bayern	83 597	5,4	8,2	6,6	4,8	1,6	2,3	3,8
Berlin	36 197	14,4	33,3	34,1	13,7	6,4	3,5	8,7
Bremen	7 970	7,5	14,5	13,7	6,2	4,1	1,5	4,0
Hamburg	19 639	8,7	16,2	17,4	10,0	3,8	2,6	6,2
Hessen	65 133	8,1	13,4	15,8	9,4	2,0	2,0	14,4
Niedersachsen	40 534	3,5	5,7	9,0	4,5	1,0	1,0	2,7
Nordrhein-Westfalen	219 728	8,3	14,8	11,9	6,7	2,2	1,9	4,3
Rheinland-Pfalz	20 592	3,9	7,1	4,5	3,0	1,1	0,9	2,0
Saarland	5 574	3,8	6,4	4,4	5,1	1,6	1,1	3,8
Schleswig-Holstein	11 070	2,7	4,5	4,1	3,1	0,9	1,0	2,3
Bundesgebiet	**637 073**	**6,9**	**11,8**	**10,1**	**7,8**	**2,1**	**1,9**	**7,9**

Quelle: Statistik der Kultusministerkonferenz Nr. 74, September 1981 — Ausländer

Tabelle 6/5: Ausländische Schüler in beruflichen Schulen nach Nationalität im Schuljahr 1980/81 (absolut und in %)

Nationalität	Berufliche Schulen insgesamt		Berufs- schule		Berufs- grundbil- dungsjahr[2]		Berufs- fachschule		Fachober- schule/Fach- gymnasium		Fachschule		Schulen des Gesundheits- wesens		Berufs- aufbau- schule		Sonstige[1]	
Griechen	6183	6,1	4432	6,1	409	3,6	958	8,9	172	6,4	113	6,5	57	3,4	23	6,8	19	6,6
Italiener	12541	12,4	10015	13,8	624	5,6	1417	13,2	173	6,4	117	6,7	124	7,5	36	10,7	35	12,1
Spanier	4757	4,7	3559	4,9	213	1,9	671	6,2	106	3,9	93	5,4	91	5,5	11	3,3	13	4,5
Türken	53316	52,7	39553	54,6	8734	77,9	3611	33,6	983	36,4	172	9,9	147	8,8	96	28,6	20	6,9
Jugoslawen	6949	6,9	4984	6,9	293	2,6	1134	10,6	209	7,7	90	5,2	191	11,5	38	11,3	10	3,4
Portugiesen	2467	2,4	1755	2,5	268	2,4	316	2,9	27	1,0	18	1,0	30	1,8	7	2,1	2	0,7
Summe Anwerbeländer	86213	85,2	64342	88,8	10541	94,0	8107	75,5	1670	61,8	603	34,7	640	38,5	211	62,8	99	34,1
Sonstige Staaten	14927	14,8	8118	11,2	667	6,0	2637	24,5	1031	38,2	1135	65,3	1023	61,5	125	37,2	191	65,9
Insgesamt	**101140**		**72460**		**11208**		**10744**		**2701**		**1738**		**1663**		**336**		**290**	

[1] Bayern: Berufsoberschulen und Fachakademien; Hamburg: Wirtschaftsgymnasien
[2] ohne Bayern, Hessen und Rheinland-Pfalz (bei Berufsschulen enthalten)
  Bremen und Nordrhein-Westfalen einschließlich Berufsvorbereitungsjahr
  Hamburg: einschließlich Werkklassen

Tabelle 7/1: **Berufliche Weiterbildung an Volkshochschulen nach Kursen[1], Unterrichsstunden und Belegungen nach Fachgebieten 1980**

Fachgebiet	Kurse[1] absolut	in %	Unterrichtsstunden absolut	in %	Belegungen absolut	in %
Technisches Rechnen /Statistik[2]	1 240	3,3	32 700	2,3	16 900	2,7
Informatik /Datenverarbeitung	721	1,9	24 317	1,7	11 304	1,8
Elektrotechnik /Elektronik /Computertechnik	2 387	6,3	90 808	6,5	34 443	5,5
Gewerblich-technische Kurse	1 770	4,7	87 441	6,3	26 381	4,2
Technische Sprachkurse[2]	135	0,4	6 800	0,5	2 100	0,3
Sonstige technische Kurse	1 742	4,6	47 071	3,4	27 886	4,5
Betriebswirtschaftslehre /Werbung und Verkauf	839	2,2	27 510	2,0	16 200	2,6
Kaufmännische Grund- und Aufbaukurse / Sekretärinnenlehrgänge	1 126	3,0	118 397	8,5	18 027	2,9
Stenographie /Maschinenschreiben /Schriftverkehr / Bürotechnik und -organisation	16 394	43,5	557 345	40,0	278 488	44,7
Betriebliches Rechnungswesen / kaufmännisches Rechnen	2 799	7,4	91 082	6,5	44 012	7,1
Systemanalyse /DV-Organisation	423	1,1	12 721	0,9	6 078	1,0
Steuerwesen /Kaufmännisches Recht[2]	1 260	3,3	22 800	1,6	21 400	3,4
Volkswirtschaftslehre	751	2,0	15 636	1,1	13 215	2,1
Kaufmännische Sprachkurse[2]	510	1,4	19 100	1,4	7 600	1,2
Sonstige kaufmännische Kurse	814	2,2	52 044	3,8	13 172	2,1
Weiterbildung in pädagogischen, sozialen und pflegerischen Berufen[2]	2 840	7,6	73 500	5,3	48 200	7,7
Sonstige, einschließlich Lehrgänge nach § 41a des Arbeitsförderungsgesetzes	1 910	5,1	113 700	8,2	38 400	6,2
Insgesamt	**37 661**	**100,0**	**1 392 972**	**100,0**	**623 806**	**100,0**

[1] Als „Kurse" gelten alle Kurse, Lehrgänge, Seminare und dergleichen, die mindestens acht Unterrichtsstunden umfassen.
[2] Die Daten dieser Fachgebiete werden in der Volkshochschule nicht aufgeschlüsselt. Sie wurden daher anhand von ergänzenden Erhebungen näherungsweise ermittelt.

Quelle: Statistische Mitteilungen des Deutschen Volkshochschul-Verbandes, Arbeitsjahr 1980, Frankfurt /Main 1981, Tabellen 5 und 6 und ergänzende Berechnungen der Pädagogischen Arbeitstelle des Deutschen Volkshochschul-Verbandes.

Tabelle 9/1: Mittel des Bundes nach Ressorts (Haushaltssätze) zur Förderung der beruflichen Bildung im Jahre 1981

Ressort	Zweckbestimmung	Haushaltsansatz in Mio. DM	Erläuterungen
Bundesminister für Bildung und Wissenschaft	Förderung überbetrieblicher Ausbildungsstätten	203,5	Davon 8 Mio. DM im Rahmen des Programms für Zukunftsinvestitionen
	Förderung zusätzlicher Ausbildungskapazitäten	10,0	Programm für Zukunftsinvestitionen
	Förderung von Schülern im Berufsgrundbildungsjahr und in Berufsfachschulen ab 10. Klasse und weitere berufliche Schulen	700,0[1]	§ 2 BAföG
	Förderung von Versuchs- und Modelleinrichtungen und -programmen (Modellversuche) im Bereich der beruflichen Bildung	36,0	i. d. R. Vereinbarung mit den Ländern nach Art. 91 b GG sowie in Förderungsschwerpunkten der Bund-Länder-Kommission für Bildungsplanung und Forschungsförderung und Modellversuchen mit der auszubildenden Wirtschaft
	Förderung der Forschung im Bereich der beruflichen Bildung	6,8	
	Förderung der Berufsausbildung von benachteiligten Jugendlichen	29,0	
	Bundesinstitut für Berufsbildungsforschung	29,3	
	Austausch von Fachkräften, Auszubildenden und Fortbildungsteilnehmern mit dem Ausland	4,3	
Bundesminister für Ernährung, Landwirtschaft und Forsten	Modellvorhaben in der Landwirtschaft	0,3	
Bundesminister für Wirtschaft	Errichtung oder Ausbau von Ausbildungs-, Fortbildungs- und Umschulungsstätten	8,3	§ 1 Abs. 1 Nr. 2 c Gesetz über die Gemeinschaftsausgabe „Verbesserung der regionalen Wirtschaftsstruktur"
	Zuschüsse zu Lehrgangskosten im Handwerk	47,1	Gewerbeförderungsprogramm
	Zuschüsse für den Bau von überbetrieblichen Ausbildungsstätten aus dem Gewerbeförderungsprogramm	3,8	
	Errichtung oder Schaffung zusätzlicher Ausbildungskapazitäten bzw. Förderung richtungweisender Kooperationsvorhaben bei kleinen und mittleren Betrieben der gewerblichen Wirtschaft	9,2	ERP-Förderprogramm (Darlehen)
Bundesminister für Arbeit und Sozialordnung	Maßnahmen zur Berufsvorbereitung und sozialen Eingliederung junger Ausländer (MBSE)	30,0	Die angegebene Summe bezieht sich auf den Bundesanteil
Bundesminister für innerdeutsche Beziehungen	Errichtung, Erweiterung, Ausstattung und Modernisierung von überbetrieblichen Ausbildungsstätten	4,8	§ 6 Abs. 2 Zonenrandförderungsgesetz
	Bau- und Einrichtung von Berufsschulen	8,8	
Insgesamt		**1 131,2**	

[1] geschätzt; erfaßt werden auch Berufsaufbauschulen, Fachoberschulen, Fachschulen; Vergleich zur Vorjahr nur bedingt möglich.
Quelle: Haushaltsplan 1981

Tabelle 9/2: Förderung der außerschulischen Berufsausbildung 1980 und 1981 in den Ländern

	Schleswig-Holstein	Hamburg	Niedersachsen	Bremen	Nordrhein-Westfalen	Hessen	Rheinland-Pfalz	Baden-Württemberg	Bayern	Saarland	Berlin (West)
1. Haushaltsansätze 1981/1982[1]											
a) insgesamt Mio. DM	7,87 / *8,70*	2,54 zuzüglich / *2,03 zuzüglich* / 1,24 VE[2] / *1,55 VE*	14,50 / *14,50*	1,27 / *0,78*	195,50 / *150,20[3]*	22,70	17,68 zuzüglich / *14,23 VE*	48,15 zuzüglich / *51,45 zuzüglich* / 25,50 VE / *22,86 VE*	28,35 / *29,00*	12,47	30,69 zuzüglich / *40,02 zuzüglich* / 2,14 VE
b) für einzelne Fördermaßnahmen Mio. DM	4,80 (überbetriebliche Ausbildungsstätten; lfd. Kosten) / *5,10*	0,50 (Betriebsgründung) / — / 1,21 (Absolventen von Fördermaßnahmen zur Verstärkung des betrieblichen Ausbildungsplatzangebots/850-Plätze-Programm/Programm für Sofortmaßnahmen; ohne Investitionszuschüsse) / *1,36*	0,50 (Konkurslehrlinge) / *0,50* / 8,50 (Problemregionen) / *8,50* / 0,50 (Sonderschüler und Hauptschüler ohne Abschluß) / *0,50*	1,26 (Mädchen) / *0,75*	12,00 (Ausbpl. f. öff.-soz. Bereich) / 81,70 (Sonderschüler) / *64,40*	0,30 (Konkurslehrlinge)	4,97 zuzüglich / *8,44 VE* (Sonderschüler, Hauptschüler ohne Abschluß)	18,70 zuzüglich / *19,60 VE* (Konkurslehrlinge, Behinderte, Aussiedler, Mädchen, ausländische Jugendliche) / *10,00* / *10,00*	7,50 (Sonderschüler) / 7,70 / 0,69 (Konkurslehrlinge) / 0,35	11,50 (Ausbildungsprämienprogramm)	26,33 (für Schaffung von Ausbildungsplätzen im Berufsamt) / 41,74
	3,07 (Sondermaßnahmen zur Verstärkung des betrieblichen Ausbildungsplatzanbebots 850-Plätze-Programm, Programm für Sofortmaßnahmen; ohne Investitionszuschüsse) / *3,60*	1,24 VE (Mädchen) / *1,55 VE* / 0,50 (Ausbildungspersonal) / *0,40* / 0,10 (Investitionszuschüsse) / *0,04* / 0,23 (Betreuungsverträge) / *0,23*	5,00 (überbetriebliche Ausbildung) / *5,00*			3,00 (Existenzgründ.) / 1,10 (Behinderte) / 0,70 (Mädchen) / 0,90 (Hauswirtschaft) / 2,90 (Sonderschüler ohne Abschluß / Altausbildungsplatzinteressenten) / 1,50 (Eingliederung schwer vermittelbarer Jugendlicher) / 12,70 (überbetriebliche Ausbildung) / 0,10 (Modellversuche ausländischer Jugendlicher)	1,00 VE (Mädchen) / 1,50 / 0,27 (Ausbildungspersonal) / 4,58 (Abwicklung der Alt-Programme f. Problemregionen) / 6,67 zuzüglich / 3,66 VE (überbetriebliche Ausbildungsmaßnahmen)	10,00 VE (Konkurslehrlinge) / 0,65 (Ausbildungsberatung) / 7,70 (überbetriebliche Ausbildungsstätten; lfd. Kosten) / 12,30 / 19,30 zuzüglich / 20,00 VE / 15,00 / 12,00 VE (überbetriebliche Ausbildungsstätten; Investitionen)	0,65 / 8,25 / 9,00 / 11,26 / 11,50 (überbetriebliche Ausbildung)	0,74 zuzüglich / 1,00 VE (überbetriebliche Ausbildungsstätten)	6,50 / 5,00 (Richtlinienprogramm)
					12,60 (Betreuungsverträge) (Mädchen) / 18,40 / 20,72 / 32,40 / 26,80 (Berufsförderungsgänge) / 4,30 (Sonderausbildungsstätte) / 4,50 / 1,30 (Konkurslehrlinge) / 12,90 / 13,00 (überbetriebliche Ausbildungsstätten; Investitionen) / 20,20 / 20,80 (überbetriebliche Ausbildungsstätten; lfd. Kosten)						
2. in Anspruch genommene Haushaltsmittel 1980											
a) insgesamt Mio. DM	6,17	2,17 zuzüglich / 0,86 VE	14,50	0,93	209,00	22,67	11,00	50,26 zuzüglich / 18,45 VE	33,88	11,11	30,98
b) für einzelne Fördermaßnahmen Mio. DM	4,30 überbetriebliche Ausbildungsstätten; lfd. Kosten / 1,87 (Sondermaßnahmen zur Verstärkung des betrieblichen Ausbildungsplatzangebots/850-Plätze-Programm/Programm für Sofortmaßnahmen (ohne Investitionszuschüsse)	0,96 (Betriebsgründung) / 0,48 (Absolventen von Fördermaßnahmen u. Behindertenschulen, Altausbildungsplatzinteressenten) / 0,86 (Mädchen) / 0,38 (Ausbilderausbildung) / 0,09 / 0,26 (Betreuungsverträge)	0,50 (Konkurslehrlinge) / 8,50 (Problemregionen) / 0,50 (Sonderschüler und Hauptschüler ohne Abschluß) / 5,00 (überbetriebliche Ausbildung)		5,20 (Betriebsgründung) / 86,90 (Sonderschüler) / 11,50 (Mädchen) / 28,40 (Berufsförderungsgänge) / 3,70 (Sonderausbildungsgänge) / 9,30 (Ausbildpl. i. öff.-soz. Bereich) / 15,50 (Betreuungsverträge) / 0,90 (Konkurslehrlinge) / 30,60 (überbetriebliche Ausbildungsstätten; Investitionen) / 17,00 (überbetriebliche Ausbildungsstätten; lfd. Kosten)	1,16 (Behinderte) / 0,23 (Konkurslehrlinge) / 2,93 (Existenzgründung) / 0,42 (Mädchen) / 12,70 (überbetriebliche Ausbildung) / 1,50 (Eingliederung schwer vermittelbarer Jugendlicher) / 3,10 (Engpaßprogramm) / 0,03 (Hauswirtschaft) / 0,12 (Modellversuche ausländischer Jugendlicher)	0,32 (Ausbildungspersonal, Konkurslehrlinge) / 1,35 (Mädchen) / — / 6,30 (überbetriebliche Ausbildungsmaßnahmen) / 2,96 (Sonderschüler, Hauptschüler ohne Abschluß)	19,18 VE / 2,13 VE (Konkurslehrlinge, Behinderte, Aussiedler, Existenzgründungen, Engpaßgebiete, ausländische Jugendliche) / 6,40 (überbetriebliche Ausbildungsstätten; lfd. Kosten) / 24,14 zuzüglich / 16,32 VE (überbetriebl. Ausbildungsstätten; Investitionen)	3,50 (Sonderschüler) / 0,76 (Konkurslehrlinge) / 10,00 (Problemregionen) / 7,62 (überbetriebliche Ausbildung; lfd. Kosten) / 11,36 (überbetriebliche Ausbildung, Investitionen) / 0,64 (Ausbildungsberatung)	10,25 (Ausbildungsplatzprämienprogramm) / 0,73 (überbetriebliche Ausbildungsstätten)	25,98 (Berufsamt) / 4,95 (Richtlinienprogramm)

[1] In *kursiv* gesetzte Haushaltsansätze beziehen sich auf das Jahr 1982   [2] VE = Verpflichtungsermächtigungen   [3] nur Minister für Wirtschaft, Mittelstand und Verkehr des Landes Nordrhein-Westfalen.

Quelle: Angaben der Länder

Tabelle 9/3: Förderung von zusätzlichen Ausbildungsplätzen, Ausbildungsplätzen bei Betriebsgründungen bzw. -übernahmen und im Ausbildungsverbund

Erläuterungen	Land	Hamburg	Nordrhein-Westfalen	Hessen	Baden-Württemberg	Saarland	Berlin (West)
1. Allgemeine Erläuterungen		Gefördert werden zusätzliche Ausbildungsplätze in neugegründeten kleinen und mittleren Unternehmen, Betrieben der Landwirtschaft und des Gartenbaus sowie bei in der Wirtschaft tätigen Angehörigen freier Berufe. Dieses Programm ist für 1982 nicht mehr vorgesehen.	Förderung ausgelaufen	Gefördert werden Ausbildungsplätze in neugegründeten Betrieben und Praxen/Büros sowie zusätzliche Ausbildungsplätze bei Übernahme von Betrieben (Praxen/Büros).	Förderung ausgelaufen	Gefördert werden zusätzliche Ausbildungsplätze. Als zusätzlich gelten die Ausbildungsplätze, welche den Durchschnitt der in den Jahren 1978, 1979 und 1980 begründeten Ausbildungsverhältnisse überschreiten.	Gefördert wird die Aufnahme der Ausbildung in neugegründeten Betrieben bzw. die Neueinrichtung von Ausbildungsplätzen bei Übernahme. Weiterhin wird die Ausbildung im Ausbildungsverbund gefördert. Zusätzliche Ausbildungsplätze werden gefördert, wenn die Ausbildung zeitweise in einer überbetrieblichen Ausbildungsstätte durchgeführt wird.
2. Höhe der Förderung		Einmaliger Zuschuß in Höhe von 5000 DM.		Der Zuschuß beträgt bei einer Ausbildungsdauer bis zu eineinhalb Jahren 2000 DM, bei einer Ausbildungsdauer bis zu zweieinhalb Jahren 4000 DM und bei einer Ausbildungsdauer bis zu dreieinhalb Jahren 6000 DM.		Es wird eine Prämie von einem Mittelwert von 20% der Bruttovergütung gewährt (entspricht einer Staffelung von 500 DM bis 7800 DM).	Bei Betriebsneugründungen bzw. Übernahme beträgt der Zuschuß 5000 DM je Ausbildungsplatz. Im Ausbildungsverbund kann der Zuschuß bis zu 175 DM wöchentlich betragen, höchstens jedoch 1400 DM je Ausbildungsverhältnis. Bei zusätzlichen Ausbildungsverhältnissen kann der Höchstbetrag von 1400 auf 8400 DM erhöht werden, wenn berufliche Grundbildung vermittelt wird.
3. Quelle		Richtlinien für die Gewährung von Zuschüssen aus Mitteln der Freien und Hansestadt Hamburg für die Bereitstellung von zusätzlichen Ausbildungsplätzen im Jahre 1981 bei Betriebsgründungen vom 1. 4. 1981 (Behörde für Schule und Berufsbildung).		Richtlinien für die Gewährung von Zuschüssen für zusätzliche Ausbildungsverhältnisse im Rahmen von Existenzgründungen vom 20. 3. 1981 (Min. für Wirtschaft und Technik).		Richtlinien für die Bewilligung von Prämien zur Förderung des Angebotes an Ausbildungsplätzen (Ausbildungsplatzprämienprogramm 1981) vom 16. 6. 1981 (Min. für Wirtschaft, Verkehr und Landwirtschaft).	Der Zuschuß beträgt für jeden Monat in der überbetrieblichen Ausbildungsstätte 700 DM je zusätzliches Ausbildungsverhältnis. Richtlinien über die Gewährung von Zuschüssen aus Mitteln des Landes Berlin zur Erhöhung des Ausbildungsplatzangebots und zur Förderung der Ausbildungsqualität in der Fassung vom 8. 5. 1979 (Senator für Arbeit und Soziales).

TV Tarifvertrag

Tabelle 9/4: Förderung von Ausbildungsplätzen in Problemregionen

Erläuterungen \ Land	Niedersachsen	Baden-Württemberg	Bayern	Hessen
1. Allgemeine Erläuterungen	Es werden zusätzliche Ausbildungsplätze in bestimmten wirtschaftlich schwachen Regionen gefördert.	Förderung ausgelaufen	Förderung ausgelaufen	Gefördert werden zusätzliche Ausbildungsplätze für a) Jugendliche in Gebieten mit unzureichendem Ausbildungsstellenangebot b) Mädchen in für sie atypischen Berufen (vgl. Tabelle 9/5)
2. Förderungsgebiete	Arbeitsamtsbezirke Emden und Leer			Arbeitsamtsbezirke Fulda, Kassel, Gießen, Wetzlar, Limburg an der Lahn und Marburg
3. Kriterien der Zusätzlichkeit der Ausbildungsplätze	Über dem Durchschnitt der Jahre 1974, 1975 und 1976.			Über dem Durchschnitt der Jahre 1977, 1978 und 1979
4. Höhe der Förderung	Zuschuß von 100 DM monatlich für die Gesamtdauer der Ausbildung.			Zu a) für Ausbildungsverhältnisse im Jahr 1500 DM, für ein halbes Jahr 750 DM, für ein Vierteljahr 375 DM und für jeden vollen Monat 125 DM, jedoch im Einzelfall nicht mehr als 4500 DM. Zu b) siehe Tabelle 9/5
5. Quelle	Landesprogramm zur Förderung zusätzlicher Ausbildungsplätze in wirtschaftlich schwachen Regionen vom April 1978 (Nieders. Kultusminister).			Richtlinien für die Ausbildungsförderung in Ausbildungsstellen-Engpaßgebieten Hessens unter besonderer Berücksichtigung der Ausbildung von Mädchen in gewerblich-technischen Berufen vom 20. 3. 1981 (Hess. Min. für Wirtschaft und Technik)

Tabelle 9/5: Förderung von Ausbildungsplätzen für Mädchen

Land / Erläuterungen	Hamburg	Bremen	Nordrhein-Westfalen	Hessen
1. Allgemeine Erläuterungen	Gefördert werden Ausbildungsplätze in anerkannten Ausbildungsberufen, in denen in Hamburg mindestens 70% Jungen ausgebildet wurden. Wenn der Betrieb bereits Mädchen ausgebildet hat, werden nur zusätzliche Ausbildungsplätze gefördert.	Gefördert werden zusätzliche Ausbildungsplätze im a) hauswirtschaftlichen und b) im gewerblich-technischen Bereich. Zusätzlichkeit des Ausbildungsplatzes muß gegeben sein; sie liegt vor, wenn der Ausbildungsplatz über den Bestand am 30. 4. 1981 hinaus bereitgestellt wird. Außerdem einmalige Investitionszuschüsse für die Schaffung zusätzlicher Ausbildungsplätze vorrangig für Mädchen in gewerblich-technischen Berufen.	Gefördert wird die Ausbildung von weiblichen Jugendlichen in gewerblich-technischen Ausbildungsberufen. Weiter wird die Schaffung, der Umbau bzw. die Ausstattung der erforderlichen Sozialräume gefördert. Zusätzlichkeit des Ausbildungsplatzes muß gegeben sein; sie liegt vor, wenn der Ausbildungsplatz über den Bestand der weiblichen Auszubildenden am 1. 1. 1981 hinaus bereitgestellt wird bzw. die erstmalige Bereitstellung vorliegt.	Gefördert werden Jugendlichen in Gebieten mit unzureichendem Ausbildungsstellenangebot unter besonderer Berücksichtigung von zusätzlichen Ausbildungsverhältnissen mit Mädchen. Zusätzlichkeit ist gegeben, wenn der Durchschnitt der in den Jahren 1977, 1978 und 1979 begründeten Ausbildungsverhältnisse überschritten wird a) im hauswirtschaftlichen und b) in gewerblich-technischen Berufen in Gebieten mit unzureichendem Ausbildungsstellenangebot (Arbeitsamtsbezirke Fulda, Kassel, Gießen, Wetzlar, Limburg an der Lahn und Marburg)
2. Höhe der Förderung	2500 DM je Ausbildungsverhältnis. Der Zuschuß erhöht sich auf 5000 DM, wenn die Ausbildung in Berufen erfolgt, in denen mindestens 85% Jungen ausgebildet wurden.	200 DM monatlicher Zuschuß für die Gesamtausbildungszeit. Bis zu 5000 DM für Investitionen bei sanitären Anlagen und Umkleideräumen.	Der laufende Zuschuß für jeden zusätzlichen Ausbildungsplatz in Höhe von 300 DM wird für die gesamte vorgeschriebene Ausbildungszeit gewährt. Einmaliger Zuschuß für die Errichtung von erforderlichen Sozialräume für den 1. und 2. zusätzlichen Ausbildungsplatz je 5000 DM, für den 3. bis 5. Platz je 1000 DM und für weitere Plätze je 800 DM; einmaliger Zuschuß zur Herrichtung vorhandener Sozialräume für den 1. und 2. Ausbildungsplatz je 1500 DM, für den 3. bis 5. Platz je 1000 DM und für weitere Plätze je 500 DM.	Der Zuschuß beträgt für Ausbildungsverhältnisse zu a) 100 DM je Ausbildungsmonat bis zu 3600 DM und zu b) für Ausbildungsverhältnisse von Mädchen in gewerblich-technischen Ausbildungsberufen ein Jahr 2000 DM, für ein halbes Jahr 1000 DM, für ein Vierteljahr 500 DM und für jeden vollen Monat 166,67 DM, jedoch im Einzelfall insgesamt nicht mehr als 6000 DM.
3. Quelle	Richtlinien für die Gewährung von Zuschüssen aus Mitteln der Freien und Hansestadt Hamburg für die Bereitstellung von Ausbildungsplätzen für Mädchen in sogenannten Männerberufen im Jahre 1981 vom 1. 4. 1981 (Behörde für Schule, Jugend und Berufsbildung).	Programm zur Gewinnung zusätzlicher Ausbildungsplätze in privaten Haushalten zur Durchführung der Berufsausbildung im Ausbildungsberuf Hauswirtschafterin vom April 1981 (Senator für Bildung). Richtlinien über die Gewährung von Zuschüssen zur Förderung der Teilzeitbeschäftigung und der Chancengleichheit der Geschlechter in der Berufsausbildung.	Richtlinien für die Gewährung von Zuschüssen aus Mitteln des Landes Nordrhein-Westfalen an Ausbildungsstätten, die zusätzlichen Ausbildungsstellen für weibliche Jugendliche in gewerblich-technischen Ausbildungsberufen bereitstellen vom 30. 6. 1981 (Min. für Wirtschaft, Mittelstand und Verkehr und Min. für Arbeit, Gesundheit und Soziales).	Richtlinien für die Ausbildungsförderung in Ausbildungsstellen-Engpaßgebieten Hessens unter besonderer Berücksichtigung der Ausbildung von Mädchen in gewerblich-technischen Berufen vom 20. 3. 1981 (Min. für Wirtschaft und Technik). Richtlinien für die Förderung der Berufsausbildung in der Hauswirtschaft in Hessen vom 20. 3. 1981 (Min. für Wirtschaft und Technik).

Tabelle 9/5: Förderung von Ausbildungsplätzen für Mädchen (Fortsetzung)

Erläuterungen \ Land	Rheinland-Pfalz	Baden-Württemberg	Saarland	Berlin (West)	Bayern
1. Allgemeine Erläuterungen	Gefördert werden zusätzliche Ausbildungsplätze in gewerblich-technischen Ausbildungsberufen.	Gefördert wird die Bereitstellung zusätzlicher betrieblicher Ausbildungsplätze in bestimmten gewerblich-technischen Berufen. Als zusätzlich gelten die Ausbildungsplätze, welche den Durchschnitt der Lehrlingszahlen an den Stichtagen 1978 und 1979 übersteigen.	Gefördert werden Ausbildungsverhältnisse, die mit weiblichen Auszubildenden in gewerblich-technischen Ausbildungsberufen abgeschlossen werden. Zusätzlichkeit nicht erforderlich. Eine Förderung scheidet jedoch aus, wenn das Ausbildungsverhältnis bereits als zusätzliches Ausbildungsverhältnis gefördert wird.	Um den Zugang zu bisher spezifisch männlichen bzw. weiblichen Ausbildungsberufen für Auszubildende des jeweils anderen Geschlechts zu erleichtern, können Zuschüsse gewährt werden (Chancengleichheit der Geschlechter in der Berufswahl). Betriebe, die in den letzten der Antragstellung vorausgehenden Kalenderjahren im jeweiligen Beruf nur weibliche oder nur männliche Auszubildende ausgebildet haben, können bei Abschluß mindestens eines entsprechenden zusätzlichen Ausbildungsverhältnisses mit einem Auszubildenden des jeweils anderen Geschlechts einen pauschalen Zuschuß erhalten.	Förderung ausgelaufen
2. Höhe der Förderung	Der Zuschuß beträgt 4500 DM bei einer dreijährigen Ausbildungszeit. Ist die tatsächliche Ausbildungszeit geringer, so vermindert sich der Zuschuß entsprechend. In diesen Fällen sind für jeden vollen Monat 125 DM anzusetzen.	Zuschuß bis zu 4500 DM je Auszubildenden für eine dreieinhalbjährige Ausbildungszeit; bei weniger als 3 Jahren verringert sich der Zuschuß entsprechend. Bei Ausbildungsverhältnissen im Baugewerbe (TV) beträgt der Zuschuß 2500 DM.	20 % der Bruttoausbildungsvergütung, gestaffelt nach der jährlichen Ausbildungsvergütung.	5000 DM Zuschuß je Ausbildungsverhältnis. Bei zusätzlichen Ausbildungsverhältnissen, welche im Rahmen eines vom Bundesminister für Bildung und Wissenschaft durchgeführten Modellversuches zur Öffnung neuer Berufswege für Mädchen abgeschlossen werden, beträgt der Zuschuß bei einer dreijährigen Ausbildungsdauer 8400 DM.	
3. Quelle	Entwurf für den Haushaltsplan 1982/83 (Min. für Wirtschaft und Verkehr).	Sonderprogramm zur Sicherung von Ausbildungsplätzen vom 1. 8. 1981 (Min. für Wirtschaft, Mittelstand und Verkehr).	Richtlinien für die Bewilligung von Prämien zur Förderung des Angebotes an Ausbildungsplätzen (Ausbildungsplatzprämienprogramm 1981) vom 16. 6. 1981 (Min. für Wirtschaft, Verkehr und Landwirtschaft).	Richtlinien über die Gewährung von Zuschüssen aus Mitteln des Landes Berlin zur Erhöhung des Ausbildungsplatzangebots und zur Förderung der Ausbildungsqualität in der Fassung vom 8. 5. 1979 (Senator für Arbeit und Soziales).	

Tabelle 9/6: Förderung der Aus- und Fortbildung der Ausbilder

Erläuterungen	Land	Hamburg	Rheinland-Pfalz	Berlin (West)	Nordrhein-Westfalen
1. Allgemeine Erläuterungen, Leistungsempfänger		Gefördert werden Personen, die in Hamburg als Ausbilder eingesetzt sind und an einem Lehrgang für die Vorbereitung auf — die Ausbildereignungsprüfung — den berufs- und arbeitspädagogischen Teil der Meisterprüfung teinehmen Es werden auch Personen gefördert, die in Kürze als Ausbilder eingesetzt werden. Voraussetzung ist, daß die Ausbilder in Betrieben und Berufen eingesetzt werden, in denen die Anzahl der Auszubildenden in einem bestimmten Zeitraum um mindestens 10% gestiegen ist.	Gefördert werden Träger von förderungsfähigen Aus- und Fortbildungsmaßnahmen (insbesondere Kammern, Arbeitgeber- und Arbeitnehmerorganisationen und deren Bildungswerke, Berufsverbände sowie sonstige Wirtschaftsorganisationen) durch Zuschüsse zu den Lehrgangskosten.	Gefördert werden 1. ausbildende Unternehmen, die Arbeitnehmer für den Besuch eines Ausbilderlehrganges freistellen, durch Zuschüsse zu den durch die Maßnahmen entstehenden Kosten. 2. Ausbilder, die außerhalb der Arbeitszeit an einem förderungsfähigen Lehrgang teilnehmen, durch Erstattung der ihnen im Zusammenhang mit der Vorbereitung und Ablegung der Ausbildereignungsprüfung entstehenden Kosten. 3. Betriebe, die keine fachliche Eignung zur Ausbildung besitzen und daher einen Ausbilder einstellen, durch Zuschüsse zu den Ausbildungskosten.	Gefördert wird das Ausbilder-Förderzentrum (AFZ) Essen e.V., das Seminare für pädagogisch-methodische Weiterbildung von Berufsausbildern durchführt. Besuch ist auch Berufsausbildern aus anderen Bundesländern möglich.
2. Höhe der Förderung		Es werden die Lehrgangskosten und der auf die Zeit der Teilnahme entfallende Lohn oder das Gehalt bis zu einem Brutto-Höchstsatz von wöchentlich 625 Mark erstattet. Die Höhe der Lehrgangskosten darf nicht unangemessen sein.	Der Zuschuß beträgt pauschal 1. bei Lehrgängen, die der Vorbereitung auf die Prüfung nach der Ausbilder-Eignungs-Verordnung dienen, 33 DM je Lehrgangsstunde, 2. bei Lehrgängen zur fachlichen sowie arbeits- und berufspädagogischen Fortbildung der Ausbilder in Betrieben der gewerblichen Wirtschaft oder überbetrieblichen Lehrwerkstätten mit einer Mindestdauer von 15 Stunden 40 DM je Lehrgangsstunde. Ist eine internatsmäßige Unterbringung erforderlich, wird ein weiterer pauschaler Zuschuß von 15 DM je Lehrgangstag und Teilnehmer gewährt.	Der Zuschuß beträgt zu 1.: 2500 DM pro Ausbilder pauschal, zu 2.: 1000 DM pauschal, zu 3.: 12000 DM einmalig (unter der Voraussetzung, daß innerhalb von 24 Monaten nach Einstellung des Ausbilders mindestens 2 Ausbildungsverhältnisse begründet wurden und sich die Anzahl der Beschäftigten — ohne Auszubildende — um mindestens 1 erhöht hat).	Der Zuschuß beträgt 1981 110 000 DM
3. Quelle		Richtlinien für die Gewährung von Zuschüssen aus Mitteln der Freien und Hansestadt Hamburg für den Erwerb berufs- und arbeitspädagogischer Kenntnisse durch Ausbilder im Jahr 1981 vom 1. 4. 1981 (Behörde für Schule und Berufsbildung).	Richtlinien zur Förderung von Aus- und Fortbildungsmaßnahmen für Ausbilder vom 27. 5. 1980 (Min. f. Wirtschaft und Verkehr).	Richtlinien über die Gewährung von Zuschüssen aus Mitteln des Landes Berlin zur Erhöhung des Ausbildungsplatzangebots und zur Förderung der Ausbildungsqualität in der Fassung vom 8. 5. 1979, Ziff. VII (Senator für Arbeit und Soziales).	Mitteilung des Min. f. Wirtschaft, Mittelstand und Verkehr des Landes NRW

Tabelle 9/7: Förderung von Ausbildungsplätzen für Behinderte

Land	Hamburg	Hessen	Baden-Württemberg	Bayern	Nordrhein-Westfalen
1. Allgemeine Erläuterungen	Gefördert werden Ausbildungsverhältnisse mit jugendlichen Behinderten in Ausbildungsgängen nach § 48 des Berufsbildungsgesetzes bzw. § 42b der Handwerksordnung sowie mit Absolventen der Schulen für Körperbehinderte, Sprachbehinderte, Blinde und Sehbehinderte, Schwerhörige und Gehörlose.	Gefördert werden zusätzliche Ausbildungsplätze, die mit lernbehinderten bzw. lernbeeinträchtigten Jugendlichen besetzt werden. Zusätzlichkeit liegt vor, wenn der Durchschnitt der in den Jahren 1977 bis 1980 eingestellten Auszubildenden überschritten wird.	Die Ausbildung muß in einem anerkannten Ausbildungsberuf bzw. in Sondergängen nach § 48 des Berufsbildungsgesetzes/§ 42b der Handwerksordnung erfolgen. Nicht unter das Programm fallen Schwerbehinderte und Gleichgestellte, soweit diese nach anderen Förderungsprogrammen des Bundes und des Landes gefördert werden.	Gefördert werden Ausbildungsbetriebe, die zusätzlich Jugendliche mit einer nachgewiesenen Minderung der Erwerbsfähigkeit um wenigstens 50 % ausbilden.	Zielsetzung des Starthilfeprogramms: Gefördert werden Ausbildungsbetriebe, die zusätzliche Ausbildungsplätze über den Bestand am 31. 12. 1979 hinaus bereitstellen für Jugendliche ohne Hauptschulabschluß und Sonderschulabschluß, insbesondere auch ausländische Jugendliche, die keinen dem deutschen Hauptschulabschluß vergleichbaren Schulabschluß haben. Bezuschußt wird auch die erstmalige Einrichtung eines Ausbildungsplatzes.
2. Höhe der Förderung	Zuschuß in Höhe von 40 % der Ausbildungsvergütung; zusätzlich einmalig 2 000 DM.	Der Zuschuß beträgt bei männlichen Jugendlichen jährlich 2 000 DM (höchstens jedoch insgesamt 6 000 DM) und bei weiblichen Jugendlichen jährlich 2 500 DM (höchstens jedoch insgesamt 7 500 DM).	Zuschuß bis zu 5 500 DM je Auszubildenden zu den Kosten einer drei- bis dreieinhalbjährigen Ausbildung. Bei einer Ausbildungsdauer von weniger als 3 Jahren verringert sich der Zuschuß entsprechend. Soweit das Berufsausbildungsverhältnis unter den Tarifvertrag für das Baugewerbe bzw. unter das Schornsteinfegergesetz fällt, ermäßigt sich der Zuschuß auf 3 500 DM.	Zuschuß von 15 000 DM je Ausbildungsverhältnis.	Es wird ein monatlicher Zuschuß von 200 DM für die gesamte Dauer der Ausbildung gewährt.
3. Quelle	Richtlinien für die Gewährung von Zuschüssen aus Mitteln der Freien und Hansestadt Hamburg für die Bereitstellung von Ausbildungsplätzen für Behinderte und Absolventen von Fördermaßnahmen im Jahre 1981 vom 1. 4. 1981 (Behörde für Schule und Berufsbildung).	Richtlinien für die Gewährung von Ausbildungskostenzuschüssen für die Berufsausbildung lernbehinderter und lernbeeinträchtigter Jugendlicher vom 20. 3. 1981 (Min. für Wirtschaft und Technik).	Sonderprogramme zur Sicherung von Ausbildungsplätzen vom 1. 8. 1981 (Min. für Wirtschaft, Mittelstand und Verkehr).	Bayerisches Ausbildungsförderungsprogramm für Sonderschüler vom 2. 6. 1981 (Bayerisches Staatsministerium für Arbeit und Sozialordnung).	Richtlinien für die Gewährung von Zuschüssen nach dem Starthilfeprogramm des Landes Nordrhein-Westfalen für Jugendliche ohne Hauptschulabschluß und Sonderschüler vom 30. 6. 1981 (Min. für Wirtschaft, Mittelstand und Verkehr).

Tabelle 9/8: Förderung von Ausbildungsplätzen für auf dem Ausbildungsstellenmarkt benachteiligte Jugendliche (Sonderschulabgänger, Hauptschulabgänger ohne Abschluß, Altausbildungsplatzinteressenten und sonstige Gruppen)

Land[1]) Erläuterungen	Hamburg	Niedersachsen	Nordrhein-Westfalen	Rheinland-Pfalz	Baden-Württemberg	Bayern	Berlin (West)
1. Allgemeine Erläuterungen	Gefördert werden Ausbildungsverhältnisse mit Absolventen von anerkannten Fördermaßnahmen (Werkklassen, Berufsvorbereitungslehrgänge, Lehrgänge zum nachträglichen Erwerb des Hauptschulabschlusses, Maßnahmen zur sozialen und beruflichen Eingliederung ausländischer Jugendlicher, Fachklassen für Aussiedler, Klasse 10 der Schule für Lernbehinderte). Hauptschüler, die die 9. Klasse durchlaufen haben. Weiter werden Ausbildungsverhältnisse mit Altausbildungsplatzinteressenten gefördert (Jugendliche, die 1980 oder früher aus einer allgemeinbildenden oder berufsbildenden Vollzeitschule entlassen wurden, mindestens neun Monate nach Ende ihres letzten Vollzeitschuljahres keinen Ausbildungsplatz gefunden hatten und erkennbar ausbildungsinteressiert waren). Voraussetzung für eine Förderung ist jeweils, daß der Betrieb seine Auszubildendenzahl	Förderung ausgelaufen. **(noch Hamburg)** gegenüber dem 15.10.1980 nicht gesenkt hat. Ferner werden gefördert Ausbildungsverhältnisse von ausländischen Jugendlichen aus den Hauptanwerbeländern Portugal, Spanien, Jugoslawien, Türkei, Griechenland und Italien, die nach Vollendung ihres 8. Lebensjahres in die Bundesrepublik eingereist sind. Voraussetzung ist, daß die Gesamtzahl 1981 die Anzahl der Ausbildungsverträge gegenüber dem Durchschnitt der letzten 3 Jahre mindestens aufrecht erhält. Weiterhin werden Betreuungsverträge gefördert, nach Ablauf des Betreuungsvertrages soll ein Ausbildungsverhältnis bzw. ein unbefristetes Arbeitsverhältnis begründet werden.	Gefördert werden Ausbildungsverhältnisse mit Jugendlichen ab Geburtsjahrgang 1961 ohne schulformbezogenen Abschluß mit Abschlußzeugnis der Jahrgänge 1980 und früher, die bis jetzt keinen Ausbildungsplatz haben, die einen schulformbezogenen Abschluß nachgeholt haben bzw. mit Abschluß einer Schule für Lernbehinderte (Sonderschule). Unter schulformbezogen ist der Abschluß zu verstehen, den der Jugendliche mit der Wahl der jeweiligen Schule angestrebt hat. Weiter werden Zuschüsse für den Abschluß von Betreuungsverträgen gewährt, nach Ablauf des Betreuungsvertrages soll ein Ausbildungsverhältnis bzw. ein unbefristetes Arbeitsverhältnis begründet werden.	a) Gefördert werden Ausbildungsbetriebe, die zusätzliche Ausbildungsplätze für Jugendliche ohne Hauptschulabschluß bzw. Sonderschulabgänger anbieten. b) Gefördert werden Ausbildungsplätze für ausländische Jugendliche, die wegen unzureichender Sprachkenntnisse oder sonstiger Lücken in der Vorbildung einer besonderen Betreuung während der Ausbildung bedürfen.	Gefördert wird die Bereitstellung betrieblicher Ausbildungsplätze für Aussiedler sowie zusätzlicher Ausbildungsplätze für ausländische Jugendliche. Als zusätzlich gelten die Ausbildungsplätze, welche den Durchschnitt der Lehrlingszahlen an den Stichtagen 1978 und 1979 übersteigen. Bei Aussiedlern darf der Betrieb die Anzahl der Lehrlinge gegenüber dem vorausgegangenen Ausbildungsjahr nicht verringert haben.	Gefördert werden Betriebe, die zusätzlich leistungsschwache Jugendliche (Sonderschulabgänger) ausbilden.	Zusätzliche Berufsausbildungsverhältnisse, die im Rahmen eines vom Bundesminister für Bildung und Wissenschaft geförderten Modellversuchs zur Integration ausländischer Jugendlicher abgeschlossen werden, können gefördert werden.
2. Höhe der Förderung	Der Zuschuß beträgt für Ausbildungsverhältnisse mit Absolventen von anerkannten Fördermaßnahmen 40% der Ausbildungsvergütung. Das gleiche gilt für Altausbildungsplatzinteressenten und ausländische Jugendliche. Bei Betreuungsverträgen wird ein Zuschuß von 1800 DM gewährt; bei Übernahme in ein Ausbildungsverhältnis ein weiterer Zuschuß von 3200 DM bzw. bei Übernahme in ein unbefristetes Arbeitsverhältnis ein weiterer Zuschuß von 1200 DM.		Es wird ein monatlicher Zuschuß von 200 DM für die gesamte Dauer der Ausbildung gewährt; maximal 7200 DM.	a) Der Zuschuß beträgt 150 DM je Ausbildungsmonat, höchstens jedoch 5400 DM. b) Der Zuschuß beläuft sich auf bis zu 5000 DM je Ausbildungsplatz bei einer dreijährigen oder längeren Ausbildungszeit.	3000 DM Zuschuß für eine zwei- bis dreieinhalbjährige Ausbildungsdauer. Bei einer Ausbildungsdauer von weniger als 3 Jahren verringert sich der Zuschuß entsprechend. Fällt das Ausbildungsverhältnis unter den Tarifvertrag im Baugewerbe bzw. das Schornsteinfegergesetz, so verringert sich der Zuschuß auf 2000 DM.	Zuschuß von 15000 DM je Ausbildungsverhältnis.	Zuschuß von 8400 DM je Ausbildungsverhältnis bei einer dreijährigen Ausbildungsdauer.
3. Quelle	Richtlinien für die Gewährung von Zuschüssen aus Mitteln der Freien und Hansestadt Hamburg für die Bereitstellung von Ausbildungsplätzen für Behinderte und Absolventen von Fördermaßnahmen im Jahre 1981 vom 1.4.1981 (Behörde für Schule und Berufsbildung); Richtlinien für die Gewährung von Zuschüssen aus Mitteln der Freien und Hansestadt Hamburg für die Bereitstellung von Ausbildungsplätzen für „Altausbildungsplatzinteressenten" im Jahre 1981 vom 1.4.1981 (Behörde für Schule und Berufsbildung); Richtlinien für die Gewährung von Zuschüssen aus Mitteln der Freien und Hansestadt Hamburg für die Bereitstellung von Ausbildungsplätzen für ausländische Jugend-	**(noch Hamburg)** liche im Jahre 1981 vom 1.4.1981 (Behörde für Schule und Berufsbildung); Richtlinien über die Gewährung von Betreuungshilfen aus den Abschluß von Betreuungsverträgen mit arbeitslosen Jugendlichen aus Mitteln der Freien und Hansestadt Hamburg (Zuschüsse zu den Lohnkosten und Ausbildungskosten) im Jahre 1981 vom 1.4.1981 (Behörde für Arbeit, Jugend und Soziales).	Richtlinien für die Gewährung von Zuschüssen aus Mitteln des Landes Nordrhein-Westfalen an Ausbildungsstätten, die zusätzliche Ausbildungsplätze für Jugendliche ohne Ausbildungsverhältnis bereitstellen (Programm 7/81) vom 5.3.1976 in der Fassung vom 21.7.1981 (Minister für Wirtschaft, Mittelstand und Verkehr); Richtlinien über die Gewährung von besonderen arbeitsmarktpolitischen Beschäftigungshilfen aus Mitteln des Landes Nordrhein-Westfalen für arbeitslose Jugendliche (Zuschüsse zu den Lohnkosten und Ausbildungsvergütungen sowie für zusätzliche Ausbildungsplätze) vom 30.6.1981 (Minister für Arbeit, Gesundheit und Soziales).	Entwurf für den Haushaltsplan 1982/83 (Minister für Wirtschaft und Verkehr).	Sonderprogramm zur Sicherung von Ausbildungsplätzen vom 1.8.1981 (Minister für Wirtschaft, Mittelstand und Verkehr).	Bayerisches Ausbildungsförderungsprogramm für Sonderschüler 1981 vom 2.6.1981 (Bayerisches Staatsministerium für Arbeit und Sozialordnung).	Richtlinien über die Gewährung von Zuschüssen aus Mitteln des Landes Berlin zur Erhöhung des Ausbildungsplatzangebots und zur Förderung der Ausbildungsqualität vom 8.5.1979 (Senator für Arbeit und Soziales).

[1]) Für Hessen: siehe Tabelle 9/7

Tabelle 9/9: Förderung von Ausbildungsplätzen für Auszubildende im Falle von Konkursen, Betriebsstillegungen und -einschränkungen

Land Erläuterungen	Niedersachsen	Nordrhein-Westfalen	Hessen	Rheinland-Pfalz	Baden-Württemberg	Bayern	Berlin (West)
1. Allgemeine Erläuterungen	Im Rahmen der Sondermaßnahmen des Landes Niedersachsen gegen Jugendarbeitslosigkeit und Ausbildungsplatzmangel werden Zuschüsse für Auszubildende aus Konkursbetrieben gewährt.	Förderung ausgelaufen	Förderung erfolgt in Form von Eingliederungshilfen an Betriebe für Jugendliche bei Konkursen und Betriebsstillegungen zur Fortsetzung der Ausbildung.	Gefördert werden Ausbildungsbetriebe bzw. Ausbildungsstätten, die Auszubildende aus Konkursbetrieben bzw. stillgelegten Betrieben übernehmen, soweit in dem Ausbildungsberuf regional ein Ausbildungsplatzdefizit besteht und die Ausbildung nicht in anderer Form (z. B. schulisch) fortgesetzt werden kann.	Förderung erfolgt für die Aufnahme von Auszubildenden, die ihren Ausbildungsplatz durch Konkurs oder Betriebsstillegungen des bisher Ausbildenden verloren haben, auf zusätzlichen Ausbildungsplätzen (der Betrieb darf die Anzahl der Lehrlinge gegenüber dem vorausgegangenen Ausbildungsjahr nicht verringert haben).	Förderung ausgelaufen	Ausbildende, die einem Auszubildenden die Fortsetzung seiner Ausbildung ermöglichen, der seinen Ausbildungsplatz durch Konkurs des Ausbildungsbetriebes oder wegen Betriebsstillegung verloren hat, können hierfür einen Zuschuß erhalten. Es muß sich um einen zusätzlichen Ausbildungsplatz handeln (über dem Durchschnitt der in der Zeit von 1975 bis 1977 begonnenen Berufsausbildungsverhältnisse).
2. Höhe der Förderung	In der Regel 200 DM je Monat (Landeshaushaltsplan 1981).		60 % der tariflichen Ausbildungsvergütung für die Dauer von bis zu 6 Monaten.	Pro Monat 200 DM für Gruppe I, 300 DM für Gruppe II und 400 DM für Gruppe III; die Zuteilung der Ausbildungsberufe in diese Zuschußgruppen ist in einer Liste der Förderrichtlinien enthalten. Die Förderung ist auf höchstens 12 Monate begrenzt.	Zuschuß bis zu 4500 DM bezogen auf eine drei- bis dreieinhalbjährige Ausbildungszeit. Bei einer Ausbildungsdauer von weniger als drei Jahren verringert sich der Zuschuß entsprechend.		75 % der Ausbildungsvergütung, höchstens jedoch pro Ausbildungsverhältnis 8400 DM (bei Betriebsneugründungen bzw. -übernahmen höchstens 3400 DM, wenn dafür bereits Förderung erfolgt.
3. Quelle	Mitteilung des Nds. Kultusministers; Landesprogramm vom April 1978.		Unveröffentlichte Zuwendungsgrundsätze des Ministers für Wirtschaft und Technik.	Verwaltungsvorschrift zur Förderung der Ausbildung von Auszubildenden aus Konkursbetrieben vom 29. 10. 1979 (Minister für Wirtschaft und Verkehr).	Sonderprogramm zur Sicherung von Ausbildungsplätzen vom 1. 8. 1981 (Min. für Wirtschaft, Mittelstand und Verkehr).		Richtlinien über die Gewährung von Zuschüssen aus Mitteln des Landes Berlin zur Erhöhung des Ausbildungsplatzangebots und zur Förderung der Ausbildungsqualität in der Fassung vom 8. 5. 1979 (Senator für Arbeit und Soziales).

10.3 Quellenverzeichnis

10.3.1 Gesetze, Verordnungen, Richtlinien

Berufsbildungsgesetz (BBiG) vom 14. August 1969 (BGBl. I. S. 1112), zuletzt geändert durch das Berufsbildungsförderungsgesetz vom 23. Dezember 1981 (BGBl. I S. 1692)

Berufsbildungsförderungsgesetz (BerBiFG) vom 23. Dezember 1981 (BGBl. I S. 1692)

Arbeitsförderungsgesetz (AFG) vom 25. Juni 1969 (BGBl. I S. 582), zuletzt geändert durch das Gesetz zur Konsolidierung der Arbeitsförderung vom 22. Dezember 1981 (BGBl. I S. 1497)

Bundesgesetz über individuelle Förderung der Ausbildung (Bundesausbildungsförderungsgesetz — BAföG -) in der Fassung der Bekanntmachung vom 9. April 1976 (BGBl. I S. 989), zuletzt geändert durch das 2. Gesetz zur Verbesserung der Haushaltsstruktur vom 22. Dezember 1981 (BGBl. I S. 1523)

Gesetz zur Ordnung des Handwerks (Handwerksordnung) in der Fassung der Bekanntmachung vom 28. Dezember 1965 (BGBl. I 1966 S. 1), zuletzt geändert durch das Fernunterrichtsschutzgesetz vom 24. August 1976 (BGBl. I S. 2525) und durch Verordnung vom 25. Juni 1981 (BGBl. I S. 572)

Fernunterrichtsschutzgesetz (FernUSG) vom 24. August 1976 (BGBl. I S. 2525)

Schwerbehindertengesetz (SchwbG) in der Fassung vom 8. Oktober 1979 (BGBl. I S. 1649), zuletzt geändert durch das Gesetz vom 18. August 1980 (BGBl. I S. 1469)

Gesetz über die Gemeinschaftsaufgabe „Verbesserung der regionalen Wirtschaftsstruktur" vom 6. Oktober 1969 (BGBl. I S. 1861)

Gesetz zur Förderung des Zonenrandgebietes (Zonenrandförderungsgesetz) vom 5. August 1971 (BGBl. I S. 1861)

Verordnung über die berufs- und arbeitspädagogische Eignung für die Berufsausbildung in der gewerblichen Wirtschaft (Ausbilder-Eignungsverordnung gewerbliche Wirtschaft) vom 20. April 1972 (BGBl. I S. 707), zuletzt geändert durch § 10 der Verordnung vom 29. Juni 1978 (BGBl. I S. 976)

Verordnung über die berufs- und arbeitspädagogische Eignung für die Berufsausbildung in der Landwirtschaft (Ausbilder-Eignungsverordnung Landwirtschaft) vom 5. April 1976 (BGBl. I S. 923)

Verordnung über die berufs- und arbeitspädagogische Eignung für die Berufsausbildung durch Ausbilder in einem Arbeitsverhältnis im öffentlichen Dienst (Ausbilder-Eignungsverordnung öffentlicher Dienst) vom 16. Juli 1976 (BGBl. I S. 1825), zuletzt geändert durch § 9 der Verordnung vom 29. Juni 1978 (BGBl. I S. 976)

Verordnung über die berufs- und arbeitspädagogische Eignung für die Berufsausbildung durch Ausbilder in einem Beamtenverhältnis zum Bund (Ausbilder-Eignungsverordnung für Bundesbeamte (BBAEV)) vom 26. April 1977 (BGBl. I S. 660)

Verordnung über die berufs- und arbeitspädagogische Eignung für die Berufsausbildung in der Hauswirtschaft — Teilbereich städtische Hauswirtschaft — (Ausbilder-Eignungsverordnung Hauswirtschaft) vom 29. Juni 1978 (BGBl. I S. 976)

Verordnung über die Anrechnung auf die Ausbildungszeit in Ausbildungsberufen der gewerblichen Wirtschaft — Anrechnung des Besuchs eines schulischen Berufsgrundbildungsjahres und einer einjährigen Berufsfachschule (Berufsgrundbildungsjahr-Anrechnungs-Verordnung) vom 17. Juni 1978 (BGBl. I S. 1061)

Verordnung über die Anrechnung auf die Ausbildungszeit in Ausbildungsberufen der gewerblichen Wirtschaft und der wirtschafts- und steuerberatenden Berufe. Anrechnung des Besuchs einer zwei- oder mehrjährigen Berufsfachschule mit einem dem Realschulabschluß gleichwertigen Abschluß (Berufsfachschul-Anrechnungs-Verordnung) vom 4. Juli 1972 (BGBl. I S. 1155), geändert durch die Verordnung zur Änderung der Berufsgrundbildungsjahr-Anrechnungs-Verordnung und der Berufsfachschul-Anrechnungs-Verordnung vom 22. Juni 1973 (BGBl. I S. 665)

Verordnung über die Anrechnung des Besuchs eines schulischen Berufsgrundbildungsjahres und einer einjährigen Berufsfachschule auf die Ausbildungszeit in Ausbildungsberufen der Landwirtschaft (Berufsgrundbildungsjahr-Anrechnungs-Verordnung Landwirtschaft) vom 20. Juli 1979 (BGBl. I S. 1142)

Verordnung über die Entwicklung und Erprobung einer neuen Ausbildungsform vom 24. Juli 1975 (BGBl. I S. 1985)

2. Verordnung zur Durchführung des Schwerbehindertengesetzes (Ausgleichsabgabe-Verordnung Schwerbehindertengesetz — SchwbAV) vom 8. August 1978 (BGBl. I S. 1228)

Richtlinien zur Förderung von überbetrieblichen Ausbildungsstätten vom 19. September 1973

Richtlinien über die Gewährung von Zuwendungen zu den laufenden Kosten überbetrieblicher Ausbildungsstätten (Folgekosten-RL) vom 31. Januar 1978, veröffentlicht im Bundesanzeiger Nr. 77, S. 6 vom 22. April 1978

Allgemeine Verwaltungsvorschriften vom 2. Oktober 1978 zu den Richtlinien über die Gewährung von Zuwendungen zu den laufenden Kosten überbetrieblicher Ausbildungsstätten (Folgekosten-RL) vom 31. Januar 1978, veröffentlicht im Bundesanzeiger Nr. 239 vom 21. Dezember 1978

Richtlinien über die Durchführung von Aus- und Fortbildungsvorhaben für Angehörige der Entwicklungsländer vom 12. Dezember 1969

Richtlinien zur Förderung betrieblicher Ausbildungsmaßnahmen in Entwicklungsländern vom 1. Januar 1980

Bundesanstalt für Arbeit, Anordnung des Verwaltungsrates der Bundesanstalt für Arbeit über die individuelle Förderung der beruflichen Ausbildung: zuletzt geändert durch die 20. Änderungsanordnung vom 23. Juli 1981 (ANBA, Heft 9, 1981)

10.3.2 Statistiken und sonstige Veröffentlichungen

Alex, L.: Ausbildung und Beschäftigung von Berufsfachschulabsolventen, Bundesinstitut für Berufsbildung (Hrsg.), Materialien und statistische Analysen zur beruflichen Bildung (erscheint in Kürze)

Althoff, H., Hildmann, U., Selle, B., Werner, R., Wordelmann, P.: Schulische Vorbildung, Prüfungserfolg von Auszubildenden, Ausbildereignung, Analyse ausgewählter Daten zur Berufsbildung im Bereich Industrie und Handel, Materialien und statistische Analysen zur beruflichen Bildung, Heft 12, Berlin 1979

Althoff, H., Hildmann, U., Selle, B., Werner, R., Wordelmann, P.: Schulische Vorbildung, Prüfungserfolg von Auszubildenden, Ausbildereignung 1978, Analyse ausgewählter Daten zur Berufsbildung im Bereich Industrie und Handel und Vergleich mit früheren Ergebnissen, Materialien und statistische Analysen zur beruflichen Bildung, Heft 16, Berlin 1980

Bundesanstalt für Arbeit (Hrsg.): Ergebnisse der Berufsberatungsstatistik 1971/72 bis 1979/80 (jährliche Veröffentlichung als Beilage zu den Amtlichen Nachrichten der Bundesanstalt für Arbeit)

Bundesanstalt für Arbeit (Hrsg.): Beschäftigte in Ausbildung und sozialversicherungspflichtig beschäftigte Arbeitnehmer in der Beschäftigtenstatistik vom 30. Juni 1978

Bundesanstalt für Arbeit (Hrsg.): Arbeits- und Berufsförderung Behinderter im Jahre 1979, Amtliche Nachrichten der Bundesanstalt für Arbeit Nr. 11/80

Bundesanstalt für Arbeit (Hrsg.): Arbeitsstatistik — Jahreszahlen (jährliche Veröffentlichung)

Bundesanstalt für Arbeit (Hrsg.): Berufliche Rehabilitation Arbeits- und Berufsförderung behinderter Personen im Jahre 1973

Bundesinstitut für Berufsbildungsforschung und Institut für Arbeitsmarkt- und Berufsforschung der Bundesanstalt für Arbeit (Hrsg.): Qualifikation und Berufsverlauf — Erste Ergebnisse einer repräsentativen Erhebung bei Erwerbspersonen in der Bundesrepublik Deutschland, Berlin und Nürnberg 1981

Bundesminister für Arbeit und Sozialordnung: Arbeitsmarktpolitisches Programm der Bundesregierung für Regionen mit besonderen Beschäftigungsproblemen, Bonn 1979

Bundesminister für Bildung und Wissenschaft (Hrsg.): Berufsbildungsbericht 1977, Schriftenreihe Berufliche Bildung 4, Bonn 1977

Bundesminister für Bildung und Wissenschaft (Hrsg.): Berufsbildungsbericht 1978, Schriftenreihe Berufliche Bildung 9, Bonn 1978

Bundesminister für Bildung und Wissenschaft (Hrsg.): Berufsbildungsbericht 1979, Schriftenreihe Berufliche Bildung 10, Bonn 1979

Bundesminister für Bildung und Wissenschaft (Hrsg.): Berufsbildungsbericht 1980, Schriftenreihe Berufliche Bildung 11, Bonn 1980

Bundesminister für Bildung und Wissenschaft (Hrsg.): Berufsbildungsbericht 1981, Schriftenreihe Berufliche Bildung 13, Bonn 1981

Bundesminister für Bildung und Wissenschaft (Hrsg.): Grund- und Strukturdaten 1981/82 (jährliche Veröffentlichung)

Bundesminister für Bildung und Wissenschaft (Hrsg.): Verzeichnis der anerkannten Ausbildungsberufe, Stand 1. Juli 1981, Bonn 1981

Bundesminister für Bildung und Wissenschaft: Modellversuchsprogramm zur Erschließung gewerblich-technischer Ausbildungsberufe für junge Frauen, Bonn, 9. März 1978 und 25. April 1980

Bundesminister für Bildung und Wissenschaft und Statistisches Bundesamt (Hrsg.): Berufliche Aus- und Fortbildung 1973 bis 1976 (jährliche Veröffentlichung)

Clauß, Th., Fritz, W., Henniges, H. v., Jansen, R., Ohl, L.: Qualifikation und Beschäftigung in den Metallberufen, Bundesinstitut für Berufsbildung (Hrsg.), Berichte zur beruflichen Bildung, Heft 39, Berlin (West) 1982

Deutscher Handwerkskammertag (Hrsg.): Löst contrôle continu unsere Prüfungen ab? in: Beruf und Bildung Nr. 5/81

Deutscher Industrie- und Handelstag (DIHT): Berufsbildung (jährliche Veröffentlichung)

Deutscher Industrie- und Handelstag (Hrsg.): Berufs- und Weiterbildung 1980/81, Die Berufs- und Weiterbildungsarbeit der Industrie-und Handelskammern, DIHT 191, Bonn 1981

Gottsleben, V., Henniges, H. v.: Personen ohne abgeschlossene Berufsausbildung, Nürnberg 1981

Hofbauer, H.: Verlauf und Erfolg der beruflichen Umschulung bei Rehabilitanden, Mitteilungen aus der Arbeitsmarkt- und Berufsforschung, Heft 1, 1977, S. 59

Industrie- und Handelskammer Münster (Hrsg.): Berufsausbildung — Zukunft durch Qualität, Münster 1981

Infratest — Sozialforschung: Begleitforschung zum Arbeitsmarktpolitischen Programm der Bundesregierung für Regionen mit besonderen Beschäftigungsproblemen Bd. 4, Teilnehmererhebung zum Schwerpunkt 1 Berufliche Qualifizierung, München 1980

Institut der Deutschen Wirtschaft (Hrsg.): Überprüfung von Qualifikationsprofilen des Sekundarbereichs I in bezug auf die Qualifikationsanforderungen der Ausbildungsbetriebe für berufliche Bildungsgänge, Köln 1981

Institut für Zukunftsforschung: Kinder ausländischer Arbeitnehmer im schulischen und außerschulischen Bereich, Berlin (West) 1980

Kohlheyer, G., Westhoff, G.: Berufsvorbereitung — was kommt danach? Bundesinstitut für Berufsbildung (Hrsg.), Berichte zur beruflichen Bildung (erscheint in Kürze)

Mollwo, I.: Der Übergang der Absolventen eines Berufsgrundbildungsjahres in eine weitere Berufsausbildung bzw. Erwerbstätigkeit, Mitteilungen aus der Arbeitsmarkt- und Berufsforschung 13. Jg. 1980, Heft 2, S. 242 — 254

Mortsiefer, I., Mortsiefer, H.-J.: Zum Problem der Facharbeiter in mittelständischen Betrieben des produzierenden Gewerbes, Beiträge zur Mittelstandsforschung, Heft 74, Göttingen 1981

Münch, J. (Hrsg.): Ausbildung und Fortbildung: Organisationsformen betrieblichen Lernens und ihr Einfluß auf Ausbildungsergebnisse, Berlin 1981

Organisation für wirtschaftliche Zusammarbeit und Entwicklung (Hrsg.): Ausschuß für Arbeitskräfte und soziale Angelegenheiten, Untersuchung der Jugendbeschäftigungspolitik in der Bundesrepublik Deutschland, Paris 1980

Roppelt, G.: Mobilitätsbereitschaft bei der Bewerbung um betriebliche Ausbildungsplätze, Mitteilungen aus der Arbeitsmarkt- und Berufsforschung (MittAB) 14. Jg. 1981, Heft 2, S. 139 — 146

Sättler, M., Bodenstedt, W., von Rothkirch, Ch., Wendt, U.: Energieberatung. Bestimmung des Bedarfs an Energieberatung und der beruflichen Qualifikation von Energieberatern, Bundesminister für Bildung und Wissenschaft (Hrsg.): Schriftenreihe Bildungsplanung 35, Bonn 1981

Saterdag, H., Stegmann, H.: Jugendliche beim Übergang vom Bildungs- in das Beschäftigungssystem, Beiträge zur Arbeitsmarkt- und Berufsforschung 41, Nürnberg 1980

Sekretariat der Ständigen Konferenz der Kultusminister der Länder in der Bundesrepublik Deutschland: Einheitliche Berichterstattung über die Ergebnisse der Schülerbefragungen der Länder zur Ermittlung der Nachfrage nach Ausbildungsstellen, Bonn 1978, 1979, 1980, 1981 (vorläufige Ergebnisse)

Statistische Veröffentlichungen der Kultusministerkonferenz: Absolventen der Schulen 1975 bis 1978, Dokumentation Nr. 64, November 1979

Statistische Veröffentlichungen der Kultusministerkonferenz: Ausländische Schüler in der Bundesrepublik Deutschland von 1970 bis 1980; Dokumentation Nr. 74, September 1981

Statistische Veröffentlichungen der Kultusministerkonferenz: Ausländische Schüler in der Bundesrepublik Deutschland 1965 — 1979 Dokumentation Nr. 69, Oktober 1980

Statistisches Bundesamt (Hrsg.): Klassifizierung der Berufe 1970 (Systematisches und alphabetisches Verzeichnis der Berufsnennungen), Wiesbaden 1975

Statistisches Bundesamt (Hrsg.): Bildung im Zahlenspiegel 1981, Wiesbaden 1981

Statistisches Bundesamt (Hrsg.): Fachserie 1, Bevölkerung und Erwerbstätigkeit, Reihe 4.1.2, Beruf, Ausbildung und Arbeitsbedingungen der Erwersbtätigen 1978

Statistisches Bundesamt (Hrsg.): Fachserie 1, Bevölkerung und Erwerbstätigkeit, Reihe 13, Bevölkerung nach Alter und Familienstand 1978

Statistisches Bundesamt (Hrsg.): Fachserie 11, Bildung und Kultur, Reihe 3, Berufliche Bildung 1977 bis 1980 (jährliche Veröffentlichung)

Statistisches Bundesamt (Hrsg.): Fachserie 11, Bildung und Kultur, Reihe 2, Berufliches Schulwesen 1977, 1978, 1979, 1980 (jährliche Veröffentlichung)

Statistisches Bundesamt (Hrsg.): Jährliche Befragung von Abiturienten und Schülern der Abschlußklassen des 12. Schuljahres

Stegmann, H., Kraft, H.: Jugendliche an der Schwelle von der Berufsausbildung in die Erwerbstätigkeit: Methode und erste Ergebnisse der Wiederholungsbefragung Ende 1980 Mitteilungen aus der Arbeitsmarkt- und Berufsforschung, Heft 1, 1982

Westhoff, G.: Ausbildungs- und Berufswege von Absolventen beruflicher Vollzeitschulen, Bundesinstitut für Berufsbildung (Hrsg.): Materialien und Analysen zur beruflichen Bildung, Heft 20, Berlin 1980

Zentralverband des Deutschen Handwerks: Jahresbericht (jährliche Veröffentlichung)

Sachregister   Seitenzahl

Abbrecher	26, 68, 69, 71, 74, 93
Abiturienten	3, 22, 23, 88
Arbeitgeberverbände	20, 50, 61, 62
Arbeitsamtsbezirke	1, 2, 6, 7, 9, 10, 15, 19, 32, 33, 36, 38, 40, 84, 92, 111
Arbeitsförderungsgesetz	86, 91, 92, 98, 100, 105—110
Arbeitsförderungs-Konsolidierungsgesetz	105, 107
Arbeitskreis „Einzelhandel"	50
Arbeitslehre	20
Arbeitslosigkeit	2, 10, 17, 27, 65, 66, 68, 81—86, 97, 105, 108, 110
Ausbilder	
— Qualifizierung	1, 4, 53, 66, 71, 72, 74, 97, 109
— Weiterbildung	55, 89, 90, 93, 102, 109
Ausbildereignungsverordnung	4, 100, 101, 108, 110
Ausbilderförderungszentrum	90, 101, 108
Ausbildungsabschnitt	60 ff.
Ausbildungsberufe	11, 27, 28, 30, 49, 56, 57, 60, 61, 64-66, 68, 110
Ausbildungsergebnisse	51, 52, 53
Ausbildungsinhalte	49, 50, 53, 55
Ausbildungsordnungen	4, 26, 49, 50, 55, 69, 71
Ausbildungsplatzbilanz	
— Angebot/Nachfrage	1 ff., 15, 19, 23, 32, 33, 36, 38
— unbesetzte Ausbildungsplätze / unvermittelte Bewerber	6, 9, 15 ff., 16, 18, 19, 36, 38, 70, 110
Ausbildungsplatzförderungsgesetz	2
Ausbildungsplatzinitiative	1, 8, 9, 10
Ausbildungsverträge	2, 6, 7, 8, 12, 13, 14, 23, 50 64, 97, 108, 110, 111
Ausbildungsrahmenplan	50, 60
Ausländische Jugendliche	3, 5, 9, 15, 31, 38, 69, 70, 74, 75, 79, 81 ff., 95, 101—104, 109
Bauberufe	61, 84, 90
Behinderte	4, 64, 65, 99, 101, 102, 106, 107, 108, 109
Benachteiligtenprogramm	72, 109
Berufliche Vollzeitschulen	6, 8, 11, 31, 32, 33, 36, 38
Berufsausbildung	1, 2, 3, 10, 19, 40—55, 62, 64, 65 ff., 88—90, 98, 100, 101, 103, 105, 107, 108, 110
Berufsausbildungsstätten	51, 65, 66, 67, 109
Berufsberatung	7, 66, 74, 79, 81, 82, 90, 102
Berufsbereiche	25, 27, 81, 102, 110
Berufsbildungsförderungsgesetz	2 ff., 9, 14
Berufsbildungsgesetz	2, 3, 4, 11, 49, 60, 61, 63, 66 91, 94, 99, 103, 110, 111
Berufsbildungswerk	4, 64 ff., 101, 102, 109
Berufsfachschulen	19, 30 ff., 32, 36, 63, 70, 79 94, 107

Berufsförderungszentrum	55
Berufsgrundbildungsjahr	6, 15, 17, 23, 26, 31, 32, 36, 50, 79, 104, 105, 107
Berufsschule	48, 53, 55, 60 ff., 71 ff., 84, 88 ff., 110
Berufsschüler	5, 32, 49, 104
Berufsvorbereitungsjahr	3, 4, 15, 17, 31, 32, 36, 38, 69, 70, 71, 74, 81, 88
Berufswahl/Berufswunsch	1 ff., 6, 8, 15, 17, 20, 31, 32, 50, 56, 57, 68, 79 ff., 110
Berufswechsel	47, 48
Beschäftigungspolitisches Programm der Bundesregierung	10
Betriebe	1 ff., 8 ff., 27, 38, 49 ff., 60—74, 89—92, 102, 107—109, 111
Betriebspraktika	66, 67
Bildungsstand der Bevölkerung	40 ff.
Bundesanstalt für Arbeit	4, 5, 16, 17, 26, 33, 46, 66, 68, 69, 72, 79, 86, 88, 98, 105—111
Bundesinstitut für Berufsbildung	2 ff., 17, 21, 31, 38, 46, 49, 50, 53, 55, 62, 63, 65, 68, 69, 79, 82, 90, 94 ff., 98, 99, 101, 109, 110
Bundesminister für Arbeit	86, 88, 109, 110
Bundesminister für Bildung und Wissenschaft	2, 20, 55, 56, 72, 88, 89, 91, 93, 94, 96, 98, 101, 104, 108, 109, 110
Bundesminister für Wirtschaft	50, 55, 108
Bundesvereinigung Deutscher Arbeitgeberverbände	20
Bundesverfassungsgericht	8
Bund-Länder-Kommission für Bildungsplanung und Forschungsförderung	2, 63, 93, 109
Bundesbeamtengesetz	100
Bundesausbildungsförderungsgesetz	105, 107
Carl-Duisberg-Gesellschaft e.V.	104
Chancengleichheit	3, 10, 15, 36, 45, 50, 51, 53, 64 ff., 69, 91, 93, 99, 101
Chemieberufe	50, 91
Christliches Jugenddorf e.V.	102
Darlehen	105, 107, 108, 109
Deutsche Angestellten-Akademie	101
Deutsch-französische Zusammenarbeit	62
Deutscher Gewerkschaftsbund	2, 20, 50
Deutscher Handwerkskammertag	100
Deutscher Industrie- und Handelstag	100
Dienstleistungsbereich	27 ff., 81, 84, 85
Doppelqualifizierende Bildungsgänge	63
Duales System	
— Absolventen	27, 70
— Übergänge in das Beschäftigungssystem	27, 45, 56, 65, 82
— Übergangsverhalten von Schulabgängern	5 ff., 15 ff., 20 ff., 31, 32, 36, 56, 57, 81

Eckdaten zur Neuordnung im Metallberuf	49
Einschaltquote	7
Energieberatungen	55, 56
ERP-Sondervermögen	107
Erstausbildung	55, 62, 64, 69, 91
Erwachsenenbildung	40 ff., 67, 94, 96, 99
Erwerbslose	41, 43, 65
Erwerbstätige	3, 27 ff., 31, 40 ff., 68, 81 ff.
Europäisches Ausbildungszentrum für Handwerker im Denkmalschutz in Venedig	91, 92
Europäisches Zentrum für die Förderung der Berufsausbildung	79
Facharbeiter	2, 3, 10, 27, 43, 45, 47, 51, 55 ff., 98, 101, 104
Fernunterricht	94 ff.
Fernunterrichtsschutzgesetz	94, 95
Fertigungsberufe	27, 81
Finanzielle Förderung	105 ff.
Finanzierungsregelung	2, 3, 105 ff.
Fördermaßnahmen	17, 51, 105 ff.
Fortbildung/Umschulung	91 ff.
Frauen	
— Arbeitslose/Erwerbslose	40, 41, 43, 97, 98, 99
— Ausländische	9, 79, 81, 83, 88, 89, 90
— Behinderte	64, 65, 68, 69, 70, 99
— Berufs-/Ausbildungschancen	3, 9, 11, 25, 50, 56, 57, 60, 70, 99
— Beschäftigung	27, 46, 98
— Fernlehrgänge	96
— in gewerblich-technischen Berufen	3, 9, 56, 60, 99, 104
— Weiterbildung/Umschulung	4, 60, 97 ff.
Geburtenstarke Jahrgänge	1, 19
Gemeinschaftsaufgabe „Verbesserung der regionalen Wirtschaftsstruktur"	107
Gesellschaft für Wohnungs- und Siedlungswesen	79
Gesetz zur Verbesserung der regionalen Wirtschaftsstruktur	108
Gesprächskreis Bildungsplanung	2
Gesundheitsberufe	81
Gewerbeförderungsprogramm	108
Gewerblich-technischer Bereich	27, 30, 32, 56, 57, 60, 96, 98, 99
Grundbildung	50, 54, 55
Handwerk	1, 3, 7, 9, 11, 21 ff., 46 ff., 64, 90, 93, 94, 100-104, 109, 111
Handwerksordnung	3, 4, 49, 66, 91, 99, 101, 103, 110
Hauptschüler	1, 6, 15, 16, 20 ff., 26, 52, 72, 74, 88, 89, 100
Hauswirtschaft	11, 31, 64, 100
Hochschulen	11, 55, 93

Industrie und Handel	1 ff., 7, 9, 11, 21 ff., 28, 47, 48, 52, 56, 90, 94, 100, 103
Institut für Entwicklungsplanung und Strukturforschung	96
Integration von Behinderten	65, 66, 68 ff.
Jahr der Behinderten	66, 68
Jugendarbeitslosigkeit	s. Arbeitslosigkeit
Jugendliche	
— Ausbildungsverhalten	2, 17 s. auch Ausbildungsplatzsituation
— Behinderte	4, 64, 65, 101, 102, 106 ff.
— Benachteiligte	10, 71 ff., 109
Jungarbeiter	3, 17, 70, 83, 86, 110
Kaufmännische Ausbildungsberufe	28, 96
Konkurslehrlinge	107
Landwirtschaft	9, 11, 23, 45, 64, 100, 104
Lehrgangsgebühren	107 ff.
Lehrlingskostenausgleichskasse	107
Lehrwerkstatt	51, 52, 53, 61
Leistungs- und Lernkontrolle (contrôle continu)	4, 60 ff.
Lernbeeinträchtigte	54, 104, 109
Lerndefizit	54, 71, 73, 99, 102
Lernort	51, 52, 53, 61, 66, 93
Lernprobleme Erwachsener	96
Männerberufe	56, 57, 104
Medien	104, 105
Metallberufe	4, 46 ff., 53, 55
Mikroprozessor-Technologie	55
Mikrozensus	98, 110, 111
Mobilität	17, 33, 45, 49, 51, 54, 68
Modell (contrôle continu)	4, 60, 61, 62
Modellvorhaben	3, 53 ff., 60 ff., 70 ff., 88, 89, 99, 101, 102, 104, 109
Motivation	53 ff., 74, 89, 92, 93, 96, 97, 99
Nationale Kommission	65, 69
Neuordnung von Berufen	4, 49, 50, 55
OECD (Organisation for Economic Cooperation and Development)	103
Öffentlicher Dienst	10, 11, 13, 21, 56, 100, 111
Pendler	33
Pflichtschuljahr, 10.	6, 7, 8, 13, 15, 19, 31,

Programme zur Förderung der beruflichen Bildung
— Aktionsprogramm „Rehabilitation in den 80er Jahren" 65
— Arbeitsmarktpolitisches Programm der Bundesregierung für Regionen mit besonderen Beschäftigungsproblemen 92
— Beschäftigungspolitisches Programm der Bundesregierung 10
— Deutsch-französisches Austauschprogramm 62
— „Erprobung von Verfahren zur Motivierung potentieller Fernlehrteilnehmer (Efeu)" 96
— Gewerbeförderungsprogramm 108
— Länderprogramme und Maßnahmen zur Förderung des Ausbildungsplatzangebotes 107
— Maßnahmen zur Berufsvorbereitung und sozialen Eingliederung junger Ausländer (MBSE) 50, 51, 72, 74, 86, 88, 89, 100, 109, 110
— Modellprogramm zur Erschließung gewerblich-technischer Ausbildungsberufe für junge Frauen 56
— Modellprogramm zur „Förderung der Ausbildung von ausländischen Jugendlichen in anerkannten Ausbildungsberufen" 89, 102
— Modellvorhaben „Umschulung von Frauen in gewerblich-technische Berufe" 99
— Programm für Zukunftsinvestitionen 108, 109
— Programm zur Förderung der Berufsausbildung von benachteiligten Jugendlichen 72
— Programm zur Verbesserung der medizinischen, beruflichen und gesellschaftlichen Eingliederung der Behinderten 68
— Schwerpunktprogramm überbetriebliche Ausbildungsstellen 108, 109
— Sonderprogramme des Bundes und der Länder zur verstärkten Bereitstellung von Arbeits- und Ausbildungsplätzen für Schwerbehinderte 66, 108

Prüfungen
— Eingangs- 50, 51
— Zwischen- 3, 4, 53, 60
— Abschluß- 1, 3, 4, 11, 53, 60 ff., 100

Qualifikationen 17, 43, 48, 53, 55, 56, 60, 62, 65, 66, 68, 73, 74, 89, 91, 94, 95, 97 ff., 101, 102, 109

Qualität der Berufsausbildung 2, 40, 72, 107

Rahmenlehrpläne 49

Rehabilitation 4, 64 ff., 68 ff., 101, 105, 106, 110

Regionale Entwicklung 1, 3, 7, 9, 12, 32 ff., 38, 39, 92, 105, 107, 111

Richtlinien über die Gewährung von Zuwendungen zu den laufenden Kosten überbetrieblicher Ausbildungsstätten 108

Richtlinien zur Förderung von überbetrieblichen Ausbildungsstätten 108

Seeschiffahrt 11

Selbständige 45, 46, 58

Sonderschüler	3, 16, 20, 22, 26, 27, 64, 72, 74, 77
Sonderumlage	109
Sozialberater für ausländische Arbeitnehmer	91
Sozialparteien	49, 50, 60, 62, 111
Ständige Konferenz der Kultusminister der Länder in der Bundesrepublik Deutschland	5, 15, 31, 88
Statistik	110 ff.
Statistisches Bundesamt	110
Stiftung Rehabilitation Heidelberg	96, 101
Stipendien	92
Stützmaßnahmen	66, 71, 73, 74, 90
Stufenausbildung	27
Schülerbefragung	5 ff., 6, 15, 31
Schulabgänger	
— allgemeinbildender Schulen	1 ff., 11, 14, 15, 16, 19 ff., 26, 27, 36, 55, 72, 74, 76, 77, 79, 89, 100
— berufliche Schulen	11, 15, 19, 21, 26, 31, 32, 36, 79
— Sonderschulen	3, 16, 20, 22, 23, 26, 27, 64, 72, 74, 77
Schulische Vorbildung	2, 3, 12, 15, 17, 19 ff., 23, 50, 51, 52, 81, 88, 94
Schulpflicht	75, 79, 88
Schwerbehindertengesetz	108
Technologie	3, 49, 55, 56
Teilzeitarbeit	98
Test	50, 51
Überbetriebliche Ausbildungsstätten	1, 3, 10, 24, 32, 40, 61, 66, 72, 73, 93, 106, 108
Umschulung	2, 49, 66, 67, 68, 91, 92, 98, 100, 103, 105, 108, 109, 110
Ungelernte	3, 19, 43, 45, 46, 69, 70, 92, 93
Verbundsystem	63
Verein Deutscher Ingenieure	56
Verschulung	53
Verwaltungs- und Dienstleistungsberufe	9 ff., 28 ff.
Verwaltungsvereinbarung	109
Volkshochschulschulen	94, 99
Vollzeitschulisches Angebot	6, 11, 13, 15, 31, 32, 33, 36, 38
Weiterbildung	
— Angebot	56, 62, 92 ff.
— Ausbilder	55, 61, 90, 93, 101, 102, 109
— Beteiligung	27, 49
— Fernunterricht	94
— Finanzierung	107
— Frauen	4, 60, 97, 98, 99
— Motivation	92, 93, 97, 98, 99
— Prüfung	100
— Rechtsgrundlage	91 ff.

Zentralverband des Deutschen Handwerks 100, 104
Zertifikatsprüfung 94
Zonenrandförderungsgesetz 108
Zusammenarbeit in der beruflichen Bildung 2 ff., 62, 73, 101

Schriftenreihe des Bundesministers für Bildung und Wissenschaft

Serie Berufliche Bildung

Heft 1   Das Berufsbildungsgesetz in der Praxis. Eine Repräsentativbefragung von Auszubildenden. Von L. Alex, H. Heuser, H. Reinhardt. (1973) DIN A 5, 226 Seiten, 5,— DM (vergriffen)

Heft 2   Interregionaler Vergleich der beruflichen Ausbildungssituation. Eine statistische Auswertung der Schulstatistik 1973/74. Von L. Alex, H. Reinhardt, A. Billig, B. Rustler-Windszus. (1975) DIN A 4, 90 Seiten, 5,— DM

Heft 3   Ausbildungsordnungen nach § 25 Berufsbildungsgesetz (bzw. § 25 Handwerksordnung). Erläuterungen und Hinweise. (1976) DIN A 5, 40 Seiten, 2,— DM (vergriffen)

Heft 4   Berufsbildungsbericht 1977. (1977) DIN A 4, 76 Seiten, 3,— DM

Heft 5   Erfahrungen mit Stufenausbildungsordnungen. (1977) DIN A 5, 24 Seiten, 2,— DM

Heft 6   Schriftliche Befragung von Absolventen des Berufsgrundschuljahres. Schuljahre 1974/75 und 1975/76. Bearbeiter: Institut Dallinger + Partner, Gesellschaft für Marktforschung, München. (1977) DIN A 4, 138 Seiten, 8,— DM

Heft 7   Interregionaler Vergleich der beruflichen Ausbildungssituation. Eine statistische Auswertung der Schulstatistik 1973/74, 1974/75 und 1975/76. Bearbeiter: H. Reinhardt. (1977) DIN A 4, 96 Seiten, 9,— DM

Heft 8   Zur Situation der Jungarbeiter. Bearbeiter: Emnid-Institut GmbH & Co., Bielefeld. (1978) DIN A 4, 100 Seiten, 17,— DM (vergriffen)

Heft 9   Berufsbildungsbericht 1978. (1978) DIN A 4, 120 Seiten, 4,— DM (vergriffen)

Heft 10   Berufsbildungsbericht 1979. (1979) DIN A 4, 124 Seiten, 10,— DM

Heft 11   Berufsbildungsbericht 1980. (1980) DIN A 4, 168 Seiten, 10,— DM

Heft 12   Interregionaler Vergleich der beruflichen Ausbildungssituation. Eine Auswertung der Schulstatistik 1976/1977 und 1977/1978. Bearbeiter: H. Reinhardt (1980) DIN A 4, 120 Seiten, 10,— DM

Heft 13   Berufsbildungsbericht 1981. (1981) DIN A 4, 176 Seiten, 10,— DM

Verlag Karl Heinrich Bock, Reichenberger Straße 11e, 5340 Bad Honnef

Abschlußprüfungsergebnisse der jungen Frauen sind fast genau so gut wie die der männlichen Kontrollgruppen. Dies ist angesichts der Tatsache, daß sich rund 95 % der Teilnehmerinnen während ihrer Schulzeit an anderen als technischen Berufen orientiert haben, ein ermutigendes Ergebnis.

Knapp 200 der etwa 1 100 Teilnehmerinnen haben bereits im Sommer 1981 ihre gewerblich-technische Berufsausbildung erfolgreich beendet. Von ihnen haben alle, die dies wünschten, einen ausbildungsgerechten Arbeitsplatz als Facharbeiterin erhalten. Rund 20 % der jungen Frauen haben im Anschluß an die erste Ausbildung entweder eine Weiterbildung oder eine zweite Ausbildung aufgenommen. Einige wenige sind noch nicht erwerbstätig.

Neue Ausbildungsordnungen verbessern Berufsausbildung

Im Jahre 1981 wurden 15 Ausbildungsordnungen erlassen: Verlagskaufmann/Verlagskauffrau; Fotograf/Fotografin; Fotolaborant/Fotolaborantin; Destillateur/Destillateurin; Kunststoff- und Schwergewebekonfektionär/Kunststoff- und Schwergewebekonfektionärin; Brenner/Brennerin; Kaufmann in der Grundstücks- und Wohnungswirtschaft/Kauffrau in der Grundstücks- und Wohnungswirtschaft; Vulkaniseur/Vulkaniseurin; Meß- und Regelmechaniker/Meß- und Regelmechanikerin; Dachdecker; Reprograph/Reprographin; Pelzveredler/Pelzveredlerin; Textilreiniger/Textilreinigerin; Gerber/Gerberin; Brauer und Mälzer/Brauerin und Mälzerin.

Seit Inkrafttreten des Berufsbildungsgesetzes sind auf der Grundlage dieses Gesetzes bzw. der Handwerksordnung insgesamt 112 Ausbildungsordnungen für 146 Ausbildungsberufe mit über 800 000 Auszubildenden erlassen worden. Diese 146 neuen bzw. neugeregelten Ausbildungsberufe treten an die Stelle von 204 alten Ausbildungsberufen. Derzeit gibt es in der Bundesrepublik Deutschland 446 anerkannte Ausbildungsberufe.

Die Neuordnung der industriellen Metallberufe, in denen sich rund 140 000 Auszubildende befinden, ging 1981 weiter. Zur Zeit wird der gegenwärtige Ausbildungsstand in den Betrieben erhoben und ausgewertet. Auf der Basis dieser Analyse sollen dann die Struktur der Ausbildungsberufe, die Berufsbezeichnungen und die jeweiligen Ausbildungsdauern festgelegt werden. Die metall-handwerklichen Berufe werden mitbehandelt.

Die Neuordnung der Ausbildung im Einzelhandel, in der sich rund 150 000 Auszubildende befinden, geriet ins Stocken, weil die Sozialparteien keine Einigung über die Eckwerte einer neuen Ausbildung erreichen konnten.

Ausbilder sind besser vorbereitet auf ihre Aufgaben

In den letzten Jahren wurden im Bereich Industrie und Handel insgesamt rund 350 000 Ausbilder als berufs- und arbeitspädagogisch geeignet anerkannt; wobei 132 000 Personen Prüfungen nach der Ausbildereignungsverordnung abgelegt haben. Die übrigen haben den Nachweis auf andere Weise erbracht oder sind auf Grund ihrer Ausbildungserfahrung von einer formalen Prüfung befreit worden.

Finanzielle Förderung der beruflichen Bildung fortgesetzt

Die berufliche Bildung wurde auch 1981 von Bund, Ländern und Kommunen und der Bundesanstalt für Arbeit in starkem Maße gefördert: Vom Bund wurden 1981 ca. 1,1 Mrd. DM, von den Ländern ca. 750 Mio. DM im Rahmen ihrer Sonderprogramme zur Verfügung gestellt. Die Bundesanstalt für Arbeit stellte für die individuelle und die institutionelle Förderung der beruflichen Bildung insgesamt ca. 3,8 Mrd. DM bereit.

Ausbildungsbegleitende Leistungsfeststellung: Deutsch-französisches Modellprojekt

Ob und inwieweit Zwischen- und Abschlußprüfungen in anerkannten Ausbildungsberufen durch ausbildungsbegleitende Leistungsnachweise ersetzt werden können, wurde im Rahmen eines deutsch-französischen Modells zur Entwicklung und Erprobung eines Systems laufender ausbildungsbegleitender Leistungsnachweise (contrôle continu) untersucht, woran 12 Betriebe und 9 Schulen, in den Berufen Betriebsschlosser/Betriebsschlosserin, Elektroinstallateur/Elektroinstallateurin, Maschinenschlosser/Maschinenschlosserin; Hochbaufacharbeiter und Maurer mit rund 800 Jugendlichen beteiligt waren.

Bei der Durchführung der Ausbildung nach dem System contrôle continu wurden von den Teilnehmern folgende Vorteile dieses Systems herausgestellt:

— Die Beurteilung berücksichtigt weit mehr Inhalte, als dies in einer punktuellen Prüfung üblich und möglich ist.

— Die Beurteilung ist vergleichsweise komplex, weil die Bewertung von Fertigkeiten und Kenntnissen Beurteilungen der Arbeitsweise enthalten wie Verstehen, Konzentrieren, Geschicklichkeit und Ausdruck.

— Ferner ist die Beurteilung vergleichsweise stärker am tatsächlichen Ausbildungsablauf orientiert, während sich eine punktuelle Abschlußprüfung auf die in der Prüfungssituation erfaßbaren Fertigkeiten und Kenntnisse beschränken muß.

Ergebnis war allerdings auch, daß in inspektions-, wartungs- und reparaturorientierten Berufen sowie der Ausbildung auf Baustellen bei Anwendung von „Contrôle continu" Schwierigkeiten auftraten. Die Bauberufe schieden deshalb relativ bald aus dem Modellprojekt aus.

Die Ergebnisse des Modellprojekts sollen im Hauptausschuß des Bundesinstituts für Berufsbildung beraten werden.

Behinderte Jugendliche noch zuwenig in Ausbildung

Die Art und Schwere der Behinderung hat großen Einfluß auf die Ausbildungs- und Beschäftigungsmöglichkeiten dieser Gruppe. 1980 waren rund 14 000 Behinderte in betrieblicher Ausbildung. Hinzu kommen etwa 9 000 Ausbildungsplätze für behinderte Jugendliche in Berufsbildungswerken und vergleichbaren Rehabilitationseinrichtungen. Beide Zahlen zusammengenommen (23 000) zeigen, daß nur rund 1,3 % aller Ausbildungsverhältnisse mit Behinderten eingegangen werden.

Die Gesamtzahl der Betriebe, die gegenwärtig behinderte Jugendliche ausbilden, liegt bei 10 500. Das sind nur etwa 2 % aller Ausbildungsbetriebe. Hierbei handelt es sich in aller Regel nicht um Betriebe, die über besondere Ausbildungsmöglichkeiten für Behinderte verfügen. Die Mehrzahl der behinderten Jugendlichen wird im Handwerk ausgebildet. Deshalb sind gerade im Bereich von Industrie und Handel weitere Ausbildungsanstrengungen für Behinderte notwendig. 70 % der Behinderten in betrieblicher Ausbildung sind männlich, nur 30 % sind Frauen.

— Das Gesetz weist nunmehr ausdrücklich die Grundsatzberatung der Bundesregierung in Fragen der beruflichen Bildung dem Hauptausschuß zu (§ 8 Abs. 2).

— Die Anhörungsrechte des ehemaligen Bundesausschusses für Berufsbildung nach dem Berufsbildungsgesetz und der Handwerksordnung bei Erlaß von Rechtsverordnungen in der beruflichen Bildung besitzt nunmehr der Hauptausschuß des Bundesinstituts für Berufsbildung (§ 19 Nr. 1).

— Die Aufgabe, Planung, Errichtung und Weiterentwicklung überbetrieblicher Berufsbildungsstätten zu unterstützen, wird dem Bundesinstitut für Berufsbildung befristet bis zum 31. Dezember 1986 zugewiesen (§ 6 Abs. 2 Nr. 2 i. V. m. § 22 Abs. 2).

— Das Institut fördert die Bildungstechnologie durch Forschung (§ 6 Abs. 2).

Mit dem Berufsbildungsförderungsgesetz ist erneut eine Grundlage für die Zusammenarbeit aller an der beruflichen Bildung Beteiligten geschaffen. Das Gesetz schafft Voraussetzungen, kann aber konstruktive Kooperation nicht erzwingen. Die an der beruflichen Bildung Beteiligten sind aufgerufen, die Chance zu nutzen.

Die Finanzierungsregelung wurde von der Bundesregierung nicht wieder eingebracht. Die Erfordernisse und Möglichkeiten einer finanziellen Förderung der Berufsausbildung in der Zukunft sollen zunächst mit den an der Berufsausbildung Beteiligten erörtert und geprüft werden. Das Bundesinstitut für Berufsbildung hat für die Beratungen im Hauptausschuß dazu Vorarbeiten geleistet.

In einer mit dem Beschluß über das Gesetz gefaßten Entschließung hat der Deutsche Bundestag die Bundesregierung beauftragt, ihm bis zum Sommer 1982 darzulegen, wie

— hochwertige Ausbildungsplätze künftig in ausreichender Zahl konjunkturunabhängig bereitgestellt werden können,

— dabei gleichzeitig sektorale und regionale Ungleichgewichte auszugleichen sind,

— bei der Ausbildung die Zukunftsaussichten der Berufe stärker beachtet werden können,

— Mädchen, Ausländer, Sonderschüler und Behinderte gleiche Chancen bei der Ausbildung erhalten und

— die Finanzierung der erforderlichen Maßnahmen gesichert werden kann.

1.5 Schwerpunkte der Berichterstattung 1982

Schulische Vorbildung der Auszubildenden

Die schulische Vorbildung der Jugendlichen spielt eine wesentliche, aber nicht allein die ausschlaggebende Rolle für den Ausbildungserfolg. Vorbildungsmängel können während der Berufsausbildung ausgeglichen werden. Dies entläßt jedoch die Schule nicht aus ihrer Verantwortung für eine Vorbildung, auf die Berufsausbildung aufbauen kann.

Das Handwerk ist in den Anforderungen an die schulische Vorbildung offener als andere Ausbildungsbereiche. 68 % der Auszubildenden im Handwerk kommen von der Hauptschule, in Industrie und Handel sind dies nur 47 %. Die Gruppe der Sonderschüler ist im Handwerk dreimal so groß wie in Industrie und Handel. Abiturienten sind stärker in Industrie und Handel als im Handwerk vertreten.

Regionale Entwicklung der Berufsausbildung

Die Ausbildungsplatzbilanz hat sich in 109 der 142 Arbeitsamtsbezirke verschlechtert. In drei Viertel aller Arbeitsamtsbezirke sind Berufswahlmöglichkeiten und Ausbildungschancen ungünstiger geworden. In 45 Arbeitsamtsbezirken (Vorjahr: 20) lag das Angebot unter der Nachfrage.

Die Arbeitsamtsbezirke Bochum, Gießen, Wetzlar, Bad Kreuznach, Neuwied, Bamberg und Berlin (West) haben unterdurchschnittliche betriebliche sowie berufsschulische Angebote. Außerdem gab es in diesen Arbeitsamtsbezirken überdurchschnittlich viele junge Ausländer im Ausbildungsalter oder aber überdurchschnittlich viele Jungarbeiter bzw. Schüler im Berufsvorbereitungsjahr, also Jugendliche, die nicht unmittelbar nach der allgemeinbildenden Schule in Ausbildung gegangen sind und deshalb jetzt Ausbildungsplätze brauchen.

In den Arbeitsamtsbezirken Hamburg, Duisburg, Hamm, Krefeld, Oberhausen, Darmstadt, Hanau und Offenbach bleiben die betrieblichen und vollzeitschulischen Ausbildungsangebote an beruflichen Schulen ebenfalls hinter dem Bundesdurchschnitt zurück. Außerdem gibt es in diesen Arbeitsamtsbezirken sowohl überdurchschnittlich viele junge Ausländer wie auch Jungarbeiter bzw. Schüler im Berufsvorbereitungsjahr, so daß hier die Ausbildungsplatzsituation ganz besonders schwierig ist.

Ungelernte haben schlechtere Aufstiegschancen

Keine andere Gruppe der Erwerbstätigen hat schlechtere Aufstiegschancen als die der Ungelernten. Von allen erwerbstätigen Ungelernten, die länger als 10 Jahre im Berufsleben stehen, arbeiten 64 % noch in der Ausgangsposition. Nur einer Minderheit der Ungelernten gelang es, bessere Positionen zu erreichen.

Auch für die weitere Berufstätigkeit sehen die Ungelernten geringe Aufstiegschancen: 91 % von ihnen sind der Meinung, daß es beruflich nicht aufwärts gehen wird. Ungelernte führen vorrangig einfache Tätigkeiten u. a. als Lager- oder Transportarbeiter aus.

Für gelernte Facharbeiter sehen die Berufschancen hingegen ganz anders aus: Von je 100 arbeiten nach 10 Jahren Berufsleben 45 als Facharbeiter, 20 als Angestellte /-Beamte, 16 als Meister /Techniker, 7 als Selbständige und nur 11 als Un- oder Angelernte. Dies zeigt noch einmal, wie wichtig eine berufliche Ausbildung für die Verwirklichung von Berufs- und Lebenschancen ist[1].

Ausbildung von jungen Frauen in gewerblich-technischen Berufen

Der Anteil der jungen Frauen in der Berufsausbildung hat sich von 35 % im Jahre 1973 auf 38 % im Jahre 1980 erhöht. Diese Steigerung ist jedoch immer noch zu gering, um von gleichen Chancen für Frauen in der Berufsausbildung sprechen zu können. Deshalb wurde auch 1981 das Modellprogramm des Bundesministers für Bildung und Wissenschaft zur Erweiterung der Ausbildungs- und Berufsmöglichkeiten von Frauen fortgesetzt.

Die Ausbildung der jungen Frauen in den ausgewählten gewerblich-technischen Ausbildungsberufen verläuft weitgehend reibungslos. Die Zwischenprüfungs- und

---

[1] Vgl. dazu Berufsbildungsbericht 1981, S. 42 ff.

Das Gefühl, einen ungewollten Beruf zu erlernen, schaffe nicht nur kurzfristig Unzufriedenheit, berichtet die Studie der Industrie- und Handelskammer Münster, sondern überschatte bei vielen Jugendlichen die gesamte weitere Ausbildung. Nach Abschluß der Berufsausbildung setze sich bei vielen der Eindruck fest, Lebenschancen verpaßt zu haben.

Die Erwartungen, die die Schulabgänger in die Berufsausbildung setzen, sind weitgespannt. Die Jugendlichen erhoffen sich von der Berufsausbildung viele positive Lebens- und Erwerbschancen. Dazu gehören vor allem eine abwechslungsreiche Tätigkeit, eine Ausbildung, die solide fachliche Kenntnisse vermittelt, gute Verdienstmöglichkeiten, ein Beruf mit Zukunft, ein gesicherter Arbeitsplatz.

Diese Ergebnisse machen deutlich, wie wichtig es ist, eine ausreichende Anzahl von Ausbildungsplätzen für alle Jugendlichen bereitzustellen, die auch eine Berufswahl ermöglicht.

1.3 Langfristige Nachwuchssicherung

Nach einer Erhebung des Instituts für Mittelstandsforschung in Köln im Jahre 1980 waren 90 % der mittelständischen Betriebe des produzierenden Gewerbes der Meinung, daß — trotz erheblicher Arbeitslosigkeit — ein Mangel an Facharbeitern bestehe. Mehr als die Hälfte der Unternehmen konnte einen Teil der für Facharbeiter vorgesehenen Arbeitsplätze nach eigenen Angaben entweder überhaupt nicht oder aber nur mit Beschäftigten mit geringerer als der gewünschten Qualifikation besetzen. Der Mangel an Fachkräften hatte nach den Angaben der Betriebe nachteilige Auswirkungen: in 70 % der Betriebe verzögerte sich dadurch die Auftragsabwicklung, in 60 % der Fälle konnten vorhandene Fertigungskapazitäten nicht genutzt werden, bei mehr als der Hälfte der Unternehmen führte der Facharbeitermangel zu spürbaren Umsatzeinbußen[1].

Nur rund 50 % der Betriebe, denen Facharbeiter fehlten, bilden selbst aus. Weitere 10 % der Betriebe, die Facharbeitermangel beklagten, mindern ihr Qualifikationsdefizit durch Umschulung oder andere Bildungsmaßnahmen. Deshalb müssen mehr Betriebe, die noch nicht ausbilden, für die Berufsausbildung junger Menschen gewonnen werden.

Rund 30 % der ausbildenden mittelständischen Betriebe erklärten, daß Probleme bei der Besetzung von Ausbildungsstellen in der unbefriedigenden Vorbildung der Jugendlichen begründet seien. Eine Untersuchung des Bundesministers für Bildung und Wissenschaft[2] zeigt jedoch, daß die Schule den jungen Menschen in der Regel durchaus angemessen auf eine qualifizierte Berufsausbildung vorbereitet.

Insgesamt bleiben nach einer Modellrechnung heute immer noch rund 11 % der Jugendlichen eines Altersjahrganges ohne Abschluß einer Ausbildung. Ein Teil von ihnen braucht nur einen Ausbildungsplatz, andere brauchen darüber hinausgehende Hilfe und Förderung. Fachkräftemangel erfordert zusätzliche Ausbildungsanstrengungen.

Der Anteil der Jugendlichen eines Altersjahrgangs, die einen Ausbildungsvertrag abschließen, ist von rund 50 % im Jahre 1976 auf über 60 % im Jahre 1980 angestiegen. Die Bund-Länder-Kommission für Bildungsplanung und Forschungsförderung geht in ihrer Planung davon aus, daß es gelingt, den Jahrgangsanteil der Absolventen einer Berufsausbildung im dualen System in den 80er Jahren noch auszuweiten.

Voraussetzung dafür ist auch, daß die Jugendlichen diesen Bildungsweg annehmen. Dies wird langfristig im wesentlichen von der Attraktivität dieser Ausbildung im Wettbewerb mit anderen Bildungsangeboten abhängen. Für die Wettbewerbsfähigkeit des dualen Systems ist die Ausbildungsqualität von erheblicher Bedeutung. Im Berufsbildungsbericht 1981[1]) wurden Hinweise gegeben, wie die Qualität der beruflichen Ausbildung weiterentwickelt werden sollte. Der Gesprächskreis Bildungsplanung beim Bundesminister für Bildung und Wissenschaft hat sich intensiv mit Fragen der Qualitätsverbesserung der beruflichen Bildung befaßt und im Februar 1982 hierzu eine Empfehlung vorgelegt.

1.4 Zusammenarbeit in der beruflichen Bildung

Die Bundesregierung hat im Januar 1981 den Entwurf eines Gesetzes zur Förderung der Berufsbildung durch Planung und Forschung (Berufsbildungsförderungsgesetz — BerBiFG —) eingebracht[2]). In den parlamentarischen Beratungen des Gesetzes wurde auch die bisherige Arbeit des Bundesinstituts für Berufsbildung erörtert. Die Beauftragten der Gewerkschaften und der Arbeitgeber im Institut sowie der Leiter des Instituts haben sich grundsätzlich für die Fortführung der dem Institut 1976 durch das Ausbildungsplatzförderungsgesetz übertragenen und in das neue Gesetz übernommenen Aufgaben und gegen eine Beschränkung des Instituts auf reine Forschungsaufgaben ausgesprochen.

Das Gesetz ist am 1. Januar 1982 in Kraft getreten[3]).

Das Gesetz übernimmt im wesentlichen die Regelungen des Ausbildungsplatzförderungsgesetzes über Planung und Statistik und über das Bundesinstitut für Berufsbildung. Es stellt damit die jährliche Berufsbildungsberichterstattung sicher, gibt der Berufsbildungsstatistik wieder ihre gesetzliche Grundlage und gewährleistet die Arbeit des Bundesinstituts für Berufsbildung mit der erfolgreichen Zusammenarbeit aller an der beruflichen Bildung Beteiligten in den Gremien des Instituts.

Auf folgende Änderungen gegenüber dem Ausbildungsplatzförderungsgesetz ist — abgesehen von der nicht wieder aufgenommenen Finanzierungsregelung — hinzuweisen:

— Der Anwendungsbereich des Gesetzes wird ausdrücklich bestimmt (§ 1); er ist identisch mit dem des Berufsbildungsgesetzes.

— Die Berufsbildungsstatistik ist gestrafft und an die Daten angepaßt, die bei den nach dem Berufsbildungsgesetz zuständigen Stellen, insbesondere bei den Industrie- und Handelskammern und den Handwerkskammern, vorhanden sind (§ 5 Abs. 1).

---

[1]) Vgl. dazu Beiträge zur Mittelstandsforschung: Zum Problem der Facharbeiter in mittelständischen Betrieben des produzierenden Gewerbes, Heft 74, Göttingen 1981

[2]) Vgl. dazu Teil II, Kapitel 1.3

---

[1]) Vgl. Berufsbildungsbericht 1981, S. 46 ff.

[2]) Vgl. Berufsbildungsbericht 1981, S. 2

[3]) Vgl. Bundesgesetzblatt I 1981, S. 1692

Teil I: Berufs- und Lebenschancen der Jugend sichern

1. Ausbildungsplatzinitiative aller an der beruflichen Bildung Beteiligten notwendig

1.1 Trendeinbruch 1981 darf nicht Trendwende werden

Im Jahre 1981 hat sich die seit 1976 stetige Verbesserung der Ausbildungsplatzsituation nicht fortgesetzt. Die Ausbildungsplatz-Bilanz war zwar im Bundesdurchschnitt gerade noch positiv, aber deutlich ungünstiger als im Vorjahr. Das Angebot überstieg die Nachfrage bundesweit nur noch um 2,4 % (1980 waren es noch 4,1 %). In jedem dritten Arbeitsamtsbezirk war das Angebot kleiner als die Nachfrage. Diese Entwicklung muß alle enttäuschen, die der Fachkräfte-Ausbildung im dualen System auch für die Zukunft ihren hohen Rang erhalten wollen.

1982 werden fast 660 000 Jugendliche einen Ausbildungsplatz suchen, das sind rund 31 000 mehr als im Vorjahr. Deshalb werden mehr Ausbildungsplätze gebraucht. Der Trendeinbruch des Jahres 1981 darf nicht zur Trendwende werden. Eine Ausbildungsplatzinitiative 1982 ist notwendig. Daran müssen alle mitwirken, die für die berufliche Bildung Verantwortung tragen.

Eine solide Ausbildung bedeutet für die Jugendlichen die Grundlage für Berufserfolg und ist damit zugleich wesentliche Basis ihrer Zukunftshoffnungen.

Die Ausbildungsplatzsituation ist auch das Ergebnis von Meinungen und Erwartungen. Jugendliche, die ungünstige Chancen für einen Ausbildungsplatz sehen, resignieren eher. Betriebe, die Ausbildungsplatzprobleme im großen und ganzen für gelöst halten, sehen keinen Anlaß, einen besonderen Beitrag zur Steigerung des Ausbildungsplatzangebotes zu leisten.

Betriebe und Verwaltungen sollten erkennen, daß auch die kommenden Jahre besondere Ausbildungsanstrengungen erfordern. Ausbildungsinvestitionen sind Langfrist-Investitionen, die nicht unmittelbar von der Konjunktur abhängig gemacht werden dürfen. „Wer heute aus Kostengründen Ausbildungsplätze einspart, wird sich auf längere Sicht selbst schaden." Darauf hat Bundeskanzler Helmut Schmidt in seiner Ansprache zum Jahreswechsel 1981/82 hingewiesen und aufgefordert: „Lassen Sie uns gemeinsam dafür sorgen, daß kein Jugendlicher resignieren muß, der eine Ausbildung sucht." Die Gesellschaft werde Schaden nehmen, wenn junge Menschen in ihrem Anspruch auf eine solide Ausbildung — und damit in ihren Zukunftshoffnungen — enttäuscht würden.

1.2 Geburtenstarke Jahrgänge noch mehrere Jahre

Die Herausforderung der geburtenstarken Jahrgänge ist noch nicht gemeistert. Sie besteht noch über Jahre fort. *Übersicht 1* zeigt, wie sich die Zahl der Schulabgänger in den kommenden Jahren entwickelt.

Die Nachfrage nach Ausbildungsplätzen wird 1982 gegenüber dem Vorjahr ansteigen und danach zunächst nur geringfügig zurückgehen. 1984 dürften die Schulabgängerzahlen immer noch etwa auf der Höhe des Jahres 1977 liegen. Damals wurden vielfältige Initiativen für ein ausreichendes Ausbildungsplatzangebot allgemein für notwendig gehalten. Noch über mehrere Jahre besteht mithin kein Anlaß für Entwarnungsmeldungen im Hinblick auf die Lehrstellenversorgung. Im Gegenteil: Erhebliche Anstrengungen sind erforderlich, um das erreichte Niveau der Ausbildungsleistung durch immer neue Entscheidungen zugunsten der Berufsausbildung zu erhalten.

Dafür gibt es heute bessere Voraussetzungen als in früheren Jahren. Ein Mangel an Ausbildungsplätzen könnte nicht mit fehlenden Kapazitäten begründet werden. Es gibt erheblich mehr Ausbildungsbetriebe, qualifizierte Ausbilder und Ergänzungsmöglichkeiten in überbetrieblichen Ausbildungsstätten als in früheren Jahren. 1982 absolvieren über 600 000 Jugendliche eine Abschlußprüfung, so daß in größerem Umfang als früher Ausbildungsplätze frei werden, die neu besetzt werden können. Auch in wirtschaftlich schwierigen Zeiten haben die Arbeitgeber die Verantwortung für ein ausreichendes Angebot an betrieblichen Ausbildungsplätzen.

Worauf es ankommt, ist, die vorhandenen Kapazitäten noch stärker zu nutzen und noch mehr ausbildungsfähige Betriebe zur Ausbildung zu motivieren. Allein im Handwerk, in Industrie und Handel gibt es fast 400 000 Ausbildungsbetriebe. Wenn nur jeder zehnte Ausbildungsbetrieb einen zusätzlichen Ausbildungsplatz anbieten würde, gäbe es schon 40 000 Ausbildungsangebote mehr.

Der Wert beruflicher Bildung ist im Bewußtsein der Jugendlichen hoch. Nach Ergebnissen einer Studie der Industrie- und Handelskammer Münster[1] hatten 66 % der Jugendlichen nach ihrer eigenen Meinung klare Berufsvorstellungen, als sie aus der Schule kamen. Die Berufswünsche orientierten sich weitgehend an den Realisierungsmöglichkeiten in der Region. Sie können deshalb keineswegs als „überzogen" bezeichnet werden. Dennoch ist die Hälfte dieser Jugendlichen auf einen anderen als den ursprünglich gewünschten Beruf ausgewichen, nur ein Drittel der Jugendlichen hat den Berufswunsch verwirklicht. Auf die Frage, warum sich der Berufswunsch nicht realisieren ließ, erklärten 23 % der betroffenen Jugendlichen, daß sie keine Ausbildungsstelle im gewünschten Beruf gefunden hätten. Die Studie kommt zu dem Ergebnis, daß das Auseinanderfallen von Berufswunsch und Realisierungsmöglichkeit vielfach zu Ratlosigkeit und Enttäuschung bei den Jugendlichen führe. Dieses Ergebnis bestätigt eine vom Handwerk in Auftrag gegebene Untersuchung[2], die gerade für Hauptschüler, bei denen Berufswunsch und Realisierungsmöglichkeit auseinanderfallen, von Resignation und Minderwertigkeitsgefühlen bei der Ausbildungsplatzsuche spricht.

---

[1] Vgl. Industrie- und Handelskammer Münster (Hrsg.): Berufausbildung — Zukunft durch Qualität, Münster 1981.

[2] Vgl. Ergebnisse der Marplan-Studie in ZdH-Politik Nr. 28/81; 30/81, 31/81

Übersicht 1: Entwicklung der Schulabgängerzahlen

Jahr	Schulabgänger Sekundarstufe I[1]	Hochschulberechtigte[1]	Index 1981 = 100[2]
1980	828 772	199 226	103,5
1981	796 771	226 811	100,0
1982	818 263	256 238	103,0
1983	811 020	281 300	102,5
1984	777 070	280 990	98,4
1985	721 210	276 910	91,6

[1] 1980 bis 1982: Angaben des Statistischen Bundesamtes; 1983 bis 1985 Vorausschätzungen der Kultusministerkonferenz.

[2] Schulabgänger der Sekundarstufe I zuzüglich 12 % der Hochschulberechtigten.

Schaubild 26: Einstellung zur Arbeit /betrieblichen Berufsausbildung /Berufsschule von ausländischen Erwerbstätigen und Auszubildenden in %

Schaubild 27: Schwierigkeiten bei der beruflichen Ausbildung und Erwerbstätigkeit von ausländischen Jugendlichen in %

Schaubild 28: Berufliche Weiterbildung an Volkshochschulen nach Fachbereichen, Geschlecht und Alter (1980)

Schaubild 29: Entwicklung der Anzahl der Prüfungen nach der Ausbildereignungsverordnung in den Jahren 1973 bis 1980 (Industrie und Handel)

Schaubild 30: Anzahl der Ausbildungsberater nach Ausbildungsbereichen im Jahre 1980

Schaubild 31: Finanzielle Aufwendungen für die Berufsausbildung (ohne das berufliche Schulwesen) von Bund, Ländern und Bundesanstalt für Arbeit 1981 in Mio. DM

Verzeichnis der Schaubilder

Schaubild 1: Neu abgeschlossene Ausbildungsverträge nach Ausbildungsbereichen am 30. September 1980 und 30. September 1981

Schaubild 2: Neu abgeschlossene Ausbildungsverträge zum 30. September nach Ländern im Jahresvergleich 1980 bis 1981

Schaubild 3: Schulische Vorbildung der Auszubildenden bei 11 Industrie- und Handelskammern und 6 Handwerkskammern 1980

Schaubild 4: Ausbildungsberufe mit hohen Anteilen von Auszubildenden mit schulischen Abschlüssen über dem Hauptschulabschluß bei 6 Handwerkskammern 1980 in % aller Auszubildenden des Berufs

Schaubild 5: Gesamtzahl der Ausbildungsverträge und der neu abgeschlossenen Ausbildungsverträge zum Stichtag 31. Dezember nach Ausbildungsbereichen (in Tsd.) 1973 bis 1980

Schaubild 6: Auszubildende nach Ausbildungsbereichen 1975 bis 1980 in % an allen Auszubildenden (Stichtag 31. Dezember)

Schaubild 7: Ausbildungsstätten in Handwerk und Industrie und Handel (1976 bis 1980)

Schaubild 8: Anteil der weiblichen Auszubildenden in % nach Ausbildungsbereichen 1974 bis 1980 (Stichtag 31. Dezember)

Schaubild 9: Anzahl der Jugendlichen im Berufsbildungsjahr nach Ländern 1979 und 1980

Schaubild 10: Anteile der Personen ohne formale berufliche Qualifizierung an der Wohnbevölkerung (Deutsche und Ausländer; 20 — 69 Jahre)

Schaubild 11: Anteile der Personen ohne formale berufliche Qualifizierung an der Wohnbevölkerung, Männer und Frauen nach Altersgruppen (Deutsche und Ausländer; 20 bis 69 Jahre)

Schaubild 12: Anteile der nicht formal qualifizierten Erwerbstätigen im Vergleich zu nicht formal qualifizierten Erwerbslosen nach Altersgruppen (Deutsche und Ausländer; 20 bis 69 Jahre)

Schaubild 13: Anteil der Teilnehmerinnen in der Ausbildung für gewerblich-technische Berufe im Modellprogramm nach Betriebsgrößen

Schaubild 14: Anteil der Teilnehmerinnen in der Ausbildung für gewerblich-technische Berufe im Modellprogramm nach Wirtschaftsbereichen

Schaubild 15: Entwicklung des Anteils der weiblichen Auszubildenden in den Ausbildungsberufen des Modellprogramms für gewerblich-technische Berufe

Schaubild 16: Verteilung der Teilnehmerinnen in der Ausbildung für gewerblich-technische Berufe im Modellprogramm auf Berufsfelder

Schaubild 17: Anzahl der Teilnehmer an Maßnahmen der Rehabilitation (Umschulung / Fortbildung / Einarbeitung) nach Lernorten 1979

Schaubild 18: Entwicklung der ausländischen Wohnbevölkerung nach ausgewählten Altersgruppen von 1974 bis 1980 (in %)

Schaubild 19: Ausländische Wohnbevölkerung nach Nationalität am 30. September 1980 in %

Schaubild 20: Ausländische Wohnbevölkerung nach Nationalität am 30. September 1980 unter 21 Jahre in %

Schaubild 21: Ausländische Schüler an allgemeinbildenden Schulen nach Nationalität und Schularten im Schuljahr 1980/81 in %

Schaubild 22: Ausländische Schüler in beruflichen Schulen nach Nationalität im Schuljahr 1980/81 in %

Schaubild 23: Informationsträger bei der Berufswahl von Erwerbstätigen, Auszubildenden und Arbeitslosen in der Bundesrepublik Deutschland in %

Schaubild 24: Hilfen für ausländische Jugendliche bei der Suche nach dem Arbeitsplatz / Ausbildungsplatz (in %)

Schaubild 25: Tätigkeit ausländischer Jugendlicher (Erwerbstätige, Auszubildende, Arbeitslose) nach Schulbesuch in der Bundesrepublik Deutschland in %

Übersicht 26: Männliche Wohnbevölkerung nach Beteiligung am Erwerbsleben und nach dem Vorhandensein eines Ausbildungsabschlusses in %

Übersicht 27: Weibliche Wohnbevölkerung nach Beteiligung am Erwerbsleben und nach dem Vorhandensein eines Ausbildungsabschlusses in %

Übersicht 28: Deutsche Erwerbstätige ohne abgeschlossene Berufsausbildung, die im Jahre 1970 oder davor ihre Erwerbstätigkeit als Hilfsarbeiter/angelernte Arbeiter oder als einfache Angestellte begannen, untergliedert nach der derzeitigen Stellung im Beruf und zukünftige Aufstiegschancen

Übersicht 29: Stark besetzte Metallausbildungsberufe und ihr Anteil an allen Metallausbildungsberufen

Übersicht 30: Weibliche Auszubildende in ausgewählten typischen „Männerberufen"

Übersicht 31: Struktur des Systems ausbildungsbegleitender Leistungsnachweise

Übersicht 32: Entwicklung der berufsfördernden Maßnahmen (Umschulung/Fortbildung/Einarbeibei behinderten Erwachsenen von 1972 bis 1980

Übersicht 33: Verbleib der Absolventen der Berufsvorbereitung des Jahres 1980 im Herbst 1981 (in %)

Übersicht 34: Verbleib der Absolventen der Berufsvorbereitung des Jahres 1980 im Herbst 1981 (in %) nach Geschlecht, Nationalität und Träger der Berufsvorbereitung

Übersicht 35: Ausländer am 30. September 1980 nach Altersgruppen und Aufenthaltsdauer

Übersicht 36: Entwicklung der ausländischen Schüler in beruflichen Schulen nach Nationalität (Verteilungsquoten) von 1970 bis 1980

Übersicht 37: Gründe für die Wahl des Berufes bzw. der Tätigkeit in %

Übersicht 38: Anteil der ausländischen Beschäftigten in beruflicher Ausbildung an der ausländischen Wohnbevölkerung im Alter von 15 bis unter 18 Jahren 1976—1980

Übersicht 39: Beschäftigte in beruflicher Ausbildung nach Deutschen/Ausländern und Wirtschaftsgruppe am 30. Juni 1980

Übersicht 40: Hauptamtliche Ausbildungsberater und Anzahl ihrer Betriebsbesuche im Verhältnis zur Anzahl der Ausbildungsstätten und Auszubildenden in den Bereichen Industrie und Handel sowie Handwerk—1979

Verzeichnis der Übersichten

Übersicht 1: Entwicklung der Schulabgängerzahlen

Übersicht 2: Versorgung der Jugendlichen mit Ausbildungsplätzen 1976—1981 (jeweils zum 30. September)

Übersicht 3: Neu abgeschlossene Ausbildungsverträge 1981 nach Ausbildungsbereichen (Veränderung zu 1980)

Übersicht 4: Ausbildungsplatzsituation 1981 (Nordrhein-Westfalen und übriges Bundesgebiet)

Übersicht 5: Angebot von und Nachfrage nach betrieblichen Ausbildungsplätzen zum 30. September 1981

Übersicht 6: Neu abgeschlossene Ausbildungsverträge nach Ausbildungsbereichen zum 30. September 1980 und 30. September 1981

Übersicht 7: Neu abgeschlossene Ausbildungsverträge zum 30. September 1981 nach Ländern und Ausbildungsbereichen

Übersicht 8: Gemeldete Berufsausbildungsstellen und gemeldete Bewerber 1978—1981

Übersicht 9: Unvermittelte Bewerber um Ausbildungsplätze bei der Bundesanstalt für Arbeit am 30. September nach Länder 1979—1981

Übersicht 10: Bewerber und unvermittelte Bewerber um Ausbildungsplätze bei der Bundesanstalt für Arbeit am 30. September nach Schulbildung 1980—1981

Übersicht 11: Übergang von Schulabgängern in die berufliche Ausbildung 1980 und 1981 (Modellrechnung)

Übersicht 12: Unbesetzte Ausbildungsplätze bei den Arbeitsämtern (zum 30. September)

Übersicht 13: Unbesetzte Ausbildungsplätze und unvermittelte Bewerber nach Berufsbereichen 1980 und 1981 (am 30. September)

Übersicht 14: Gesamtangebot an Ausbildungsplätzen zum 30. September im Jahresvergleich nach Ländern (1980—1981)

Übersicht 15: Ausbildungsberufe mit niedrigen Anteilen von Auszubildenden mit schulischen Abschlüssen über dem Hauptschulabschluß bei 6 Handwerkskammern 1980 in % aller Auszubildenden des Berufs

Übersicht 16: Ausbildungsberufe im Handwerk mit den höchsten Anteilen von Hauptschülern ohne Abschluß in % aller Auszubildenden des Berufs

Übersicht 17: Ausbildungsberufe im Handwerk mit den höchsten Anteilen von Abgängern aus Gymnasien/Fachoberschulen in % aller Auszubildenden des Berufs

Übersicht 18: Auszubildende nach Berufsbereichen bzw. -abschnitten von 1974 bis 1980 (Stichtag 31. Dezember)

Übersicht 19: Schüler in Berufsfachschulen von 1978 bis 1980 nach Ländern und Anteil der Mädchen

Übersicht 20: Verbleib der Berufsfachschüler des Jahres 1979 im Herbst 1981 (in %)

Übersicht 21: Verteilung der Angebots-Nachfrage-Relation nach Ausbildungsplätzen in den Arbeitsamtsbezirken 1979—1981

Übersicht 22: Zahl der Arbeitsamtsbezirke nach Angebots-Nachfrage-Relation und Ländern (1981)

Übersicht 23: Arbeitsamtsbezirke mit einer ungünstigen schulischen und betrieblichen Versorgung 1980/81

Übersicht 24: Anteile der Personen ohne abgeschlossene Berufsausbildung an der Wohnbevölkerung und an ausgewählten Bevölkerungsgruppen (Deutsche und Ausländer, 20—69 Jahre) in %

Übersicht 25: Verteilung der Personen ohne formalen beruflichen Ausbildungsabschluß nach der Beteiligung am Erwerbsleben und nach dem Geschlecht (Deutsche und Ausländer; 20—69 Jahre)

7.3.3	Vorläufige Schlußfolgerungen	93
7.4	Entwicklung der Weiterbildungsangebote im tertiären Bereich außerhalb der Hochschulen	93
7.5	Berufliche Weiterbildung an Volkshochschulen	94
7.6	Berufsbildender Fernunterricht	94
7.6.1	Auswirkungen des Fernunterrichtsschutzgesetzes	94
7.6.2	Modelle für neue Lehrgänge und zur Teilnehmerinformation	96
7.7	Lernprobleme von Erwachsenen	96
7.7.1	Lernschwierigkeiten im theoretischen Bereich	96
7.7.2	Ansatzpunkte und Folgerungen	97
7.8	Besondere Aspekte der Weiterbildung von Frauen	97
7.8.1	Zur Weiterbildungsmotivation arbeitsloser Frauen	98
7.8.2	Weiterbildungsangebote für Frauen	98
7.8.3	Motivationslehrgänge	99
7.8.4	Verbesserung der Weiterbildung von Frauen	99
7.9	Prüfungen in der beruflichen Weiterbildung	99
7.9.1	Merkmale erwachsenen-gerechter Weiterbildungsprüfungen	99
7.9.2	Quantitative Entwicklung der Prüfungen	100
7.9.3	Berufliche Weiterbildungsprüfungen und Ansätze zur praktischen Lösung	100
8.	**Personal in der beruflichen Bildung**	100
8.1	Stand der Ausbilderqualifizierung	100
8.2	Weiterbildung der Ausbilder	101
8.3	Weiterbildung der Ausbildungsberater	103
8.4	Internationaler Erfahrungsaustausch zwischen Ausbildern	104
8.5	Modellvorhaben zur Aus- und Fortbildung der Berufsschullehrer	104
9.	**Maßnahmen zur finanziellen Förderung der beruflichen Bildung im Jahre 1981**	105
9.1	Förderung der betrieblichen Berufsausbildung	105
9.1.1	Förderung der Auszubildenden	105
9.1.2	Förderung der Betriebe	107
9.1.3	Förderung überbetrieblicher Ausbildungsstätten	108
9.1.4	Förderung des Ausbildungspersonals	109
9.2	Weitere Leistungen des Bundes für die berufliche Bildung	109
9.3	Förderung der Fortbildung und Umschulung nach dem Arbeitsförderungsgesetz	109
10.	**Anhang**	110
10.1	Methodische Daten der Berufsbildungsstatistik	110
10.1.1	Erläuterungen zu den verschiedenen Erhebungsverfahren	111
10.1.2	Verfahrensfragen zur Erhebung der sektoralen und regionalen Entwicklung der betrieblichen Ausbildung nach § 5 des Berufsbildungsförderungsgesetzes	111
10.2	Tabellenverzeichnis, Tabellen	112
10.3	Quellenverzeichnis	153
10.3.1	Gesetze, Verordnungen, Richtlinien	153
10.3.2	Statistiken und sonstige Veröffentlichungen	154
11.	**Sachregister**	157

5.1.4	Forderungen im Rehabilitationsprogramm „Rehabilitation in den 80er Jahren"	65
5.2	Berufliche Rehabilitation behinderter Erwachsener	66
5.2.1	Zur Entwicklung der beruflichen Rehabilitation	66
5.2.2	Lernorte und Berufsspektrum der beruflichen Rehabilitation	67
5.2.3	Dauer der beruflichen Rehabilitationsmaßnahmen	68
5.2.4	Probleme im Rehabilitationsverlauf	68
5.2.5	Übergang Rehabilitationsmaßnahme/Erwerbstätigkeit	68
5.2.6	Berichte und Empfehlungen der Nationalen Kommission zum Internationalen Jahr der Behinderten 1981; Aktionsprogramm Rehabilitation in den 80er Jahren	68
5.3	Ergebnisse der Wiederholungsbefragung über den Verbleib von Absolventen von Berufsvorbereitungsmaßnahmen	69
5.3.1	Verbleib der Jugendlichen im Herbst 1981	69
5.3.2	Stabilität der Übergänge 1980	69
5.4	Modelle zur Förderung der Berufsvorbereitung und Berufsausbildung benachteiligter Jugendlicher	71
5.4.1	Planung und Durchführung der Ausbildung	71
5.4.2	Sozialpädagogische Aufgaben im Modell	71
5.4.3	Ergänzungsausbildung der Ausbilder	71
5.5	Programm des Bundesministers für Bildung und Wissenschaft für die Förderung der Berufsausbildung von benachteiligten Jugendlichen	72
5.5.1	Übersicht über laufende Maßnahmen	72
5.5.2	Inhaltliche Gestaltung des Programms	72
5.5.3	Weitere Entwicklung	74
6.	**Berufsausbildung für ausländische Jugendliche**	74
6.1	Daten zur betrieblichen und schulischen Berufsausbildung	74
6.1.1	Schulische Situation	76
6.1.2	Ausländische Ratsuchende bei der Bundesanstalt für Arbeit	79
6.1.3	Ausländische Beschäftigte in beruflicher Ausbildung	82
6.1.4	Beschäftigte ausländische Arbeitnehmer unter 20 Jahren	86
6.2	Berufsvorbereitende Maßnahmen für junge Ausländer	86
6.2.1	Maßnahmen zur Berufsvorbereitung und sozialen Eingliederung junger Ausländer (MBSE)	86
6.2.2	Schulische berufsvorbereitende Maßnahmen	88
6.3	Modellprogramm zur Förderung der Ausbildung von ausländischen Jugendlichen in anerkannten Ausbildungsberufen	89
6.3.1	Ausbildungsbegleitende Förderangebote	89
6.3.2	Sprachliche und sozialpädagogische Betreuung	90
6.3.3	Modelle zur Nachqualifizierung ausländischer Arbeitnehmer	91
7.	**Berufliche Weiterbildung**	91
7.1	Ordnung in der beruflichen Weiterbildung	91
7.2	Stipendienprogramm Venedig	91
7.3	Betriebliche Weiterbildung im Rahmen des Arbeitsmarktpolitischen Programms der Bundesregierung für Regionen mit besonderen Beschäftigungsproblemen	92
7.3.1	Ziele des Arbeitsmarktpolitischen Programms der Bundesregierung für Regionen mit besonderen Beschäftigungsproblemen	92
7.3.2	Erste Ergebnisse der Begleitforschung	92

3.2.2	Statusmobilität	45
3.2.3	Gegenwärtige Berufstätigkeit	46
3.3	Qualifikation und Beschäftigung in Metallberufen	46
3.3.1	Strukturmerkmale der Erwerbstätigen	46
3.3.2	Beziehungen zwischen Ausbildung und Beschäftigung	47
3.3.3	Verwertbarkeit der in der Berufsausbildung erworbenen Qualifikationen beim Berufswechsel	48
4.	**Inhaltliche Gestaltung und Strukturfragen der Berufsausbildung**	49
4.1	Neue Ausbildungsordnungen	49
4.1.1	Ausbildungsordnungen für 146 Berufe	49
4.1.2	Schwerpunkte der Erarbeitung von Ausbildungsordnungen	49
4.2	Betriebliche Eingangsprüfungen bei Auszubildenden	50
4.2.1	Eingangsprüfungen als Problemfeld	50
4.2.2	Stellenwert von Eingangsprüfungen	51
4.3	Organisationsformen betrieblichen Lernens und ihr Einfluß auf Ausbildungsergebnisse	51
4.3.1	Typische Lernort-Kombinationen	51
4.3.2	Auswirkungen schulischer und beruflicher Vorbildung	52
4.3.3	Einflüsse des Lernorts „Arbeitsplatz"	52
4.3.4	Lernen in der Lehrwerkstatt und innerbetrieblicher Unterricht	52
4.3.5	Zeitliche Anteile der Lernorte	53
4.4	Modelle zur Verbesserung der Lernmethoden	53
4.4.1	Motivationsimpulse aus neuer Aufgabenstellung	53
4.4.2	Motivationsimpulse aus neuer Lernprozeßgestaltung	54
4.4.3	Motivationsimpulse aus neuen Ansätzen in der Lernerfolgsauswertung	54
4.5	Mikroprozessor-Technologie in der Berufsausbildung	55
4.6	Bedarf an Energieberatung und der beruflichen Qualifikation	55
4.6.1	Bildungspolitische Konsequenzen in der Erstausbildung	55
4.6.2	Vorschläge für den Bereich der Weiterbildung	56
4.7	Junge Frauen in der Ausbildung für gewerblich-technische Berufe	56
4.7.1	Signal- und Demonstrationsfunktion	56
4.7.2	Auswahl der Ausbildungsberufe	57
4.7.3	Bilanz der bisherigen Ergebnisse	57
4.8	Ausbildungsbegleitende Leistungsfeststellungen („Contrôle continu")	60
4.8.1	Neue Anforderungen an alle Beteiligten	60
4.8.2	Bewertung von ausbildungsbegleitenden Leistungsnachweisen durch die Prüfungsausschüsse	61
4.8.3	Aussagefähigkeit des Systems	61
4.8.4	Weiteres Verfahren	62
4.9	Deutsch-französische Zusammenarbeit in der beruflichen Bildung	62
4.10	Doppeltqualifizierende Bildungsgänge	63
5.	**Jugendliche, die besonderer Förderung bedürfen**	64
5.1	Berufsausbildung und Berufseinmündung behinderter Jugendlicher	64
5.1.1	Ausbildungsplätze für Behinderte	64
5.1.2	Schwerpunkte in der Berufsausbildung	64
5.1.3	Berufliche Einmündung Behinderter nach Abschluß der Ausbildung	65

Gliederung

	Seite
Teil I: Berufs- und Lebenschancen der Jugend sichern	
1. Ausbildungsplatzinitiative aller an der beruflichen Bildung Beteiligten notwendig	01
1.1 Trendeinbruch 1981 darf nicht zur Trendwende werden	01
1.2 Geburtenstarke Jahrgänge noch mehrere Jahre	01
1.3 Langfristige Nachwuchssicherung	02
1.4 Zusammenarbeit in der beruflichen Bildung	02
1.5 Schwerpunkte der Berichterstattung 1982	03
2. Angebot von und Nachfrage nach Ausbildungsplätzen	05
2.1 Ausbildungssituation 1981	05
2.2 Voraussichtliche Entwicklung 1982	07
Ergebnis der Beratung der Bundesregierung zum Berufsbildungsbericht 1982 in der 66. Kabinettsitzung am 1. März 1982	09
Teil II: Informationen und Daten zur beruflichen Bildung	
1. Quantitative Entwicklung der Berufsausbildung	11
1.1 Eckdaten zur Berufsausbildung	11
1.2 Betriebliche und schulische Berufsausbildung bis 1981	12
1.2.1 Ausbildungsbilanz 1981	12
1.2.2 Nachfrage nach Ausbildungsplätzen	14
1.2.3 Angebot an Ausbildungsstellen	19
1.3 Betriebliche und schulische Berufsausbildung bis 1980	19
1.3.1 Schulische Vorbildung der Auszubildenden	19
1.3.2 Betriebliche Berufsausbildung bis 1980	23
1.3.3 Entwicklung der 1980 am stärksten besetzten Ausbildungsberufe seit 1960	27
1.3.4 Schulische Berufsausbildung bis 1980	31
2. Regionale Entwicklung der Berufsausbildung	32
2.1 Versorgungslage in den Arbeitsamtsbezirken	32
2.1.1 Angebots-Nachfrage-Relation	33
2.1.2 Berufsausbildung außerhalb der Wohnregion	33
2.1.3 Ausbildungsplatzangebote in beruflichen Vollzeitschulen	33
2.1.4 Jugendliche ohne Ausbildungsvertrag und im Berufsvorbereitungsjahr	36
2.1.5 Jugendliche Ausländer	38
2.2 Gesamtinterpretation der regionalen Indikatoren	38
2.3 Überbetriebliche Ausbildungsstätten	40
3. Berufsausbildung und Erwerbstätigkeit	40
3.1 Beruflicher Bildungsstand der Bevölkerung	40
3.2 Soziale Herkunft und gegenwärtige Berufstätigkeit von deutschen Erwerbstätigen ohne abgeschlossene Berufsausbildung	45
3.2.1 Soziale Herkunft und erste Erwerbstätigkeit	45

Diese Druckschrift wird im Rahmen der Öffentlichkeitsarbeit des Bundesministers für Bildung und Wissenschaft herausgegeben. Sie darf weder von Parteien noch von Wahlbewerbern oder Wahlhelfern während eines Wahlkampfes zum Zwecke der Wahlwerbung verwendet werden. Das gilt für Landtags-, Bundestags- und Kommunalwahlen. Mißbräuchlich ist insbesondere die Verteilung auf Wahlveranstaltungen, an Informationsständen der Parteien sowie das Einlegen, Aufdrucken oder Aufkleben parteipolitischer Informationen oder Werbemittel. Untersagt ist gleichfalls die Weitergabe an Dritte zum Zwecke der Wahlwerbung.

Unabhängig davon, wann, auf welchem Weg und in welcher Anzahl diese Schrift dem Empfänger zugegangen ist, darf sie auch ohne zeitlichen Bezug zu einer bevorstehenden Wahl nicht in einer Weise verwendet werden, die als Parteinahme der Bundesregierung zugunsten einzelner politischer Gruppen verstanden werden könnte.

Herausgeber: Der Bundesminister für Bildung und Wissenschaft, 5300 Bonn 2
Alleinvertrieb: Verlag Karl Heinrich Bock, 5340 Bad Honnef
ISBN: 3—87066—504—1
Druck: roco-druck, 3340 Wolfenbüttel (März 1982)

Schriftenreihe
Berufliche Bildung 14

Berufsbildungsbericht 1982

Der Bundesminister
für Bildung und Wissenschaft